技术尽职调查

服务于首席信息官、风险投资者、技术供应商的最佳实践

【美】斯蒂芬·安德里奥尔（Stephen J. Andriole） 著

技术尽职调查专题组 译

TECHNOLOGY DUE DILIGENCE

Best Practices for Chief Information Officers,
Venture Capitalists, and Technology Vendors

科学技术文献出版社
SCIENTIFIC AND TECHNICAL DOCUMENTATION PRESS

·北京·

图书在版编目（CIP）数据

技术尽职调查：服务于首席信息官、风险投资者、技术供应商的最佳实践 /（美）斯蒂芬·安德里奥尔（Stephen J. Andriole）著；技术尽职调查专题组译. —北京：科学技术文献出版社，2021.6（2022.10重印）

书名原文：Technology Due Diligence：Best Practices for Chief Information Officers, Venture Capitalists, and Technology Vendors

ISBN 978-7-5189-7647-8

Ⅰ. ①技… Ⅱ. ①斯… ②技 Ⅲ. ①投资决策—研究 Ⅳ. ① F830.59

中国版本图书馆 CIP 数据核字（2021）第 032270 号

著作权合同登记号　图字：01-2019-4746
中文简体字版权专有权归科学技术文献出版社所有
First published in the English language under the title
Technology Due Diligence: Best Practices for Chief Information Officers, Venture Capitalists, and Technology Vendors
by Stephen J. Andriole
Copyright © 2009 by IGI Global, www.igi-global.com.

技术尽职调查：服务于首席信息官、风险投资者、技术供应商的最佳实践

| 策划编辑：郝迎聪 | 责任编辑：赵　斌 | 责任校对：王瑞瑞 | 责任出版：张志平 |

出 版 者	科学技术文献出版社
地　　址	北京市复兴路15号　邮编100038
编 务 部	（010）58882938，58882087（传真）
发 行 部	（010）58882868，58882870（传真）
邮 购 部	（010）58882873
官方网址	www.stdp.com.cn
发 行 者	科学技术文献出版社发行　全国各地新华书店经销
印 刷 者	北京虎彩文化传播有限公司
版　　次	2021年6月第1版　2022年10月第2次印刷
开　　本	787×1092　1/16
字　　数	376千
印　　张	25
书　　号	ISBN 978-7-5189-7647-8
定　　价	108.00元

版权所有　违法必究

购买本社图书，凡字迹不清、缺页、倒页、脱页者，本社发行部负责调换

译　　序

技术尽（职）调（查）既非新学，亦非旧故，概由科技创新实践中的具体操作来定义的一种业务活动。今天的尽调活动同其开始时已有越来越多本质的不同。当初只是为查究有限的问题和事项，而今天尽调本身已被注入更多的理念和价值预期，尽调中所牵涉的问题或审查项越来越多，所使用的方法手段不断升级，各种尽调内容的融合不断深化，尽调业务已由量变带来了质变，而且在多数情况下，技术尽调过程本身已比结果显得更有意义，更为引人关注。

在全球范围内，技术尽调正在从过去的嵌入性业务走向现在的独立性功能板块。在中国，技术尽调也以前所未有的态势兴起，既包括原发意义上与科技、研发、创新问题相关的技术尽调，也包括越来越多的用现代科技方式方法进行的尽调业务。过去由我们所处的发展阶段使然，很多新兴技术、新兴产业、新兴业务在中国都有过超常发展及模式探索阶段；但技术尽调业务不同，它会很快步入正规化、体系化发展轨道，并带动相关业务职业化、产业化发展。特别是在大数据及正在到来的物联网时代，海量的数据检索、比对、分析、挖掘、提炼、呈现、传播将成为新的标配性业务群。面对泛在线、泛感知、泛关联的新数据环境，人们即将开启众多致简而又泛化的尽调模式。那些先前就已存在的法律和财务尽调，以及正在汇聚的技术尽调、科学尽调、工程尽调、项目尽调，还有其他的诸如战略尽调、安全（风险）尽调、管理尽调、政策尽调、社会责任尽调、生态环境保护尽调等，都会进行大量的基于大数据的技术性、交互性分析比对工作，可称之为面向专题的技术性尽调，可以最大限度地让人们行使知情权、调查权。另外，非科技方面的尽调业务（包括司法、公正、财务、金融、保险等）正加速数据化、平台化业务整合与改造，其中数据、情报、信息到现在的人工智能等方法手段开始大规模应用，带来很多相关技术性业务。

我国正全力加快国家治理体系和治理能力现代化建设，这也正是技术尽调实现应用和发展的最大社会场景。技术尽调将在此中发挥出特有的治理效能，将深度助力国家治理方略的落实，进一步丰富现代科技条件下的治理实践形态和政府监管职能，并促进其内容和形式上的完整，助力治理风险的识别和防控。在我国的全面现代化进程中，技术尽调将进一步推进"创新、协调、绿色、开放、共享"五大发展理念的贯彻实施，深度助力构建新经济时代合理的经济社会秩序和与社会主义市场经济相适应的科技创新体制机制，推动科学思想、科学精神、科学方法的渗透和普及。如现在大家都在谈论的"碳达峰""碳中和"这类新的发展主题场景，就非常需要体系化的技术尽调予以评价或回答相关系列问题。可以说，技术尽调这一当代极具渗透性、融合性的业务，在全球科技创新治理进程中，将被不断赋予时代特色、区域特色和专业特色，并适时激活创新体系或要素的功能。正是基于新阶段、新技术、新需求、新场景的种种因素，对于打造中式样本的技术尽调新业态提供了可能及动力基础。

中式样本的技术尽调，在融入中国当下场景中是由具体的操作定义出来的。中国特色的自主创新、科技自立自强、治理体系和治理能力现代化、高质量发展等实践要求和价值取向，将带给中式样本的技术尽调以崭新的定义维度。人们需要对技术尽调这项实践活动本身进行彻底的元理论思考和架构设计，需要面向具体领域或对象来自主设计调查框架、流程和规范。人们还要学会在尽调问题簇中寻找所要的答案或方案；学会按照层级展开线索；学会在问题的重要性方面做出评价和有意义的取舍。技术尽调不只是糖葫芦式的问题串，不只是按照既定模板对既定选项进行勾画，更是要时刻准备去发现，要在细节上坚持科学理性，要面向过程中的风险议题展现持续的责任担当。

任何领域、任何时候的技术尽调一般都具有"事主导入、事例驱动、事实决定"的业务特点，并且这方面的业务同大数据和泛感知结合，正在形成"立体感知＋综合研判"科技情报服务新业态。正是基于这些认识，我们组织力量，将斯蒂芬·安德里奥尔先生的《技术尽职调查：服务于首席信息官、风险投资者、技术供应商的最佳实践》翻译成中文版。书中对技术尽调业务所涉及的重大问题的梳理，

译 序

所列举的信息技术领域投资、创业、并购等方面的案例，进行技术趋势深度分析所要关注的要点等方面的阐述，读之获益，索骥有方。希望本书中文版提供的参照和启示，能对当前我国技术尽调新业务的发展产生积极影响。

刘琦岩

2020年12月于北京中信所

前　言

对于众多首席信息官、风险投资者、技术供应商，以及信息技术的买家和用户来说，日常所面临的技术投资挑战既是战略层面的又是战术层面的。试问以下问题：星巴克是否应该继续投资基于技术的项目来吸引更多顾客？沃尔玛是否应该继续大力投资射频识别技术？私募股权基金应该投资宽带通信公司还是软件开发公司？全球专业化工公司罗门哈斯是否应该在其财务报告系统中引入标准化？微软是否应该建立一套自有的大型企业应用程序，进而取代思爱普和甲骨文提供的应用程序？

这些工作的运作规律是什么？游戏规则由谁制定？如何对不同的选项开展评估？如何在相互矛盾的选项中进行抉择？这些选项存在哪些风险？如何从中把握机会？

尽职调查这一术语涵盖多个维度，既包括作为被调查对象的企业或个人，又包括调查所遵循的某些特定标准。尽职调查可以是被动的法律义务，但它更多地指向主动开展的调查。[①]

技术尽职调查是指针对替代技术和技术服务开展的审查。一些机构和首席信息官在对替代技术和技术服务进行评估时受到工作准则的约束，而另一些机构开展调查的方式没有那么严格。在理想情况下，尽职调查团队必须由资深的专业人士组成，并且在保证所收集的信息面面俱到之后，才能做出技术投资决策。然而，现实中的尽职调查通常草草了事，不但信息调取不足，而且履行尽职调查人员的经验有限，因此，尽职调查更需要工作准则来约束。大多数关于尽职调查的规范性研究的主要内容为并购（Gordon，1996；Harvey et al.，1995；Lajoux，2000；Perry et al.，2004）、投资组合管理（Weill et al.，2006）和商业技术宏观趋势预测（Andriole，

---

① 维基百科。

2005）。关于风险投资尽职调查的研究已经开展了一些（Camp，2002；McGrath et al.，2006），围绕商业技术联盟这一更大领域的研究也有所进展（Prahalad et al.，2002）。然而，已知研究对技术尽职调查给予的关注度不高，且从并购、投资组合管理、商业技术宏观趋势预测这3个角度对技术尽职调查进行研究尚无先例。

尽职调查意味着对不同的调查对象进行筛选和选择。一些人将它奉为原则；另一些人则认为它存在争论。开展尽职调查的方法有些是定量的，有些是定性的，有些依靠分析，有些凭借直觉，因为尽职调查本身综合了艺术、科学和运气。服务于技术决策的尽职调查是复杂的。决策做对时，就能产生巨大的影响；但是当决策做错时，它会对机构、市场和公司文化造成巨大的破坏。

尽职调查有一套固定的标准，适用于各种技术投资决策。本书罗列了15个尽职调查标准，一部分来自数量有限的文献分析；另一部分来自对3个选区历时15年的尽职调查经验总结。本书将在尽职调查流程和研究案例等相关章节对以上标准进行重点陈述。事实上，这15个标准是在之前的20个和25个标准的基础上提炼出来的。随着时间的推移，研究发现这15个标准足够应对大多数投资所面临的主要风险和机会。因此，正规的技术尽职调查是围绕上述15个标准来进行的。

本书为所有进行技术筛选或技术投资的客户搭建了一套尽职调查框架，旨在帮助客户的业务取得成功。首席信息官（CIO）、首席技术官（CTO）、风险投资者（VC）和技术供应商是主要受益群体；这些高管和经理人多多少少都有明确的技术收购和技术投资需求。还有更多的首席执行官（CEO）、首席财务官（CFO）、首席运营官（COO）、董事和经理每天需要全力应对技术收购的挑战，他们也是本书的受益对象。本书可以满足计算和通信领域的所有技术投资者的尽职调查需求。

无论读者就职于微软、埃森哲、沃尔玛还是标杆资本，当读者阅毕全书时应该就能很好地理解如何进行成功的技术投资。

本书重点探讨的技术尽职调查是以技术投资为结果导向的。书中提及的投资目标无所不包，涵盖软件应用、通信、数据、安全和技术服务。在技术尽职调查过程中，审查投资机会和挑战所采取的角度即所有技术投资者需要满足的要求，尤其是首席信息官、风险投资者和技术供应商，他们需要满足这些要求才能实现有关目标。

前　言

这些年来，作者参与了许多尽职调查项目。例如，TechVestCo 公司开发的技术产品多年来一直存在尽职调查的需求。笔者也曾任职于美国信诺保险集团（CIGNA）——一家以医疗保健产品而闻名的员工福利公司，就职期间负责评估支持该集团基础设施的新老技术，以及评估哪些应用有助于该集团业务增长。另外，还任职于一家公共风险投资和运营公司——安科投资（Safeguard Scientifics），每年听取数百个商业计划，从中遴选 15~30 个项目进行投资。除了为大公司和小公司就打开市场销路提供咨询服务外，笔者还负责为政府和产业界制订研发计划。笔者曾于美国国防部高级研究计划局（DARPA）担任控制论①技术办公室主任。那里的"游戏"规则跟其他地方一样，要求把钱花在刀刃上。由于经费是限额的，所以需要决定哪些项目优先资助，哪些项目应该排队，哪些项目应该永久搁置。在美国国防部高级研究计划局工作期间，需要做大量权衡，来决定哪些项目优先上马，哪些项目可以暂缓，哪些项目不再考虑。这些决定有多重要？假如美国国防部高级研究计划局没有投资传输控制协议/互联网协议（TCP/IP）——当今互联网和万维网的通信基础，世界会变成什么样？直到最近，作者还在持续为 TechVestCo 公司和 Musser Group 完善尽职调查的标准和流程。

从技术尽职调查的实践中可以获得什么经验？首先，尽职调查对购买或使用技术的企业是一回事，对以技术投资回报为目的的投资者又是一回事，对以卖出技术产品和服务为目标的企业又是另外一回事。并非尽职调查的评价标准不同，事实上这些标准惊人的相似，区别在于首先对评价标准进行分析和加权的方式不一。其次，尽职调查的目标也各不相同。技术可以有多种形式，包括硬件、软件和服务。技术投资的来源和对象会带来不同的视角，对任意一种形式的技术开展评估也需要不同的角度。最后，技术的预期影响也不尽相同。私募股权风险投资者的目标是短期内"大捞"一笔，以最快速度为普通合伙人和有限合伙人分一杯羹；首席信息官的目标是提高公司运营效率，推动公司业务增长和营利；技术供应商则希望挖掘出下一个"爆款应用"，拿走更多市场份额。

上文提及的 15 个尽职调查标准适用于所有技术投资，不因投资人的职位或交

---

① 译者注：研究生命体、机器和组织的内部或彼此之间的控制和通信的科学。

易的性质而改变，罗列如下：

① 产品和服务顺应技术趋势或市场趋势；

② 能够对产品和服务的基础架构进行清晰的阐述；

③ 产品和服务能够明确预算周期和预算项目；

④ 产品和服务的影响可量化；

⑤ 产品和服务既不彻底改变员工的行为方式，也不改变机构的企业文化；

⑥ 产品和服务尽可能地代表整体的端到端"解决方案"；

⑦ 产品和服务具备多个退出方案；

⑧ 产品、服务和所在公司具备清晰的横向和纵向战略；

⑨ 产品和服务具有较高的行业意识和知名度；

⑩ 产品、服务和所在公司具备合适的技术开发、营销、渠道联盟及合作伙伴关系；

⑪ 产品和服务"政治正确"；

⑫ 公司具备严格的招人和用人策略；

⑬ 产品、服务和所在公司能够讲出有说服力的"差异化"故事；

⑭ 公司高管拥有丰富的经验；

⑮ 公司具备有说服力的产品/服务"包装"和宣传策略。

这 15 个标准构成了审查各种技术投资的框架。作为技术买家的首席信息官应该如何进行尽职调查？专注于技术投资的私募股权风险投资者应该如何操作？科技公司必须优先考虑产品和服务的研发预算，他们应该如何操作？

然而，标准的使用者决定了这些标准将发挥什么作用。我们团队的做法是搭建一个弹性的通用框架，能够支持各种技术投资决策，进而应用到真实案例中。

这些标准是怎么产生的？10 年前，我们设计了一套详尽的标准。事实上，我们在早期使用的标准数量超过 30 个。之后，我们开始根据技术、差异化和管理等领域对这些标准进行分门别类，在一系列尽职调查实践中对其进行"测试"。我们知道 30 个标准太多了，而且这些标准有重合。因此，我们根据先后应用的 30、20、15 个标准中收到的反馈，将标准的数量减半。换句话说，这 15 个标准是在很多尽职调查案例中对众多标准进行打包测试的基础上进化而来的。

为了验证我们的应用经验是否正确，还采访了风险公司的尽职调查专家。访谈中发现，我们实验产生的标准清单和访谈数据结果之间存在一个近乎完美的关联。

对上述标准进行分析的目的是制定一套尽职调查标准，使之长期为我们服务，支持首席信息官、风险投资者和技术供应商开展尽职调查。缩减标准的过程有一个非常实际的考量，即确定能真正发挥实效的标准的同时把数量降到最低，这些标准考察的是技术及其生态系统关键要素，包括技术本身、成熟度、市场地位、管理和营销等。简而言之，最终敲定的标准的适用范围越广泛越好。

1990—2005年，这些标准在TechVestCo、美国信诺保险集团（CIGNA）、安科投资公司（Safeguard Scientifics）和TL风险投资有限责任公司（TL Ventures）的尽职调查实践中得到了完善。阿森迪公司（Ascendigm）的尽职调查继续研究了这套标准的有效性，目前TechVestCo和Musser Group也在推进这项工作。大多数基于研究案例的标准评估工作是在1995—2005年开展的，这项工作最终锁定了15个标准。

本书结构

第一章介绍了驱动技术投资的标准。本章的关键内容在于，尽职调查的标准适用于多种技术投资决策。换句话说，掌握了这些标准，就可以根据手头的特定技术购买的案例来调整它们。第一章还将每一项尽职调查转化为一个个需要人员配备、管理和评估的项目。许多机构认为他们的尽职调查无可挑剔，但实际上管理不善的情况比比皆是。尽职调查的最佳实践有很多，有"硬性的"也有"软性的"。尽职调查的过程往往是危险的，因为带有政治性和主观性。第一章还探讨了尽职调查的预期成果或"退出"尽职调查的范围。投资者希望从技术投资中得到什么？效率、利润，还是股权回报？技术投资应该围绕预期回报来决策。

第二章考察了尽职调查可能涉及的投资范围，包括软件应用、数据、通信、产品、服务、解决方案和"先进技术"。最后一类对风险投资者和企业"出血边缘"（早期）技术采用者更有吸引力。

第三章重点探讨了商业技术趋势分析在技术创造、购买和使用过程中发挥的特殊作用。技术趋势分析的重要性再怎么强调也不为过。太多投资与行业发展方向不一致，与企业重点研发计划的发展方向背道而驰，与企业要求的发展方向也不同步。在对特定技术或科技公司进行投资之前，有必要对技术趋势开展研究分析。本书末尾的 3 个附录分别示范了如何在普适计算、智能系统技术和商业技术集成这三大领域开展正规的趋势分析。这些附录旨在让读者领略技术趋势分析在尽职调查过程中发挥的关键作用。第三章还讨论了"五大重要技术趋势"，旨在说明趋势分析的流程，以及趋势分析在尽职调查过程中发挥的基石作用。

第四章介绍了一位风险投资者决定投资一家名为 ThinAirApps 的无线通信技术公司的案例。这个案例探讨了团队进行的尽职调查过程，结果是一"进"（投资）一"出"（放弃），尽管故事曲折，但本身就很有趣。

第五章探讨了一家大型房地产和抵押贷款经纪公司为其 3000 多家代理商投资远程访问技术的决策过程。这个尽职调查项目的发起方 Prudential Fox Roach/Trident 是美国东北部最大的房地产按揭经纪公司，该公司在尽职调查过程中使用了上述标准。

第六章将话题转回风险投资者及其围绕网络电话（VOIP）投资开展的尽职调查。这一案例的特别之处在于时机，在网络电话还未发展到今天这般地步时，就已经进行了尽职调查。

第七章讲述了甲骨文公司关于投资射频识别技术（RFID）的决定，以及其利用该技术开发一系列数据和服务产品的故事。该技术主要应用于运输行业，特别是使用射频识别标签可以跟踪乘客行李。通过应用尽职调查标准，甲骨文决定对这项技术进行重大投资，并向广大客户提供大量数据和服务。

第八章讲述了 LiquidHub 公司关于投资以企业架构为核心的服务产品的决策过程。该公司是否应该雇用员工，开发参与模式，并把自己包装成一家建筑咨询公司？还是应该将自己定位为"面向服务的架构（SOA）"的供应商？尽职调查标准暗示他们实践上述想法，于是他们照做了。

第九章探讨的是电子邮件和企业关于深入研究可信电子邮件管理和性能领域的决定。作为调查对象的电子隐私集团（E-Privacy Group）远领先于它的时代。此项尽职调查讨论的重点是消息传递领域的技术和服务产品。

第十章着眼于基于知识的专家系统在软件设计中的应用。在这个案例中，投资决策关注的重点是开发出一个基于知识的系统，从而设计和测试起替代作用的人机界面。当时的决定是支持投资，尽管尽职调查的标准显示该方案是可行的，但调查结果却变成了不可行。从这个案例中可以获得什么教训？这个案例说明，即使尽职调查的流程没问题，调查的结果也不一定是好的，换句话说，尽职调查的结果不能用标准来保证。

第十一章将研究的目光转向维拉诺瓦大学，该校使用上述标准来决定是否引进新的通信基础设施，特别是该校是否应该投资普适无线技术。这是一个由大学首席信息官推动的"投还是不投"的经典投资决策。最终决定是"投"，尽职调查的结果也是正面的。

第十二章指出了一些具体的工具和技巧，以及总体实操法则。

本书的第一部分回答了"什么是技术尽职调查""如何开展技术尽职调查""为什么要进行技术尽职调查"，说明了技术尽职调查在什么情况下可以取得成功，抑或导致失败。第二部分在每个案例之前提供了相关背景，随后分析了尽职调查标准在这些案例中的实际应用，所有的案例都是真实的，这些案例是本书与其他尽职调查工具书的区别所在。本书的案例都源于现实，书中描述的投资机会都是投资者在现实中亲耳所闻并且需要决定投资还是放弃的。这些案例展示了如何使用上述15个标准来对书中讨论的所有投资机会进行尽职调查。这些案例采用了技术投资者的3个主要视角：技术用户、技术风险投资者和寻求投资技术以增加市场份额的供应商。第三部分从案例分析过渡到规范性工具，为所有技术投资者提供了尽职调查模板。第十二章是本书的"精华"。

3个附录提供了技术趋势报告的范例，它们是成功的尽职调查不可或缺的一部分，因为所有技术的投资都建立在对技术发展方向和数字世界大背景理解的基础上。本书重点内容如图1所示；本书重点内容及研究案例如图2所示。

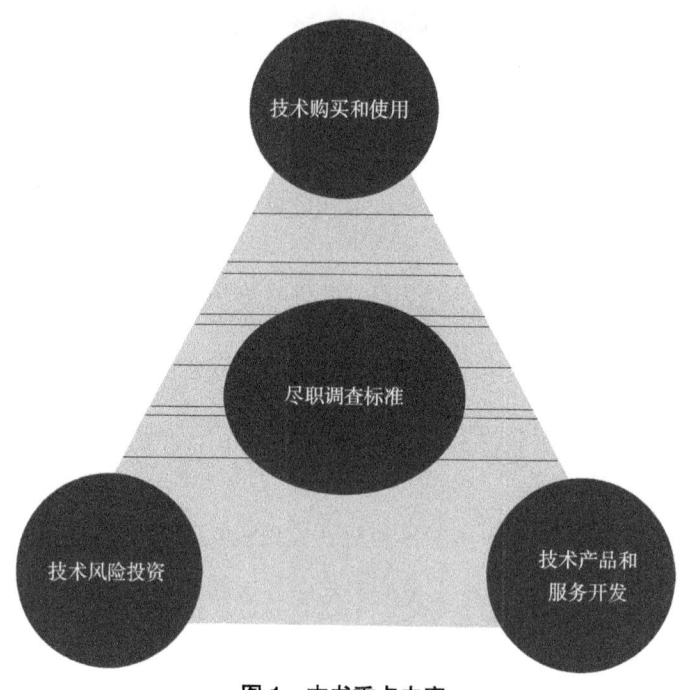

图 1 本书重点内容

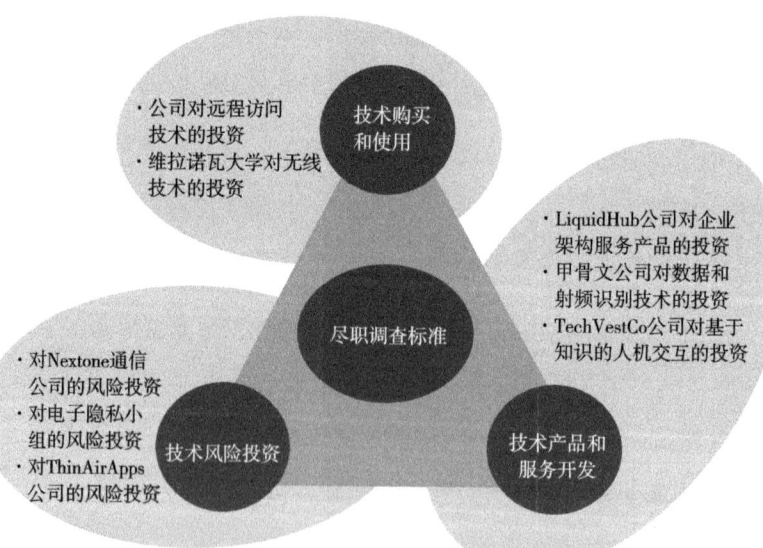

图 2 本书重点内容及研究案例

参考文献

[1] ANDRIOLE S J.The 2nd digital revolution [M].Pennsylvania: IGI Global, 2005.

[2] ANDRIOLE S J.The 7 habits of highly effective technology leaders [J].Communications of the ACM, 2007, 50（3）: 67-72.

[3] BING G.Due diligence techniques and analysis [M]//CAMP J J.Venture capital due diligence.New York: John Wiley, 1996.

[4] HARVEY M G, LUSCH R F.Expanding the nature and scope of due dili-gence [J].Journal of business venturing, 1995, 10（1）: 5-21.

[5] LAJOUX A R.The art of M&A due diligence [M].New York: McGraw-Hill, 2000.

[6] MCGRATH R, GUNTHER K T, TUKIAINEN T.Extracting value from corporate venturing [J].MIT sloan management review, 2006, 48（1）: 50-56.

[7] PERRY J S, HERD T J.Reducing M&A risk through improved due diligence [J].Strategy & leadership, 2004, 32（2）: 12-19.

[8] PRAHALAD C K, KRISHNAN M S.The dynamic synchronization of strategy and information technology [J].MIT sloan management review, 2002, 43（4）: 24-33.

[9] WEILL P, ARAL S.Generating premium returns on your IT investments [J].MIT sloan management review, 2006, 47（2）: 39-48.

致　　谢

许多人对本书做出了直接或间接的贡献。这些年来，我从许多专业人士那里学到了很多关于技术和技术管理的知识，尤其是乔治·海尔迈耶（George Heilmeier）、鲍勃·福斯姆（Bob Fossum）、鲍勃·扬（Bob Young）、克雷格·菲尔德（Craig Fields）、克林特·凯利（Clint Kelly）、尼克·内格罗蓬特（Nick Negroponte）、罗杰·沙克（Roger Schank）、鲍勃·济托（Bob Zito）、保罗·温伯格（Paul Weinberg）、马克·布鲁姆（Mark Broome）、萨姆·巴勒莫（Sam Palermo）、约翰·沃尔德伦（John Waldron）、约翰·帕西（John Pacy）、杰里·莱波尔（Jerry Lepore）、马克·鲍克瑟（Mark Boxer）、莱恩·阿德尔曼（Len Adelman）、李·埃哈特（Lee Ehrhart）、艾尔·戴维斯（Al Davis）、彼得·弗里曼（Peter Freeman）、迪克·费尔利（Dick Fairley）、迪克·利特尔（Dick Lytle）、安妮·威尔姆斯（Anne Wilms）、安德里亚·阿娜尼亚（Andrea Anania）、史蒂夫·富加尔（Steve Fugale）、约翰·卡罗（John Carrow）、诺拉·斯韦姆（Nora Swimm）、李·约翰南（Lee Yohannan）、乔恩·布拉辛顿（Jon Brasington）、鲍勃·凯利（Rob Kelley）、乔尔·阿德勒（Joel Adler）、拉尔夫·门扎诺（Ralph Menzano）、杰夫·沃星顿（Jeff Worthington）、杰夫·米勒（Jeff Miller）、彼得·瓦特内尔（Peter Whatnell）、文斯·斯基亚沃内（Vince Schiavone）、查尔顿·孟山都（Charlton Monsanto）、马克斯·霍普（Max Hopper）、比尔·洛夫特斯（Bill Loftus）、约翰·洛夫特斯（John Loftus）、弗兰克·玛雅达斯（Frank Mayadas）、斯科特·斯奈德（Scott Snyder）、马克斯·休斯（Max Hughes）、唐·考德威尔（Don Caldwell）和保罗·斯考梅克（Paul Schoemaker），还有许多人在这里无法一一提及。从迪克·古滕多夫（Dick Guttendorf）、罗布·亚当斯（Rob Adams）、文斯·斯基亚沃内（Vince Schiavone）、拉杰·阿特鲁

（Raj Atluru）、克里斯·帕西蒂（Chris Pacitti）、吉姆·欧斯沃斯（Jim Ounsworth）、鲍勃·麦克帕兰（Bob McParland）、布莱恩·杜纳（Brian Dooner）、丹·麦金尼（Dan McKinney）、迈克·卡特（Mike Carter）、克雷格·伦敦（Craig London）、汤姆·林奇（Tom Lynch），当然还有费城地区风险投资教父彼特·马瑟（Pete Musser）那里学到了很多技术尽职调查的知识。

同时感谢拉布雷克家族。能够担任维拉诺瓦大学商业系主任令人自豪。托马斯 G. 拉布雷克（Thomas G.Labrecque）先生资助的主任这一职位让我能够继续从事大量研究工作，这些研究为本书的集成出版奠定了基础。拉布雷克家族的支持为推动维拉诺瓦大学的应用研究和开发提供了源源不断的动力，为此表示非常感激。无论是个人成功还是职业建树，或是理解和践行"取之于人，用之于人"的重要性，拉布雷克家族都树立了最佳典范。我想再次感谢拉布雷克家族。

我已故的妻子丹尼斯支持整个著书的过程。我仿佛仍然能听到她问："写作进展如何？"不是因为她想知道我什么时候能解放，而是因为她真的关心我的写作进度。丹尼斯，再次感谢你为我做的一切。你是我永远的后盾，你将永远在我心中。我的两个女儿凯瑟琳和艾米丽一如既往地以孩子们的方式间接支持我、激励我做好事。谢谢，孩子们。

希望各位读者开卷有益。我们尽已所能使之内容翔实。我们坚定对尽职调查的工作准则的信仰，希望通过本书能够为完善该准则贡献绵薄之力。

斯蒂芬·安德里奥尔（Stephen J.Andriole）
于宾夕法尼亚州布尔茅尔学院

目 录

第一部分 尽职调查战略和战术

第一章 尽职调查流程 / 3

尽职调查标准 / 4

第 1 个标准："正确的"技术 / 6

第 2 个标准：对基础架构的需求很少或为零 / 11

第 3 个标准：预算周期一致 / 12

第 4 个标准：影响可量化 / 15

第 5 个标准：流程和文化的变化 / 16

第 6 个标准：解决方案 / 17

第 7 个标准：多个退出方案 / 18

第 8 个标准：水平优势和垂直优势 / 19

第 9 个标准：行业意识 / 21

第 10 个标准：伙伴和盟友 / 21

第 11 个标准："政治正确"的产品和服务 / 22

第 12 个标准：招人和用人 / 24

第 13 个标准：差异化 / 24

第 14 个标准：经验丰富的管理层 / 25

第 15 个标准："包装"和宣传 / 27

标准权重 / 29

组织和执行 / 33

组织正确的团队　　　/ 34

寻找并利用精明的顾问　　/ 35

安排正确的时间表　　　/ 36

开发强大的商业案例　　/ 37

商业技术案例的生意　　/ 38

建议　　/ 41

执行　　/ 41

结果　　/ 42

参考文献　　/ 46

第二章　收购目标　/ 48

应用目标　/ 48

软件应用程序投资指南　　/ 58

通信目标　/ 59

通信技术投资指南　　/ 64

数据目标　/ 66

数据投资指南　　/ 72

基础架构目标　/ 73

基础架构投资指南　　/ 75

安全目标　/ 78

证券投资指南　　/ 84

先进技术目标　/ 84

高级技术投资指南　　/ 89

服务目标　/ 90

服务业投资指南　　/ 94

参考文献　　/ 95

第三章　商业技术趋势分析　/ 96

商业技术趋势分析方法论　　/ 97

目 录

按垂直行业划分的当前和未来商业模式和流程　/ 104

先进技术趋势　/ 105

五大重要技术趋势　/ 107

组合效应　/ 126

影响　/ 127

第二部分　尽职调查研究案例

第四章　无线通信技术风险投资：ThinAirApps 案例　/ 131

案例介绍　/ 131

ThinAirApps 机会　/ 132

ThinAirApps 解决方案　/ 135

生产线　/ 136

定价　/ 136

销售　/ 137

客户　/ 137

营销　/ 138

历史和成就　/ 138

管理团队　/ 138

风险　/ 140

财务状况　/ 141

业绩　/ 141

额外资金　/ 141

投资亮点　/ 141

尽职调查　/ 143

结论　/ 150

第五章　投资远程访问技术的企业：Prudential Fox Roach/Trident 案例　/ 151

案例介绍　/ 151

投资机会　　　／ 153

尽职调查　　　／ 159

结论　　　／ 167

第六章　投资网络电话（VOIP）的风险：NexTone 案例　　／ 168

案例介绍　　　／ 168

背景　　　／ 170

优先融资　　　／ 171

管理团队　　　／ 171

市场　　　／ 172

竞争　　　／ 172

技术驱动因素　　　／ 174

市场演进　　　／ 175

知识产权（IP）　　　／ 177

尽职调查　　　／ 178

结论　　　／ 181

第七章　投资射频识别技术的企业：甲骨文案例　　／ 183

案例介绍　　　／ 183

甲骨文的射频识别技术投资战略　　　／ 185

甲骨文射频识别技术发展路线图　　　／ 187

射频识别技术硬件考虑事项　　　／ 187

射频识别技术标准　　　／ 188

集成　　　／ 189

可管理性、可扩展性、安全性　　　／ 189

甲骨文射频识别技术合作伙伴　　　／ 191

横向和纵向市场战略　　　／ 193

尽职调查　　　／ 194

结论　　　／ 200

第八章　企业架构服务能力中的技术产品和服务开发：LiquidHub 案例 / 201

案例介绍 / 201

背景 / 201

客户面临的挑战 / 202

方法 / 203

LiquidHub 企业服务转型路线图 / 211

尽职调查 / 212

结论 / 218

第九章　电子邮件信托解决方案的风险投资：Postiva 案例 / 219

案例介绍 / 219

背景 / 219

市场和机遇 / 221

生产力 / 223

企业对企业集成和信息传递优化 / 224

Postiva 解决方案 / 225

收入和商业模式 / 227

竞争优势 / 230

竞争 / 232

技术 / 233

预计财务绩效总结 / 234

管理层：官员、董事和关键顾问 / 235

尽职调查 / 239

结论 / 243

第十章　投资基于知识的人机交互：TechVestCo 案例 / 245

案例简介 / 245

易于使用软件应用程序的需求 / 245

　　　　用户界面工作台　　　/ 246

　　　　基于知识的交互式工作台组件　　　/ 247

　　　　尽职调查　　　/ 250

　　　　结论　　　/ 254

第十一章　企业投资无线技术：维拉诺瓦大学案例　　　/ 255

　　　　案例简介　　　/ 255

　　　　背景　　　/ 255

　　　　挑战　　　/ 256

　　　　解决方案　　　/ 256

　　　　结果　　　/ 258

　　　　尽职调查　　　/ 259

　　　　结论　　　/ 264

第三部分　尽职调查工具和技巧

第十二章　技术尽职调查的方法、工具和资源　　　/ 267

　　　　技术趋势分析方法　　　/ 267

　　　　尽职调查分析的现成工具包　　　/ 270

　　　　尽职调查项目管理　　　/ 270

　　　　尽职调查模板　　　/ 272

　　　　参考文献　　　/ 276

附　录

附录一　技术趋势分析：普适计算趋势　　　/ 279

　　　　普适计算技术趋势　　　/ 284

　　　　普适计算行动计划　　　/ 308

附录二 技术趋势分析：智能系统技术趋势 / 311

智能决策和交易支持 / 314

智能系统技术和可计算问题的范围 / 320

人工智能系统与工具包 / 321

为什么需要理解人工智能 / 325

应用范围 / 326

研究案例 / 326

附录三 技术趋势分析：商业技术集成趋势 / 331

用户的看法 / 333

可接受的技术控 / 334

会陶醉其中吗？ / 336

隐私 / 338

技术是什么？ / 338

现在的重点是什么？ / 340

21世纪的新结盟 / 342

思维方式 / 349

商业技术趋势 / 358

10个要点 / 360

发展方向 / 361

后 记 / 371

第一部分
尽职调查战略和战术

第一章 尽职调查流程

正如前言所述,尽职调查的目的是降低投资的不确定性,增加生产性投资的可能性。本章的重点内容是技术尽职调查,即通过审查技术投资决策实现影响最大化和风险最小化的过程。目前,围绕技术尽职调查的研究较少。鲜有人对一般性尽职调查和技术尽职调查的细微差别进行研究,案例数量也寥寥无几。根据文献综述,关注尽职调查流程的研究分析很少,尽管有少数资料可以参考(Gordon,1996; Harvy et al., 1995; Lajoux, 2000; Perry et al., 2004)。一些研究重点关注投资组合管理(Weill et al., 2006),另一些研究侧重商业技术宏观趋势预测(Andriole, 2005)。风险投资领域的尽职调查已经取得一些研究进展(McGrath et al., 2006),范围更广的商业技术结盟领域也开展了一些研究(Prahalad et al., 2002)。如前言所述,学界对技术尽职调查的关注度不高。在现有对技术尽职调查的研究中,从并购、投资组合管理、商业技术宏观趋势预测3个角度进行的论述仍是一片空白。与技术尽职调查关联度最高的是并购(M&A)尽职调查(Cullinan et al., 2004; Breitzman et al., 2002; Bing, 1996; Lajoux ct al., 2000; Howson, 2003; Perry et al., 2004)。其他研究重点关注风险投资及风险投资者经历的尽职调查流程(Camp, 2002; Zacharakis et al., 1998)。还有一些关于尽职调查的研究所关注的层面非常具体,如探讨专利问题(Panitch, 2000),真正从技术的角度关注尽职调查的研究很少(Marlin, 1998)。

本章重点探讨技术尽职调查的标准和流程。首先,罗列了一套技术尽职调查可参考的标准，首席信息官（CIO）、首席技术官（CTO）、硬件和软件供应商及风险投资者（VC）可以借用这些标准对可替代技术决策进行审查。随后，论述了开展尽职调查项目所需要的流程。

尽职调查标准

在理想情况下，所有技术投资决策都是由经验丰富的尽职调查专家团队在收集到的完备信息的基础上做出的。然而，现实中的尽职调查通常匆忙了事，信息不完整，专家经验不足，甚至会凭借先入为主的想法做决策。诚然，技术尽职调查一部分是技巧，一部分是科学研究，另一部分靠运气。但是，这绝非做技术投资决策之前不按规则办事的理由。在理想情况下，技术尽职调查有一套标准可循，可量化，可根据不同情况调整，能够适用各类投资情境。无论投资者的职位高低、交易性质如何，这15个标准能够帮助各类技术投资做决策。这15个标准也是投资者做投资决策之前需要问的15个问题。15个标准如下所示：

① 产品和服务顺应技术趋势或市场趋势；
② 能够对产品和服务的基础架构进行清晰的阐述；
③ 产品和服务能够明确预算周期和预算项目；
④ 产品和服务的影响可量化；
⑤ 产品和服务既不彻底改变员工的行为方式，也不改变机构的企业文化；
⑥ 产品和服务尽可能地代表整体的端到端"解决方案"；
⑦ 产品和服务具备多个退出方案；
⑧ 产品、服务和所在公司具备清晰的横向和纵向战略；
⑨ 产品和服务具有较高的行业意识和知名度；
⑩ 产品、服务和所在公司具备合适的技术开发、营销、渠道联盟及合作伙伴关系；
⑪ 产品和服务"政治正确"；
⑫ 公司具备严格的招人和用人策略；
⑬ 产品、服务和所在公司能够讲出有说服力的"差异化"故事；

⑭ 公司高管拥有丰富的经验；

⑮ 公司具备有说服力的产品／服务"包装"和宣传策略。

不同的投资角度决定了有些标准比其他标准更重要。有些标准比其他标准更容易挖掘到信息。有些标准存在潜在危险，如果尽职调查团队错误地喜欢上接受调查的公司管理团队，那么这些标准形同虚设。另外，有些标准难以量化。

对于首席信息官、首席技术官、硬件和软件供应商、风险投资者及技术买家而言，这些标准可作为审查商业想法的手段。一些人对投资过程抱着精益求精的态度；另一些人则喜欢凭直觉行事。一般而言，技术的创造和应用比风险投资更为严格，尤其是种子期和早期投资一般没有那么严格，而后期风险投资往往比种子期和早期投资要求更高。这是因为首席信息官及其他技术买家大客户背负的期望很高，需要在大多数时候做出正确的决策。如果他们经常犯错，就会被解雇。因此，他们对投资决策更加谨慎。技术供应商也很谨慎，因为整个新产品线的开发、包装、营销和销售成本高昂，他们最不喜欢投资用户不感兴趣的应用软件或通信技术，最怕看到公司投资的应用程序早在6个月前就被友商发布过了。

社会对私募股权风险投资者的投资失败率容忍度更高，因为他们生活在一个"高风险、高回报"的保护伞下，哪怕做出不明智的投资决策也不受影响。早期的技术风险投资者通常寻求1/10的投资回报率；由于大多数风险基金的寿命长达10年，他们的10年投资回报率仅有百分之几也不会有不好的后果。不管基金的整体表现如何，他们照样收取管理费。当然，如果他们不能将基金本金返还给有限合伙人，他们可能很难再筹集到下一笔资金；除非，依靠人脉和职业关系碰碰运气。许多私募股权依靠直觉和企业家的履历贸然进行风险投资，而不是依赖严格的尽职调查。上述15个标准中的许多标准当然适用于分析风险投资者所评估的商业计划，尽管大多数情况下首席信息官和供应商感受到的"政治正确"的压力肯定是有的，但这种压力可以忽略不计。因此，从定义的角度来说，组织严格的尽职调查带来的压力还不及那些玩弄自己公司资金的人面临的压力大。这一点说明了技术投资可以是反直觉的。许多人认为，尽职调查的严格程度在风险投资中是最高的，在技术投资的用户层面相对不严格。事实上，情况往往恰恰相反。

这 15 个标准可以帮助做出关于投资去向、投资方式及合理的投资回报预期的决策。本章内容将逐一对这些标准进行简要概括，然后结合投资者每次进行技术投资时所采取的不同视角进行阐述。

第 1 个标准："正确的"技术

这个标准的言外之意是，"正确的"技术有个假设前提，即该技术产品或服务在今天是有生产力的，并且很可能继续保持这种生产力。它假设该技术是"有效的"，并且能够"扩增"到越来越多的用户。同时，它假设该技术是安全的，并且该技术是更大趋势的一部分，例如该技术符合开发更广泛和更深入的企业应用程序的趋势，正如思爱普（SAP）和甲骨文（Oracle）等公司销售的企业资源计划（ERP）应用程序一样。这个标准假设该技术的使用范围将越来越广，并且该技术的基础反映了数字领域出现了更大进步，如图 1.1 所示。

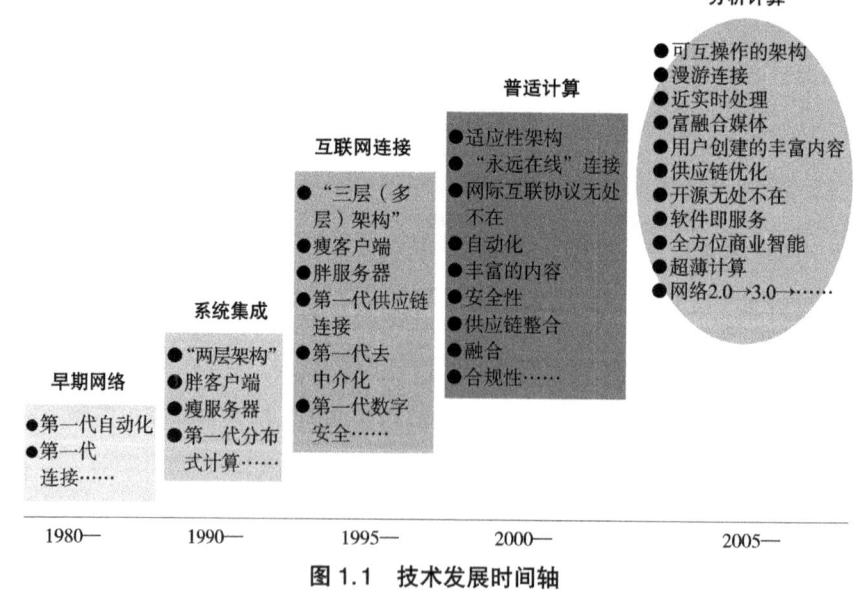

图 1.1　技术发展时间轴

技术的不断进步对于识别出具有高影响力的技术很重要。1980 年以来，科技方兴未艾，掀起一股技术浪潮。目前，人类正处于一个假定有大量高效计算和通信基础架构的浪潮中。事实上，自 2005 年以来，技术的互操作性、可靠性、可伸缩性和安全性发展到了一个新的水平，实际上抵消了人类对技术的担忧。在 2000 年之前，人类比现在更担心技术的可靠性和可用性；如今，人们更加关注不断增长的输出架构所能产生的连续交易。网络2.0时代的出现充分反映了技术的长足进步，但是今天仍有人质疑网络2.0时代的技术对成本管理和创收实际产生了哪些影响。

20世纪80年代，信息技术相对简单。当时应用程序和数据库在大型主机上运行，技术管理掌握在少数专业人员手中。由于第一代自动化和计算机互联的出现，通过网络收发数据成为现实，尽管人们使用的大多数"终端"相当"笨"，数据显示设备还不能进行本地处理。20世纪90年代，新的"架构"闪亮登场，应用程序和数据的发展方式从根本上发生了改变。不再使用以往把所有或大部分计算能力驻留在大型机上的做法，转而把大部分计算能力重新分配给在局域网和广域网上相互连接的个人计算机（PC）。所有这些构成了第一代分布式计算，包括"胖客户端"（高容量电脑）、"瘦服务器"（位于网络和早期"服务器群"中的高性能电脑）及"两层架构"，这使得程序员能够设计在高容量电脑或大型机上独立运行或者两者兼而有之的应用程序。到20世纪90年代中期，情况又发生了变化。人类进入互联网和万维网（WWW）时代，出现了新的"三层架构"。当时的互联网瓦解了线下书店和旅行社，程序员设计的应用程序将计算能力分散到了局域网、广域网和互联网上的计算机上。服务器容量得到了扩增，使得一些个人电脑实际上变得"更瘦"（计算能力变小），通过网络（尤其是互联网）实现设备之间通话功能的个人数字助理（PDA）等设备也得以瘦身。这一时期，由于在线事务处理量飙升，安全性成为越来越重要的话题，各公司也开始更加认真地思考数字供应链的问题。

到2000年，计算机已经无处不在。最大的变化是许多设备拥有了自己独特的"IP地址"（互联网协议地址）。这意味着个人计算机、个人数字助理、服务器，甚至家用电器都可以通过网络进行识别，因此当个人在内部网（基于互联网技术的内部公司网络）和互联网工作时，它们可以一周24小时不间断地执行某些操作。这个时候，计算实现了"永远在线"。人们可以收发视频和其他形式的内容载体。不同的设备逐步互相融合，手机与掌上电脑、MP3数字音乐文件存储和播放设备实现了兼容。在那个时代，业务是连续的，即时通讯无处不在。

到2005年，一切又发生了变化。但是这次变化的衡量方式不同以往。企业防火墙不仅受到病毒和其他恶意软件的攻击，还受到对企业内部和外部情况不做区分的商业模式的攻击。整个网络 2.0 现象表明，网络不仅是一个独立发展的事务处理平台，还是一种持续的商业模式，使公司和个人能够以一些之前未曾预料到的方式找到他们喜欢的产品和服务，如通过点评推荐的方式。当时的社交网络不仅是孩子们的乐园，它也受到客户、供应商、合作伙伴和员工的追捧。聪明的公司不仅在挖掘这种互动，而且也在培养这种互动。

自 2005 年以来，集成和互操作性的使用也创下历史新高。在很短的时间内，企业应用集成（EAI）实现了向网络服务及面向服务的架构（SOA）的两次跨越。互操作架构的时代已经来临，永远改变了软件的设计、使用和支持方式。

同样，人类随时随地处在互联状态，甚至供应链也实现了实时交易处理。媒体的种类更加五花八门，通过许多 5 年前还不存在的设备传送讯息。与此同时，用户创造的内容竞相涌现，大大丰富了媒体的内涵。自 2005 年以来，供应链规划（SCP）和供应链管理（SCM）的发展日趋成熟。在过去的 5 年里，财务以外的企业资源计划（ERP）供应链板块取得了明显进步，交易处理的透明度至少提高了 50%。人类朝着实时预测、库存补充和库存管理的时代阔步前行。

自 2005 年以来，整个软件设计和交付模式也发生了变化。曾经，使用 Linux 和 Apache 服务器的企业反而将开源软件视为奇怪的事物，或者对企业的威胁。到 2005 年左右，红帽（Red Hat）、太阳微系统（Sun Microsystems）和谷歌（Google）等供应商已经增加了开源的机会，软件即服务的发展也模糊了开源软件和专有软件的区别。此时，只要软件价格合理且安全可靠，能满足使用需求，企业就可能愿意为之买单，即使是最大的企业也如此。多年来，在数据和信息管理方面所做的投资推动了商业智能（BI）的诞生，这个观点至少代表了许多非技术高管对"利益实现"的思考。尽管业务经理和高管在数据和信息架构上投入了大量资金，他们仍然抱怨数据不够友好、访问渠道不够、不及时。面对这个问题，许多人认为商业智能是可靠的出路。技术发展带来的最大变化是，商业智能变得无处不在。最后，随着分析计算时代的来临，瘦客户端计算成为潮流。

技术的性质和发展趋势对所有技术投资者都很重要。技术买家需要确保拟购买的应用程序、通信、数据库、基础架构和支持技术顺应该领域的总体发展方向，确保他们的购买行为与友商的行动方向一致，同时符合成本管理的最佳实践。技术供应商需要确保新开发的产品不过于夸张，能够与现有的产品进行融合，同时可以匹配到客户的基础架构中去。技术投资者扮演的角色有时自相矛盾。一方面，他们希望投资的技术能够扩展现有技术及其支持的商业模式；另一方面，他们也想创造对全新技术的新需求。例如，群件是支持"线程化"讨论和协作计算的软件，最初是一种技术，后来演变成一种解决方案。像莲花开发公司（Lotus Development Corporation）这样的供应商在推广群件的时候必须首先解释群件的原理和功能，才有可能说服其他公司购买这个技术。投资者喜欢投资"颠覆性"技术，但是这样做有风险，如果技术买家为了适应新技术不得不大费周章改变原有工作方式，他们就不会引进新技术了，即使引进了中途也会失败。

这个问题还有另外一个方面需要考虑。技术不是在真空中发展的。技术的创造者、买家和投资者需要理解特定技术与相关技术之间的关系。举例而言，什么是语义网？它是技术概念、原型技术还是整个技术集群？语音识别技术、语义理解和赛格威（Segway）迷你交通工具又是什么？它们是概念、新兴技术还是更大的技术集群的一部分？

技术可以划分为3类，第一类是概念技术，诸如"语义网"这样的概念；第二类是新兴原型技术，如网络2.0；第三类是技术集群，整合了真正的技术、基础架构、应用程序、数据、标准、开发者社区和管理支持。概念技术、原型技术和技术集群产生的影响各不相同；概念技术处于模仿阶段，原型技术代表了发展潜力，而技术集群是技术发展的成熟阶段，可能对业务产生巨大的持续性影响。

如果根据技术的影响力画一张图，可以看出许多令人乐观的技术尚未跨越原型技术和技术集群之间的鸿沟，被图1.2中的粗线所分隔。图1.2中，浅色区域的技术尚未产生现实影响力，中间区域的技术有很大潜力，深色区域代表的是真正发展成熟的技术。深色和中间区域的分界线是技术鸿沟，鸿沟下方的技术未能形成集群。

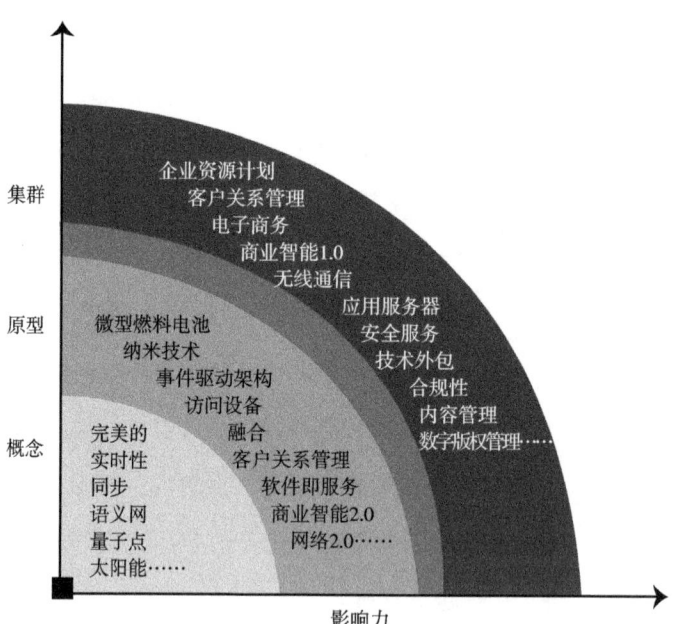

图 1.2　技术、影响力和技术鸿沟

这个图表揭示的本质是，只有当技术完全发展成为集群，即技术发展所需的应用程序、数据、支持、标准和开发者等一切要素完全具备的时候，才能使技术发挥更大的影响力，并且在很长一段时间内保持活力。

鉴于此，首席信息官和首席技术官的做法是：

● 大力收购技术集群；

● 开展原型技术试点项目，对概念技术保持观望但不投资。

技术供应商的做法是：

● 经常投资原型技术；

● 向最重要的客户灌输概念从集群中获取尽可能多的收入。

风险投资者的做法是：

● 炒作概念；

● 过度销售原型；

● 很大程度上忽略集群。

技术的性质和发展轨迹值得所有技术投资者关注。技术买家需要确保拟购买的应用程序、通信、数据库、基础架构和支持技术顺应该领域的总体发展方向，确保他们的决策与友商的行动方向一致，同时符合成本管理的原则。技术供应商需要确保新开发的产品不过于夸张，能够与现有的产品进行融合，同时可以与客户的基础架构相匹配。

第 2 个标准：对基础架构的需求很少或为零

如果使用新技术不需要对原有基础架构进行改动，那么新技术使用起来相对简单；如果引入新技术需要对原有的通信和计算基础架构进行大幅调整，如要求计算机提速或者宽带更高，那么新技术的交易和使用更不易完成。若技术经理同时面临两个选择：一个是需要投入很多的新产品或服务；另一个是成本更低或不需要额外成本的同款产品或服务，他们往往倾向于选择后者。风险投资者和技术供应商也不喜欢选择需要对现有基础架构进行大幅调整的技术。除非是在大牛市期间，技术买家可能会为了获得战略优势豪掷一笔，但结果可能是一无所获。

举例说明。甲骨文的用户必须先安装甲骨文数据库引擎，才能使用甲骨文的企业财务管理系统。如果用户当前使用的是 IBM DB2 数据库管理系统或微软的 SQL 服务器，那么迁移到甲骨文的系统可能操作起来复杂又昂贵。这就说明，如果使用一项新技术需要增加额外投入，那么技术交易将更不容易成功。同理，为了实现视频兼容不得不增加带宽，或者为了支持一个未经测试的新客户关系管理战略不得不购买新移动设备，都不是划算的选择。

首席信息官对不良投资后果的发生规律非常敏感，如果投资新技术有引发投资连锁反应的风险，他们会放弃这项投资。技术供应商的神经也很敏感，因为他们需要确保新产品和服务与现有的产品和服务有连贯性。与此同时，大多数技术供应商乐于告知客户他们拟进行的重大技术变革。他们通常还擅长帮助其他技术供应商从旧系统迁移到新系统，而不会对其技术基础架构或商业进程造成重大干扰。风险投资者明白投资新技术的时候需要尽可能地靠近现有的基础架构，但也因为他们所做的工作的性质，他们要比首席信息官或主要技术供应商更加具有开拓精神，这就是为何许多真正的颠覆性技术往往不来自于拥有海量客户的大型老牌供应商，反而来自于体量更小的创业型公司。

第 3 个标准：预算周期一致

与一个旧的或正在收缩的预算周期相比，将新产品或服务纳入一个新的或正在增长的预算周期更加利于促进产品和服务的销售。销售专业人士多年前就知道，在财年的末尾进行销售困难重重。在 11 月或 12 月销售，必须经常提出有创意的产品，同时也意味着推迟付款，直到新的预算开始滚动才能收到款项。此外，确定"受保护的"预算项目很重要，即所有人认为他们都需要的产品和服务项目。当前，萨班斯－奥克斯利法案[①]的合规项目通常被认为是"受保护的"预算项目。而在 20 世纪 90 年代末，"受保护的"项目是千年虫[②]（Y2K）补救项目和电子商务项目。如果我们能准确预测一段时间内受保护的预算额度，我们就能赚得盆满钵满。

保证预算周期一致既需要把握好公司内部时间节点，又要满足一些外部条件，这些外部条件包括公司、风险投资者和技术供应商必须遵守的一些法规。举例说明。在萨班斯－奥克斯利法案立法后，出现了很多新的合规软件公司，在 20 世纪 90 年代中后期也出现了很多千年虫合规工具。这一变化主要是由风险投资公司通过私募股权融资推动实现的，同理，多年来新的和成熟的技术供应商都加入了监管合规的行列，尤其是在服务领域实现了监管合规。

内部预算周期调整通常是垂直行业部门驱动的，并受整体技术支出环境所处的状态驱动。接下来将展开谈一谈商业技术时机、维生素片和止痛药、技术买卖及技术决策的真正驱动力。

资本市场驱动支出，反过来又决定了维生素片和止痛药的市场。如图 1.3 所示，两个驱动因素是连续的。

---

① 译者注：萨班斯－奥克斯利法案是美国立法机构根据安然有限公司、世界通讯公司等财务欺诈事件破产暴露出来的公司和证券监管问题所立的监管法规，简称《SOX 法案》或《索克思法案》。
② 译者注："千年虫"指计算机 2000 年问题，又叫作"电脑千禧年千年虫问题"或"千年危机"。

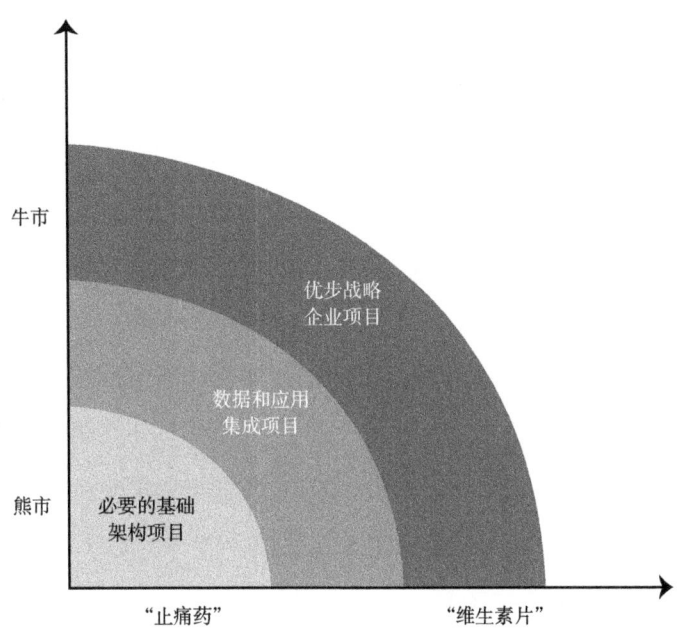

图 1.3　投资驱动因素

熊市扼制技术（和其他）支出。反之，牛市让公司失去理智，看到什么买什么。卖家当然讨厌熊市，但买家应该喜欢熊市。"止痛药"是指能够降低成本和提高效率的投资。它们通常是在一些巨大的技术问题出现之前进行的投资决定。此类决定通常是首席信息官指挥首席财务官做出来的。

"维生素片"是指可以彻底改变商业模式的优秀的应用，它们是牛市的灵丹妙药。技术供应商和风险投资者喜欢牛市，因为在对商业技术成功的无限乐观情绪的推动下，正常的先买后卖的原则已经过时了。牛市催生"爆款应用"、"银弹"和"颠覆性技术"，而熊市为团队接收"银弹"。

简而言之，时机很重要。购买技术、投资技术和创造技术既有好的时机，也有不好的时机。资本市场、公司的财务状况，甚至整个行业的总体状况都决定了时机的好坏。20世纪90年代末，人人都在努力实现千年虫合规，并为此投入了大量资金。但到了2001年，整个千年虫合规市场消失了。同样，在1997年，每个人都必须有一个网站。网站开发公司在20世纪90年代末发了财，每个网站向顾客多收1000美元。这个例子仍然说明时机决定一切。

假设现在有一家公司内部的买家团队，这家公司每年都在商业技术上投入大量资金。假设当前处于熊市，资本支出普遍下降，尤其是在技术领域普遍下降。现实会怎么样？第一，不要考虑提出巨大的"战略性"企业技术项目（这可能是必要的，甚至是谨慎的）。当资金竞争激烈时，打胜仗才有意义。第二，让技术供应商出一个牛市中闻所未闻的价格。他们会"合作"。他们必须公布收入数字——这将取代熊市中的收益。第三，认真审视公司的基础架构，想清楚当市场转向时必须采取什么行动。在熊市中，公司对计算和通信环境的期望值相对较低，但随着市场从熊市向牛市过渡，期望值会上升。公司的基础架构能否应对这一转变？当形势艰难时，需要调整基础架构，评估其脆弱性，并使其达到足够好的状态，以便在预期需要支持的交易中进行扩展。在熊市中做的任何外包交易都应该是风险共担的，而且只有表现出色的供应商才能得到报酬。

假设现在有一家技术供应商。该怎么决策？首先，需要计算一下总拥有成本（TCO）和投资回报率（ROI）。供应商需要支持艰难的商业案例和试点应用。需要激励买家打开支票簿；在工作的所有阶段，都需要和买家保持密切联系。简而言之，供应商需要抓紧时间。但与在牛市中所做的交易不同，熊市交易必须是量化的。在熊市中，供应商卖止痛药；在牛市中，他们卖维生素片。当然，工作的诀窍是随着资本市场的波动，将相同的产品或服务从止痛药转变为维生素片。但说起来容易做起来难。有些产品不好转变。客户关系管理应用程序是乐观的、热情的，它假设越来越多的客户需要正确对待。这些应用程序通常价格昂贵，回收期长，在熊市中很难卖出。但其他投资，如数据和应用程序集成，可能会面临攻击性和防御性的销售行为，因为这些投资可以保护和优化公司资产。

风险投资在熊市中逃匿。看看2000年互联网泡沫崩溃后发生了什么。2000—2004年，部署的风险捕获数量不到1999年部署数量的25%。风险投资和他们资助的企业家对资本市场极其敏感，敏感到企业家也躲在熊市里，主要是因为他们从私人股本风险投资者那里获得的公司和技术的估值在艰难时期非常疲软。

首席信息官们对此持不同看法。尽管人类技术已经取得长足进步，尽管熊市中技术价格低迷，首席信息官仍然普遍认为投资者在商业技术上花的钱太多了。

不管是首席信息官，还是技术供应商和风险投资者，好的时机对他们都是至关重要的。理解市场背景、预期和现实很重要，因为资本市场从根本上改变了交易环境，资本市场决定了止痛药和维生素片的受欢迎程度。

首席信息官、技术供应商和风险投资者都需要了解技术投资的资本背景。技术供应商认为的便宜货，首席信息官通常认为是拦路抢劫。种子投资者和早期风险投资者永远都在兜售承诺，所以价格通常只是在模糊的条件下讨论。具体的投资背景对于所有技术投资来说都极其重要。

第4个标准：影响可量化

如果产品或服务的影响无法量化，那么卖家就不得不依靠讲故事来说服潜在的顾客购买该产品或服务。但是，如果影响可以量化，那么它可以与一些参考标准或当前业绩水平进行比较。显然，如果定量影响很大，例如，该产品或服务可以降低40%的分销成本或提高30%的客户满意度，那么说服客户至少试用一种产品或服务就相对容易了。首席信息官、风险投资者和技术供应商都青睐具有可衡量的可量化的产品或服务。

理想情况下，影响会减轻某种形式的"痛苦"，尽管在牛市期间"维生素片"的影响可能会有吸引力。可量化的影响也有助于将产品和服务进行区分（下文将介绍两者之间的差异）。

风险投资者真的很擅长编造关于影响力的故事。他们力图寻找，并且经常补贴他们投资公司的产品或服务的"灯塔"客户。这些灯塔客户中有一些是真诚的，但也有一些是朋友的朋友，他们像专业见证人一样，习惯于老生常谈。然而，首席信息官天生就是怀疑论者。哪怕是最可靠的影响力数据他们也经常拒绝。技术供应商处于中间地带，他们必须说首席信息官熟悉的影响力语言，但他们也必须编造一个关于他们的新产品或服务有多棒的好故事。

关于影响力的故事必须以听众为中心。首席信息官、技术供应商和风险投资者都需要听取关于影响力的不同的声音并就此开展讨论，但是不管听众是谁，有一点要求很明确，就是要有可量化的"证据"来证明该技术产品或服务比现有的产品或服务显著更好。"显著"这个词在这里至关重要。对首席信息官来说，10%的成本改进或降低可能意义不大，但对技术供应商来说，对现有流程进行10%的改进，需要的额外投资很少或为零，可能就是一个主要卖点。风险投资者总是在寻找巨大的影响力，他们期待的影响程度通常在 50%~75%。

第 5 个标准：流程和文化的变化

如果一个产品或服务需要组织大幅改变他们解决问题的方式或现有企业文化，那么这个产品或服务销售或使用起来相对困难。相反，如果一个产品或服务能够在现有的流程和文化中蓬勃发展，那么对组织来说采用它将会容易得多。最好的例子是知识管理软件产品的使用，这一进程相对缓慢。产品和服务的卖家认为组织会想要共享信息和协作，即使组织本质上是非协作的。多年来，知识管理一直面临一个难题，当组织没有很大的分享欲望时，大师们却在兜售集体解决问题和解决方案库。

也许，一个更好的例子是客户关系管理（CRM）。客户关系管理不是技术、软件或"架构"，客户关系管理是一种心态、一门哲学、一个商业战略。令人惊讶的是，有很多公司相信客户关系管理（托管或内部）软件应用程序可以解决他们客户关系问题。从甲骨文或席贝尔（Siebel）这样的公司购买或从 Salesforce.com 这样的公司租赁客户关系管理应用程序，其安装条款会假设各种各样的情况都是真实的，尽管供应商倾向于将其中许多内容隐藏在细则中。如果技术公司对客户不友好，那么即使有技术也无能为力，除了技术预算可控其他任何事情都无法改变。

客户关系管理是一门哲学，相对于其作为一种技术，它将客户视为终身客户，他们的个人和职业生活可以通过对客户需求、价值、能力和支付欲望的主动管理来实现货币化。作为一种技术，客户关系管理是关于将客户数据、供应商数据、公司数据，甚至垂直行业数据转化为可操作信息的应用。客户对企业和技术的观点之间经常发生脱节，而在如何获取和使用软件应用程序的不同观点之间并不存在脱节。在公司销售什么、收取什么费用及顾客愿意支付什么之间也存在脱节。

以客户为中心的公司在客户关怀方面有着广泛而深入的协议，即围绕客户满意度和保留率而设计的流程。这些公司也有关于获得新客户的特定协议。诺德斯特龙（Nordstrom）明白这个道理，丽思卡尔顿酒店（Ritz-Carlton）明白，雷克萨斯

（Lexus）汽车经销商也明白。虽然远非"完美"，但这些供应商和其他供应商明白，他们在产品和服务中嵌入的额外利润最好被他们提供的服务质量抵消。许多客户非常愿意支付高于他们应该支付的价格来换取顶级服务，至少是与低成本供应商相比提供的更好的服务。高端供应商一直都明白这个道理，并且按这个思路管理他们的客户。一些中端供应商也以优雅的方式对待客户；而另一些公司则向客户提供替代性的价值主张，如低价，作为对平庸或低劣服务的交换。

当公司对客户关怀和投资的产品/价值/客户服务关系比率判断错误时，客户关系管理就到达了危险地带。例如，一些公司处于价格/价值等级的中间地带，但提供的服务很糟糕。另一些公司处于最高层，提供的服务却微不足道。位于价格/价值层级顶端却提供糟糕服务的公司都不太可能一直停留在原来的阶层。当一家公司将其价格/价值/服务的比率与对客户关系管理流程和技术的投资同步时，就在客户关系管理方面取得了成功。

客户关系管理软件应用程序不会改变公司的客户关系管理流程。如果一家公司的流程被彻底破坏或被客户疏忽，那么就存在一个流程缺口，必须通过专门为弥补缺口而设计的管理措施来填补。换句话说，如果以客户为中心的流程不存在或被打破，那么将需要对客户关系管理流程进行大量新的投资，事实上，也需要对公司文化进行大量新的投资，因为公司文化必须从客户中立或客户敌视的文化转变为对客户友好的文化。首席信息官、供应商和风险投资者充分理解"公司文化变革"的含义。与那些已经与现有流程和文化保持一致的技术投资相比，那些稍微依赖"公司文化变革"的技术投资不太可能成功。

第6个标准：解决方案

所有人都在越来越多地寻找广泛复杂问题的综合解决方案。虽然销售个人电脑很好，但销售个人电脑、资产管理系统、故障修复支持及台式机/笔记本电脑/掌上电脑/手机管理策略是个更好的选择。为什么？因为客户需要这些服务，并且必须经常与多个供应商合作来组装集成难度较大或极大的服务。与更少的供应商合作显然更容易，而且通常更具成本效益；有时，一个"战略合作伙伴"代表着最佳的集成解决方案。最新类型的顾问是"解决方案集成商",它声称对客户可能遇到的任何(广义的)技术问题可以提供端到端支持。

首席信息官对其技术环境的各个方面之间的相互关系越来越敏感,尤其是应用、通信和数据之间的相互关系。他们总是在寻找贯穿其基础架构的技术,寻找能够解决尽可能多的问题的"方案"。技术供应商了解这些需求,并试图以合适的价格提供合适的服务套餐。风险投资者对服务商业模式感兴趣,因为运营良好的能提供解决方案的公司可以获得很高的利润。

第7个标准:多个退出方案

因为并非所有的技术投资都会顺利进行,所以最好准备多种投资方案。如果一家公司正在销售一个可以相对容易地转移到另一个垂直行业的垂直解决方案,那么这个方案中就包含了偶然性。如果一个横向技术产品可以很容易地垂直发展,它就是一个很好的"默认选项"。道理很简单,如果一家公司的产品或服务在水平和垂直方向上都是灵活的、可扩展的,并且适应性强,那么它就有更大的机会在竞争激烈的市场中经受住不可预测的变化。

首席信息官对默认选项的看法与供应商或风投不同。首席信息官将其默认结果捆绑在更大的风险管理框架内。如果一个主要的应用程序失败了,他们会考虑如何减轻影响;例如,精明的首席信息官在新的应用程序被彻底测试完之前永远不会切换到该程序。这意味着组织经常运行两个应用程序,因为其要确保新的应用程序正常运行。

风险投资者也看到了多种投资方式,尽管他们关注的不是风险管理,而是回报最大化。理想情况下,他们投资的科技公司可能会准备尽快公开发行股票。在互联网迅猛发展时期,公司在几个月内就能上市。但是,如果公司没有上市的潜力,它们可能仍然会被卖给竞争对手,或者很快盈利并具备自立的能力。即使一家公司未能在相对较短的时间内获得显著的吸引力,风险投资也可以通过提供后续投资回合(邀请新投资者参与)来重新分配风险,投资一轮可能基于也可能不基于公司估值大幅上升的融资。换句话说,风险投资可以通过几种方式将其投资货币化,风险投资不断获得投资退出机会。

技术供应商实际上面临着最大的挑战。在对新应用程序、新服务或两者进行大量投资后，如果新产品或服务无法给客户和更大的市场留下深刻印象，供应商将损失惨重。事实上，只有少数默认选项可供供应商选择。当然，新产品或服务的成功主要表现在顾客的接受程度上。另一个是"进行中"默认选项，例如，在新应用程序的1.0版中检测到的问题可以在一段相当长的时间内得到持续改进。这基本上是网景通信公司（Netscape）在20世纪90年代对其最初的浏览器的做法，而且可以说，微软每次发布需要多个"服务包"的新产品时都会这样做，以使最初的应用程序以其设计的方式工作。

第8个标准：水平优势和垂直优势

微软是典型的水平技术公司，因为它出售软件的对象是所有人，不管他们来自什么行业。但是，有些公司只向特定行业销售软件，如保险公司、银行和制药公司，还有一些公司，如IBM和许多大型咨询和系统集成公司，它们的销售方式包括水平和垂直两个方向，拥有专门从事多个行业的实践。最好的产品和服务须具有引人注目的水平和垂直故事，因为客户希望听到行业特定的解决方案或在类似情况下奏效的解决方案，如面对竞争对手的情况。没有一个好的垂直故事，水平销售将变得越来越困难。

一些供应商已经开始开发简单、经济高效的解决方案，利用为特定行业定制的水平技术来解决垂直行业的问题。几十年来，供应商一直提供"一刀切"的基础架构技术，这些技术在部署后由内部或外部垂直顾问（也称为"主题专家"或"领域专家"）进行"调整"。数年来，一些应用软件已经为多个行业提供了特定的解决方案。制造业、金融服务业和医疗保健业都有自己的技术领导者，但他们倾向于应用方面，而不是基础架构方面。

"**垂直化**"至少有3个维度：

- 垂直行业要求的文件；
- 垂直定制的基础架构技术；
- 即插即用简单性。

垂直行业与信息技术有着成熟的关系，并不需要弄清银行应该如何利用技术来解决其问题。费城以外的金融服务巨头先锋集团（Vanguard）确切地知道如何将技术运用到新旧业务模型和流程中。但是其几乎都是在内部完成的。像许多公司一样，先锋集团为自己提供了广泛而深入的垂直专业知识。它定制了现成的软件来满足其金融服务需求。但是为什么供应商（不是顾问）不能为其定制呢？当然，人们总是可以雇佣一大群顾问来做任何必要的事情，但是为什么要用不必要的开销来使这个过程膨胀呢？金融服务、制药和化工等行业的规模难道不足以证明它们自身的基础架构需求和解决方案是合理的吗？

几乎所有的主要垂直行业都有一套可以在该行业的公司中推广的要求。富达投资集团（Fidelity）的要求与先锋集团有什么不同吗？杜邦公司（Dupont）和罗门哈斯公司（Rohm and Haas）有那么大的不同吗？当射频识别真正开始走红时会发生什么？有多少种偏好？为什么每个垂直行业没有一个主要的偏好？

首席信息官们希望看到硬件、软件和通信基础架构的主要供应商开发完整的垂直套件，这些套件包括所有的铃铛、哨子和钩子，使得在任何数量的垂直行业中进行业务交易成为可能。不同的垂直行业对隐私、合规、报告、企业对企业（B2B）交易处理、数据表示和安全性等问题的处理方式不同。为什么首席信息官不能在这里获得一些帮助，至少创建一些行业内基础架构标准？

化学工业就是一个很好的例子。几乎所有的大公司都引入思爱普（SAP）的R3企业资源计划系统对公司的应用程序进行了标准化。这意味着基础架构提供商（不包括咨询中介）可以优化他们的后台和前台思爱普应用程序模块解决方案。这有多容易做到？提供通信、工作流、群件、知识管理、消息传递、内容管理、安全和数据库管理等功能的供应商可以根据思爱普和化工行业定制他们的产品。

开源提供商面临的最有意思的机会是简化硬件和（尤其是）软件架构的可能性。主要的专营供应商不太可能沿着这条路走下去，但是Linux桌面人群可以很轻松地朝着这个方向前进，尽管也有来自专营供应商的阻力。但是，真正的优势仍然在于专有遗留基础架构技术的优化。虽然开源社区希望简化产品，但是如果专营供应商能够使他们的应用程序瘦身且垂直化，那么真正的进步是可以实现的：他们不需要收缩包装的所有附加功能；相反，我们需要精简和增强应用程序，以更好地支持特定的垂直行业。

首席信息官希望他们的供应商理解他们的业务。供应商横向和纵向组织他们自己，以吸引他们的客户。风险投资希望公司的产品和服务能够满足最大、最富有的垂直行业的需求。

第9个标准：行业意识

如果没有人听说过别人代表的产品或服务，那么投资将会有一个艰难的爬升过程。尽管有时存在巨大的机会来培养全新知名度，并在此过程中成为市场趋势的引领者，但在一个已经获得高度行业认可的领域进行销售往往更容易。也许最明显的验证来自传统的行业分析师，如高德纳咨询公司（Gartner）、国际数据公司（IDC）或福雷斯特研究公司（Forrester）。如果一项技术产品或服务对这个社区来说是未知的，那么公司在进行销售之前必须自掏腰包来创造知名度。公司还应该了解如何玩认知游戏及如何与行业分析师合作。

首席信息官很难购买几乎没有或根本没有品牌知名度的产品或服务。大多数公司避免早期采用技术，只是因为实践中存在太多风险。技术供应商努力确保他们的营销至少跟上他们的产品和服务。风险投资在行业分析师身上花了很多钱，以提高对其投资组合中的技术和科技公司的认识。

第10个标准：伙伴和盟友

现在的公司单干越来越难了。考虑到"解决方案集成"的趋势、外包和技术变革的步伐，新公司必须拥有正确的渠道合作伙伴和联盟。虽然直销和市场营销通常可以非常有效，但是在合适的地方有合适的朋友来谈论关于产品和服务的合适的事情是有用的。与管理和技术咨询公司、系统集成商和支持供应商建立关系可以将技术公司的覆盖范围扩大几个数量级。如果不能意识到这一点，那么公司很可能会错过重要的渠道机会。

首席信息官期待广泛的支持网络。换句话说，他们更喜欢投资技术集群。供应商需要足够的合作伙伴来优化他们的成功。有些直接销售，有些仅通过渠道合作伙伴销售。有些人与咨询公司有关系，另一些人没有。风险投资推动他们的公司尽可能多地达成谨慎的、必要的交易，以便在尽可能短的时间内将产品和服务提供给尽可能多的人。

第 11 个标准："政治正确"的产品和服务

说服保守的企业去购买新的技术产品和服务是一件很难的事情。没有人想生活在"流血的边缘"。许多技术经理不会在他们认为有风险的事业上冒险，即使"有风险的"产品或服务可能真的解决了一些棘手的问题。买家也希望产品和服务能够减轻真正的痛苦。虽然"维生素片"很好吃，但"止痛药"是必不可少的。减少成本和员工，显著改善流程，改善糟糕的服务水平是让买家看起来更聪明的"止痛药"。这是一个投资的好地方。

政治对商业技术决策有着深远的影响。每个人都与政治及其对企业行为的影响有关。

但是，政治只是影响决策的整体环境的一个方面。其他因素包括企业文化、领导者的素质和品质、企业的财务状况及行业和国家与全球经济的总体财务状况。具体如图 1.4 所示。

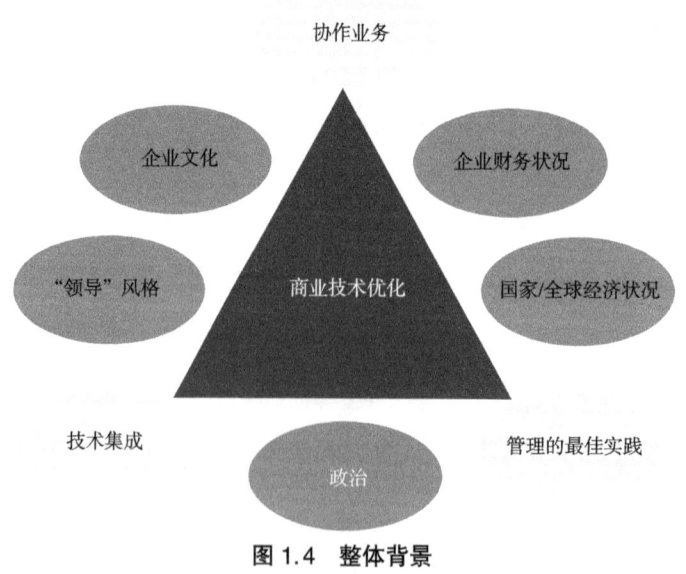

图 1.4 整体背景

协作业务、技术集成和互操作性是最具挑战的 3 个方面，同时围绕技术获取、使用和支持的最佳管理实践也很重要。政治、领导力和文化是相对温和的因素。

下面谈一谈变量。评估公司的政治智商很重要。一些公司几乎完全是"政治性的"：一些人仅根据他们的想法、他们喜欢（和不喜欢）的人及对他们个人有利的东西（对公司可能有利也可能不利）来做决定。一些公司对数据、证据和分析有强迫症。中间是大多数公司，在分析和政治之间有一些平衡。

企业文化是另一个关键的决策驱动力。文化冒险吗？保守吗？公司会承担计算好的风险吗？还是疯狂的冒险？它是早期还是晚期的技术采用者？文化是奖励还是惩罚冒险者？当它告诉员工"跳出固有的思维模式"时，这是"我敢说你敢挑战现状"的暗号吗？准确评估企业文化非常重要。技术投资必须与文化及构成整个决策环境的其他变量同步。

领导层呢？聪明吗？快退休了吗？每个人都已经富有了吗？每个人都还在努力回到 1999 年的财务状况吗？它是否陷入困境，难以保持控制？高级管理团队是成熟的还是年轻的？它是致力于每个人的成功，还是仅致力于自己的成功？它是富有同情心的还是无情的？这关键在于高级管理团队的整体领导能力。有些管理团队非常聪明、有技能、值得尊敬，也有一些团队非常糟糕。试图把长期的基于技术的解决方案卖给一个只想着个人财富的以自我为中心的团队是行不通的；试图将同样的解决方案推销给一个接受创造广泛股东价值的长期方法的团队通常效果很好。

公司到底做得怎么样？赚钱吗？赚得比去年多？还是过紧日子？首席信息官是否又收到了一份关于降低技术成本的备忘录？公司盈利增长了吗？对未来有什么胆怯或悲观吗？

产业部门做得好吗？该公司是唯一亏损的国防承包商吗？它是唯一一家没有新药管道的制药公司吗？还是每个人都在同一条船上？总体经济看起来向好，还是存在地区性、全国性或全球性的危险信号？该行业和经济的信心水平是多少？聪明的钱去哪里了？将公司定位在界定国家和全球熊市与牛市的更大经济力量中至关重要。

首席信息官、供应商和风险投资都应该密切关注政治、文化、领导力、企业财务状况及整个国家和全球经济。如果所有的结果都是不可行的，也许现在不是提议任何改变或任何大的技术投资的时候。但是如果有一些不可行——但主要是可行和中性，那么也许是时候变背景为优势了。有一点是肯定的，忽略任何一个因素都可能会导致失败。

第 12 个标准：招人和用人

公司在所有发展阶段面临的最重要的挑战可能是，寻找真正有才华的专业人员来为产品和服务公司配备人员。那些将招人和用人视为核心能力的公司比那些仍然以传统方式招人和用人的公司更有可能生存和发展。这个问题的创造性解决方案不再是一件好事，而是一种必须，或者换句话说，创造性招人和用人策略不再是"维生素片"。它们是"止痛药"。

首席信息官们期望他们的供应商拥有许多真正聪明、敬业的专业人员。如果有相反的证据，他们可能不会进行技术投资。供应商明白这一点，并努力以销售、营销和交付努力为中心，这将是最好的和最明智的选择。风险投资者希望他们的投资组合公司明白如何只招募和留住最优秀的人，或者至少是那些可以被描述为"仅有的最优秀的人才"的人。

第 13 个标准：差异化

如果一家科技公司不能清晰明确地定义其在市场中的差异化，那么该公司在一个竞争激烈的市场中渗透（更不用说取得繁荣）的能力将面临很危险的信号。差异化对成功至关重要，虽然并非每一个差异化论点都是在公司刚开始组织时形成的，但众所周知的"电梯故事"最好从一开始就连贯一致。最好的差异化故事当然直接涉及新老产品或服务的独特性、成本效益和力量。

首席信息官需要很多帮助。为了出售一项技术投资，特别是像企业资源计划实施这样的大型投资，他们需要一个商业案例，明确描述他们是如何从所有的选择中获得信息的。有时市场本身有助于差异化——或者说缺乏差异化。行业整合通常意味着一个领域的参与者之间没有足够的差异来维持参与者之间的竞争优势。这就是为什么只剩下少数几家个人电脑制造商，或者只有几家主要的数据库管理供应商。随着市场的成熟，差异化的本质往往会发生变化。后期差异化更多的是关于执行，而不是产品之间可测量的技术差异。有时候，差异化仅是执行和服务，首席信息官们会有意识地接受一家供应商提供的相对较次的技术产品，而该供应商始终提供卓越的售前和售后支持。

供应商会为了可信的差异化数据而残酷竞争。销售和营销团队极其努力地工作，就是为了打造出恰到好处、令人费解的差异化故事。风险投资的生死在于差异化这一利刃。它比其他任何对手都"更好"、"更快"和"更便宜"。

第14个标准：经验丰富的管理层

这里的关键是看到技术实力和管理经验的正确组合，以开发和交付成功的产品或服务。理想情况下，管理团队已经"经历过并做到了"，并且足够成熟来处理各种不可预测的事件和情况。还有其他理想的先决条件：在目标横向和/或纵向行业的经验、正确的渠道关系、招聘和留住人才的能力、与行业分析师合作、沟通和销售的能力。在这份清单上，我们可能都会增加一些品质，但关键是要找到有经验的管理者，他们充分认识到过去的成功不一定预示着未来的成功。

许多人坚信，业务技术的一致性几乎完全取决于合适的人在合适的时间的质量和可用性，如图 1.5 所示。它是一个工具，可以帮助人们根据他们的能力、精力、雄心，以及其他一些特征来描述自己。显然，我们的目标是聚集一群聪明、理智、精力充沛、雄心勃勃的专业人士。

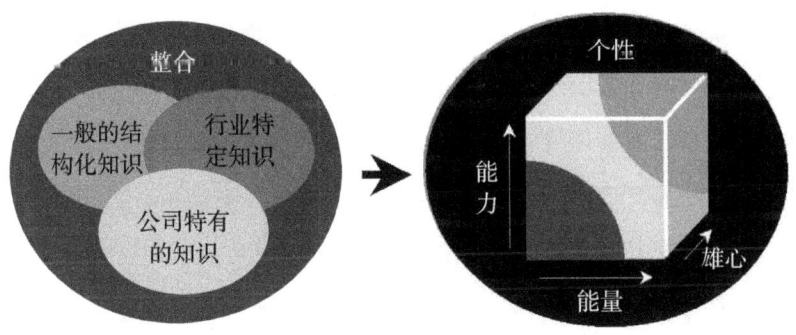

图 1.5　人才分析工具

图 1.5 展示了至少 3 种知识，当然，它们需要整合。一般的结构化知识包括描述事物及其工作方式的事实、概念、原则和公式。金融是一个很好的通用的、结构化的领域。计算机科学是另一门学科。大学生主修这些领域。行业特定知识来自不同的来源。一部分来自学院和大学，但大部分来自在职经验、培训和行业认证。公司特有的知识来自在特定公司领域的战壕中度过的时间。

当我们谈论"聪明"时，我们谈论的是 3 个知识类别的深度，以及将它们整合到洞察力、推理和决策中的能力。但是，尽管"智力"是由综合知识与原始智力相结合而形成的，但能量和雄心是独立衡量的。

有些人真的很聪明，有些人则不聪明。有些人致力于理解现有的和新兴的商业技术趋势，有些人则不然。有些人甚至努力提高他们的自然能量水平，但大多数人没有。

有些人想要老板的工作；有些人一无所知。有些人是邪恶的；有些人是善良的。有些人神秘地到达了现在的位置；有些人是通过努力挣来的。谁是"看守人"？

负面人力因素

如果你在一周左右的"观察"后才加入一个组织，你就开始列出心理清单。其中一个例子是一份名单，上面的人是如此之多，以至于你发现自己陷入了一种买家悔恨的状态，不知道你怎么会如此愚蠢地接受了这个新职位。人们当然可以分为各种类型。有些人极其粗鲁和傲慢。我们如何对待这些人（他们到处都有和他们一样的朋友）？对于那些扰乱和破坏分子，我们该怎么办？总是抱怨的人拿他们怎么办？面对除了痛苦、愤怒和嫉妒什么都不能提供的人我们该怎么办？

人们可以聪明、雄心勃勃、精力充沛，但也可能傲慢、刻薄。你希望你的员工中有谁？你将主要业务技术计划委托给谁？你是如何权衡的？

有些公司有很多有聪明才智却没精力和野心的人，这些公司会有问题。但事实上，如果这些公司的人是精力四射和雄心勃勃的哑巴，那就更危险了。几个世纪以来，军方就知道军官可以聪明自大，但绝不会傲慢愚蠢。

当公司赚很多钱时，人们（和公司）会非常好地忍受笨员工，但是当公司过紧日子时，人们容易失去脾气和耐心。当情况好的时候，公司应该找到笨员工的闪光点，相应地孤立他们；当日子艰难时，公司应该把他们从组织中剔除。

首席信息官期望他们的技术供应商拥有坚实的管理团队。供应商明白，如果团队看起来愚蠢、行为愚蠢，他们不会卖出多少产品或服务。风险投资明白优秀的管理团队有多重要；事实上，许多风险投资对管理标准的重视程度超过了其他任何尽职调查标准。

第15个标准："包装"和宣传

虽然承认"风格"优先于"实质"和"形式"优先于"内容"看起来有点奇怪，但事实是，"风格"、"形式"和"激情"很畅销。产品和服务说明及宣传材料应该看起来很好，展示这些材料的人应该是专业的、能言善辩的和真诚的。那些没有意识到形式、内容和激情重要性的公司将比那些拥抱和利用这一现实的公司更难爬上去。

好的技术营销策略有哪些组成部分？

首先，考虑"出售"的是什么。硬件、软件、服务、图像和感知。当一切顺利的时候，每个人都认为技术人员真的很棒，事情运转得相当好——而且价格合理。如果硬件和软件运行良好，但图像很差，技术就会被认为是失败的，就像糟糕的硬件和软件一样——但良好的感知会为你赢得一些时间。像其他任何事情一样，我们销售硬的和软的东西，有形的和无形的资产及流程。

下一步考虑谁在被出售，从一开始就注意到我们向非常不同的人出售不同的东西。是的，我们向每个人出售硬件、软件和服务（及图像和感知），但随着我们从一个办公室搬到另一个办公室，这些产品的相对重要性会发生变化。高级管理层真的不关心网络有多酷，也不关心我们最终是如何实现基础架构可靠性的涅槃一般的小数点后5个9（99.99999%）。他们关心的是刚刚启动的收购项目被砍掉的20%，或者公司数据最终如何相互交流，以及公司现在是否能够交叉销售其产品。是的，信息的内容和形式很重要。

技术组织的品牌是什么？如果它是一支职业运动队，它的好名字是什么？会是创新者吗？终结者？换句话说，如果你问负责股票的分析师，把技术和公司联系起来，他们会怎么说？有纪律吗？有战略规划吗？公司力量是强还是弱？

有技术"路演"吗？关于技术在公司中扮演的角色，一个连贯的信息是技术是如何组织的，什么最重要，主要项目和技术对盈利增长的贡献，以及其他关键信息，这些对于公司的成功是不可或缺的。

很明显，技术供应商必须有令人信服的故事来告诉客户，并且附加支持性的材料。首席信息官希望看到并感受到供应商产品和服务的嗡嗡声。供应商在这些材料上花了很多钱，风险投资迫使他们的公司拥有最好的宣传材料。事实是，现实和炒作的正确结合对参与技术投资决策的各方都很重要，不管他们身处什么位置。

总之，不管你身处何方或交易的性质如何，下面15个标准均适用于所有的技术投资。这些标准勾勒了投资问题的框架。它们是：

① 产品和服务顺应技术趋势或市场趋势；
② 能够对产品和服务的基础架构进行清晰的阐述；
③ 产品和服务能够明确预算周期和预算项目；
④ 产品和服务的影响可量化；
⑤ 产品和服务既不彻底改变员工的行为方式，也不改变机构的企业文化；
⑥ 产品和服务尽可能地代表整体的端到端"解决方案"；
⑦ 产品和服务具备多个退出方案；
⑧ 产品、服务和所在公司具备清晰的横向和纵向战略；
⑨ 产品和服务具有较高的行业意识和知名度；
⑩ 产品、服务和所在公司具备合适的技术开发、营销、渠道联盟及合作伙伴关系；
⑪ 产品和服务"政治正确"；
⑫ 公司具备严格的招人和用人策略；
⑬ 产品、服务和所在公司能够讲出有说服力的"差异化"故事；
⑭ 公司高管拥有丰富的经验；
⑮ 公司具备有说服力的产品/服务"包装"和宣传策略。

总的来说，这些标准代表了一种投资概况。它们代表了一种理解投资潜力、风险和不确定性的方式。这些标准回答了技术本身、技术在市场中的定位、技术的"包装"、技术管理和技术在市场竞争中脱颖而出的能力等问题。

标准权重

这15个标准构成了我们用来审查各种技术投资的框架。首席信息官总是购买技术。私募股权风险投资者一直在投资科技公司。企业家不断寻找机会。技术公司必须优先考虑他们的研究和产品或服务开发预算。中小企业不断投资于计算和通信技术。他们应该如何进行？

然而，根据谁在使用标准集群，它们的权重是不同的。尽职调查标准可以扩展到不同种类的投资决策。关键在于它们要适用于替代投资机会的规则。

有15个问题可以用来分析技术投资机会。如表1.1所示，它们包括了15个被定义为"是"、"否"和"为什么"的尽职调查标准。

这些问题的答案可以是"好的"、"坏的"或"中性的"，如表1.2所示。

标准也可以根据它们的相对重要性来加权。如何衡量这15个标准？如何处理相对权重？加权过程的工作原理如表1.3所示。记下问题、权重、分数和总数（根据加权系数和分数计算）。

标准加权可以通过多种方式实现。笔者建议的方式是迄今为止最简单的可能方式。为什么如此简单——你可能考虑的备选加权方案是什么？

简单是第一要义，至少笔者是这样看待尽职调查过程的。尽职调查的目标是降低风险，而不是寻求完美的结果。这里建议的简单权重提供了替代投资的相对排名——不多也不少。它还提供了调整过程和玩"假设"游戏的能力——"如果权重发生变化……如果分数发生变化……这将如何改变总体评估？"

层次分析法（AHP）是用来评估替代技术投资机会的多标准决策方法。层次分析法是一个强大的多标准决策工具，它将决策问题组织成一个层次结构，允许根据标准权重和备选方案得分对备选方案进行评估。[1]

---

[1] MCCAFFREY J.Th eanalytic hierarchy process [J].MSDN magazine，2005，20（6）：139-144.

表1.1 15个关键问题

	是	否	原因
"正确的"技术趋势？			
低基础设施要求/少量变化			
预算周期一致？			
影响可量化？			
流程和文化的微小变化？			
端到端"解决方案"？			
多重默认选项？			
水平/垂直故事？			
高度行业意识？			
正确的伙伴关系和联盟？			
技术"政治正确"？			
招人/用人策略？			
差异化？			
良好的管理？			
包装和宣传？			

根据维基百科所述，层次分析法是一种处理复杂决策的结构化技术。它以数学和人类心理学为基础，由托马斯·塞蒂（Thomas L.Saaty）在20世纪70年代开发，并从那时起被广泛研究和提炼。层次分析法提供了一个用于构建问题的全面合理的框架，用于表示和量化问题的要素，并将这些要素与总体目标进行对标，以及用于评估替代解决方案。它在世界范围内广泛用于各种决策场合，如政府、商业、工业、医疗保健和教育等领域。几家公司提供计算机软件来协助这项流程的各个步骤。

表1.2 好的、坏的和中性的尽职调查结果

问题	是	否
"正确的"技术趋势？		
低基础设施要求/少量变化		
预算周期一致？		
影响可量化？		
流程和文化的微小变化？		
端到端"解决方案"？		

续表

问题	是	否
多重默认选项？		
水平/垂直故事？		
高度行业意识？		
正确的伙伴关系和联盟？		
技术"政治正确"？		
招人/用人策略？		
差异化？		
良好的管理？		
包装和宣传？		

表1.3 标准权重

问题	权重	分数	合计
"正确的"技术趋势？			
低基础设施要求/少量变化			
预算周期一致？			
影响可量化？			
流程和文化的微小变化？			
端到端"解决方案"？			
多重默认选项？			
水平/垂直故事？			
高度行业意识？			
正确的伙伴关系和联盟？			
技术"政治正确"？			
招人/用人策略？			
差异化？			
良好的管理？			
包装和宣传？			

层次分析法的使用者首先将他们的决策问题分解成一个更容易理解的子问题层次，每个子问题都可以独立分析。层级的要素可以与决策问题的任何方面相关——有形的或无形的，粗略估计的或仔细衡量的，容易理解的或难以理解的——任何适用于手头决策的东西。

一旦建立了层次结构，决策者就系统地评估其各种要素，将其成对地相互比较。在进行比较时，决策者可以使用关于元素的具体数据，或者他们可以使用关于元素的相对意义和重要性的判断。层次分析法的本质是，在进行评估时可以使用人类的判断，而不仅是潜在的信息。

层次分析法将这些评估转化为数值，可以在整个问题范围内进行处理和比较。层次结构中的每个元素都有一个数字权重或优先级，这样就可以用一种合理且一致的方式来比较不同且通常不能比较的元素。这种能力使层次分析法区别于其他决策技巧。

在层次分析的最后，为每个决策选项排列出优先顺序。然后，选择最好的选项，或者按照相对偏好的顺序排列它们，这个操作很简单。

虽然层次分析法可以被从事直接决策的个人使用，但它在团队成员处理复杂问题时最有用，尤其是那些涉及人类感知和判断的高风险问题，这些问题的解决具有长期影响。在决策的重要因素难以量化或比较，或者团队成员之间的交流因他们不同的专业、术语或观点而受阻的情况下，它具有独特的优势。

层次分析法的第一步是将问题建模为一个层次。在这个过程中，参与者从一般到详细的层次探索问题的各个方面，然后用层次分析法要求的多层次的方式来表达。当他们努力建立等级制度时，他们增加了对问题的理解，对其背景的理解，以及对彼此关于两者的想法和感受的理解。

层次是一个对人、事物、想法等进行排序和组织的系统，其中除了顶层元素之外，系统的每个元素都从属于一个或多个其他元素。层次图的形状通常类似于金字塔，但是除了在顶部有一个元素之外，层次图没有必要是金字塔形状的。

人类组织通常被构造成层次结构，其中层次系统被用于分配责任、行使领导权和促进沟通。熟悉的"事物"层次包括位于"顶部"的台式计算机的塔式单元，以及它的下属显示器、键盘和鼠标。

"在思想的世界里，我们使用层次制度来帮助我们获得复杂现实的详细知识；我们把现实划分成不同的组成部分，而这些组成部分又反过来成为它们自己的组成部分,按照我们喜欢的层次制度往下走。在每一步,我们专注于理解整体的一个组成部分,暂时忽略这个层次和所有其他层次的其他组成部分。当经历这个过程时,我们增加了对正在研究的任何现实的理解。

层次分析法是一种描述手头问题的结构化方法。它由一个总体目标、一组实现目标的选项或备选方案及一组将备选方案与目标联系起来的因素或标准组成。在大多数情况下,标准被进一步分解为子标准和子子标准等,根据问题的需要分为多个级别。

任何层次分析法的设计不仅取决于手头问题的性质,还取决于过程参与者的知识、判断、价值观、意见、需求、愿望等。"

层次分析法只是基于标准/加权分析的几种技术之一。多标准决策是在竞争备选方案中进行决策的一种流行方法。[①] 其中一些备选方案包括:

- 多属性全局质量推断(MAGIQ);
- 目标规划;
- ELECTRE(超越);
- PROMETHÉE(超越);
- 数据包络分析方法;
- 证据推理方法;
- 基于优势的粗糙集方法(DRSA)。

所有这些方法都代表了多标准主题的变体。这本身就是一门学科,而不是此项分析的重点。层次分析法的表现超过了尽职调查的预期目标。

组织和执行

成功的技术投资需要准则来规范。许多首席信息官、技术供应商、风险投资者和其他技术投资者有时会做对决定,但几乎没有足够多的人实施可重复的流程来提高投资的良性回报与恶性回报的比例。像许多业务流程一样,成功往往取决于它们实际上有多常规。如果每一次技术投资都有不同的评估方式,就不可能评估投资决策过程的好坏。一致性和可重复性是关键。

[①] 参见《参考多标准的决策:模型、算法、理论和应用进展》,克鲁瓦学术出版社。

有几个必要的措施可以提高投资成功率。它们包括：

- 组织正确的团队；
- 寻找并利用精明的顾问；
- 安排正确的时间表；
- 开发强大的商业案例。

组织正确的团队

一切都是为了团队。首席信息官需要确保团队由能够客观地代表短期和长期企业需求的专业人员组成。他们还需要让团队中充满火箭技术专家——真正了解他们计划投资的技术的人。他们还需要能够将业务技术需求转化为技术投资选择，并且特别参考良好业绩成果的人。

首席信息官需要了解投资可能产生的影响。供应商需要了解新产品或服务将如何被现有和未来的客户接受。风险投资者需要确定投资是否会在短期内产生大量资金，或者这一投资是否面临太多的金融不确定性。

首席信息官需组建一支能够转化和整合需求与技术能力的团队。供应商需要对其客户愿意购买和部署的产品有难以置信的诊断洞察力。风险投资需要能够转化和整合需求与技术能力的团队，以及对可接受投资回报的可能规模和时间做出估计的团队。论耐心程度，风险投资最次，首席信息官最优，技术供应商介于二者之间。

首席信息官、供应商和风险投资者都需要可靠的财务建模人员。"电子表格骑师"（Spreadsheet Jockey）对投资回报率的预期进行建模，以此作为市场规模、收入和成本复杂评估的一部分。首席信息官对初始成本、长期成本和回报计划进行建模。供应商计算市场规模、开发新产品和服务的成本、销售和营销成本及转换率。

视角问题至关重要。那些打算在公司内部使用技术以取得某些成果的技术投资者，对世界的看法与那些寻求快速投资回报的人不同。技术经理应该关注业务经理感受到的痛苦。真正好的方法是列出最困难的问题——最尖锐的痛点。

商业痛苦有多种形式。有些以成本控制的形式出现，如人员编制和间接成本降低。其他痛苦的缓解来自于改进的业务响应和控制，如改进的管理效率、员工生产率和供应商关系。寻求商业乐趣也应该占据领导者的时间和精力。一些乐趣包括创收、追加销售、交叉销售、有机增长、收购增长，当然还有利润增长。整个快乐/

痛苦练习都集中在商业成功上。技术投资者明白什么让人成为英雄，以及组织看重什么。

风险投资者正在寻找非常不同的结果。虽然他们希望他们投资的公司的客户将这些产品视为止痛剂或商业乐趣的来源，但他们对价值的感知并不介意——只要他们能够安排投资时间并获利退出。供应商同时面临的挑战是在分配快乐的同时创造趋势和满足痛苦。

尽职调查团队应该由具有正确投资观点的专业人员组成，或许最重要的是，应该由能够客观看待世界的专业人员组成。客观性如此重要，以至于一些组织实际上指派了一个指定的"魔鬼代言人"，以确保团队排除个人感情因素。例如，风险投资者犯的一个典型错误是，对管理团队的重视程度超过了被兜售的技术的稳健性。许多风投公司爱上了管理团队，因为他们过去可能取得过一些成功。笔者记得一次谈话，内容是一家科技公司的首席执行官长期以来有多么令人难以置信的说服力，因此值得投资；笔者的回答是，即使是巴纳姆（Banum）和贝利（Bailey）也不能在今天的科技行业销售穿孔卡片。事实上，在进行技术投资之前，这里提供的大多数尽职调查标准都需要得到满足。尽职调查过程应该是数据驱动的，而不是由与"重磅推荐"的朋友、姻亲或经理的关系驱动的。尽职调查团队在评估替代技术投资机会时应该采取正确的视角。

寻找并利用精明的顾问

每个人都需要帮助。招募顾问以支持尽职调查流程的主要原因是为了客观地收集和分析事实。顾问在决策或结果中没有既得利益，或者至少与顾问的关系应该是这样构建的。顾问拿钱办事，只干分内之事，在必要的时候提供意见建议。

顾问也可以填补一些关键的技术空白。我们对面向服务的架构（SOA）、射频识别标准和全球微波接入互操作性（WiMax）技术了解多少？顾问擅长纵向和横向领域，我们应该利用他们的知识。

应培养与专业顾问和个人顾问的关系。大型咨询公司的目标是相互矛盾的：尽管他们希望在尽职调查过程中帮助被调查对象，但他们也面临着尽可能延长合约期限的压力。应该建立一个客观结果的通信录，并尽可能频繁地使用它。如果公司购买了大量的技术，那么公司可能会考虑聘请顾问，以确保需要的时候他们是可用的。公司还应该持续评估他们的生产力和分析质量。

如上所述，重要的是不要围绕交易结果安排公司与尽职调查顾问的关系。相反，为他们的服务支付固定费用。如果公司根据投资的结果为顾问创造一种经济激励，他们会根据他们在各种可能的结果中能挣多少钱来进行评估，而不是根据对主要投资者来说什么是最好的来评估。

安排正确的时间表

技术投资者应该现实地安排所有尽职调查分析。"现实"意味着他们应该有充足的时间来了解他们当前和长期的需求、竞争定位，以进行试点并在整个企业中推广该技术。

供应商需要了解他们当前产品的时间表，也就是说，充分了解他们的客户如何看待他们的技术投资的生命周期。例如，一些公司认为对企业资源计划应用的投资是长期的。其他公司采用3年硬件更新周期。首席信息官试图从硬件、软件和通信技术投资中榨取尽可能多的生命。如果供应商提出一个更激进的迁移计划，他们的客户会犹豫。如果他们因为客户没有足够快地转向新版本的软件或新硬件架构而试图惩罚客户，他们就有疏远客户的风险。

风险投资需要快速行动，尤其是在一个热门的风险投资市场。他们需要尽可能快、彻底地应用15个尽职调查标准，但不应使流程短路。有时有经验的风险投资者过于相信他们自己的直觉：客观数据无可替代。快速尽职调查的关键是围绕所有标准同时追踪数据。这通常意味着风险投资尽职调查团队分成特定的专业领域，有时实际上与其他团队交叉。"走马观花式的"尽职调查总是危险的。

尽职调查需要大量结构化分析和讨论。技术经理需要了解技术真正能为他们做什么，不能做什么。他们需要与技术的创造者和早期采用者交谈。他们需要模拟技术的成本和收益，也需要与该技术的潜在用户合作。所有这些都需要时间，并且应该按顺序进行，以最大化利用流程的优势。在讨论技术实施项目的细节之前，深入研究是本能的要求，但重要的背景工作也是必要的。

创造新技术的供应商和寻求投资具有广泛吸引力的技术的风险投资者也是如此。在检查管理团队、设施或技术本身之前，应该进行大量的基础工作。简单的经验法则是分析、接触、更多分析、更多接触，最终分析、决策。

尽职调查的周期可能是数周或数月；认为认真的尽职调查可以在几天内完成是愚蠢的想法。

开发强大的商业案例

投资（或不投资）一项技术的理由在于首席信息官、技术供应商和风险投资者开发和捍卫的商业案例。前述15个标准应该构成用于投资的商业案例的本质。调查结果是好，是坏，还是中性？如果权重较大的标准是中性或坏的，推迟投资可能是有道理的，但如果权重较大的标准（或许还有其他一些）显示的结果都是良好，那么就应该进行投资。

如何将一个技术项目卖给一个饱受打击的高级管理团队？这个团队没有心情在一个新项目上花费大量资金，尤其是在你向他们介绍这个项目的成功率为25%~30%之后。如何向私募股权公司出售投资委员会？你如何告诉一个技术供应商，他们需要在另一个新项目上花一大笔钱——他们所有的客户都渴望的项目？

每个项目都应该基于对可靠的商业案例的严格分析（基于尽职调查过程中收集的数据）。每一个项目都应该用3种可能的决策来构思和评估：投资、不投资、我们需要更多信息。这3种决策都应该有均等的获胜机会。商业案例开发完全是为了识别创造、购买或投资技术的真实和政治原因。这可能是一个非常棘手的过程，总会有项目的敌人（因为对资金的长期竞争），也就是那些等着在项目失败的时候说"我告诉过你"的人。技术买家，尤其是大型企业的买家，必须确保他们已经掩护了自己的侧翼。因此，"商业案例"既是一份政治文件，也是一份"真实"的文件。当你阅读或起草商业案例的时候，一定要使用这些视角。换句话说，要注意技术投资的整体背景。

商业案例应该来源于围绕上面列出的15个标准集群收集的数据。让笔者先说一句，这些问题的答案应该在一份 10 页的文件中（如果必须的话，还有附录），还有 1 页的执行摘要：如果你对每项投资都写了一篇长篇论文，你将永远得不到忙碌的高管们的时间和尊重。你会读一份 50 页的商业案例吗？

商业案例还应该确定至少两个"负责"人，他们的声誉在某种程度上取决于尽职调查项目的成功和投资的结果。其中一个来自组织的技术层面；另一个来自企业。如果没有投资冠军，是时候回家了。

商业技术案例的生意

如何将一个技术项目卖给一个饱受打击的高级管理团队？这个团队没有心情在一个新项目上大笔投钱，尤其是在你跟他们介绍这个项目有 25% 的成功机会之后。

项目有许多来源：鸡尾酒会、导演、航空杂志、球类比赛、晚宴、高德纳报告、顾问、配偶、市场份额损失、利润率下降、争论和安全漏洞，以及其他可预测和不可预测的来源。每一个项目都应该基于对一个可靠的商业案例的严格分析。每一个项目都应该用 3 种可能的结果决策来构思和评估：投资、不投资、我们需要更多信息。这 3 个决策都应该有均等的获胜机会。

商业案例开发完全是为了识别创造、购买或投资技术的真实和政治原因。这可能是一个非常棘手的过程，总会有项目的敌人（因为对资金的长期竞争），也就是那些等着在项目失败的时候说"我告诉过你"的人。技术买家，尤其是大型企业的买家，必须确保他们已经掩护了自己的侧翼。因此，"商业案例"既是一份政治文件，也是一份"真实"的文件。当你阅读或起草商业案例的时候，一定要使用至少这两个视角。

商业案例通常是围绕着确定投资是否合理的问题来组织的。在购买硬件、软件、通信或咨询服务之前，让我们看看你应该回答的关键问题。这些问题的答案应该在一份 10 页的文件中（如果必须的话，还有附录），还有 1 页的执行摘要：如果你为每项投资都写了一篇长篇论文，你将永远得不到忙碌的高管们的时间和尊重。你会读一个 50 页的商业案例吗？

第一步是识别并回答合作的商业价值问题，或者换句话说，回答一个简单的问题：这个项目将如何帮助企业在合作中获利？

可以把这些看作是对尽职调查标准评估的总结，将其转换成或多或少的标准商业案例，许多公司已经在使用这种案例。

关键协作业务问题

哪些协作业务流程受到投资/应用程序的影响？

正确的答案是识别一个被破坏的过程，一个你有经验的基准数据的过程。例如，如果你在呼叫中心为顾客服务，你必须知道你现在花了多少钱，成本是否在急剧上升，或者顾客满意度是否在下降。然后，你需要确切地知道你的绩效目标应该是什么（例如，将成本降低25%；满意度提高25%）。

这个产品或服务在传统和非传统竞争对手中的普及程度如何？

许多关于商业技术采用的决定是由竞争对手的行为所驱动的：当你的竞争对手已经采用了该产品或服务时（当然，这是假设你的竞争对手是聪明的），在内部销售东西总是更容易。为这里的相反论点做好准备："如果那些人在做，我们肯定不应该做！"

这个产品或服务会产生什么竞争优势？

换句话说，为什么这个产品或服务如此伟大？它将如何帮助你在业务发展中获利？

新产品或服务如何与现有的协作业务模型和流程相结合？

这是一个大问题，因为"错误"的答案（例如，"它不会"）会扼杀一个项目。如果使用新技术意味着拆除或增强基础架构，那么你就大大抬高了价格，并给了你的内部敌人弹药。你还升起了一面合法的黄色（中性）旗帜。

关键技术问题

这个产品或服务有多成熟？

这个问题的重点是确定技术或服务是否真的起作用，以及是否运行良好。数据需要量化，逢人必讲你姐夫的公司有多好没有用。这里的其他问题涉及可伸缩性、安全性、可修改性、可用性等。

这个产品或服务拥有多大的市场份额？

如果问题的答案是："嗯，1%"，那么有必要给一个主要的解释。无论如何，记住保持主流。为什么你想成为某个半成熟的产品的早期试用者？

新产品或服务如何与现有或计划中的通信和计算基础架构相整合？

当然，这个问题是你需要问和回答的第二个最重要的问题，因为它确定了由于已经做出的决定而可能发生的任何下游问题（这些决定是不能撤销的，或者撤销的代价非常高）。

关键成本 / 收益问题

收购、实施和支持的成本和优势是什么？

在这里，你需要考虑明显的成本，如软件许可证，以及不太明显的成本，如培训、间接用户和后台支持，以及预期的运营和战略优势，如费用降低、市场份额增加、客户服务改善、交叉销售和升级销售增加、客户保持率提高等。这里是插入总拥有成本数据的地方。

支持的含义是什么？多复杂，多昂贵，多广泛，多及时？

支持极其重要。根据经验，你需要知道支持需求和成本将根据资金、人员和时间来定义。

什么是迁移问题？多复杂，多昂贵，多广泛，多及时？

这可能相关，也可能无关，但是如果有另一个工具，你必须回答如何从一个工具到另一个工具的问题。

关键风险问题

要考虑的技术、人员、组织、进度和其他风险是什么？风险缓解计划是什么？

每个人都会担心的风险因素包括范围扩大、成本和时间超支、不称职或易怒的人、实施问题、支持不足、培训问题等。

如果风险被评估为中等或高风险，则必须制订一个缓解计划，该计划要么将风险降低到"低"级别，要么将其完全消除。如果风险仍然很高，项目销售就没有希望了。

建议

笔者团队的建议是投资、不投资、需要更多信息。商业案例还应该确定至少两个"负责"人，他们的声誉在某种程度上取决于项目的成功。一个应该来自组织的技术层面，一个来自商业层面（如果能找到合适的二者兼备的人）。如果没有项目冠军，是时候回家了。谁拥有这一切？如果公司没有流程专员，没有指定的流程，也没有业务案例要求，就有麻烦了。令人惊讶的是，这一切是多么疯狂。商业案例并不难创造，难的是接受它们。尤其是政治性的文化消化问题最严重，并且犯下最多的商业技术投资错误（图1.6）。

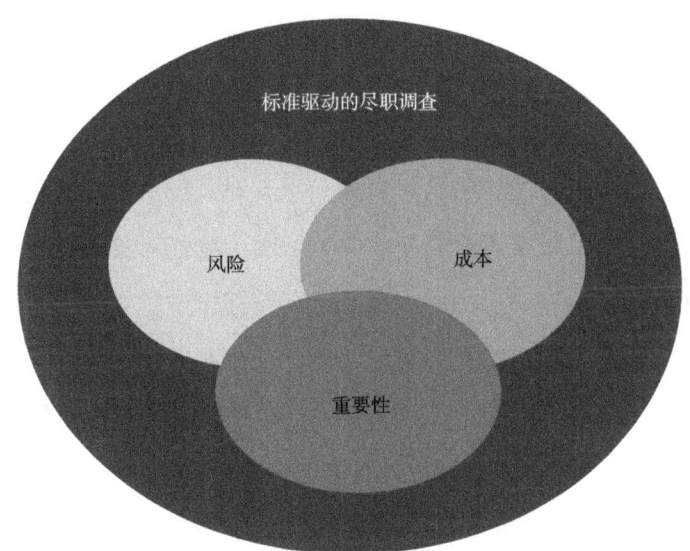

图 1.6　商业案例驱动因素

执行

作为技术投资尽职调查流程的一部分，公司需要明白购买哪些产品服务，会取得什么样的预期成果，以及需遵循哪些标准。一如既往，开放的问题是关于准备接受和反复练习的准则的数量。笔者还论证了这15个标准的可扩展性，这些标准可以服务于技术的创造者、用户和投资者。这些标准代表了尽职调查流程的核心，尽管标准权重会因投资者而异，但这些标准本身对所有技术投资者都很适用。

有了这些标准能保证万无一失吗？不能。笔者做出的许多假设——甚至是经验验证——都可能是错误的。对技术本身质量的假设可能是没有根据的。对参与技术尽职调查的人的假设可能是慷慨的。总是有无形的、不可预测的、高深莫测的因素。换句话说，完美的结果是不可能设计出来的。这里描述的规则可以减少而不能消除风险。这是一种谨慎的方法，而不是万能药。首席信息官、供应商和风险投资者需要降低风险，以提高技术投资回报。只要知道需要购买什么、可以购买什么及如何管理投资预期，使用上述这些尽职调查标准会有很大帮助。

结果

预期总是一个难以管理的挑战。首席信息官对其技术投资的预期与供应商和风险投资者不同。风险投资者最容易理解的是钱。他们对长期的商业关系不感兴趣（除了与"连续创业者"的关系）。他们想要快速出击。他们希望投资获得巨大回报。供应商对世界的看法略有不同。当然，他们想要钱，但他们也想要一种可能会带来长期红利的供应商/客户关系，他们真的想尽可能长时间地将客户货币化。首席信息官希望对业务流程、模型、成本结构和人员产生影响。他们想要可靠性、安全性和可扩展性。他们希望为运营效率和战略成功做出贡献。

首席信息官希望从技术投资中获得什么

首席信息官和首席技术官最理想的情况是通过他们所支持的业务来观察世界。他们应该会说商业语言。但最重要的是，他们应该关注业务经理感受到的痛苦。真正好的首席信息官和首席技术官会把最困难的问题——最剧烈的痛苦，让企业经理夜不能寐的事情——列成一个连续的清单。

商业痛苦有多种形式。有些以成本控制的形式出现，如人员编制和间接成本降低。其他痛苦的缓解来自改进的业务响应和控制，如改进的管理效率、员工生产率和供应商关系。

寻求商业乐趣也应该占据首席信息官和首席技术官的时间和精力。有些乐趣包括创收、升级销售、交叉销售、有机增长、收购增长,当然还有利润增长。

整个快乐/痛苦练习侧重于商业成功。它还关注个体商业专业人士会觉得什么令人兴奋,以及值得做。卓有成效的首席信息官和首席技术官明白成为英雄的因素是什么,组织的价值观是什么。

图1.7确定了将商业技术调整到合作伙伴关系的3条路径。首席信息官必须理解商业的痛苦和乐趣,必须使其变得不仅可信,还必须围绕运营和战略来定义商业价值。如果首席信息官了解这些途径,他们可以重新定义商业和技术的关系。

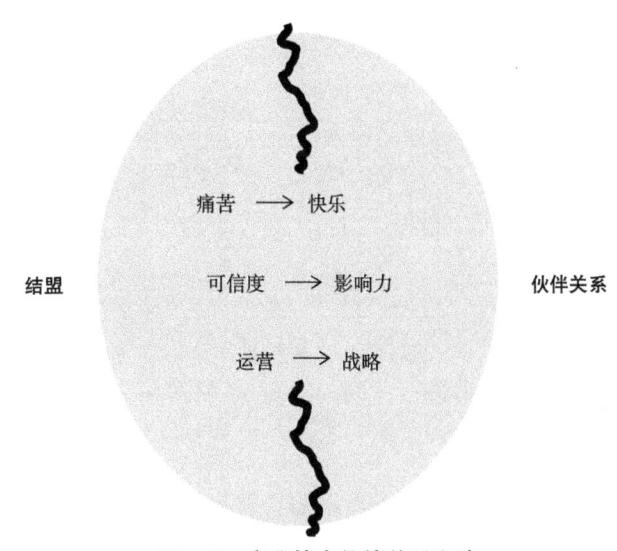

图1.7 商业技术伙伴关系之路

企业希望技术减轻其痛苦——几乎总是围绕降低成本来定义。但不仅是这样。业务经理担心他们的供应链、竞争对手、制造、分销,当然还有他们的利润率。技术议程需要直接说出他们的痛点——这些痛点一旦解除,就会成为广泛而深刻的快乐之源。如果首席信息官在减轻痛苦的同时成为快乐的分配者,他们的可信度将会提高,这将为商业技术合作开辟第二条道路。

希望当技术专家走进一个房间时,业务经理不会跑去找借口,或者更糟糕的是,无情地攻击他们的罪恶(网络崩溃、网站崩溃)。这里所说的涅槃是影响力——根据企业如何思考技术及在哪里可以提供帮助来定义。企业是否足够尊重其技术经理，信任他们，同情他们，邀请他们集思广益讨论商业战略？

如果首席信息官有影响力，他（她）就能塑造运营和战略。如果首席信息官理顺了运营，他们可以花大部分时间——和他们的新合作伙伴——思考竞争优势、收入和盈利能力。没有更好的工作场所，也没有更好的方式来打发时间。高效的首席信息官追求这种影响力。

以下概述了商业计划/目标。

- 商业痛苦
  - 降低成本
    - 裁员；
    - 成本管理；
    - 降低间接成本；
    - 降低其他成本。
  - 改进业务响应和控制
    - 提高管理效率；
    - 提高员工生产率；
    - 改善供应商关系；
    - 加强组织意识……
- 商业乐趣
  - 创收
    - 客户满意度和保留度；
    - 升级销售和交叉销售；
    - 有机增长；
    - 竞争优势；
    - 利润……

运营和战略影响力之间的区别对首席信息官来说很重要。技术投资的最佳结果是产生操作性和战略性的双重定量影响。然而，如图1.7所示，笔者倾向于将商业痛苦与运营环境联系在一起，将快乐与战略环境联系在一起。

关于技术商品化的讨论在一定程度上是准确的。毫无疑问，个人电脑、笔记本电脑和路由器是商品；甚至一些服务——如遗留系统维护、数据中心管理和虚拟编程——也已经商品化。但真正的故事不是商品化本身，而是商业技术分成操作层面和战略层面。操作技术正在商品化；尽管最近的一些文章一直在争论战略技术，但它仍然是一项有竞争力的优势。

它们有何不同？运营技术通过设备和服务以明确的方式支持当前和新兴的商业模式和流程，这些设备和服务的成本已经变得稳定和可预测，并且在过去10年中普遍大幅下降。硬件性价比也许是这一趋势最明显的例子，但也有其他例子，包括我们愿意为编程支付的费用。另外，战略技术是创造性商业技术融合的结果，例如，沃尔玛简化了供应链，星巴克提供无线上网，先锋集团利用其网站大幅削减成本。商业技术融合的创造力是无限的；商业技术关系的战略意义是无限的。

图1.8画出了一条重要的线。这条线的上方是管理层居住的地方。它也是大型前台应用程序（如客户关系管理应用程序）的所在地。线下是后台应用程序和基础架构，支持与客户、供应商、合作伙伴和员工的数字联系。

首席信息官需要优化线上也需要优化线下。他们的技术投资必须切中其中一方，或者，在理想情况下，与双方直接对话。

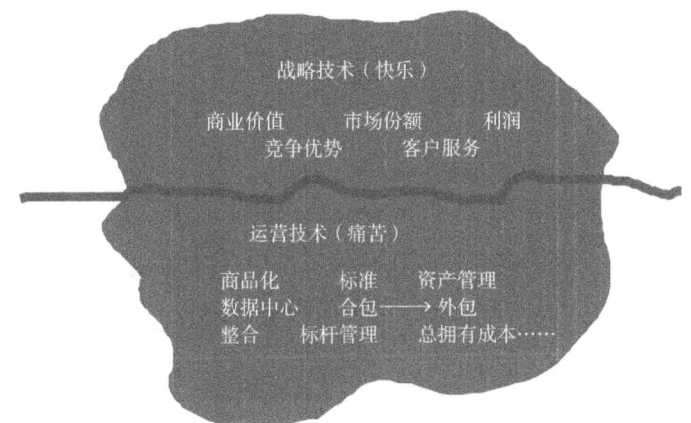

图1.8 运营和战略技术影响

供应商希望从技术投资中获得什么

供应商每年在研发（R&D）上花费数十亿美元。仅微软和IBM每年就花费超过100亿美元。供应商在寻找下一个新事物，但他们也同时回头看，以确保他们的新技术与他们现有的技术进行集成和互操作。

总的来说，这个行业在集成方面做得越来越好。一个显著的趋势是，行业越来越有能力让不同的部分（数据库、硬件系统、应用程序）相互协作。我们在迈向更好的最终游戏中取得了良好进展：通过无缝技术集成实现无处不在的实时交易处理。集成是许多公司的核心竞争力，行业已经用一系列新工具来使事物合作。这一趋势将会继续，并有可能极大地改变软件体系结构和技术基础架构。

人们现在能够用新的基于标准的技术来包装旧的遗留系统，能够将供应链与网络服务集成在一起，并且能够从整体上考虑应用程序集成及其支持的交易，如升级销售和交叉销售。

供应商也希望在他们的市场中有竞争力的定位。他们投资技术以使自己与众不同。他们用创造性（但可互操作）的产品蚕食新的市场。他们也想要收入和利润。研发投资有自己的生命周期。供应商从这些投资中寻求尽可能多的回报。

风险投资希望从技术投资中获得什么

答案显而易见是钱。但获得投资的途径取决于风险投资者偏好的投资阶段，以及相关风险基金的特定使命。例如，一些风险投资基金更喜欢不涉及公开发行的"退出"。其他风险投资则为公开募股而活着。种子投资者和早期投资者——与非常年轻的公司和不成熟的技术打交道的投资者——与投资后期公司的风险投资者有着不同的预期。

风险投资公司追求许多具体的结果。首先就是公司收入在短时间内实现大幅增长。出现这种情况时，会出现其他选项，如出售他们对公司的投资，利用未来收入借款，将公司上市，或者策划收购整个公司（这使得所有投资者能够退出投资）。

收入可以来自产品或服务的销售，也可以来自他们的投资可能带来的知识产权许可收入。

一路走来，风险投资者期望他们投资的公司能够发展合作伙伴关系、联盟和其他创收渠道。他们希望这些公司能够投资自己的产品和服务，并且招募和留住最优秀的人才。当然，风险投资者最终会从投资中寻求资金退出。他们的行事风格是完全可以预测的。风险投资者不是长期合作伙伴。典型的私募股权风险基金的寿命仅有10年，期间其服务的有限合伙人和普通合伙人都希望看到投资得到回报。

参考文献

[1] ANDRIOLE S J.The 2nd digital revolution [M].New York：IGI Publishing，2005.
[2] ANDRIOLE S J.The 7 habits of highly effective technology leaders [J].Communications of the ACM,

2007, 50（3），67-72.

[3] BING G.Due diligence techniques & analysis [M].Westport: Quorum/Greenwood, 1996.

[4] BREITZMAN A, THOMAS P.Using patent citation analysis to target/value M&A candidates [J]. Research-technology management, 2002, 45（5）: 28-36.

[5] CAMP J J.Venture capital due diligence [M].New York: John Wiley, 2002.

[6] CULLINAN G, LEROUX J M, WEDDIGEN R M.When to walk away from a deal [J].Harvard business review, 2004, 82（4）: 96-104, 141.

[7] GERSON S P.Patent law: strategic due diligence [J].The national law journal, 2000, 5（15）.

[8] HARVEY M G, LUSCH R F.Expanding the nature and scope of due dili-gence [J].Journal of business venturing, 1995, 10（1）: 5-21.

[9] HOWSON P.Due diligence: the critical stage in acquisitions and mergers [M].Aldershot, UK: Gower Publishing, 2003.

[10] LAJOUX A R, ELSON C M.The art of M&A due diligence: Navigating critical steps & uncovering crucial data [M].New York: McGraw-Hill, 2000.

[11] LAWRENCE G M.Due diligence in business transactions [M].New York: Law Journal Press, 1994.

[12] MARLIN S.Technology due diligence [M].England: Bank Systems &Technology, 1998.

[13] MCGRATH R, GUNTHER K T, TUKIAINEN T.Extracting value from corporate venturing [J]. MIT sloan management review, 2006, 48（1）: 50-56.

[14] PERRY J S, HERD T J.Reducing M&A risk through improved due diligence [J].Strategy & Leadership, 2004, 32（2）: 12-19.

[15] PRAHALAD C K, KRISHNAN M S.The dynamic synchronization of strategy and information technology [J].MIT sloan management review, 2002, 43（4）: 24-33.

[16] WEILL P, ARAL S.Generating premium returns on your IT investments [J].MIT sloan management review, 2006, 47（2）: 39-48.

[17] ZACHARAKIS A L, MEYER G D.A lack of insight: Do venture capitalists really understand their own decision process? Heuristics and biases [J].Journal of business venturing, 1998, 13（1）: 57-76.

第二章　收购目标

本章探讨投资目标的范围，从软件应用到通信网络，再到新的先进技术，如网络2.0和网络3.0。本章依次讨论首席信息官、技术供应商和风险投资者可以利用的机会范围，还通过出现在每个主要章节末尾的投资指南强调了这3类投资者的个人机会。

应用目标

每个人几乎每天都在使用软件应用程序。那些在亚马逊网站购物或在易趣上出价的人使用的就是应用程序。电子邮件或搜索最佳驾驶路线的用户都会用到软件应用程序，当然，世界各地公司中坐在屏幕前的每个人都使用软件应用程序来计算销售额、检查库存或结账。其中一些是众所周知的，如微软Office办公软件，它包含文字处理、图形演示、电子表格计算的软件应用程序。有些不太为人所知，但更为专业，如Manugistics的供应链规划和管理应用程序。

技术投资者会投资软件应用；他们无处不在。应用程序"面对"计算和通信技术的用户；他们是我们每次登录网络或启动我们的电脑时互动的对象。应用程序允许我们通过数据和预编程指令与人、信息、公司、客户和供应商进行交流。

我们一直在使用各种各样的应用程序。有主流应用程序，如前面提到的微软Office，还有不太流行的应用程序，如我们用来管理时间、想法和联系的工具。笔者已经开发了一个矩阵，用于描述小型、中型和大型公司的应用程序范围，以及能够彻底改变公司交易方式的应用程序中的各种投资者。让公司兴奋的应用程序当然是主要的创业型的技术提供商寻求设计、开发和销售的，也是私募股权风险投资者通过各种"交易流程"机制所寻找的目标。

从技术买家（如首席信息官）的角度来看，该矩阵旨在指导评估，其次是指导筛选过程。公司需要概述当前的应用组合，然后计划下一个。这里没有任何激进的暗示：不可能扔掉所有的旧东西，为新东西腾出空间。同时，公司需要不断高效地迁移。从投资者（如风险投资者）的角度来看，该矩阵旨在帮助识别投资机会。从技术供应商（例如，像思爱普公司这样的企业软件开发商）的角度来看，该框架将帮助发现客户可能购买的增强功能和全新应用程序。

该矩阵如图2.1所示，显示了可应用的范围。这深色区域中的文字代表着首席信息官、风险投资者和技术供应商的机遇和挑战——对于任何创建、使用和支持软件应用的人来说都如此。

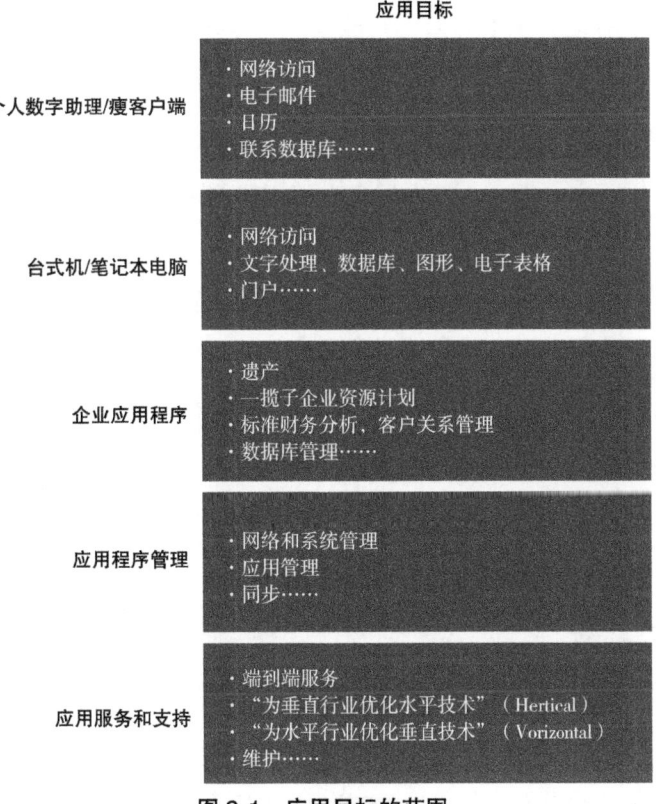

图2.1　应用目标的范围

查看图 2.1 中的应用程序矩阵，会看到什么？这取决于用来评估该矩阵单元内部机遇和挑战的视角。首席信息官看到的是支持业务流程的基本应用程序，即公司中几乎每个人每天都要接触的应用程序。风险投资者将这些单元视为可销售技术的容器，而供应商将该列表视为向现有和新客户销售更多软件的机会。

第一站是个人数字助理（PDA）和相关的瘦客户端应用程序，以及扩展的桌面和笔记本电脑应用程序。

这个领域有一系列清晰的趋势。大多数桌面和台式计算机都运行微软 Office 办公软件，它将在 21 世纪占据主导地位，但要做到这一点，必须创建、应对和适应日益开放的源代码软件标准。开源厂商将对微软的统治地位提出重大挑战，但微软可能会修改其定价政策，以制造足够的成本效益模糊性，让大多数人成为 Office 软件的忠实客户。另外，如果微软不能应对定价或开放标准的压力，它可能会失去市场份额。

桌面浏览器是用来访问互联网和万维网的应用程序，它将成为无处不在的桌面应用和其他应用的前端，集成了"本地"（台式电脑、笔记本电脑、个人数字助理/瘦客户端）计算和当用户上网搜索信息或组装交易组件时在外部发生的计算。

随着应用程序变得越来越"瘦"（越来越多的计算能力转移到服务器上，远离访问"客户端"），那么台式机/笔记本电脑操作系统（OS）和在台式机/笔记本电脑上运行的主要桌面应用程序将变得相对不那么重要，但是除非所有用户都是瘦客户端用户，否则仍将存在对"标准"的主要桌面操作系统的巨大需求。

从供应商/公司/风险投资者的角度来看，这些趋势中有几个值得额外关注。瘦客户端与胖客户端的争论实际上是由甲骨文公司的创始人兼首席执行官拉里·埃里森（Larry Ellison）发起的，10 年前他在奥普拉·温弗瑞（Oprah Winfrey）脱口秀上讨论过"网络计算机"。当时有很多超前的想法，如苹果的牛顿和 IBM 的语音识别应用。拉里当时错了，因为我们的网络不够可靠、不够安全，也不是无处不在，无法支持瘦客户端架构。不要介意，这些设备本身也有点奇怪，而且过于专有。但是如果拉里明天再次出现在奥普拉脱口秀上，他就正确无疑了。他的理念总是正确的。

让我们来看几个趋势，来说明为什么"瘦基础结构"有意义。首先，我们根据用户的使用频率和深度将他们分成不同的类别：有些人使用非常昂贵且难以支持的笔记本电脑收发电子邮件。我们已经开始使用一系列正在融合的设备，如掌上电脑、手机和寻呼机。当中的许多设备都很笨，但这没关系，因为我们对它们要求不多。然而，多设备同步既困难又昂贵。对绝大多数用户来说，台式机和笔记本电脑是压倒一切的（为它们供电的软件也是如此）。企业软件许可变得越来越糟糕（如果你不每3年更新一次你的微软软件，你就会受到惩罚）。台式机/笔记本电脑支持仍然复杂且昂贵；大型企业——即使他们有网络和系统管理应用程序——仍然在更新、软件分发和版本控制方面苦苦挣扎，而且企业越大，困难越大。

如今，网络接入无处不在：我们使用台式机、笔记本电脑、个人数字助理（PDA）、瘦客户端和大量多功能融合设备（如集成寻呼机、手机和个人数字助理）来接入局域网、广域网、虚拟专用网络、互联网及这些网络上的托管应用程序和这些设备上本地运行的应用程序。这些网络可以运转。如果你想加入，你可以加入。

许多公司为员工提供多种接入设备，员工经常要求公司让个人设备（如掌上电脑）与他们的网络兼容。随着无线网络的引入，所有这一切变得更加复杂，无线网络使员工更加独立和移动（尽管不太安全）。购买、安装和支持所有这些设备的成本已经失控。如果我告诉你，贵公司每个无线个人数字助理的年度支持成本超过4000美元，该怎么办？你要么笑，要么跑去躲起来。跑吧，藏起来吧。①

公司应该如何解决网络接入设备问题？今天及3~5年后，有哪些可行的替代方案？公司是否应该为每位员工准备支持多种设备和访问策略？你应该在一个设备上标准化吗？你应该把它都瘦下来吗？

依靠永远在线的网络上的小型、廉价、可靠的设备是讲得通的。将计算能力从台式机和笔记本电脑转移到专业管理的服务器群也讲得通。将存储从本地驱动器转移到远程存储区域网络是有道理的。胖客户端应该减轻一些重量——因为我们增加了我们已经有能力的服务器。瘦客户端/胖服务器体系结构的总拥有成本（TCO）很有吸引力（说得委婉一点），更不用说投资回报了。这是关于控制吗？是因为可靠性吗？安全怎么样？是的。既然我们都同意时机就是一切，考虑到所有新设备的

---

① 根据高德纳集团（www.gartner.com）的报告，这个数字实际上超过了4300美元。

出现，以及有多少新设备正在汇聚成大于其各部分总和的整体，这难道不是思考的好时机吗？如果你不这样做，那么唯一让你开心的人就是那些你不得不雇佣来维持所有玩具运转的小贩。如果你控制了服务器，你就控制了每个接入设备上播放的一切；如果你精简访问设备，你就可以帮你的用户获得控制、灵活性、标准化、可靠性和可扩展性。不再有软件冲突，取而代之的是即时软件升级，以及快速简单的新应用使用。听起来好得难以置信？

如果网络和远程访问程序是万无一失的，瘦客户端将开始以比现在快得多的速度出现。个人用户控制驻留在他们个人计算机上的应用程序，并且当他们选择独立于网络或其他连接时，这些应用程序是高效的。但是，如果网络和其他连接是可靠和普遍的，并且个人生产力不受应用程序本身位置的影响，那么用户（和他们的管理人员）就会接受连接到可靠网络的瘦客户端。

为什么？因为成本可以降低，生产率可以提高。瘦客户端的主要障碍是网络不能像"效用"一样运行。在很短的时间内，他们会的，我们将有更多的应用程序使用选项。

台式机、笔记本电脑、个人数字助理和瘦客户端趋势是投资优先化的重要驱动因素。例如，对微软 Office 杀手应用程序的投资——旨在取代微软在个人生产力领域的主导地位——不会吸引风险投资者，因为他们通常会寻找更容易的猎物。首席信息官可能会考虑微软 Office 的替代方案，特别是考虑到专有企业软件的成本（开源替代方案，如 Open Office 和太阳微系统公司的 Star Office 远比微软 Office 便宜），但总是存在兼容性和迁移问题。设计和开发个人生产力软件的供应商呢？他们中的大多数都在寻找进入主流平台的方法，在这种情况下，这意味着要进入微软 Office。

出于各种原因，对瘦客户端和支持瘦客户端的软件的投资代表了对软件应用程序的合理投资。瘦客户端比胖客户机（我们今天使用的个人电脑和笔记本电脑）操作起来更简单、更便宜。有新的机会来设计和开发软件应用程序，支持瘦客户端的更多使用。大中型企业的技术经理应该尝试瘦客户端；风险投资者对支持瘦客户端的新应用程序感兴趣，而供应商已经开始投资运行在瘦客户端网络服务器上的应用程序，以及驻留在各种瘦客户端上的"瘦"软件。

企业应用程序

许多组织将企业应用程序视为其异构、昂贵的应用程序问题的解决方案。企业资源计划（ERP）应用程序，如思爱普的 R3 企业资源计划系统和甲骨文金融服务，旨在通过对服务于整个"企业"的单个应用程序上的组织进行"标准化"来减轻专有应用程序的压力。企业资源计划财务应用程序提供了单一集成应用程序的前景，而不是 20 个财务报告系统。更好的是，这些应用程序被描述为"主干"应用程序，可以用"模块"来增强，只要有人需要，这些"模块"就会为企业资源计划应用程序增加功能。最近，所谓的"后台"应用程序（如财务会计和报告）正被集成到"前台"应用程序（如客户关系管理）中，以增加企业应用程序主干的功能。

后台和前台应用程序的调用非常重要。企业资源计划销售人员正在快速地将前台应用程序[（如销售人员自动化（SFA）、供应链规划（SCP）、客户关系管理（CRM）和业务流程管理（BPM）应用程序]移植到现有的后台应用程序（如企业财务管理工具）上。计划向企业资源计划方向发展的公司应该退后一步，以更全面的视角把应用程序当作一个平台。事实上，他们应该将企业资源计划应用程序视为一个"主干"应用程序，并在其上附加越来越多的后台和前台应用程序模块。

企业技术经理应该将企业应用程序视为止痛药。风险投资者应该把它们视为机遇，只要它们与主流应用程序和企业资源计划供应商的市场份额保持一致和兼容。如今，企业资源计划仅由少数几家公司主导，其中最大的是思爱普。风险投资公司是否应该寻求用新一代企业资源计划应用程序取代思爱普和甲骨文，以吸引用户从已安装的应用程序中进行切换？他们应该投资与主要平台挂钩的应用程序吗？主要供应商应该做什么？他们应该创造什么样的新能力？

企业软件应用程序是每个使用、创建或投资技术的人的重要投资目标。越来越多的公司正在采取的步骤之一是进行"优化审计"。与笔者合作的几家公司都提出了要求，因为他们进行了大型企业应用程序投资，并想知道他们是否获得了预期的回报（提供硬件和软件的供应商及协助实施大型应用程序或更新基础架构的顾问告诉他们要期待回报）。

优化审计关注现有的应用程序，并评估它们对销售、营销、增长和盈利能力的潜在价值。这些审计不同于公司在批准新技术项目的业务案例之前通常进行的更为传统的总拥有成本（TCO）或投资回报（ROI）评估。优化审计关注已经投资的未开发的商业价值。换句话说，它们旨在回答这样的问题："我们刚刚花了1亿美元，到底得到了什么？""你最好不要告诉我，我们所有的现金都是一种有效的结账方式。"

对优化审计的最大需求是在企业资源计划（ERP）、客户关系管理（CRM）及网络和系统管理（NSM）应用程序方面进行了大量投资的公司。这些投资的价格很容易超过1亿美元。但是，这些大型应用程序存在生命周期问题：实施往往会耗费大量时间、金钱和精力，回报往往是战术性的和操作性的，持续时间太长，并且相对忽视了战略回报。例如，假设一家公司实施了一个企业资源计划系统来整合不同的财务报告系统。大部分工作都致力于财务数据的整合和财务报告的标准化。虽然运营效率显然很有价值，但通用交易处理平台的存在使财务数据的报告更加标准化。例如，企业资源计划应用程序可以集成后台、前台和虚拟办公室（互联网）应用程序。如果数据库在这些应用中也是标准化的，那么交叉销售、向上销售及供应链集成，甚至动态定价都是可能的。客户关系管理应用程序可以帮助定义具有长期生命周期的"整体客户"模型，这些模型可以年复一年地营利。如果企业应用程序发挥出最大潜力，它们将为企业带来巨大红利，但是技术供应商往往忘了强调这一优势。在销售运营解决方案时，供应商有时未能凸显所售技术的长期战略影响。

优化审计旨在回答以下类型的问题：

● 现在有一个标准化的（企业资源计划、客户关系管理及网络和系统管理）平台，投资的定量战术和运营回报是什么？

● 未能看到的潜在战术和操作效益是什么？

● 已看到的战略效益是什么？

● 未能看到的战略效益是什么？

● 如何通过提升平台效率及扩展平台来促进业务转型？

优化审计采用自上而下的方法，对公司的信息、产品和服务流程及其与他们实施的标准化平台的关系进行整体建模。自上而下的概要文件是由企业平台的存在所决定的（企业平台通常是由一组自下而上的优先级来实现的）。最后一步是与商业价值指标的联系，如销售额、增长和盈利能力。

优化审计应由主要出于战术或运营原因而实施大型企业应用程序或大型基础架构平台的公司进行。这些理由虽然可靠，但不完整。额外的战略回报应该像追求战术和操作回报一样被定义和追求。但是，战略回报只有在围绕业务而不是技术、指标进行定义时才有意义。首席信息官过去可以授权一个1亿美元的项目，让一些应用程序相互交流，或者更经济高效地管理技术资产，但这种日子已经一去不复返了。这不再仅仅是成本管理的问题，而是增长和盈利的问题。优化审计的职责是找到从技术到盈利增长的最佳途径。

关于企业应用程序的上述反映和分析，定义了企业应用程序的目标空间。应该进行哪些投资？应该花钱优化现有投资吗？技术供应商应该开发软件工具来优化软件投资吗？风险投资者应该资助创造优化技术的公司吗？应该开发全新的应用程序吗？也许应该开发更简单、更便宜、易于实现和支持的应用程序？

应用程序管理

为了保持应用程序的运行，尤其是在大型企业中，公司需要某种形式的技术管理过程的中央管理。公司可以采用一个主要的框架——如IBM的Tivoli、计算机协会的Unicenter，或者惠普的Open View。或者，公司可以选择任何数量的供应商提供的小型企业框架［如美科利（Mercury Interactive）公司］。或者，它们可以采用"单点解决方案"，即解决网络和应用程序管理问题的单个应用程序，如安全入侵和软件分发。

"框架"是大型应用程序套件，从管理帮助台到发布软件应用程序的新版本，它们无所不包，但我们离"无缝集成"的产品套件还有几年的时间，该产品套件可全面支持网络和应用程序管理的全部范围。

无论解决方案如何，应用程序管理需求都不会消失。公司必须管理需求并收集效率和支持成本的性能数据。它们需要产品来做到这一点，或者与知道如何做的外包商（也将使用产品）建立关系。

这里的投资重点是什么？网络和系统管理框架代表了企业首席信息官的主要投

资——他们非常小心何时触发特定的触发器。创建和销售这些框架的供应商试图纳入让首席信息官们感兴趣的特性。大型框架市场已经得到了很好的定义，因此风险投资者不太可能对使用大量资金来构建另一个主要框架感兴趣，尽管他们很可能对能够为现有框架提供增强功能的技术感兴趣。占主导地位的供应商不断为现有和潜在客户提供框架增强服务。

应用服务和支持

应用服务和支持的对象包括从需求到设计、开发、测试、维护和重新设计的整个应用程序生命周期。如果公司"自行开发"软件应用程序（仅仅是因为他们无法在现成的软件包中找到解决方案），他们需要测试、集成和使用应用程序的支持。如果他们外包应用程序的设计和开发，他们就有很多关于如何获得必要服务的决策要做。

提供一揽子的合适产品和服务的供应商通常会赚很多钱。与其他供应商有关系的"解决方案供应商"可以提供集成解决方案，比只提供部分服务的供应商更具竞争力。理想情况下，服务和支持供应商了解客户所在的垂直行业，而不是对所有业务一视同仁。垂直业务的实质是独一无二的，完全水平的技术解决方案远不如通过深度垂直领域过滤器应用的技术解决方案有效。正如第一章所建议的，我们有时会把这些供应商看作是"vorizontal"供应商，即为特定的垂直行业优化水平技术的供应商。

今天的呼叫中心将发展成为明天的客户关系管理控制室，所有的客户"接触"都将受到监控和测量。了解客户关系管理模式的供应商可能会提供有价值的帮助，而那些不了解的供应商将继续销售针对旧问题的脱离实体的解决方案。同样，电子商务供应商需要在其服务产品中做到端到端服务。他们还需要对基于网络的交易、竞争对手的商业模式和供应链效率有全面的了解。

评估服务供应商能力的关键是看他们的产品范围。专注于几个领域的供应商远不如那些声称在许多领域（理想情况下是在整个解决方案领域）拥有专业知识的供应商有用。

与那些将应用程序生命周期的每个阶段视为各不相同的阶段相比，面向端到端的供应商评估特别重要。极端的情况是，公司可能会雇佣不同的供应商来执行每个系统设计和开发生命周期任务。当然，这是没有意义的，因此你应该通过供应商评估的过滤器，因为它们与应用程序设计、开发、集成、测试等相关，应该假设是一个集成的过程。

这些能力评估对首席信息官、风险投资者和技术供应商都很重要。首席信息官需要能够提供应用问题集成解决方案的服务供应商。风险投资者总是寻找有创意的服务，而技术供应商也一直在寻找如何向客户销售越来越多的产品和服务的办法。

应用程序的空间应该被企业如何利用技术赚钱来定义，投资也应该被这个因素影响。我们还需要对根据应用程序真正产生的商业价值毫不留情。很多时候，应用程序背后有一个完整的团队，其中一些成员希望他们的孩子继承这一准则。应用程序应该按照它们的预期寿命来描述，如图 2.2 所示。

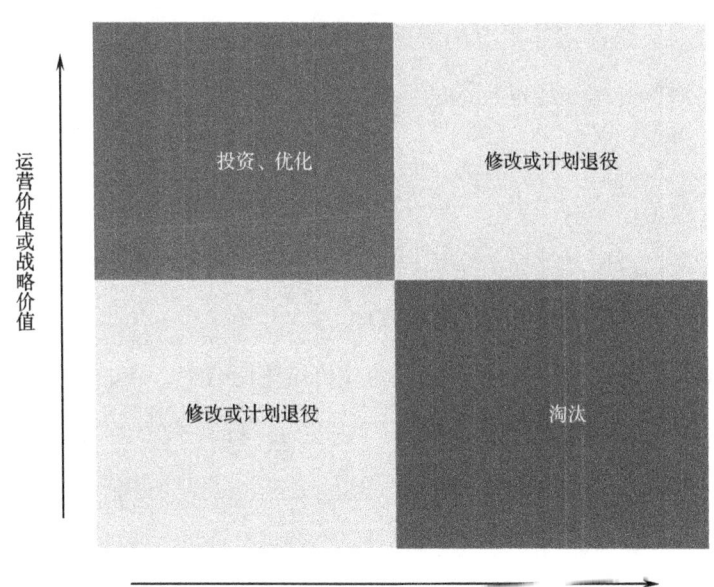

图 2.2 应用评估

应根据应用程序的成本／收益对其进行监控，然后根据应用程序在某个有限时间的位置做出决策。如果应用程序组合经理在 1990 年仔细检查他们的不符合 2000 年要求的应用程序，就会节省大量的时间、精力和金钱，因为这些应用程序中的大部分都会被淘汰，或者在数据中心"退役"。

软件应用程序投资指南

下文列出了一些投资指导原则，可以帮助软件应用程序的各类投资者理解机会和风险。

应理解企业购买和支持的应用程序背后的目标。如果不能确定相关"目标"，那么这一应用投资只能达到次优的效果。如果"目标"业务模型没有得到开发，或者那些对应用程序影响最小的业务模型没有得到开发，那么建模者将被迫开发新的需求。如果团队在阐明这些需求方面有困难，可以借助替代性的业务场景和友商的研究案例来启动这项工作。

客观地看待应用程序。哪些因素对业务有显著影响？哪些需要重点支持？参考业务策略和它们对业务流程的相对贡献来评估应用程序是非常重要的。如果评估的结果是明确的，应该决定停用应用程序（如果是对业务贡献很小的昂贵应用程序）或将功能转移到其他维护成本较低的系统（如果是对业务贡献有限但仍然有价值的旧系统）。

公司需要评估应用程序组合的变化。能够支持多少种架构？功能和体系结构类型的分布是什么？公司最重要的应用程序是否在最古老、最昂贵的计算机上运行？公司是否计划卖出需要大量支持的应用程序？

尽可能保持标准化。与微软等主流台式机供应商合作，在非微软应用程序中使用主流标准。主要桌面应用程序包括运行在 Windows 平台上的办公套件。虽然一些人可能会发现这种无处不在令人不安，但它让这个世界变得兼容。技术投资者应该驾驭正确的技术浪潮，而不是逆流而上。

应关注那些最有可能影响应用程序性能和成本的技术。像生物指纹认证工具这样的访问设备可以大有裨益，它们能够实现单点登录并降低安全管理成本。其他技术，如组件技术，可以帮助应用程序支持和修改流程。应该监督这类应用程序的使用过程。人机界面技术也应该受到监督，因为诸如语音输入/输出等技术能够彻底改变应用程序的性能。

中间件将继续成为一项关键的应用技术。作为使应用程序协同工作的黏合剂，理解整体中间件功能非常重要。

如果将这些业务技术见解与15个尽职调查标准相结合，应该就能进行谨慎的应用程序投资了。

通信目标

"协作"产生了一整套全新的通信需求，包括由业务模式、流程和通信设备的变化所驱动的需求，它们包括改变工作模式和流程，例如：

- 远程办公；
- 移动计算机处理技术；
- 小型办公室/家庭办公室（SOHO）计算；
- 新客户、员工、供应商和市场关系（企业对企业、企业对客户、企业对雇员等）；
- 信件、电话、传真、面对面，在线和离线、同步和异步通信；
- 供应商产品和服务的近实时比较；
- 去中介和再中介；
- "全员管理"和"全客户管理"；
- 多用途接入点，如有线和无线电脑、笔记本电脑、个人数字助理、智能手机、网络计算机、信息亭、局域网、虚拟专用网、广域网和万维网；
- 随时随地信息共享。

这些要求正在推动新一代通信技术和产品及通信架构和基础架构，导致对更多带宽（和带宽管理）、更多接入点、更好的安全性、更高的可靠性、可扩展性和分布式系统管理的需求。使用内部网和外部网进行内部和外部业务也在急剧增加。5年前，有一场关于通信技术普及程度的严肃辩论，今天没人对此进行争论了。许多企业的业务将完全转向互联网，就像亚马逊和易趣等公司在万维网中如鱼得水一样。来自垂直行业的各种规模的公司将继续严重依赖电子邮件和消息传递、工作流工具、面向团队的群件和企业对企业（B2B）交易处理，以及其他支持通信的流程和活动。

技术的买家、用户和支持者都非常清楚通信在私人生活及职场中扮演的角色，并且永远在寻找能够带来丰厚回报的投资。与应用领域一样，各种通信技术和系统的价值也随着投资者的特定视角而变化。

首先要考虑的通信投资领域是对网络、应用和数据的访问，以及支持访问的带宽（通信管道的大小）。现在，许多公司都有一个连接员工、客户和供应商的技术池和系统库。图2.3展示了接入技术的范围，这些技术共同代表了接入和连接通信投资机会的范围。

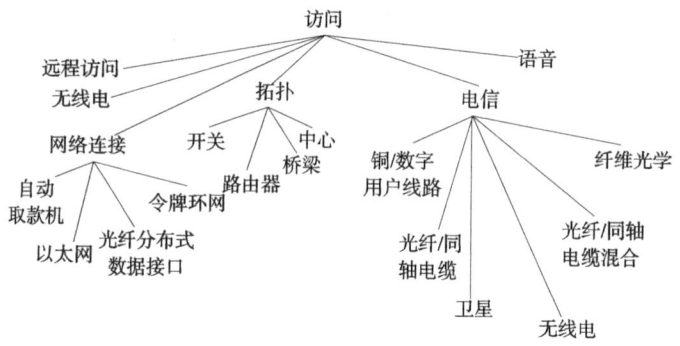

图2.3　通信接入和连接技术投资目标的范围

远程访问技术是商业模式的核心。为什么？因为作为一种"最低限度可接受的"体系结构要求，远程访问对于支持越来越多在路上和家里办公的员工、寻求信息、服务和交易的客户及需要访问库存和其他资源的供应商是必要的。

每个人都在大力投资无线连接。公司已经使用了千兆以太网连接。路由器和交换机的世界正在发生巨大的变化，路由器变得越来越智能，交换机变得越来越便宜，其成为解决网络效率问题的可行方案。主要的供应商——特别是思科（Cisco）——正在努力模糊网络吞吐量和管理工具之间的区别，随着网络需求的变化和增加，提供了各种可能共同工作的选项。

首席信息官们多年前就知道，增加网络带宽可能并不能解决所有的处理问题。也许在"带宽管理"上花点钱是一个更具成本效益的解决方案。如果架构足够灵活的话，带宽管理可以解决许多问题。例如，可以设计一个网络，用于适应特定应用程序管理的优先事项，如针对销售人员自动化、客户关系管理或企业资源计划的应用程序，它们可以使自身的查询优先于来自其他应用程序的查询。同样，带宽管理可以优先考虑各类员工，这样网络就不会因为电子邮件或即时消息活动而堵塞。

长期来看，光纤连接是发展趋势，但短期来看，人类将继续开发铜和电缆连接。许多技术已经针对铜缆进行了优化，有些技术——如千兆以太网——运行在铜缆或光纤上（尽管后者更好）。迁移是大势所趋，但前提是证明对光纤连接的投资需求宜早不宜迟。

风险投资者青睐通信空间，因为它非常必要，没有人在没有通信的情况下做生意。供应商也因为同样的原因喜欢通信空间。首席信息官们却出于同样的原因对此保持警惕，因为他们负责设计、使用和支持可靠、安全的通信网络，支持各种通信与交易处理。

通信的另一个方面是公司的协作能力，以及向随时随地通信的协作基础架构发展的需求。

共享通信和协作之间有一个重要的区别。例如，当我们给很多人发电子邮件（甚至更多的"副本"）时，共享通信，但是当我们像分布式团队那样基于行动/反应创建一个通信"线程"时，这叫协作计算。例如，在不久的将来，互联网竞价将成为一轮又一轮的行动/互动的触发点。随着这种做法的普及，公司将需要支持异步协作计算，而不仅是共享通信。

真正的问题是行业需要创建和支持什么样的协作环境及采用什么样的标准。虽然事实上的群件标准已经存在，但是还没有最终的供应链标准来保证协同计算投资的标准。每个人都需要密切关注外部供应链标准。从内部来看，有许多协作软件可以支持线程讨论和工作流，其中最具代表性的是 IBM 的 LotusNotes 平台和微软的 Exchange 邮件服务办公软件。许多额外的供应商提供工作流解决方案，旨在在更大的协作型消息应用程序中工作。

协作通信的范围如图 2.4 所示。首席信息官、技术供应商和风险投资者面临的主要考验是做出整体决策。首席信息官们小心谨慎，不独立选择工作流、电子邮件、群件或消息传递技术和产品，因为它们都应该是相关的。首席信息官们长期以来一直接受标准化的观点和反对存在最佳产品的观点。他们的理由是随着通信环境变得越来越复杂，最好把时间和精力花在优化通信流程上，而不是让一堆完全不同的产品协同工作。技术供应商理解这一点，喜欢资助通信"解决方案"的风险投资者们也是如此。

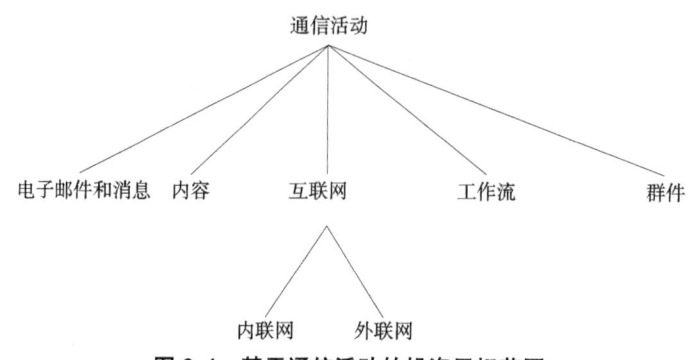

图 2.4 基于通信活动的投资目标范围

电子商务也是一个重要通信领域。协作通信基础架构决定了公司在电子商务中能做什么和不能做什么。但是一个明确的电子商务战略（总是由一个清晰的整体业务战略驱动）对公司是绝对关键的。业务变化的速度如此之快，因此电子商务通信基础架构必须更好地满足企业对企业（B2B）的需求。如果公司需要连接电缆、使用应用服务器、规划带宽和带宽管理，以及其他重要而耗时的活动，它们将无法满足业务发展的需求。

在 20 世纪 90 年代中后期，内联网和外联网用户数量的增长速度将远远快于基于手册的网站用户数量的增长。5 年前，关于电子商务的普及程度可能会有一些争论，现在这些争论消失了。许多企业的部分业务将完全转向互联网，而另一些将部分转向万维网。没有一家公司能逃脱这一趋势。

首席信息官们非常清楚强健的内部网和外联网的需求，以及它们产生的安全需求。客户、供应商和合作伙伴公司越是将通信和安全需求带入物理和数字网络，通信和安全需求将变得更加富有挑战。风险投资者在这里看到了巨大机会。新的企业对企业交易引擎能够支持产品和服务的实时竞价，保证一切爆款安全产品和全新的在线目录搜索，它们是风险投资者争相投资的众多领域之一。供应商也需要在电子商务产品和服务领域不断提高赌注。企业资源计划供应商一直在改进供应链应用程序，以及跟踪电子商务流程和效率的其他工具。

对通信模式和流程的敏感性也是个通信领域，它不是真正的技术，却能推动通信投资。事实上，除非建立有效利用投资的流程，否则所有对通信技术的投资都是无用的。为什么如此关注流程？因为没有它们，投资将付诸东流。以管理 2 万台台式机的公司为例，该公司希望使用美国联合电脑公司（Computer Associate）的

Unicenter、IBM 的 Tivoli 或惠普的 Open View。假设每个人都将使用这些产品来实现软件分发、网络事件报告、帮助台问答服务等关键功能。但是如果这些流程定义不清，那么无论工具集多么强大，项目都会失败。公司必须定义流程，确定软件分发方案，并指定具体负责人。如果网络和系统管理工具在使用中存在流程漏洞，技术将无法使用。

为了应对流程机遇和挑战，在过去几年中开发了一套新的应用程序，用于帮助通信和交易流程的建模。已经开发了业务流程管理（BPM）应用程序——通常是与私募股权风险资本一起开发的——以帮助公司规划其交易和通信流程。首席信息官、首席执行官和首席财务官越来越多地投资这些应用程序，以更好地理解他们的计算和通信环境需要满足的要求。风险投资者喜欢 BPM 领域及相关的企业绩效管理（CPM）领域，这一领域自上而下地审视公司的表现。

通信的另一方面是通信架构和基础架构。假设一家公司知道自己想要做什么，并且已经定义了实现这一切所需的流程，那么它就需要自上而下地思考它现有的体系结构及即将迁移到的新体系结构。通信架构"空间"如图 2.5 所示。基于整体的商业模式，公司从旧的架构迁移到新的架构，最终会得到一个集成的架构。这意味着在这个空间内做出的任何决定都不能独立于任何其他因素。整体业务模式必须引导公司走向一致的接入／连接和交易处理通信战略。它还必须指导公司制定战略，支持从目前的位置迁移到一个能够正常工作、能够维护并能够随着时间的推移进行升级的基础架构。

通信架构和基础架构问题很复杂，因为它们是可操作的。公司必须定义和应用可以随着时间的推移而实施和维护的流程，保障一切正常运转。图 2.5 从概念上表明，事务处理受到访问／连接的支持，并且它们都需要协作。

通信领域面临广泛而深入的投资机会。20 世纪 90 年代末，超过一半的风险资本都瞄准了新的通信技术。随着商业模式变得更加分散化和去中心化，以及对移动通信的需求增加，首席信息官们已将重点放在远程访问、无线电和其他支持其日益移动化的制造和销售队伍的技术上。供应商明白他们的产品必须变得足够丰富才行。每个人都认为通信技术很重要。变革在这里是不可避免的。今天有意义的事明天就没意义了。或许与其他一些投资目标领域不同，通信技术正以极快的速度发展。这需要对趋势分析和监控资源进行非同寻常的分配，与所在领域的发展方向保持同步、与友商的技术发展保持同步，以此打造公司的核心竞争力。

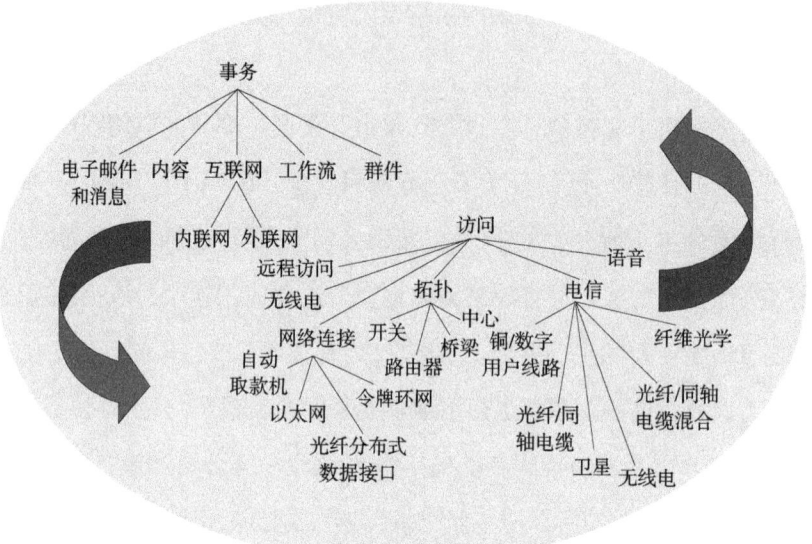

图2.5　通信架构投资空间

通信技术投资指南

不管投资前景如何，毫不夸张地说，通信技术将成为公司竞争能力的决定因素或破坏因素。在努力应对业务战略、通信响应及快速适应不可预测事件时，公司面临着各种各样的问题、难题和挑战。关键出路在于应在缺乏清晰要求的情况下灵活设计并实施最低可接受的通信架构和基础架构。

鉴于此，下文将介绍一些通信技术投资指南。

应确保新的商业模式得到发展，并且使它们符合通信需求。一些通信需求是显而易见的，但其他需求是微妙的，例如，现在和3年后内部用户与移动用户的比例将有所不同。如果商业模式没有得到开发，或者那些带来最小通信影响的业务模型没有得到开发，那么建模者将被迫开发新的通信需求。如果团队在阐明这些要求方面有困难，那么就用替代性的业务场景和友商的研究案例（及友商在通信技术领域的动作）来启动这一流程。

应采取整体行动。确保关于通信技术的决策是相互关联的。向标准化环境倾斜，远离同类最佳产品的想法，因为没有时间处理无休止的集成和互操作性问题。

应识别变化驱动因素。确定驱动因素，如期望支持的移动用户数量、目标行业中出现的非中介化和再中介化的数量，以及业务虚拟化的程度。根据重要性和发生概率对这些驱动因素进行排序。

应总结因变革而产生的通信需求：校准当前带宽并估计带宽和带宽管理的未来需求，确定公司的安全需求（随着远程用户数量的增加），确定公司需要提供的远程接入点的数量和性质，以及支持和规划新通信架构的基础架构流程和日常维护。

根据当前和预期需求测量当前的带宽，以确定当前带宽（和带宽管理）及预期目标的"差距"。

从上到下思考公司的访问和连接体系结构与基础架构，并客观地评估其持续的设计和支持成本：尝试为通信技术开发每位员工的总拥有成本（TCO）模型。

从速度、可用性、安全性、适应性、可配置性、当前通信性能基础及项目有效性等角度衡量当前表现与预期目标的差距。利用差距数据推动产品、服务和架构进行更新，这将促使公司（重新）考虑使用无线通信、光纤连接和快速千兆以太网网络连接等服务。

应特别注意网络拓扑。领头供应商在这方面采取了很多行动，提供了新的交换和路由服务及带宽管理服务，而不是提供越来越多的原始带宽。

应为公司的应用程序优化网络和通信架构。思科和其他供应商提供的工具帮助公司用户流量优化应用程序。如果已经使用了一个企业资源计划应用程序，那么公司能够通过带宽分配和宽带管理显著提高应用程序的效率。

应统一协作的需求。对内对外都要这样做。例如，如果公司的业务模型需要大量的动作/反应/线程通信，那么公司正在走向协作。内部合作需要时间和努力。有的公司已经形成了乐于分享的企业文化，而没有做到这一点的公司将面临严峻的挑战。

应考虑迁移到统一信息系统，即所有形式的通信都通过单个应用程序和设备进行。最终，在收到电子邮件的地方接收传真，在收到语音邮件的地方接收传真，这将是司空见惯的事情。应立即规划支持统一信息系统的基础架构。

公司的电子商务模式必须清晰且适应变化。公司还需要考虑需要哪些应用程序、与遗留系统的连接（因为你不太可能丢弃所有遗留数据）、项目和程序管理、支持及衡量电子商务效率的指标。

同样重要的是，要重新思考客户关系及围绕公司与客户所有联系的沟通。虽然这始终是个好建议，但网络使其势在必行，因为友商肯定会做同样的事情，并且必须从全新的战略角度评估虚拟连接的随时随地的可能性。例如，现在可以实现销售、服务、再次销售、服务、交叉销售、服务、追加销售、服务，然后将所有这些活动的相关数据打包出售给营销人员！

要关注客户关系管理（CRM）和技术支持的关系管理（TERM）领域的产品。

没有正确的程序，一切都是徒劳。明确的定义，经理解、沟通和批准的流程将支撑对通信技术的投资。没有流程买入，技术投资就不会有回报，而那些对这些投资负责的人将在政治上遭受损失。确保流程与技术投资保持同步靠的是流程专家，而不是机构。流程对于实施和支持至关重要。如果公司通过一个优秀的架构构建了一个伟大的基础架构，但是没有定义和实现操作流程，也会注定失败。

公司实施的通信架构、访问/技术和事务处理技术必须集成在一起。自下而上的设计——或者不断修补现有的体系结构——不会产生支持虚拟企业所需的结果。自上而下的架构设计应该产生更好的、集成程度和支持程度更高的结果。相对于那些需要大量定制和集成的架构，标准化架构是错误的方向。这并不是为了反对众所周知的"开放"架构，而是针对可靠性和可维护性提出的实用建议。

应将一年至少审查几次当前和新兴通信技术（理想情况下是由新的商业模式驱动）的流程制度化。跟踪关键的通信技术，以确定公司的迁移方案。将这些见解与15个尽职调查标准相结合，公司应该就能进行谨慎的通信投资了。

数据目标

数据、信息和知识需求来自多个方向。公司现有的应用程序每天都使用数据来处理事务。随着公司将业务模式扩展到互联网上，并参与"整体客户管理"，或在向现有客户销售更多商品和服务的过程中，数据得到了重复使用。当数据变得有目的时，它就变成了信息；知识提供了推理能力。数据、知识和信息有两个功能：存储功能和分析功能。存储是指保存数据、信息和知识的能力；分析是指数据的用途。

存储和分析功能如图 2.6 所示。这张图可用于确定数据、信息和知识需求的优先级。它还能帮助确定数据、信息和知识投资的规模。投资的方向在哪里？最佳投资机会在哪里？这些是首席信息官、技术供应商和风险投资者重点关注的问题。简而言之，钱应该去哪里？

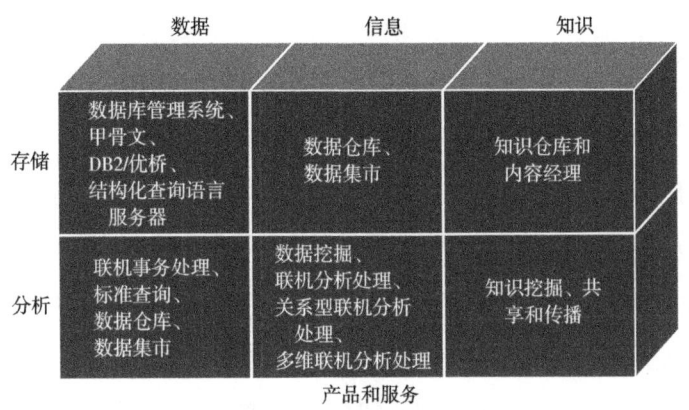

图 2.6 数据、信息和知识需求矩阵

数据存储区很有趣，因为它变化太快了。不久前，领头的数据库供应商还有五六家，但数据存储市场正在发生相当明显的变化：今天，主要的数据库供应商只有 IBM、甲骨文和微软这 3 家公司。数据存储还有一个主要趋势，即数据从层次数据库管理系统向关系数据库管理系统转移，以及从关系数据库管理向对象数据库管理转移。

信息存储方式包括数据仓库、数据集市和特殊用途的混合体，公司需要综合考虑数据的最终去向、构建信息存储方式的预算、用户需求及数据挖掘工具等要素。

知识储存就像选择聚会着装一样没有明确的要求。可以带着解决方案去发现问题。知识管理（KM）业务就是这样，但它想要减轻的严重痛苦也许更适合由顾问来描述，而不是由首席信息官、风险投资者或产品供应商来描述。先看一些假设，而不是在这个领域里翻来覆去。首先，假设有需要管理的知识，公司已经以某种方式把行业和公司经验的集体智慧编成法典。其次，假设文化和过程是以共享为中心的，也就是说，能够利用编码的知识。最后，假设公司拥有或愿意投资于工具来实现知识管理。在这个领域，一些行业会比其他行业做得更好。但是，其他人不怎么需要或根本不需要从顾问那里了解下一次知识管理技术革新的情况。

一些潜在的投资领域显然值得技术投资者认真考虑。也有一些不那么重要的投资机会。知识管理是一个伟大的概念，但要假设很多公司可能采用知识管理工具和技术。一些风险投资者喜欢这个领域，但许多人不喜欢：自20世纪90年代末过度炒作以来（那时几乎可以出售任何东西），许多风险投资者变得更加务实，通常不会削减知识管理应用的投资。也许最有前途的知识管理工具来自商业智能领域，首席信息官、技术供应商和风险投资者都无条件热爱这个领域。

存储对于数据、信息和知识分析至关重要。联机事务处理过程（OLTP）是所有公司长期以来一直在做的事情。联机分析处理（OLAP）——尤其是与数据仓库技术相结合时——是指利用数据、信息和知识的方式。很容易理解为什么OLAP受欢迎，因为它提供了灵活的数据查询，比OLTP更有优势。事实上，OLAP为信息和知识分析提供了一个入口。广泛的数据挖掘工具可以满足这种需求。首席信息官和供应商必须担心图2.6矩阵中的6块内容；风险投资者主要关注图2.6中关于分析功能的3个方面，尤其是信息挖掘功能。为什么？因为他们明白首席信息官的真正回报来自他们在数据库管理存储平台上的投资，这种投资倾向于短期变化分析。风险投资者也明白，销售和服务于矿业软件的供应商比销售数据挖掘的供应商更有可能获得更高的收益和利润，如图2.7所示。

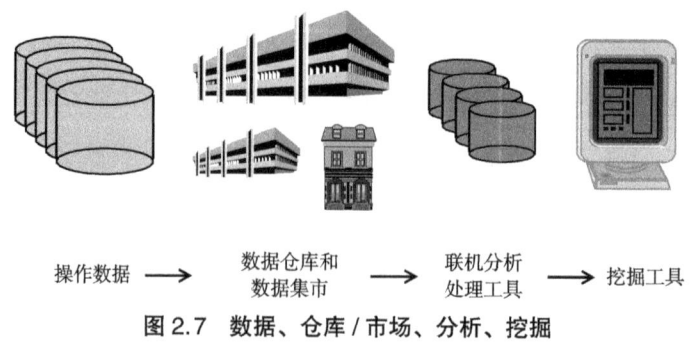

图2.7 数据、仓库/市场、分析、挖掘

随着技术本身的变化，数据、信息和知识的作用将会急剧增加。

数据库从层次结构发展为关系结构，进而发展为对象式：

- 更灵活地处理数据；
- 处理非结构化数据和"内容"，尤其是多媒体数据。

数据可被"网络驱动"，支持：

- 内部网访问；
- 电子商务……

需要更系统地管理数据库，支持：

- 增加访问；
- 安全；
- 更多非结构化数据；
- 同步；
- 更多多面数据；
- 复制……

数据、信息和知识不再由单一来源产生：

- "材料"由内部应用程序生成/为内部应用程序生成；
- 由合作伙伴生成；
- 通过访问外部数据库，主要是通过万维网产生；
- 由供应商生成；
- 由客户生成；
- 由雇员生成……

数据、信息和知识需要让创建者、基于它进行交易的人和管理它的人都能访问，包括：

- 雇员；
- 合作伙伴；
- 客户；
- 供应商……

可以预见，在未来3~5年，数据仓库支出将会快速增长。数据仓库对于处理异构数据和应用程序环境及从结构化数据库中提取信息变得越来越必要，否则这些数据库将无法访问。数据仓库服务市场将会比数据仓库工具市场增长得更快，规模更大。企业应用程序供应商及其集成商合作伙伴也将对数据仓库产生重大"拉动"作用。

如上所述，知识存储领域需要对知识管理有更清晰的定义，然后供应商和买方才能分别决定他们将销售和购买什么。供应商正在大肆宣传这一领域，但该领域真正的产品相对较少，更重要的是，很少有明确定义的问题，而知识管理是一种成本效益高的解决方案。关键是供应商应回答由首席信息官和风险投资者及其他投资者提出的问题:"知识管理的目的是什么?"

在数据分析领域,联机事务处理过程(OLTP)将继续在应用程序中得到广泛应用。在信息分析领域,支持非结构化数据分析的联机分析处理(OLAP)工具的用户将会增加。数据挖掘,即终端用户发现数据中隐藏模式的工具,将继续增长,在数据仓库和OLAP服务器上运行。知识分析领域将不得不等待更清晰的定义和充分定义的问题,以获得基于技术的解决方案。目前,知识管理领域存在"解决方案就是寻找问题"的综合征。

随着开发人员、用户和供应商都发现数据、信息和知识对于已经创建并将继续使用的异构应用程序是多么重要,数据空间也在发生巨大变化。

随着分布式应用程序的增加,数据的作用也在增加,例如,供应商和用户寻求将网络应用程序连接到传统数据库。企业资源计划、供应链管理、网络和系统管理及旧(遗留)应用程序的维护等方面的发展,都需要在传统数据库管理、数据仓库、数据挖掘及最终的知识管理方面进行额外投资。

大的变化正在发生,因为数据不再仅仅是存储在分层或关系数据库管理系统中的记录。相反,出现了整合不同种类的数据、信息和知识的需求。对元数据概念、标准和工具的需求也浮出水面。元数据是关于数据的数据,或者关于数据、信息与知识的位置、状态、质量和内容的信息。因此,元数据有助于数据搜索,无论数据存储在哪里,都能回应关于数据、信息和知识的查询。

总的来说,可以预测数据、信息、知识领域的问题会越来越多。数字资产管理对通用数据访问的投资也会不断增加。数字资产管理是指能够随时从任何地方获取任何类型的数据、信息或知识,以解决结构化和非结构化问题的能力。

数据的来源多种多样。有些在甲骨文数据库中,有些在IBM的DB2数据库中,有些在Sybase公司的数据库中。运营数据——尤其是不同形式的数据——通常需要转换成一种形式,在这种形式下,公司中的任何人都可以使用它来执行各种分析。"翻译"带来了数据仓库和小型数据集市的发展,这些数据仓库和集市支持各种在线分析,并最终支持数据挖掘,即能够询问关于公司员工、客户、供应商和合作伙伴的各种问题。

每个人都在努力从所有被束缚和未被束缚的设备中获得通用数据访问（UDA）。最终，结构化、非结构化、层次化、关系化、对象式的数据、信息和知识将无处不在。虽然距离实现这些还有几年的时间，但理解这一趋势并据此调整商业模式是有帮助的。微软、美国IBM和甲骨文公司都计划提供UDA。了解他们的进展及他们对公司商业模式和流程的影响是非常重要的。协作需要UDA，集成是实现这一目标的短期途径。从长期来看，如果技术采购决策制定得当，就不需要整合大量不同的数据库。

合作商业模式将驱动数据。除非企业的数据（信息、知识和内容）得到整合，否则企业就无法成为合作企业。多年来，贵公司可能已经使用了许多不同的数据库管理系统和许多具有特定数据要求的应用程序（例如，如果已经使用了甲骨文金融服务应用程序，就必须在甲骨文的数据库上运行它们，这可能是也可能不是贵公司的首选数据库平台）。因此，如果贵公司的数据变化量很大，贵公司可能非常不适合合作。如果贵公司一直很本分，只有一两个数据库平台，那么贵公司就很容易合作。

数据集成工作是应用程序集成工作的补充。一些企业应用集成（EAI）工具包括提取、转换和加载（ETL）。对集成技术的投资应该由场景规划练习的结果来驱动，该练习将你的公司定位在协作空间中。这些场景将决定公司需要什么样的应用程序，以及应用程序和数据必须集成到什么程度。但是无论公司处于协作领域的什么位置，都需要投资数据（和应用程序）集成技术。

总结一下。如果要合作，就必须集成数据。如果在不同的地方有许多不同种类的数据，那么需要开发一种数据集成策略，可能需要构建某种数据仓库。一旦建立了数据仓库，就可以进行各种有利于促进合作的分析。随着时间的推移，需要通过迁移到更少的数据平台和标准化分析工具来减少集成需求，分析工具是指用来挖掘数据以获得协作见解和模型的工具。

数据领域的投资目标机会如图2.8所示。需注意的是，所有的产品和服务互为补充。

| 技术尽职调查：服务于首席信息官、风险投资者、技术供应商的最佳实践

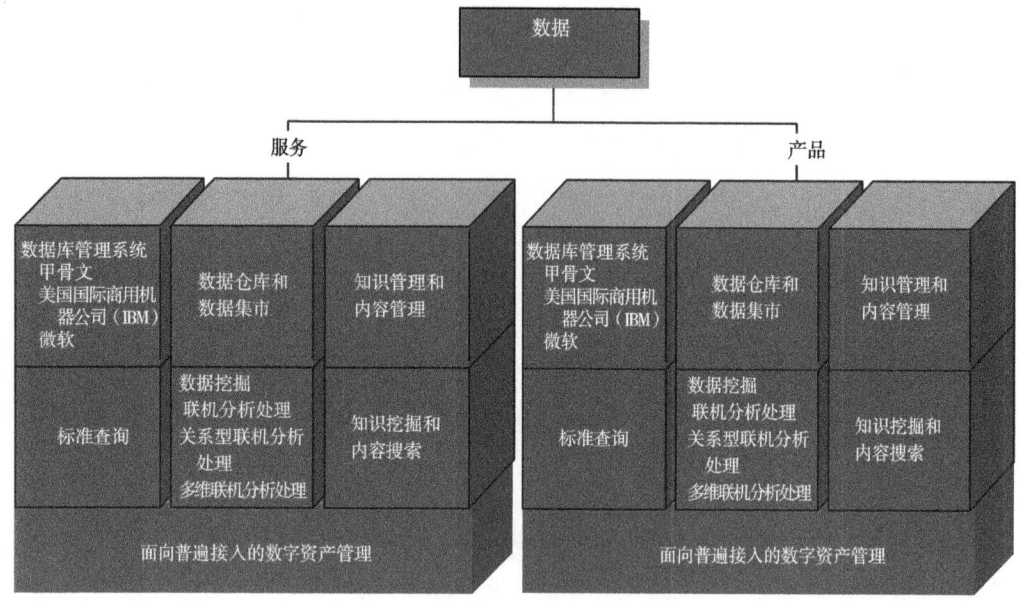

图2.8 数据产品和服务投资目标

数据投资指南

无论投资前景如何，下面这些投资指南可以提高公司的投资成功率。

要跟踪数据、信息和内容领域的整合情况。行业正在整合，几年后领头的数据库管理供应商可能所剩无几。但是，支持数据分析的供应商仍会存在，尤其是在商业智能领域，只不过小型供应商将越来越顺应大型供应商的标准和体系结构。

要认识到数据/信息/知识产品和服务之间的相互关系。产品将越来越多地与服务捆绑在一起，反之亦然。因此，投资将越来越多地围绕捆绑产品和服务进行。

"硬"数据正在与"软"非结构化数据合并，如来自电子邮件流、客户服务对话和博客的数据。对数据、信息和知识的投资应该集中在产品和服务供应商的硬能力和软能力上。

数据完整性和安全性对于业务协作假设的数据、信息和知识的增加使用至关重要。产品和服务必须展示清晰和可验证的数据完整性和安全能力。不能积极满足这些要求的投资应当避免。在数据/信息/知识"黏合剂"上的投资是谨慎的，因为其专注于逐渐减少的不同数据、信息和知识的集成。缺乏对完全不同的数据、信

息和知识的集成能力的供应商比拥有集成能力的供应商处于竞争劣势。

将这些见解与 15 个尽职调查标准相结合，应该就能对数据领域进行谨慎的投资了。

基础架构目标

基础架构的定义如下：
- 基础架构是指支持业务目标的传统电子商务和企业应用所需的硬件、软件和支持服务；
- 基础架构是每个公司都必须获得、升级和支持的数据、计算和通信"管道"。

下面列出了基础架构需求的一些更重要的来源：
- 传统应用程序——尤其是在用网络服务实现现代化之后——将继续支持业务目标，因此需要得到有效的支持。
- 应用程序越来越分散，因此需要分散的基础架构支持。
- 用户变得更加移动，需要支持远程访问和重新设计应用程序，以优化其作为远程访问应用程序的使用。
- 在显示技术投资回报和管理基础架构所有者总成本方面面临巨大压力的采购实践。
- 电子商务的兴起从根本上改变了公司的经营方式。
- 基础架构需要通过提供安全性、可扩展性、互操作性和连接性来适应这些变化。
- 企业应用程序使用的急剧增加，扩展了基础架构在许多机构中的作用，这些机构过去只支持定制应用程序。
- 对台式机、笔记本电脑和服务器管理的担忧日益加剧，导致主要基础架构外包交易增加。

基础架构需求评估状况如图 2.9 所示，由此可见基础架构存在分层。这些层代表了一种思考基础架构和基础架构组件如何相互关联的简单方法。访问层是指允许访问数据、应用程序、通信、消息、工作流和群件功能的台式机、笔记本电脑、浏览器和其他设备。协调层指的是构成基础架构的查询服务、消息服务、目录服务和安全服务。它还包括事务服务器、应用服务器和支持应用的网页服务器。资源层指的是应用程序本身及保持事务运行所必需的应用程序管理服务。它还包括支持事务和应用程序所需的数据、信息、知识、内容、元数据资源。数据中心位于基础架构的资源层。

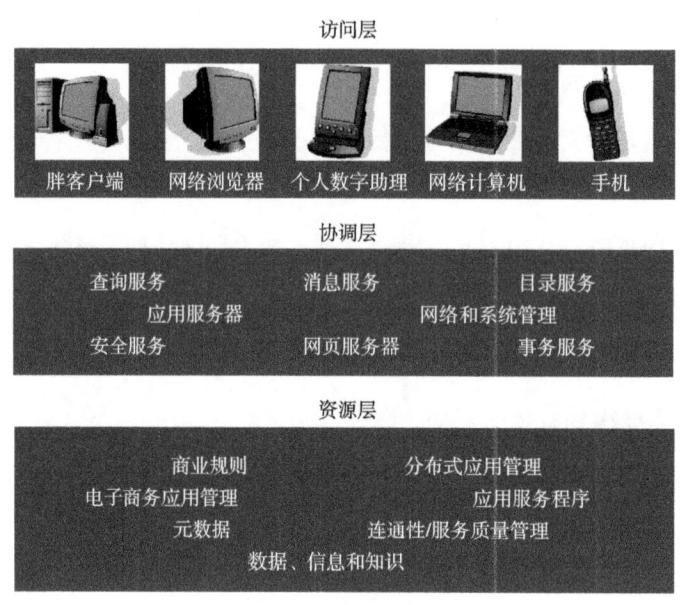

图 2.9　基础架构层

每个人都需要基础架构支持服务（图 2.10）。完美的外包商应该能够开发出与公司业务目标相一致的基础架构战略。这些服务通常由技术顾问提供，如 IBM 全球服务、EDS、佩罗系统（Perot Systems）和埃森哲。

图 2.10　基础架构支持服务的范围

网络和通信架构设计需要能够将基础架构战略转化为网络和通信架构设计的专业知识。台式机、笔记本电脑、移动战略包括所有能让员工提高工作效率的个人设备。完美的服务组织将确定所有选项、问题及支持、集成和互操作这些不同设备所需的流程、工具和技术。服务器策略包括支持分布式环境的服务器的数量、功率、位置。理想的支持服务提供商还应该指定网络和系统管理策略。但是需求意味着更多的基础架构支持服务，如基础架构集成和优化，如图 2.11 所示。

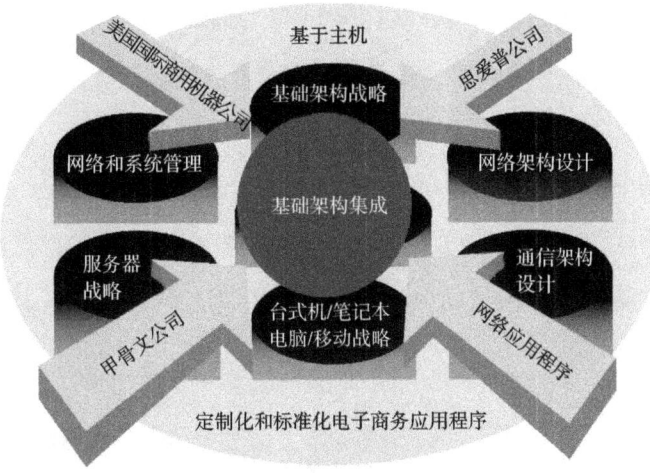

图 2.11　基础架构集成

一些风险投资者喜欢基础架构空间。那些"淘金热"投资理论的支持者认为，基础架构产品和服务总是可以赚钱的。另一些人认为，这个空间变得过于商品化，利润率不断受到冲击。供应商理解他们的客户对基础架构的依赖，正如首席信息官们知道他们必须在投资中获得成本效益。

总的来说，无论投资者来自哪里，基础架构领域都是一个值得投资的领域。公司永远依赖计算和通信基础架构，继续在基础架构领域投入超过 70% 的技术资金。该领域的定价压力对首席信息官来说是良性的，但对供应商和风险投资者来说就不那么友好了。

基础架构投资指南

以下是基础架构领域的一些投资指南。

所有决策都必须通过商业模式过滤器才能做出。如果过滤器不存在，那么必须协助它们的开发和验证。如果不存在，并且无法让组织对优化基础架构投资所必需的业务建模进行投资，那么应在商业模式变得清晰之前，进行最低限度的可接受的投资。最低投资包括针对电子商务和企业应用程序优化的分层"访问"、"协调"和"资源"基础架构战略。

毫无疑问，商业战略需要更多的分布式（电子商务和企业）应用程序，这反过来又会引发对基础架构功能的需求，而这些功能在公司中可能存在，也可能不存在。应用程序和业务战略之间可能存在巨大的"基础架构差距"。投资者需要识别和定义这一差距：没有应用程序，就无法制定商业战略；没有基础架构的支持，就无法构思应用程序。

投资者需要评估的基础架构产品和服务的范围如图 2.12 所示。该框架应有助于确定投资的优先顺序，并可用作产品和服务选项的过滤器。然而，关键是填充矩阵中的每个单元，因为基础架构必须是自上而下的，并且由高效的产品和服务支持。

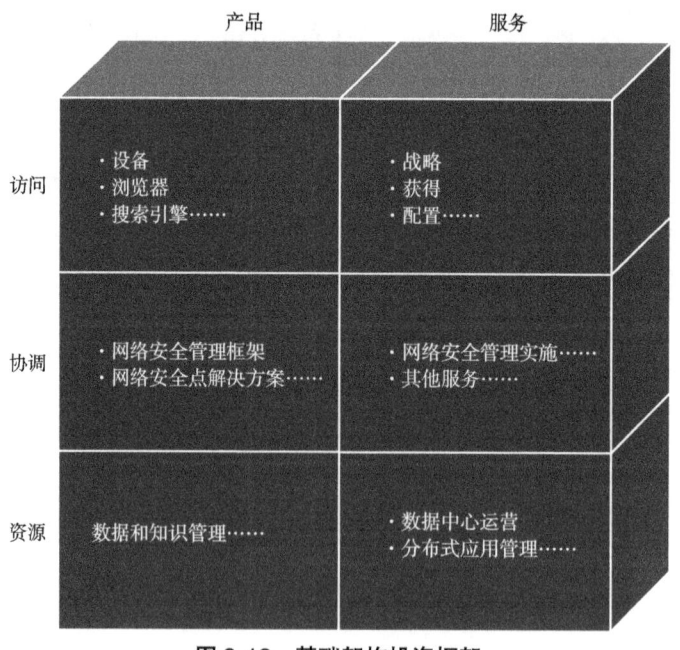

图 2.12　基础架构投资框架

需要描述当前的访问"资产"，包括台式机、笔记本电脑、个人数字助理及用于访问应用程序和数据库的其他设备。需要确定接入设备应该有多瘦：瘦客户端——应用程序主要基于网络——如果用户是以应用程序为中心的，那么瘦客户端可能是有意义的；胖客户端，即上面有很多应用程序的传统台式机/笔记本电脑，当公司对胖客户端（和支持）的投资很大，并且计算自主性对用户来说是一个高度优先事项时，胖客户端是有意义的。需要规划一个支持越来越多的瘦客户端的环境，以及一个使用所有计算设备作为远程访问设备的环境。

需要对浏览器和应用程序体系结构进行标准化，该体系结构将浏览器用作通用应用程序界面，即用户（员工、供应商和客户）访问应用程序和数据库的主要方式。

虽然完美的标准化很少奏效，但目标应该是在尽可能少的访问设备、目录服务、消息传递系统、应用服务器上实现标准化，使应用程序能够正常工作。标准化可以为供应商定制，也可以是同类最佳的。越来越多的大型企业正在从最佳产品转向定制化更加明显的标准化战略。显然，微软在桌面应用程序和桌面操作系统方面一家独大。在可预见的未来，Windows XP 和 Vista 很可能主宰服务器操作系统。

一个密切相关的问题是基础架构配置的标准供应商与最佳方法孰优孰劣。评估替代品的优势和劣势及成本与收益非常重要。在做出决定之前，先看看基础架构垂直行业的趋势。如果所有供应商和客户都可能使用一个供应商来满足大部分计算和通信基础架构需求，那么决定的自由度就很少或根本没有。

需要一个网络和系统管理策略，该策略可以基于单独的单点解决方案，也可以基于一个集成框架。网络和系统管理框架的实施既复杂又昂贵。虽然可能想自己实现 IBM 的 Tivoli 或联合电脑公司的 Unicenter，但可能需要一些外部帮助。还要确保为网络和系统管理流程与工具开发一些有效性指标。没有衡量标准，就不可能确定投资是否合理。

数据中心需要支持应用程序和数据库。但是数据中心将朝着分布式的方向发展，可（虚拟地）容纳分布式应用程序和数据/信息/知识/内容，以及遗留应用程序和数据库，所有这些都必须共存于同一基础架构中。很难找到能够支持这种异构环境的专业人员。确保内部人员能够胜任这项工作。如果不能，那么考虑外包给一家拥有合适的技能和经验的公司。虽然有些人可能不愿意将当前的数据中心外包，但是传统数据中心已经外包多年，随着电子商务和企业应用程序数量的增加，当前的数据中心管理流程很可能需要进行重大修改，才能集成和支持新的应用程序。所有这些都可能使外包成为明智之举。

基础架构支持的范围包括：
- 基础架构策略；
- 服务器策略；
- 网络架构设计；
- 网络和系统管理策略；
- 通信架构设计；
- 有效的绩效评估策略。
- 台式机／笔记本电脑／移动（接入设备）策略；

这些服务共同构成了基础架构解决方案集成，这是所有公司寻求完美服务范围的目标。接入、协调和资源层支持服务的集成代表了一种端到端基础架构支持策略，该策略应由以下假设驱动：
- 电子商务应用的兴起；
- 企业应用的兴起；
- 整合平台；
- 基础架构服务创造性采购外包的机会，特别是共享风险外包。

基础架构需要作为推动者和加速器来销售。它应该作为电子商务和企业应用程序的"倍增器"出售，这有可能使这些应用程序的现有投资获得更大的回报。

这些准则将有助于组织评估替代基础架构投资所需的尽职调查标准。

安全目标

安全要求和投资机会来自许多方面。下面列出了一些重要内容。
- 分布式应用程序数量和复杂性的增加；
- 拒绝服务攻击、蠕虫和病毒的增加；
- 需要将越来越多的人连接到数据库和应用程序；
- 认为无线计算不安全；
- 隐私、保密和财务报告方面的监管压力。

这份清单表明，围绕安全的问题和挑战既是技术问题，也是社会和政治问题；事实上，有人可能会说，如果没有远远超出明显的技术挑战的背景，就不可能解决安全问题。

同样有趣的是安全问题的根源。也许与预期相反，许多问题可以追溯到病毒，而不是破坏或其他广泛认为的可能原因。但是这种趋势可能会继续吗？可以预计，随着电子商务的持续增长和战略化，安全漏洞将会更加频繁地出现。这意味着，当我们对虚拟业务流程的进展感到满意时，某种形式的——有些可能非常恶劣的——信息战将会爆发。

虽然我们还没有听到太多关于破坏者如何摧毁可行业务的故事，但是灾难性的数字事件将会发生。有些事件可能比其他事件更广为人知，但是将技术作为武器的人会对商业造成重大干扰。美国联邦政府认识到这一威胁已经有一段时间了；私营企业将不得不越来越关注信息战。

安全投资战略由一组技术、流程和服务共同组成。

安全性要求如图2.13所示。这个矩阵里有很多要素。每个要素都需要关注，它们之间需要互相协作。

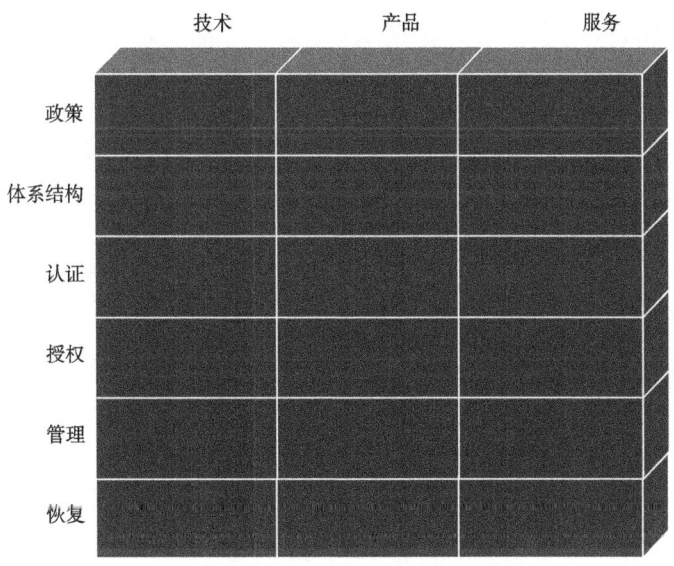

图2.13 综合安全要求和投资机会

首先是政策。以下是指导原则：

- 必须把政策写下来。所有安全和隐私政策及程序必须定期进行编纂、交流和更新。

- 安全政策不应该是一本圣经，但它需要足够具体以减少歧义。与其花两年时间来制定完美的安全或隐私政策——涵盖安全环境的各个方面——不如花更少的时间来制定一个行之有效的政策，并确保提供相关培训。

● 如果不能在内部制定一个可信的政策，那就把它外包出去。

该文件至少应包括解决以下问题的政策：

● 数据访问；　　　　　　● 隐私；

● 应用程序访问；　　　　● 业务恢复计划；

● 网络访问；　　　　　　● 系统设计和开发；

● 软件；　　　　　　　　● 风险评估。

认证绝对是关键的：

● 密码是有用的，但是管理起来很昂贵，而且对于经常使用的用户来说很复杂，尤其是当他们必须记住多个密码的时候。

● 如果密码策略发展良好（例如，要求用户每 30 天左右更改一次，或者系统自动拒绝他们的访问），那么在接下来的几年里，它们可能非常有用。但是，如果它们复杂且难以管理，可以考虑其他认证方法、工具和产品，如智能卡和生物识别设备。

● 网络和应用的单点登录仍然是一个有价值的目标。看看可用的工具和支持它们的流程。随着网络的使用日益深入，用户面对越来越多的网络和应用程序，单点登录功能的需求越来越多。

请务必调查可用防火墙技术的范围，因为它们一直在变化。请注意将越来越多的功能嵌入防火墙的趋势，这些功能包括许多灵活的身份验证（和授权）技术。随着时间的推移，你应该能够将许多功能卸载到你的防火墙（及其他硬件设备和软件应用程序）上。

谁来做？做什么？认证后授权：

● 一旦用户通过身份验证，就需要根据一些预定义的授权模式对他们进行监控。需要定义对网络、应用程序和数据库的访问，个人和用户类别需要知道他们可以去哪里，以及一旦到达那里他们可以做什么。

● 所有安全（和隐私）策略、身份验证、授权和恢复都需要管理。

● 每次考虑一种方法、工具、技术或过程时，一定要问一些关于管理的问题。

● 开发一些度量标准，根据这些标准，你可以跟踪管理过程的有效性。跟踪一段时间的数据,以确定你实施的任何管理流程的成本效益。

一些基本的管理报告包括:

- 用户登录错误报告;
- 资源活动报告;
- 用户政策违规报告;
- 用户访问报告。

恢复与身份验证一样对安全性至关重要。确保不会通过削减系统恢复和业务恢复规划方面的投资来缩短你的安全战略。业务中断和恢复规划模拟应定期进行,至少一年两次,以确定当发生重大业务中断时,你的业务恢复规划策略和程序是否实际有效。业务恢复规划的基本要素应包括:

- 计划激活政策和程序;
- 行政政策、程序和责任;
- 个人、团体和团队恢复政策和程序;
- 应急计划。
- 现场/场外恢复政策和程序;

支持安全和隐私政策与技术是一件棘手的事。尽管公司有很多内部安全人才,但可能不得不在外部寻找端到端安全解决方案集成。必须谨慎做出这一决定,因为有一种趋势认为,内部员工(他们可能在基于主机的数据中心封闭环境中很好地管理了安全性)可以管理越来越多的连接员工、合作伙伴和供应商的分布式应用程序。

必要技能的范围既广又深。需要确保覆盖了所有的基础。关键是将服务集成到适应性解决方案中。如果安全策略由许多部分组成,而这些部分又彼此不协调,那么就没有可行的安全策略。

信息战的威胁必须认真对待。如果错误地保护了安全体系结构和基础架构,友商将会找到进入你的网络、应用程序和数据库的方法。花几年时间提高市场份额,花几周时间摧毁友商的数据库,哪个更容易?信息战是真正的威胁。应该尽可能多地投资来保护自身业务,如果防御崩溃了,则应该投资业务恢复流程和技术。

需要放下安全是所采取的一个"步骤"的观念(当设计、开发和使用网络和应用程序时),或者安全可以由被不同的过程包围的许多工具和技术来服务。虽然这些概念在理论上是正确的,但它们忽略了一个观点:安全不是网络或应用程序的一部分,而是嵌入在网络和应用程序中的。

换句话说,安全性就像路由器或交换机一样是网络的一部分,也像用户界面或数据库一样是应用程序的一部分。当公司不再将安全性视为网络和应用程序基础架构中的一个脱离实体的部分,而是将其视为一个相当复杂的系统中的一个不可或缺的组成部分时,那么就实现了分布式应用程序开发和管理的下一个层次。

安全投资策略的实施步骤如图2.14所示。图中列出的各个版块可以用来确定安全需求和投资的优先级。但是注意产品和服务之间的区别。有些安全问题可以用产品来解决,而另一些需要用持续的服务来回应。公司所需的支持范围如图2.14所示。如何获得这些服务很关键。

一如既往,可以选择外包或外包采购。鉴于所在行业、公司、就业文化及对这个问题的各种观点不一而同,内部员工不可能知道所有的答案。如果倾向于不外包,那就从外面找一些聪明的顾问来监督内部顾问。还有一些快速变化的新技术类别,我们在10年前相对较少关注,但是我们真正需要了解这些技术,才能优化安全投资。

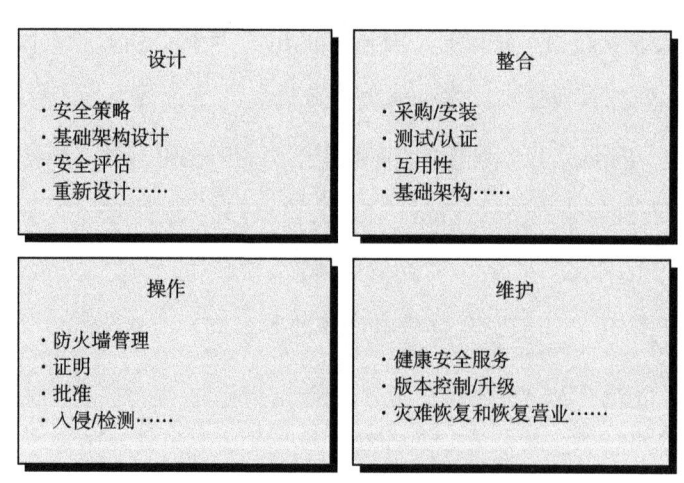

图2.14 综合安全要求和投资机会

该清单至少包括以下内容:

- 加密;
- 证书;
- 防火墙;
- 隐私。
- 杀毒软件;

加密技术是复杂的,不断朝着标准化的方向发展。最简单的形式是"加扰"技术。更复杂的技术基于一些标准。加密技术存在于许多非常常见的应用程序中,并且经常在用户甚至不知道它的使用时被调用。

防火墙技术是另一类值得关注的安全技术。防火墙有助于认证和授权;也支持安全管理。防火墙技术应该成为公司的核心能力，因为防火墙嵌入了许多安全技术，可以用特定的命令激活它们。换句话说，防火墙带有可以应用于环境的安全功能。但是防火墙市场庞大而复杂；它还可能细分为垂直行业特定的解决方案，这些解决方案可能会根据想要保护的组织的规模而再次划分。

如上所述，病毒仍然是大量安全问题的原因。随着越来越多的分布式应用被使用，以及互联网成为虚拟业务的"平台"，可以预见病毒的数量会增加。

病毒问题是真实的、不断增长的、复杂的、修复费用昂贵的，并且是持续的。需要通过直接使用防病毒技术或通过所使用的工具和框架来为该问题分配大量资源。像 IBM 这样的供应商已经开发了一些自动化的解决方案，并且人们普遍认为 Java 对病毒有一些天然的免疫力。

另一个值得关注的安全技术是证书技术。随着我们寻找更复杂的认证和授权方法，第三方、诚实的基于代理的技术解决方案——证书——越来越受欢迎。越来越多的电子商务将基于认证。

那么它是如何工作的呢？图 2.15 说明了证书颁发机构如何处理信息请求。

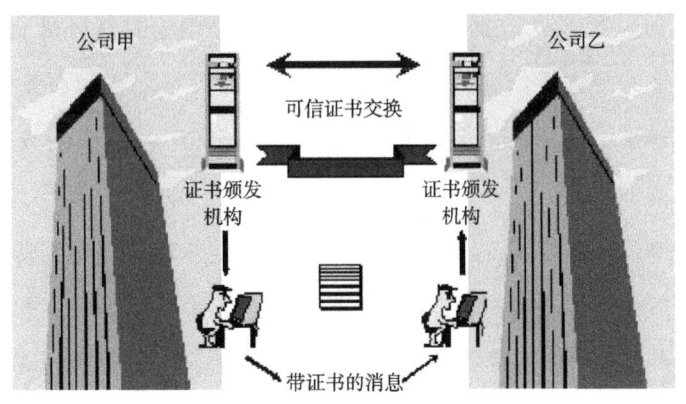

图 2.15　证书颁发流程

隐私作为安全的另一面将变得越来越重要。随着我们竭尽全力保证安全的商业交易处理，需要开始密切关注个人隐私保护。

政府法规已经迫使科技行业采用隐私标准。P3 标准（隐私偏好平台）正在定义互联网计算的隐私最佳实践。微软和网景公司开发的开放剖析标准（OPS）是该行业如何应对新出现的隐私保护要求的另一个例子。意大利和德国等国家，特别积极地通过了隐私法。请关注法规和标准，并确保公司的计算环境既安全又私密。

证券投资指南

以下是一些安全投资指南。

图 2.13 中的框架应该可以帮助确定投资的优先级,并且可以用作传递安全产品和服务选项的过滤思想。然而,关键是解决矩阵中的每一个单元,因为安全性必须是自上而下的,并且必须由各种产品和服务提供经济高效的支持。无论采取什么样的投资视角,所有的产品和服务都必须实现集成和互操作:关键是将服务集成到一个自适应的解决方案中,如果安全策略由许多相互不协调的部分组成,就等于没有可行的安全策略。

对于可能的投资,至少应该跟踪 5 种支持技术:

- 防火墙技术;
- 加密技术;
- 杀毒技术;
- 隐私。
- 证书颁发机构技术;

虽然 5 年前可能有人对宣布分布式安全为核心竞争力持怀疑态度,但今天,相反的观点应该会令人惊讶。必须了解该技术,以及它如何与商业模式、应用程序组合、通信体系结构及基础架构的其他方面进行交互。这个领域的投资是不可避免的。

隐私将变得越来越重要,越来越成为政府法规的焦点,因此也成为计算和通信标准的对象。应密切关注这些趋势,因为商业安全的另一面是个人隐私。

看看主要供应商可以提供哪些安全产品和服务。在安全投资领域,不应使用未经测试的产品和服务。与此同时,对病毒防护等特别顽固问题的强大新技术应该追踪其潜力。

将这些见解与 15 个尽职调查标准相结合,应该就能进行谨慎的安全投资了。

先进技术目标

先进技术让所有技术投资者兴奋不已,尽管原因各不相同。有一些特定的新技术，如无线网络和无线网络通信技术，改变了公司与员工、合作伙伴和供应商的交流方式，还有一些技术思维和"集群"（如第一章所讨论的），改变了公司用计算和通信技术解决业务问题的思维方式。背景很重要。正在发生的变化重新定义了技术在商业中的作用及"先进技术"的定义，下面将介绍一些推动我们理解和应用先进技术的趋势。

如前所述，毫无疑问，个人电脑、笔记本电脑和路由器是商品；遗留系统维护、数据中心管理、编程等服务已经变得几乎完全现代化了。但这里讨论的重点不是商品化本身，而是业务技术分为操作层和战略层。操作技术正在商品化；战略技术依然活跃，并且仍然是一个竞争优势。有什么不同？运营技术通过设备和服务以明确的方式支持当前和新兴的业务模式和流程，这些设备和服务的成本已经变得稳定和可预测，在过去的10年里总体上大幅下降。硬件性价比也许是这一趋势最明显的例子，但也有其他例子，包括我们愿意为编程支付的费用。另外，战略技术是创造性商业技术融合的结果，例如，沃尔玛简化了其供应链，星巴克提供无线网络接入，先锋利用其网站大幅降低成本。商业技术融合的创造力是无限的；商业 技术关系的战略意义是无限的。

先进技术可以是战略性的，也可以是可操作性的。代表解决战略或运营问题的全新方法的技术，对技术经理、风险投资者，当然还有那些总是在寻找新产品和服务向客户销售的供应商来说，具有巨大的吸引力。

另一个重要趋势是，公司越来越有能力让数据库、硬件系统、应用程序相互协作。从应用程序编程接口（APIs）到数据提取、转换和加载（ETL）到企业应用程序集成（EAI），再到网络服务，所有这些都是在大约10年的时间里完成的。通过无缝技术集成实现无处不在的事务处理正在成为下一个趋势。集成是许多公司的核心竞争力，行业已经出现一系列新的集成工具。这种趋势将会持续下去，有可能极大地改变软件体系结构和技术基础架构，并影响先进技术的性质和内容。

还有一个主要趋势是公司愿意优化采购。随着越来越多的技术商品化，出现了越来越多的混合采购模式。一些公司外包了许多流程，而另一些公司则采用了一种合作外包模式，即公司员工与外包商密切合作。然而，趋势是明显的：公司正在重新评估采购策略，并延长了全部或部分外包的潜在候选人名单。其中包括帮助台支持、生产编程和应用程序维护。如果扩展这一趋势，更多的大型应用程序可能被托管，公司将越来越多地租用这些应用程序，而不是努力应对实施和支持挑战。

先进技术的创造者、使用者和支持者可能不是公司员工，而是公司的租户。这一趋势及其他趋势将改变先进技术投资的动力。终端用户公司很可能成为先进技术的追随者，而非领导者，其将先进技术的创造权留给技术供应商和提供技术的风险投资者。公司在优化方面面临着一个有趣的挑战，最终与核心能力评估相关联。所有公司需要掌握的决策要素如图2.16所示。先进技术很可能是由外包商提供的，而不是由终端用户开发或实施的。

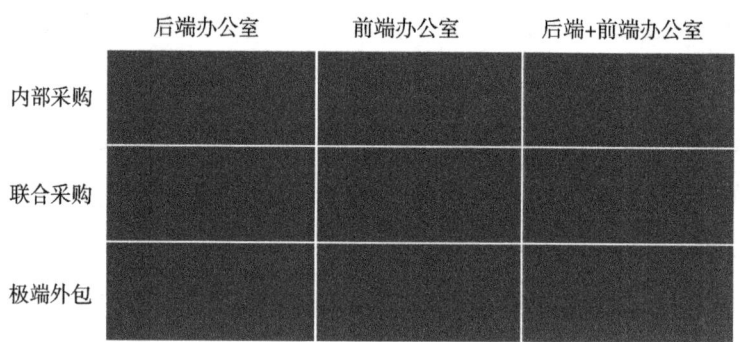

图2.16　采购优化矩阵

依靠永远在线的网络的小型、廉价、可靠的设备是有意义的。将计算能力从台式机和笔记本电脑转移到专业管理的服务器的趋势正在形成。将存储从本地磁盘驱动器转移到远程存储区域网络是有意义的。随着公司服务器的能力增加，胖客户端应该减轻一些重量。瘦客户端/胖服务器体系结构的总拥有成本（TCO）是不可抗拒的，更不用说投资回报率（ROI）了（说得委婉一点）。任何更新基础架构的人都应该考虑基础架构。应该利用基础架构薄弱的机会来过滤迁移。应该启动试点来收集总体拥有成本和投资回报数据，并且你应该在你的组织中开始教育过程，以提高对贵公司基础架构的潜力的认识。

先进技术？瘦客户端体系结构是先进的，设计用于在越来越薄的设备上运行的应用程序也是如此。围绕超薄结构的趋势直接说明了先进技术的投资机会。

从"托管"专有应用程序的供应商那里租借软件是一种趋势。事实上，当我们退后一步，看看工业中的各种趋势时，我们会看到更多的证据表明，托管将会扩张——而且是以一种复仇的方式。网络服务、实用计算、瘦客户端架构、面向服务的架构，甚至语义网络都在概念上与托管趋势一致。

我们正在转向新的实施标准吗？大型企业应用程序项目不好吗？按饮料付费会成为企业软件供应商的新收入模式吗？应用程序应该买还是租？

技术行业本身也将不得不重新配置其软件许可和定价模式，这是它一直不愿真正做的事情。许多公司已经经历了闲置软件的痛苦；托管应用程序打开了顾客期望"按饮料付费"的大门。

支持托管的技术——无论先进的还是落后的——正在快速发展。毫不奇怪，网络安全技术是托管公司提供的技术解决方案的重头戏。

所有这些趋势定义了先进技术领域。首席信息官、技术供应商和风险投资者了解这些趋势在先进技术领域中扮演的角色，以及先进技术本身在各自战略中扮演的角色。首席信息官依靠技术行业投资先进技术，使其产品和服务更好、更便宜。供应商花费大量资金来开发"爆款应用"和"颠覆性技术"。风险投资者们生活在先进的基于技术的商业模式中，这种模式承诺在合适的时间以合适的价格为首席信息官们提供他们想要的东西。

在投资选项列表中列出先进的技术集群非常重要（第三章侧重于技术趋势分析，附录一、二和三提供了技术趋势分析报告的示例）。综上所述，有些领域值得关注。包括以下4个方面：

- 自适应智能代理；
- 垂直知识集成；
- 自然界面；
- 软件组件。

第一个领域，自适应智能代理，代表了一个先进的技术领域可能会彻底改变我们做很多事情的方式。

图2.17列出了一些可能受到自适应智能代理技术影响的领域。关键是认识到这项技术将自动化我们现在手动进行的所有活动。例如，现在可以通过代理在网上找到最便宜的光盘；随着时间的推移，通过智能代理的应用，整个供应链将变得自动化。

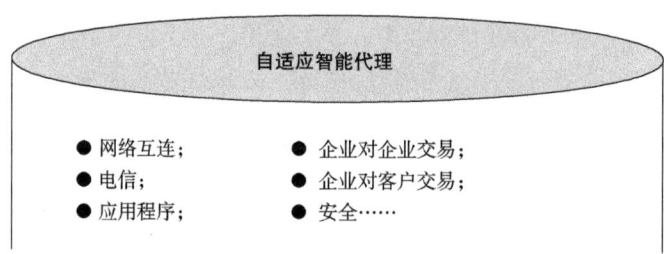

图 2.17　自适应智能接口技术

第二个领域——自然界面——指的是我们如何与各种机器互动。例如，如果自然语言系统被广泛使用，培训预算就会消失。同样，生物识别接口认证技术的普遍应用可以极大地提高在线安全性（图 2.18）。

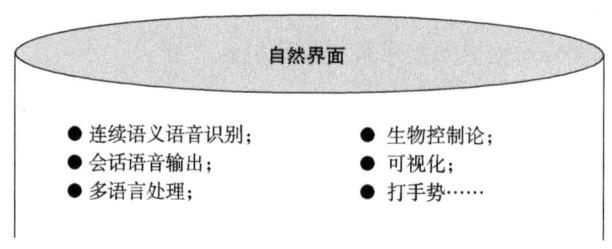

图 2.18　新兴的自然界面技术

当我们可以和机器交谈时——当它们聪明地回嘴时——事情会在一夜之间发生巨大的变化。全新的用户类别将会出现，当自然人机界面与智能代理技术相结合时，我们将见证一场革命。这是另一个值得密切关注的技术领域。

垂直知识集成是另一个新兴的高级技术机会领域。然而，如上所述，知识管理已经有了一个短暂但麻烦的历史。但也相信它将主要在垂直方向上成熟；公司应该跟踪这方面的进展，因为这适用于公司的垂直行业（图 2.19）。

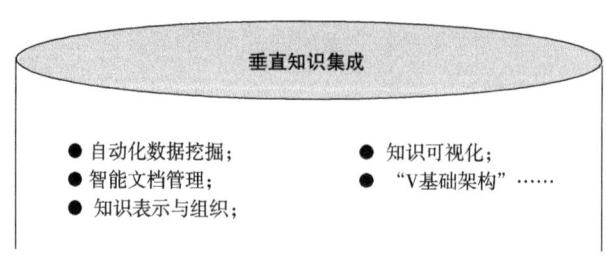

图 2.19　垂直知识集成

第四个领域是软件组件。这已经被讨论了近 10 年，最终开始作为相对快速的方式来组装应用程序。这里的趋势是允许用户使用一个主干架构，如企业资源计划或网络和系统管理架构，然后根据需求增加或减少功能（通过添加或删除组件）。

嵌入式业务规则的使用也将增加和提供给我们迄今为止还没有的应用灵活性。近年来，最重要的发展是出现了网络服务和面向服务的架构。网络服务是业界正在采用的集成和互操作性标准的集合；面向服务的架构代表了利用网络服务来创建非常灵活的软件体系结构，这种体系结构允许从软件组件的注册表中动态地组装应用程序，每个组件代表特定的功能（图2.20）。

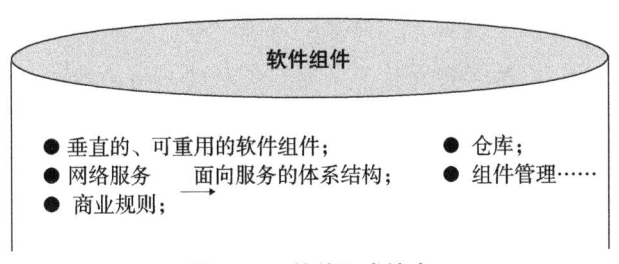

图 2.20　软件组成技术

这些领域代表了技术趋势，应该随着时间的推移进行跟踪。技术监控和评估的目的是制定可能对特定业务产生最大影响的技术清单。"点击列表"是排名排序和筛选技术的优秀工具。他们还关注特定的技术机会。

首席信息官应该为技术趋势分析分配资源。供应商每年在新的计算和通信技术上投资数十亿美元。风险投资者们非常密切地跟踪这两个群体，试图确定下一个浪潮将会是什么——像普及计算一样（附录一）。

高级技术投资指南

这里有一些投资先进技术的指导方针。

了解跟踪先进技术和投资先进技术之间的巨大区别：跟踪趋势和关键技术需要相对较少的努力和资源，但有意义的投资需要大量的资源和关注。问题是，跟踪需要建立一个半正式的组织，这样就可以用正式的、可测量的方式来开发技术潜力。

有许多关键技术领域需要跟踪。划分技术领域（服务、数据、通信、应用、安全、基础架构、人员等）。制定一份适合的清单，并建立跟踪该领域技术趋势的流程。

需特别关注行业的宏观趋势和每个垂直领域的新兴技术及一般的技术：通常有

值得理解的价值内容。例如，如上所述，自适应智能代理领域充满希望，值得仔细研究。

应制定具体的技术投资机会清单，并在公司内部进行沟通。这些名单应至少每年审查两次。

试点项目是确定一项技术是否可以广泛应用的有效方法。但是试点项目应该作为真正的项目来管理，包括项目经理、开始日期、里程碑等。它们也应该是紧凑的项目，持续时间不超过 6 个月。在许多组织中，飞行员是展示技术旗帜的有效方式，尤其是在飞行员背后有合适的人的情况下。确保为公司承担的试点项目提供技术和业务支持。

确保公司有一套用于衡量技术投资有效性的指标。这些指标应该是量化的、可测量的，其管理人员不应参与过试点项目。

应当模拟先进技术可能对公司商业模型和流程产生的影响，因为这非常重要。

应当将好的技术投资结果和坏的技术投资结果的场景开发出来。

服务目标

可用的战略和战术咨询服务的性质正在发生根本性的变化。流程和技术的发展将支持商业模式和流程向员工、客户和供应商分布，这一趋势势不可挡。这些分布式应用程序需要计算机、通信和支持基础架构，这些基础架构与传统的基于大型机甚至客户机—服务器的基础架构有着根本不同的应用程序。与这一趋势相关的是解决方案集成的重要服务趋势，即客户需要提供商在特定的水平和垂直领域提供"端到端"服务。技术服务的投资者非常清楚这些趋势和要求。

另一个趋势是融合，传统的垂直行业——如保险、金融服务、制药、零售和制造业——正在向混合行业转变。例如，随着银行出售保险，保险公司进入基金管理，保险和金融服务行业正在融合。同样，随着管理咨询、技术咨询和系统集成之间的区别变得模糊，提供技术咨询、系统集成和现场技术支持的技术公司也开始整合它们的服务。这种融合的净效应是一系列新的服务行业能力，即所谓的

"vorizontals"和"herticals",它们跨越了20世纪八九十年代主导服务的纯垂直和水平领域,包括以下几个方面:

"vorizontals"服务功能

- 数据解决方案集成;
- 通信解决方案集成;
- 应用程序解决方案集成;
- 基础架构解决方案集成;
- 安全解决方案集成;
- 企业应用解决方案集成;
- 并购(M&A)技术解决方案集成。

"herticals"服务功能

- 电子商务解决方案集成;
- 呼叫中心解决方案集成;
- 供应变化解决方案集成;
- 自动化销售和营销。

下面是对各种供应商提供的服务的简要描述。所有这些机会都由首席信息官、技术供应商和风险投资者共享。

数据解决方案集成商专注于集成的垂直领域(如保险和金融服务),或提供端到端解决方案的垂直领域。在这种情况下,数据解决方案集成中,服务供应商提供数据结构和质量评估、数据仓库、数据挖掘、文档管理、知识管理、信息管理和数据迁移等全方位数据、信息、知识服务,这其中也包括数据、信息、知识在多个垂直行业中的战略使用。

通信领域也存在同样的能力,公司提供通信战略服务、通信技术服务、网络和通信架构服务、消息传递、群件和工作流服务,以及支持整个通信环境的服务。这些服务越来越多地由电信供应商提供,但是传统的技术顾问也在提供这些服务。

应用程序解决方案集成服务供应商提供应用程序组合评估服务、应用程序开发服务、管理应用程序性能和应用程序支持的服务,以及使应用程序现代化(设计、开发和集成)以适应未来业务模式和流程的服务。随着公司从基于主机的应用转向分布式应用(以互联网为主要应用平台),对端到端应用服务的需求正在急剧增长。

基础架构解决方案集成商专注于计算和通信基础架构的规划、设计、开发和支持，包括台式机、笔记本电脑、个人数字助理和服务器环境、大型机（数据中心）环境及网络和系统管理领域。专注于融合垂直行业的基础架构解决方案集成的公司与向基础架构解决方案集成商提供基础架构需求的应用和通信解决方案集成商密切合作。

随着分布式应用程序数量的增长，对安全性的担忧也在增加。安全解决方案集成商提供数据安全/访问评估、防火墙技术服务、身份验证服务、灾难恢复服务、业务恢复规划服务和安全管理服务。一些融合的垂直行业对这些服务的需求特别高，同时垂直行业也有大量的远程工作者和电子商务客户及供应商。

企业应用程序的大规模使用导致了对企业应用程序服务前所未有的需求，包括规划、实施、集成和支持。最终，主要的企业应用程序将在更大的网络/系统/应用程序管理框架下进行管理。

在并购发生后，那些专注于围绕技术基础架构和应用的集成而定义的服务的人可以获得主要的服务机会。随着并购数量的增加，对并购技术集成服务的需求也在增加。然而，在复杂而庞大的并购领域拥有合法的专业知识的服务供应商已经很少了。

垂直行业的技术集成要求差异很大。最后，随着代表集成垂直市场的公司的合并，并购的技术集成服务将会增加更多。

电子商务服务领域取得了及时的专业化，但是随着公司模糊了"商务"和"电子商务"之间的区别，专业化变得相对不及时了。虽然有网站开发公司，专门从事互联网交易引擎、互联网安全和网络到传统数据库连接的公司，但也有一些公司拥有跨越所有这些和其他领域的技能。这是现有服务公司和新服务公司仍有机会的地方。

所有公司都需要呼叫中心。但是，随着客户变得越来越聪明，竞争变得数字化，技术使随时随地的公司客户联系成为现实，呼叫中心的性质、目的和组织也在发生变化。呼叫中心正变得"虚拟化"，垂直行业有特殊的呼叫中心需求。例如，高技术客户希望一年365天24小时不间断地访问网站，而购买复杂金融工具（如人寿保险和401K退休计划）的客户希望访问数字和人工代理。所有这些通信支持技术都在不断发展和复杂化。通过呼叫中心管理支持"整体客户管理"的服务供应商将发现越来越多的机会。

随着企业寻求优化生产、分销和服务产品的流程,供应链管理领域对服务的需求日益增长。供应链整合最终将变得无处不在,零售商将立即向供应商和分销商传达他们的需求。制造商将知道产品需求何时增加,并将同时通知所有供应商。了解供应链、跨行业的供应链管理及支持供应链整合的技术公司,将会在许多(融合)垂直行业中发现越来越多的机会(如制药、制造和零售行业中出现的融合)。

对销售和营销服务专业知识的需求也在增长。随着行业从根本上改变识别、实现、服务和留住客户的方式,他们将发展"整体客户销售和营销"专业知识。数据对这一过程将变得越来越重要。这一领域的咨询对于这一过程的重要性不亚于跟踪和分析客户行为的网站和呼叫中心的开发。图 2.21 总结了人人都需要的服务功能(带有一些受服务启发的产品的象征性引用)。首席信息官需要集成服务解决方案来解决他们的问题;技术供应商试图整合产品;风险投资公司试图为其公司发明下一代服务模式。

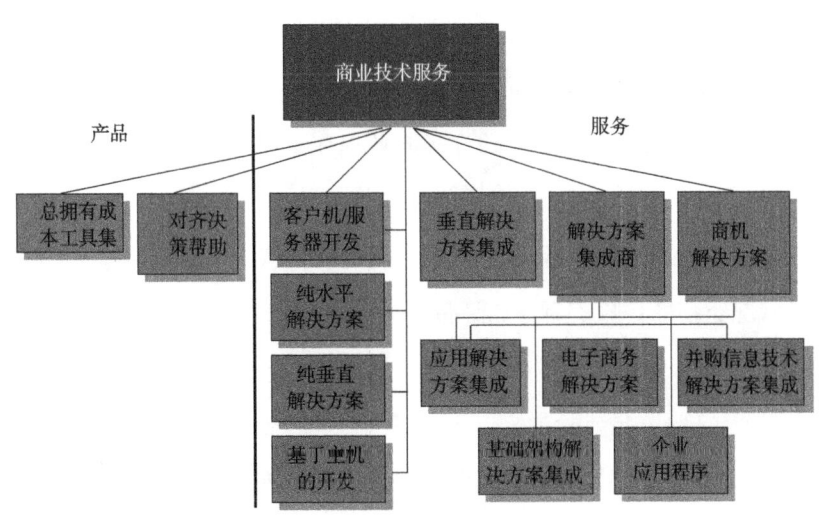

图 2.21 技术服务组成部分

为什么食物链如此重要?答案如图 2.22 所示。答案关乎成本和收益。无论是与内部专业人员还是外部专业人员进行业务或技术咨询,公司为这类人才支付的费用都远远高于为数据库管理员(尤其是较低级别的技术支持人员)支付的费用。公司的开支项目如图 2.22 所示。

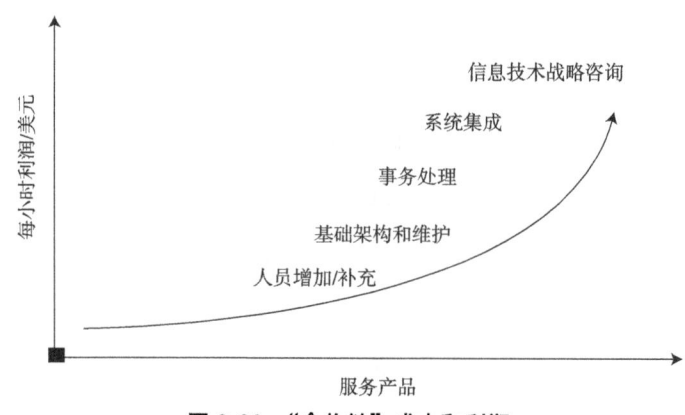

图 2.22 "食物链"成本和利润

所有技术投资者都知道食物链，首席信息官当然知道成本是什么。服务供应商很清楚可以收取什么费用，而风险投资者总是对产生最高利润的食物链顶端的服务感兴趣。

服务业投资指南

下文列出了一些服务投资指南。

要特别关注食物链，原因显而易见。

服务正在变形；几年前被分割的许多服务现在正在融合；投资者应该预测融合的轨迹。

对服务的需求在很大程度上是由资本市场的总体状况和创造或购买服务的公司的具体财务状况驱动的；投资者应该评估更大的金融背景对服务的需求。

技术外包的兴起刺激了对越来越多样化的技术服务的需求；因此，为了优化服务投资，有必要了解外包趋势。

将这些见解与15个尽职调查标准相结合，应该就能进行可靠的服务投资了。

因此，总结一下首席信息官、技术供应商和风险投资者可以利用的投资机会的范围。首先，机会是多种多样的。在软件、通信、基础架构、数据、服务、安全、先进技术及其他各种领域都有机会。机会也很复杂，既有各个领域的基础技术，又有相当奇特的技术。他们都提到了不同的要求（Andriole，1996，2005）及创新的机会（Evans，2003）。提到一些人谈到了流程变化（Grover et al.，1995），另一些人则专门谈到供应链规划和管理等功能（Hanfield，2002）。他们也都谈到了机遇和风险。尽职调查流程旨在降低风险，同时增加杠杆机会。本书每个部分末尾的投资指南对投资结果是喜是忧具有重要指导意义。

参考文献

[1] ANDRIOLE S J.Managing systems requirements: methods, tools & cases [M].New York: McGraw-Hill Book Company, 1996.

[2] ANDRIOLE S J.The 2nd digital revolution [M].Hershey: Idea Group, 2005.

[3] Evans N D.Business innovation & disruptive technology [M].Upper Saddle River: Financial Times Prentice Hall, 2003.

[4] GROVER V, KETTINGER W J.Business process change: reengineering concepts, methods and technologies [M].Harrisburg: Idea Group, 1995.

[5] HANFIELD R B, NICHOLS E L.Supply chain redesign: transforming supply chains into integrated value systems [M].Upper Saddle River: Financial Times Prentice Hall, 2002.

第三章 商业技术趋势分析

不管公司的投资前景如何，了解商业技术趋势是至关重要的。一些公司指派大型团队来跟踪业务技术趋势，以确保不会错过一项潜在的"颠覆性"技术或一套可能一起改变行业的技术。风险投资者在花投资者的钱之前，显然需要了解什么是热门的技术。技术供应商也需要了解趋势，他们有时实际上创造了趋势。简而言之，每个公司都需要一种方法来跟踪业务技术。事实上，业务技术趋势分析是首席信息官、技术供应商、风险投资者和所有技术投资者必备的核心能力。

所有公司都需要一个技术投资议程，该议程有助于确定他们应该加大投资的商业技术，以及那些应该得到很少或根本得不到财务关注的技术。议程最终必须切实可行，尽管"蓝天"研究项目可能非常有趣（尤其是对那些从事这些项目的人而言），但投资者必须找到可能产生最大回报的技术，而不是技术行业出版物中最酷的报道。但这可能是一个挑战，尤其是当有如此多的技术需要跟踪的时候——相对而言，对于未来 3~5 年内的业务模型和流程将会是什么样子，我们很难确定。

无论投资者坐在哪里，商业模式和流程都是经济高效的技术投资的灯塔。当务之急是，要对未来 2~3 年的业务模式和流程有一个清晰的认识，这样才能开始有意义的技术迁移。重要的是，这里有针对大问题的答案，这些问题关乎连接性、供应链、将开展的电子商务的百分比、期望如何配置和管理基础架构，以及期望使用和支持哪些企业应用程序。还需要做出一些关于技术平台的基本决策，尤其是计划如何获取技术产品和服务，也就是说，公司是否希望与内部技术专业人员一起获取和使用，或者是否希望将我们大部分的技术工作外包出去。对"未来"业务模型和流程的阐述为这些问题提供了必要的洞察力。没有这种洞察力，很可能只是从现在所处的位置进行推断，很可能会错过一些可能会促成全新业务模型和流程的重大业务技术转变。

技术供应商需要了解业务模型和流程的发展方向，以便使他们的研发投资符合未来的需求。风险投资公司需要跟踪所有这些，但也必须尝试创造（与供应商一起）新趋势，这些新趋势可以"卖给"寻求更好、更快、更便宜的做事方式的公司，而不至于被指责销售"问题解决方案"。简而言之，每一个制造、购买、销售和服务技术的人都需要了解商业模式和流程——现在，3年过去了，如果可能的话，5~7年过去了。本章介绍了技术趋势分析作为尽职调查重要组成部分的理念。对所有投资者来说，保持对技术轨迹的了解并据此评估投资机会和风险是至关重要的。

商业技术趋势分析方法论

商业技术趋势分析有哪些步骤？垂直行业公司及其首席信息官、供应商和风险投资者都需要了解以下内容，以便确定其技术投资的优先顺序：
- 总体商业趋势；
- 垂直行业当前和未来的业务模式和流程；
- 先进技术趋势。

一般商业趋势

公司经营方式出现了哪些重大变化？思考这些变化的一种方法是将间断式交易与连续交易进行对比。间断式交易，如销售保险单、购买个人电脑的磁盘驱动器，或者买卖股票，是指当天或者隔天可以完成的交易。

今天，这些交易是连续的。一份保险单可与另一份保险单混合交易。交叉销售和追加销售是连续的目标。购买的磁盘驱动器被集成到个人电脑制造中，股票的买卖同时与税务计算器和房地产规划者联系在一起。这些交易现在是扩展的、连续的和（甚至准）自动化的。

如果公司能够将所有的供应商与制造商、营销商、销售人员和客户联系起来，会怎么样？不管供应链供应商今天告诉我们什么是真正的集成供应链，他们实现的只是部分连接。但是在几年内，它们将会变成高效的网络，颠覆人类的想象。今天的技术投资必须预见一个互联的明天。

员工、供应商、客户和合作伙伴之间的联系 —— 尽管远非竞争 —— 正在促成交互式客户关系、集成供应链和业务分析，从而允许实时调整库存、分销和定价。战略和商业模式一直存在：多年来，人们一直想象无缝连接和无处不在的商业。但是商业和技术的融合让这不仅仅是可能的。

网络公司的崩溃让我们中的许多人无法相信新的数字经济在它出现之前就已经消亡了。具有讽刺意味的是，炒作给一部经典电影的预演蒙上了阴影，这部电影将在短短几年内上映。但情节一如既往：每年越来越多的商业交易将通过万维网进行。

图 3.1 将协作确定为每个人都应该理解的业务趋势（以及作为协作业务模型和流程的促成因素的技术集成）。最好的投资服务于这两位大师：协作和集成。

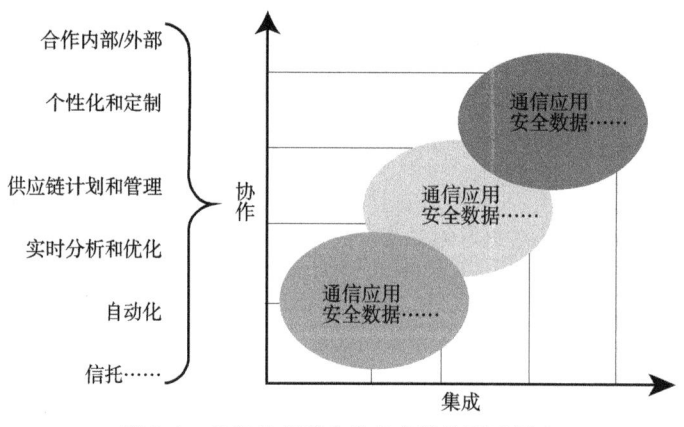

图 3.1　业务技术融合的业务协作驱动因素

想法很简单：从战略上联系员工、客户、供应商和合作伙伴，以获得竞争优势。要让合作成功，有两件事必须是真实的。首先，必须定义协作过程。例如，戴尔通过利用由供应商、员工、客户和合作伙伴组成的集成供应链来组装计算机。供应商提供组装的组件，而员工则监控组件的质量和组装过程，如果一批磁盘驱动器性能不佳，则向替代供应商发出供应请求。客户可以在线定制他们的计算机，在那里他们可以从合作伙伴那里购买软件和打印机（以及其他设备）。该流程定义了协作，科技使它成为可能。虽然这一切都是关于协作，但过程必须是明确的、高效的和有利可图的。换句话说，有可能定义低效和无利可图的协作过程，就像有可能使用错误的技术（实现错误的协作业务模型）。

接受这个想法，并将其扩展到客户。数字化触摸它们。显然，这并不意味着公司只会以数字方式接触他们，而是数字接触代表了刺激和服务他们的另一种方式。从顾客的角度来看，便利是这里的回报；从公司的角度来看，它的成本效益和一种扩展与客户沟通的方式，他们可以利用这种方式取悦客户、向上销售客户和交叉销售客户。

现在把合作的想法推广到供应商。虽然下文将展开讨论供应链规划和管理，但供应商合作可以采取多种形式。例如，公司和供应商一起制订计划吗？供应商对分销商、批发商和零售商的生产过程了解吗？

同样重要的是，应将这一想法扩展到合作伙伴。公司出售自己的商品和服务，以及他人生产的商品和服务吗？他们是否转包产品或服务？想象一种能够使公司与其供应商和合作伙伴一起制订计划的能力，以促进合作预测和计划；想象一下一种能够减少交易摩擦、超额库存和价格不稳定的能力。

协作收紧了商业价值链。如果高管和经理不考虑协作成本和收益，那么他们管理的公司就有问题了。

供应链规划、管理和优化是协作的一个子集，它支持许多事情，包括定制、个性化、动态定价和自动化交易处理。每个人都有供应链，即使是其主要产品是创意的公司。了解杠杆在哪里，以及如何在供应链中进行优化，对于合作成功至关重要。

众所周知，复杂的生产过程需要大量的协调。数字技术有助于协调复杂的分布式制造过程。复杂和分布式是这里的关键词。随着我们越来越多地外包零部件制造，对数字黏合剂的需求正在急剧上升。

但供应链的口号要宽泛得多，虽然距离完全一体化的供应链还有几年时间，但现在是开始全盘考虑的时候了。把它想象成价值链中所有利益相关者之间的一种受控制的、基于既得利益的伙伴关系，或者更简单地说，我们与之打交道的所有想赚大钱的人之间的伙伴关系。伙伴关系的基础是少量怀疑和大量的共享交流。

在程序上，供应链规划和管理需要一个往复的过程。必须建立和遵守规则。技术供应商开发了软件应用程序，根据合作伙伴指定的规则集来管理流程。完美的供应链当然是每个人都同意流程,然后每个人都遵守规则的供应链。程序映射对成功至关重要,它始于当前供应链流程的映射。以下是21世纪早期公司面临的一些基本问题:

- 供应链中有多少库存?
- 支持多少购买流程?
- 成本结构是什么样的?
- 哪些供应商成本最高,交易最多,争论最多?
- 需求来自哪里,它是如何随着时间变化的?
- 需求可以预测吗?
- 需求预测是协作的吗?
- 新产品是合作设计的吗?
- 订单管理和履行是否整合到整个供应链中?
- 供应链事件(和交易)是否得到管理和优化?

供应链规划和管理之外是定制化和人性化。公司可以"定制"与客户、供应商、合作伙伴和员工的联系,并可以定制各种信息,包括销售、营销、服务和分销。还可以通过纸张、电话营销、广告和电子邮件进行个性化定制。随着时间的推移,考虑到与其他方式相比,数字交易的成本是多么低,就触及了成员的价值和供应链。无处不在的数字通信变得越来越普遍,公司重新评估客户联系预算分配是有意义的。公司为客户支付大量渠道费用,哪个支付得最好?

这一切都与客户数据的深度、位置和质量有关。它也关乎数据分析。一些公司有优秀的行为科学家,他们用各种方法分析数据,寻找相关性,解释顾客的价值,以及他们为什么购买他们做的事情,何时购买等。

个性化和定制不应仅限于客户。用来分析客户的相同分析方法可以用来分析员工、供应商和合作伙伴。事实上,员工、供应商、合作伙伴和客户的个性化和定制化是新兴协作业务模式和流程的重要组成部分。

将实时分析及流程和结果的优化作为一个公司业务指标来考虑。当开车时,你可以从一瞥或一个命令中获得大量的主动和被动数据。这些数据中的大部分,如速度和每分钟转数(r/min),都是连续显示的,而当出现问题时,会显示其他数据。

但是机械系统不容易做到的是对看似不同的数据进行假设分析,以发现各种行为之间的反直觉关联。不能问这样的问题:"如果在山区公路上以100英里的时速驾驶11小时,而外面的温度范围从很冷到很热,哪个系统最有可能失灵——以什么顺序?"但是公司可以通过收集顾客的行为数据,询问他们喜欢什么,什么时候喜欢,什么样的产品和服务组合让他们开心。公司也可以问技术问题。他们可以询问哪些应用程序(如企业资源规划、客户关系管理和其他企业应用程序)能够以最高(或最低)利润的产品或服务接触到最多的客户。他们可以向维护技术基础架构的系统询问基础架构的性能如何,维护基础架构的成本如何,以及基础架构中的哪项技术即将崩溃。所有这些都能做到吗?是的,如果公司投资于正确的分析应用和正确的基础架构技术。

分析支持商业智能。像其他事情一样,它有一个过程。关于客户、雇主、供应商和合作伙伴的数据的位置和质量决定了公司能够分析业务流程的程度。如果公司的数据是分散的、丑陋不堪的,并且分散在大量的专有供应商仓库中,那么管理就出问题了。数据仓库供应商当然乐意出售软件、设备和服务来解决这个问题。但是,通过在一个或两个数据库管理平台上进行标准化,完全避免讨厌的集成过程更有意义。

一旦数据可以访问,就可以进行分析。可以查询数据、开发报告、执行基于"在线分析处理"的分析、"挖掘"数据、可视化数据、导出分析(如导出到台式机、笔记本电脑和掌上电脑),并最终使用数据做出决策——重新思考销售、调整供应链、管理后台(人力资源、财务、会计、制造等)。

"实时"分析是指将实时分析转化为即时行动的能力。例如,假设一家公司希望出售的雨衣仍在货架上。供应链的透明度允许经理们看到外套没有卖出去。考虑到该国大部分地区的干旱状况,同样的工具可以帮助预测未来几周的销售量。考虑到该公司以当前价格出售外套的可能性有多大,经理们可以推出价格变化,然后调整销售影响。预测分析可能非常有价值,并且可能变得相当复杂,包括假设检验、模式分析、模拟和假设敏感性分析,以及其他技术。但请记住,预测分析不仅有助于避免灾难,也可以用来主动优化价格。例如,需求曲线的实时生成可以实现商品和服务价格的向上调整,否则这些商品和服务的价格将保持不变。优化软件驱动动态定价,但许多事情必须是真实的,它才能像广告宣传的那样工作。供应链思维模式需要巩固，数据需要干净且可访问，访问和分析数据的技术必须可靠。许多供应商销售策略，甚至更多的供应商销售嵌入在大大小小的应用程序中的技术，这些应用程序以难以想象的方式对数据进行切片和切割（干净、可用、有组织的）。最近，分析已经成为客户关系管理、企业资源规划和电子商务应用项目的救世主。在经历了数百万次关于投资回报（ROI）的困惑和棘手的问题（这些问题即使不是不可能也是很难回答的）之后，项目冠军、系统集成商和战略顾问寻找方法来证明巨大的企业技术投资是合理的。输入分析、商业智能和优化。目标很简单：集成前台应用程序［如销售人员自动化（SFA）、客户关系管理应用程序、电子商务应用程序，以及后台企业资源规划和供应链管理（SCM）应用程序］中的数据，然后将其注入成熟的业务智能环境，实现触发决策的分析。

有人相信客户、合作伙伴、雇主或供应商想日复一日、周复一周地上网进行同样的交易吗？一个采购官员想每个月访问同一个网站，订购同样数量的55加仑的氯气桶，或者是地下设备，这种想法是否愚蠢？美国人想一周又一周地搜索戴夫·马休斯（Dave Matthews）的唱片？系统呢？为什么不能在检测到问题时自动监控和修复它们的状况和有效性？后台系统也可以自动处理各种业务。它们可以被设计成接受动态指令。"常规"计算机程序和"智能"计算机程序有什么区别？常规的一个计算并重新计算（一次又一次）它被编程执行的事务。除了这些计算之外，它能做的并不多。但是一个"智能"应用程序能够对外部变量做出反应，然后——通过一组预编程的规则——在每次外部变量不同时执行不同的计算。智能程序可以监控网络，进行修正，帮助在线用户找到数据，甚至动态调整价格，如果雨衣的新价格看起来仍然不能让顾客购买的话。智能系统还支持个性化和定制化，如你的生日可能会触发在公司内部网或网上冲浪时提供给你的各种广告。智能应用程序可以聚合搜索，然后根据你设置的规则执行事务。例如，如果公司正在寻找最佳机票，智能应用程序（智能代理）可以汇总所有旅游网站的数据，然后根据公司对"最佳"的定义购买"最佳"的机票，这些网站今天仍然存在（如 www.sidestep.com）。

销售能力自动化（SFA）和客户关系管理（CRM）前端应用程序需要自动化，自动化位于数据组织、集成和分析过程的后端。一旦发现了模式，一旦开发了配置文件，一旦指定了规则，并且满足了特定的条件，智能应用程序就可以自动执行营销活动或跟进客户服务查询。

基础架构需要自动化。计算和通信基础架构需要安全可靠地协同工作，但各种事情都可能出错。每个人想要的是对基础架构运营的洞察，以及一套旨在对预期和意外情况做出反应的规则。因此，当网络异常拥堵时，就会触发一条规则："当销售量高，而服务器容量低时，那么非必要的事务靠后安排。"这条规则意味着什么？公司可以监控网络流量的峰值，他们希望销售查询优先于其他交易，如果检测到异常繁忙的流量，他们希望客户无论如何都能通过，即使这意味着要暂缓大量与销售无关的事务。理想情况下，基础架构了解自己，知道自己有多健康。例如，它应该知道有多少台计算机存在，每台计算机上运行的是哪种版本的软件，哪些软件的功率太大，哪些太小。它应该知道哪些设备最常出现故障（而且成本很高或很低），并采取措施（如发出警报）来预测故障。今天，所有这些类型的后端办公、前端办公和基础架构任务至少可以是准自动化的。更大的争论是，最好的管理变成了"例外管理"，或者是对不可预见的事件和条件的管理，而这些是不容易预见的。

协作、供应链管理、个性化和定制的发展将激励自动化。随着消费者、供应商、员工和合作伙伴档案的加深，自动化各种定制交易将是可能的，也是可取的。假设隐私法律和偏好已经制定出来，许多人将授权零售商执行我们喜欢的交易。这是我们许多人都会经历的最接近私人管家的事情，交易的范围——从复杂到世俗——在理论上是无限的。

通过努力工作的智能代理的帮助，许多自动化很可能发生。将会有真正聪明、强大的代理人被授权做各种个人和专业的事情，而不那么强势的代理人将只有基本的交易权限。我们将会给我们的孩子提供迷你代理来帮助他们计划他们的活动和管理他们的钱，而不是借记卡。随着他们的成长，他们将逐渐成为聪明、强大的代理人，能够帮助他们管理自己的生活和规划自己的未来。我们在这里谈论的不是深层智能、数字朋友或精神病医生的必然性，而是有能力并获得授权处理个人和专业事务的"如果，就"模式的应用。许多人已经成为自动化趋势的一部分。账单每月自动支付，我们从多个来源获得零售机会，但我们没有授权代理人处理大部分业务。在工作中，每月自动发送和接收产品，但我们仍然手动执行最大的交易。

协作需要自动化。协同工作带来的交易数量之多，要求一定程度的自动化处理——除非我们想要手动检查发生的每一笔个人和专业交易。尽管对于代理将变得有多普遍仍有争议，但是随着业务变得更加协作和事务数量的增长，我们将需要依靠代理来管理这些事务。

关于"自动化"需要知道什么？第一，这是一个真正的趋势。第二，它依赖于其他东西，如数据集成、安全性和可靠的通信。第三，许多人正在花费大量金钱来使设备、基础架构和交易变得更加智能。第四，智能系统技术的应用从基础架构、后端办公、前端办公和电子商务应用都是深远的。第五，协作需求将推动这一领域的大量创新，公司应该跟踪和引导这些创新。

随着数字交易数量的增长，信任将变得更加重要，主要是因为交易双方之间的物理距离：如果你相信一顿饭会是好的，但事实并非如此，你可以立即向服务员和厨师投诉，并可能得到新的食物或退款。在这种情况下，信任不需要延伸太远。如果违反了，你有即时追索权。但是当你在公平交易时，信任成为成功交易的必要和充分条件。例如，当你在网上买东西时，你需要比亲自买东西更信任卖家。

信任意味着安全，安全意味着能够认证用户、保护数据、控制对网络和应用程序的访问，当然还有避免讨厌的病毒。信任是公司希望他们的合作团队在相互交流时感受到的。如果对一家公司的隐私承诺或保护交易安全的能力有任何疑问——同时保护基础架构免受病毒和其他问题的侵害——它的合作能力将会失败。

不要忘记全球经济状况和政府监管在商业模式和流程中的作用。全球化和政府监管已经极大地影响了某些商业模式和流程的运作方式。例如，政府影响电信，电信反过来又影响连续的交易处理。其他政府政策影响安全、隐私，最终影响个人自由。所有趋势都应承认全球化和监管对所有趋势的影响。

按垂直行业划分的当前和未来商业模式和流程

医疗保健行业是一个有趣的垂直行业。当今的业务需求和技术解决方案是什么？几年后，这个行业将走向何方？特定的行业应该在3~5年内预测商业模式和流程。他们还应该参考那些在未来的模型和过程中扮演越来越大、越来越小的角色的技术。

这些和其他问题的答案应该有助于定义企业技术投资策略。公司需要识别"现状"和（尤其是）"未来"的业务趋势，以及定义其整体业务技术环境的广泛技术含义。首席信息官、技术供应商和风险投资者都需要了解当前和今后有哪些可以推动计算和通信技术解决方案的商业模式和流程。

垂直行业都有自己的发展轨迹。特定垂直行业的商业模式和流程——制造、制药、技术、金融服务、保险和运输等——都在发展，甚至比其他行业更激进。公司必须跟踪这些变化，并允许它们增加公司对最有可能带来新商业模式和流程的技术的理解。

先进技术趋势

先进技术是一个值得特别关注的领域，因为技术似乎即将产生重大影响。第一章中讨论了若干先进技术领域，以及技术概念、原型和集群之间的区别。追踪重要技术趋势的另一个方法是研究主要技术供应商在做什么。例如，微软专注于如表 3.1 所示的领域（www.microsoft.com/research），这些领域代表了微软数十亿研发议程的重点。微软、IBM、赛门铁克公司（Symantec）、太阳微系统公司（Sun Microsystems）和思科公司（Cicso）等供应商也推出了庞大的研发计划。IBM 的研发计划如表 3.2 所示，埃森哲的研发计划如表 3.3 所示。

研发项目涉及数十亿美元的年度支出，也为技术投资者提供了许多线索。精明的投资者密切跟踪这些投资。风险投资者应该比任何人都更关注他们，因为他们首选的退出策略之一是将公司出售给大公司。例如，每个人都很清楚思科这样的公司这些年来进行了多少次先进技术收购。其他公司也利用收购来提高研发表现。谷歌收购 YouTube 是创新优化流程的另一个例子。

表 3.1 微软的研发领域

算法和理论	微软专注于理论计算机科学的几个新兴领域的研发：一是博弈论和经济学，包含定价算法和市场均衡；二是统计数据库的隐私；三是量子计算
硬件开发	微软的研究专注于开发能够更紧密、自然、高效地将用户与其计算环境连接起来的设备。这些设备包括大型显示器、可穿戴设备、微机电系统（MEMS）。我们与其他团队合作，开发可以支持下一代软件的硬件。我们开发了新型麦克风、独特数据输入设备的创意，正在研发可重构计算软件

续表

人机交互	关于人机交互的研究在多个微软研究团队中发挥了核心作用。我们的工作专注于提升用户与计算设备的互动,包括研究、访问、信息管理、复杂数据和信息的显示、用户建模和活动认知、高效输入和互动、自动化的作用,以及智能系统与直接操作的耦合
机器学习、适应和智能	我们致力于研究自动恢复、适应,以及决策和学习的理论和应用。我们的研究目标包括从数据和数据挖掘中学习。通过构建实际上从数据中学习的软件,我们设计了具有更先进和智能计算机系统新发展的应用程序
多媒体和图形	我们专注于新的多媒体和图形体验,这些体验随着计算能力和存储的增长而成为可能。我们的研究重点跨越了电视、宽带和游戏等近距离和交互式媒体领域。我们寻求通过研究几何压缩和多分辨率表示来解决生产、传输和显示完整模型的高计算成本所带来的挑战
搜索、检索和知识管理	知识工作者需要易于使用和直观的软件。他们需要在忘记把文件放在哪里及给文件起什么名字后很久才找到它们的信息。信息检索和搜索是实现这一目标的重要部分。我们正在进行信息检索、过滤和管理方面的研究。其他工作探索了分类技术的使用和将丰富用户体验的系统的开发
安全和密码学	我们研究与计算机系统安全相关的各个方面,包括安全系统的设计、安全产品的可用性、评估和认证、数字水印算法的稳健性、开放网络的威胁分析及数据库隐私。此外,我们还关注移动设备的安全性
社交计算	我们研究和开发有助于引人注目和有效的社交互动的软件,重点是以用户为中心的设计过程和快速原型制作。我们的项目范围从在线分享和移动应用到信任、声誉和故事讲述。我们感兴趣的是人们如何使用电脑来增强他们的日常体验。我们正在设计界面和体验,让人与人之间的交流变得无缝和令人兴奋

表3.2 IBM的研发计划

多媒体	算法和理论
自然语言处理	人工智能
操作系统	通信
性能建模和分析	网络互连
软件工程	计算生物学
安全和隐私	医疗信息学
存储系统	计算机体系结构
超算	数据管理
用户界面	分布式计算
移动计算	容错计算
网络2.0	图形和可视化
	知识探索
	数据挖掘

表3.3 埃森哲的研发计划

智能设备集成	探索为物体和环境配备微型传感器、通信和标签技术所带来的机遇和潜力。我们的研究特别关注传感器遥测、移动计算和智能家庭服务的新兴趋势
分析和洞察力	专注于提高企业在新兴实时经济中获取、分析和执行商业智能的能力。我们的研发工作探索了如何将包括预测监控在内的前沿洞察技术用作竞争优势的下一个关键

续表

人机交互	研究新兴技术如何帮助进一步提高工作效率,包括协作、交互和可视化领域。我们的研发工作着眼于新技术,如互动墙原型,一个非常大的高分辨率互动屏幕,将大量信息放在人们的指尖,帮助人们看到"全局"
系统集成	专注于帮助埃森哲和我们的客户在软件工程和系统集成方面取得进步。通过在我们的几个实验软件设施中测试和开发新技术和工具,我们为大型、基于技术的业务解决方案的设计、架构、构建、使用、分析和管理带来了创新。存储库导航工具原型通过发现软件项目存储库中大量文档之间的相互关系,使大型软件项目能够执行可追溯性和影响分析

除了主要的技术供应商之外,还应该跟踪企业家群体中正在发生的事情,他们总是先进技术的丰富来源。最后,应该跟踪垂直行业内的内部研发项目的想法、技术和试点项目。

五大重要技术趋势

作为技术趋势分析的形式和内容的一个例子,目前有 5 种技术趋势对行业很重要。五大业务技术趋势包括:

①软件开发和交付;

②网络 2.0;

③商业智能的主数据管理;

④融合型客户关系管理;

⑤访问设备。

对这 5 个领域的讨论说明了技术趋势作为所有技术投资决策背景的重要性。[①]

软件开发和交付

学术教科书认为,需求分析帮助公司理解业务问题。这种"理解"(又名"需求定义")然后被转换成由硬件、软件和服务组成的技术解决方案。公司对未来 10 年左右硬件和服务的来源有很好的了解(见下面关于接入设备的章节),但在软件方面有很多替代方案。

---

① 附加趋势分析见书末附录一、二、三。

过去我们写代码、安装代码、出租代码。但是有些代码总是和其他代码不一样。尽管我们在互操作性和集成的标准化方面取得了进展，但仍有许多工作要做。

但是假设我们将会把它做对（而且我们将会——不完全正确，但是本质上正确），软件将会相当好地协作。将如何获取和使用它？

我们已经问过许多首席信息官和首席技术官，如果他们进行了技术改造，他们还会安装大型企业应用程序吗？他们中没有一个人说会。为什么不呢？因为他们花了整整几年时间才让软件运行起来，而且——在某些情况下——这些项目花费了数亿美元。其中一些首席信息官在超出预算和时间表时被解雇；其他人努力实现每个人在签署合同时承诺的利益。一些主要的企业问题来自企业资源规划、客户关系管理，以及网络和系统管理应用程序。

一些首席信息官和首席技术官告诉我们，他们对开源软件不感兴趣，因为它"太不稳定"，他们不想和开源人群联系在一起。趋势显然是相反的。只要等到更多的领头供应商认可开源——或接近开源——软件，开源软件被有效托管，专有软件供应商（和软件组件开发人员）使开源软件与专有应用程序的集成变得越来越容易。一些人不信任网络服务，认为面向服务的架构仍然是想法，而不是可靠的软件体系结构，这些观点也与可观察到的趋势背道而驰。但严肃地说，信仰过去多于未来的技术经理和高管越来越少了。事实是，新的架构可以帮助公司赚钱和省钱，因此它们的可信度相当高。

以下是它可能的演变方式：

相对而言，很少有首席信息官会安装多年度的、价值数百万美元的软件。这将涉及太多的时间、金钱和政治，因此，许多大项目都没有交付成果。只有雇佣合同最后一年的首席信息官才会尝试多年度的软件项目！

如果有可能的话，首席信息官会选择租赁或购买并安装知名的软件应用。他们都暗暗希望微软的 asp.net 2.0 技术取得成功。他们真的不想回到企业软件采购、使用或支持业务中去。他们中的大多数人在这方面真的很差，他们只是不再喜欢科技马拉松了。此外，还存在着降低资本技术支出、将越来越多的技术成本纳入运营预算的压力——这是租赁相对于收购和支持的主要驱动力。

首席信息官将尝试安装尽可能多地面向服务的架构，以确定价格/痛苦/性能比率。他们真的希望所有这些东西都能发挥作用，他们需要软件即服务（SaaS）来实现。他们会很乐意尽可能长时间地使用托管应用程序，只要有人托管它们。

软件即服务发展所需的时间比任何人想象的都长，但最终会发展成为混合匹配软件架构。它将采取打包应用程序的现成托管形式，以及也由主要软件供应商或第三方 ASP 托管的定制包形式。换句话说，如果我们不负责支持新的定制特性或保证日益开放的世界中的互操作性，我们将不再担心"破解"打包应用程序的"盒子"。

领头的软件供应商将不得不决定他们愿意蚕食自己的商业模式的时间和方式。现在，他们通过企业许可和慷慨的维护费用赚取了一大笔钱，但是随着越来越多的供应商提供替代的软件购买模式，大型专有软件将不得不完全改变费用结构，以适应从已安装软件的转移到新的软件。就连微软现在也在托管软件。短短几年内，每家公司都在托管自己的软件，并鼓励第三方提供商托管和转售相同的应用程序。虽然 Salesforce.com 可能是 ASP 2.0 运动的先驱，但在未来几年内，将有许多公司进入托管市场。事实上，可以肯定地说，几乎每家公司最终都会提供托管软件。

开源软件将渗透到企业内部，因为它将越来越容易地与专有软件和新的面向服务的架构融合在一起。事实上，随着时间的推移，开源软件和专有软件之间的差距将显著缩小。有人真的在乎幕后是阿帕奇还是 Linux 吗？当然不是。由于 ASP 2.0（和 3.0 等）的兴起，开放软件将越来越为公司所接受。托管软件的公司将享受成本低廉和"开放性"的好处，托管服务的买家不会关心幕后运行的是什么，只要软件运行顺利且安全。

没有人会期望软件是"免费的"，但是，像硬件一样，它会商品化。软件将有各种定价模式，但前提将从企业许可转向多种口味的按需付费模式，这与过去几十年的情况正好相反。

真正的创新将来自小公司的小企业家。尽管每年花费数十亿美元进行研发创新，但与大型创新公司相比，规模较小的创新公司仍有巨大的回报。这一难题似乎被最贪婪的技术供应商（如思科）很好地理解，他们越来越多地寻求小公司的真正创新。

当有人问"软件从哪里来"？你可以告诉他们，软件将来自有创意的合作伙伴的大厂商，他们最终发现他们的客户更愿意在别人的酒吧和烧烤店按饮料付费。

软件即服务、面向服务的架构和 ASP 2.0 都是长期而强劲的趋势。这些趋势是有支撑的，因为软件业本身正在向多个方向发展。不仅交付软件的方式在改变，构建软件的方式也在经历巨大的变化。"组装"是一个比"发展"更好的词——至少在 5 年内是这样。打包应用程序的兴起将伴随着通过网络服务和面向服务的架构标准化的现成组件的兴起，并且由于标准化，打包应用程序将舒适地与开源/近开源/专有组件一起生活，这些组件旨在增强新旧打包应用程序的能力。

趋势经济学也将推动变革。如上所述，出租应用程序将软件成本从资本转移到运营费用。这可以极大地改善现金流及一些公司的整体投资状况。简而言之，租赁改变了技术金融动态。

最后，完全有理由相信，技术正在走向实用的道路——不是说它不再重要——这显然是愚蠢的，而是说获取、使用和支持过程的大部分将被常规化，甚至自动化。尽管巨额资金将提升到战略地位，但许多软件将会投入运营，越来越便宜，有时甚至是免费的，而且容易受到各种收费模式的影响，其中最重要的是按饮料付费，这是许多公司现在向客户提供的所谓"按需"服务的变体。

此处的行为召唤很简单。如果你还没有开始行动，可以试用替代的软件获取、使用、组装和支持模式。下文将介绍利用软件开发和交付趋势可以采取的更具体的步骤。

Web 2.0

像《商业 2.0》《快速公司》甚至《商业周刊》这样的出版物都在写网络 2.0 甚至是网络 3.0，网络 3.0 是指新一代网络和下一次数字淘金热。它是另一个泡沫吗？网络 2.0（然后是网络 3.0）公司会像互联网泡沫一样崩溃吗？

下面探讨社交网络、维基、博客、播客、简易信息聚合（RSS）过滤器、大众分类、混搭、众包和面向服务的架构的兴起，以及它们对所有人，尤其是企业的影响。最初，这些技术革新注定会支持社交网络的辉煌。但是影响整个计算和通信频谱的变化正在发生。

维基百科对网络 2.0 的定义如下：

网络 2.0 是万维网的一种进化形式，包括网络日志、社交书签、维基、播客、RSS 订阅源（以及其他多对多发布形式）、社交软件、网络应用编程接口、网络标准和在线网络服务等技术。

正如其支持者所使用的，短语"网络 2.0"也可包含以下单个或多个含义：

网站从孤立的信息孤岛过渡到内容和功能的来源，从而成为向最终用户提供网络应用的计算平台。

这是一种社会现象，它包含了一种生成和分发网络内容的方法，其特征是开放的交流、权力的分散、共享和重复使用的自由，以及"作为对话的市场。加强内容的组织和分类，强调深度链接"。

它进一步描述了与网络 2.0 相关的创新。

基于网络的应用程序和桌面

Ajax 应用程序提供的更丰富的用户体验推动了模仿个人计算机应用程序的网站的发展，如文字处理、网页设计和网页制作、电子表格和幻灯片演示。所见即所得（WYSIWYG）维基网站复制了电脑创作应用程序的许多功能。

丰富的互联网应用程序

Ajax、Adobe Flash、Flex 和 Open-Laszlo 等丰富的互联网应用技术已经发展到可以改善基于浏览器应用的用户体验的程度。这些技术允许网页请求更新其部分内容，并在浏览器中更改该部分内容，而无须同时刷新整个页面。

服务器端软件

网络 2.0 丰富的互联网应用程序的功能建立在现有的网络服务器架构上，但更强调后端软件。

客户端软件

Web 2.0 提供的额外功能取决于用户处理存储在服务器上的数据的能力。这可以通过 HTML 页面中的表单、脚本语言（如 Javascript）、Flash 或 Java 来实现。这些方法都利用客户端计算机来减少服务器工作负载。

简易信息聚合（RSS）

允许聚合的协议包括 RSS（真正简单的聚合——也称为"网络聚合"）、资源描述框架（RDF）（如 RSS 1.1）和 Atom，所有这些都是可扩展标记语言（XML）的风格。

网络协议

网络通信协议提供了网络 2.0 基础架构的一个关键元素。主要协议包括表述性状态转移（REST）和简单对象访问协议（SOAP）。

众包

众包是一种商业模式的新词，它依赖于在传统公司之外完成的工作：虽然外包通常是由收入较低的专业人员完成的，但众包依赖于志愿者和低薪的业余爱好者利用业余时间创作内容，解决问题，甚至进行公司研发。

维基

wiki <WICK-ee> 或 <WEE-kee> 是一个网站，允许访问者自己轻松地添加、删除、编辑和更改可用内容，并且通常不需要注册。这种交互和操作的简易性使得维基成为大规模协作创作的有效工具。

大众分类法

大众分类法是一种基于互联网的信息检索方法，由协作生成的开放式标签组成，对网页、在线照片和网络链接等内容进行分类。大众分类法与分类法最显著的区别在于，标签系统的作者通常是应用标签内容的主要用户（有时是创作者）。标签通常被称为标签，标签过程被称为标记。

博客

博客是一个用户生成的网站，在这里，条目以日志的形式出现，并以相反的时间顺序显示。博客通常提供特定主题的评论或新闻，如食物、政治或当地新闻，有些更像是个人在线日记。

播客

播客是一种数字媒体文件，或一系列这样的文件，使用联合供稿在互联网上分发，用于在便携式媒体播放器和个人计算机上播放。

下面定义解释了其部分内涵：

●维基百科可以彻底改变公司记录政策、流程和程序的方式。人力资源政策、销售手册和供应链管理流程可以记录在动态维基中，这些动态维基随着时间的推移从内部和外部专业人士的输入中演变而来。当我们有无数的内部主题专家时，为什么我们需要雇佣一个顾问来告诉我们如何向客户销售？至少有很多像这样的问题在维基百科上得到了解答——让我们不要忘记维基百科是如何用于培训的。

●博客可以用来审查想法、策略、项目和计划。它们可以和维基一起用于知识管理。（我们真的需要庞大的知识管理应用程序吗？）它们也可以用作生活建议箱和聊天室，旨在让员工以归属和匿名的方式发泄和贡献。

●播客可以用于会议前、会议中和会议后的记录。播客的储存库有助于机构记忆，并共同构成企业计划和决策的丰富审计线索。

●RSS 过滤器可以用来微调给员工、客户、供应商和合作伙伴的各种信息流。这些定制的新闻源可以通过几乎毫不费力的方式利用信息。我喜欢我们告诉他们该做什么，他们只是去做。有人记得点播（PointCast）吗？

●混搭技术使得开发解决特定问题的应用程序变得更加容易——即使只是暂时的。将一些终端用户放在一个充满应用程序编程接口（API）的房间里，观察会发生什么。突然之间，有可能将不相容的部分组合成连贯的整体，与理解分享价值（当然是为了利润）的公司互补。

●众包可以用来通过网络扩展企业，并利用许多专业人士的专业知识来解决企业问题。如果这对宝洁和杜邦来说足够好，那么对每个人来说都应该足够好。有一些棘手的研发问题吗？把它们放到网上。一旦每个人都不再害怕接受陌生人的礼物，众包模式将改变企业解决问题的方式。

- 面向服务的架构是 Web 2.0 技术之母。网络上陌生人帮助下的混合与匹配是我们思考软件设计、开发和交付方式的一个根本性变化。SOA 实际上是一种分散的力量，它将使公司能够比过去更快地解决计算和显示问题。当我们能够指出胶水和功能，并让它们在我们眼前组装成解决方案时，会是什么样子？

- 好消息是，有大量的 Web 2.0 爱好者将加速现在发生的变化；坏消息是，每前进两步，我们就会后退一步，因为变革的敌人总是和它的冠军一样多。忽略网络 1.0 的勒德分子（译者注：反机械化反自动化的人），直接关注网络 3.0，同时愉快地利用网络 2.0 的工具、技术和知识。在不到 10 年的时间里，我们将把这些日子视为下一个新事物的开端，视为协作在我们的屏幕前重新自我定义的时代。

这一切的趋势有多深？请注意下面《计算机世界》关于采用网络 2.0 技术的故事。如果国防情报局已经对网络 2.0 了如指掌，你可以打赌他们已经对网络 3.0 了如指掌。这种趋势是有原因的。它也符合我们在软件开发和交付中看到的趋势。网络 2.0 是企业软件整体"分散化"的一部分，其中软件架构的各个部分分布在企业内部和外部。当然，这将挑战内部技术人员和旧式的技术治理，但对于那些拥抱变革的人来说，将会有巨大的好处。不要低估充分利用这些技术所需的视角变化。能够摆脱过时的收购、使用和治理流程并采用更灵活的流程的公司将能够从这些趋势中创造动力。

将网络 2.0 放在替代通信和协作工具的大环境中，比网络 1.0 的所有其他方法、工具和技术都更好地服务于连续事务处理的需求。网络 3.0 将通过通用和上下文相关的嵌入式智能扩展当前的技术和能力。它还将（记得这句话吗？）为已发布的应用程序编程接口和完全成熟的组件提供即插即用功能（都是基于网络服务标准构建的），只需普通业务技术人员就可将这些组件组装成功能性的应用程序，这些应用程序可根据需要进行组装和拆卸。

绝密：美国国防情报局拥抱网络 2.0

分析师们正转向维基、博客、RSS 源和企业"糅合"。

2007 年 2 月 23 日《计算机世界》——美国国防部的主要情报机构正在使用维基、博客、RSS 源及企业"糅合"来帮助其分析师在筛选用于支持军事行动的数据时更好地合作。

五角大楼国防情报局要求和研究小组组长刘易斯·谢帕德（Lewis Shepherd）表示，国防情报局正看到各种各样的网络 2.0 技术"如雨后春笋般"使用，这些技术对于完成需要分析员之间情报共享的任务变得至关重要。

谢帕德表示："社交软件方面的合作潜力正在被彻底审查，现在正迅速被采用。""就信息共享而言，跨机构的维基和博客正变得像电子邮件一样无处不在。"

商业智能主数据管理

公司应该开始重新设计其数据、信息、决策策略，同时考虑实时交易处理。这意味着他们应该开始整合数据，识别主流数据库管理、分析和挖掘应用程序，并扩展由集成数据和实时分析支持的协作业务流程。

换句话说，所有这些都是为了满足对可用数据的需求。如果我们让决策者对支持决策的及时、准确和诊断性的数据和信息感到满意，我们就会成功。一路走来，我们似乎能够利用几个主要软件供应商的努力来加快进度。

主数据管理是我们多年来很少关注的分析基础架构。商业智能是我们应该采取的数据和信息利用的一般方法。下文将分析提供这些功能的流程。

维基百科对主数据管理（MDM）的定义如下：

主数据管理，也称为参考数据管理，是信息技术中的一门学科，其重点是由几个不同的信息技术系统和组共享的参考或主数据的管理。要求主数据管理保证不同系统架构和业务功能之间的一致计算。

大公司通常拥有由不同业务部门（如金融、销售、研发等）使用的信息技术系统，并跨越多个国家。这些不同的系统通常需要共享与母公司相关的关键数据（如产品、客户和供应商）。对于公司来说，通过各种信息技术系统持续使用这些共享数据元素至关重要。

当两个或多个公司想要跨公司边界共享数据时，主数据管理也变得很重要。在这种情况下，市场需求管理成为一个行业问题，就像金融业和所需的直通式处理系统（STP）或"T+1"交易制度一样。

多学科设计模型是 3 种计算类型之一（联机事务处理计算、决策支持系统和多学科设计模型）。这些类型的范围从操作报告到行政信息系统。主数据管理不仅需要协调不同的企业资源规划系统，还需要提供元数据来聚合和集成交易数据。

随着越来越多的传统应用被淘汰，并被一个或两个企业资源规划应用所取代，我们现在发现自己处于一个应用标准化和数据整合不断增加的世界中。主数据管理正在成为防火墙内外的行业数据/信息/知识学科。主数据管理现在是战略性的，而不仅仅是操作性的。例如，如果公司想扩大供应链，他们需要投资共享主数据。

一致性是主数据管理的最终目标。在一些组织中，有多种数据源需要整合，以便进行分析和决策。数据本身与客户、供应商、员工和其他企业合作伙伴交流。它可能与特定的应用程序相关联，或者分布在现有的数据仓库和数据集市中。

多年来，我们一直专注于数据和应用程序集成。用来实现集成的许多方法今天仍然存在，如企业应用集成（EAI）、提取、转换和加载（ETL），以及最近的网络服务和面向服务的架构（SOA）技术，它们允许将数据包装在准标准化的接口中。主数据管理（及其支持技术）涉及某种形式的数据整合，其中来自多个来源的数据最终集中在一个地方，促进数据移动的数据传播及数据联合，使组织能够集成和分析所有数据和信息的一个视图。

大多数公司使用多种技术来实现主数据管理。换句话说，公司使用多种工具和技术来识别、集成、管理和"开放"其数据存储以进行分析和决策。关键是确定一套为你的公司工作的方法、工具和技术，然后对整个主数据管理流程进行标准化。这些工具、技术和方法中的一些——抽取、转换、加载（ETL）、企业应用集成（EAI）甚至是内容管理（CM）——有时是内部开发的，但最常见的是商业工具、技术和方法，它们已经在组织中使用了一段时间。一些更复杂的方法需要与源数据同步，以便更新可以双向进行。其他的则更被动，数据被提取然后分析，但是源数据存储没有变化。

与所有重要的业务技术计划一样，主数据管理需要在更大的治理框架内进行规范。围绕主数据管理的治理应该被定义、讨论和记录。目标是什么？将使用什么工具？谁拥有数据存储？如何维护集成数据？联盟和传播的方法是什么？这些问题的答案将定义一个主数据管理治理策略。但是除了方法、工具和技术之外，主数据管理治理应该体现围绕数据集成的整体哲学。换句话说，成功的市场营销需要承诺。

主数据管理方法、工具、技术和治理支持经济高效的业务智能和客户特征分析，以及其他活动。主数据管理同时是一个哲学、一个学科、一个工具集和一个业务目标。所有4个部分都需要存在，才能使主数据管理为公司服务。坦率地说，这4个先决条件是按照它们的困难程度排列的，而前两个——哲学和学科——是最难的。公司经常谈论一个好的主数据管理游戏，但是当事情到了紧要关头时，他们很难定义和调用必要的规则来使它运行。工具和目标更容易识别。

一旦主数据管理哲学、规程、工具集和业务目标都到位，那么各种各样的事情都是可能的。肯定有一个行动的层级，每一个行动都是相互促进的。这也符合让技术更具战略性而非可操作性的总体趋势。

但是主数据管理的真正回报是商业智能，商业智能是实时、适应性企业的梦想。维基百科对商业智能的定义如下：

> 商业智能是指用于收集、提供访问和分析关于其公司运营的数据和信息的应用和技术。商业智能系统可以帮助公司对影响其业务的因素有更全面的了解，如销售、生产、内部运营的指标，并且可以帮助公司做出更好的商业决策。
>
> 商业智能应用和技术可以帮助公司分析市场份额的变化趋势、顾客行为和消费模式的变化、顾客的偏好、公司能力和市场状况。商业智能可用于帮助分析师和经理确定哪些调整最有可能响应不断变化的趋势。
>
> 在竞争激烈的客户服务领域，公司需要掌握准确、最新的客户偏好信息，以便公司能够快速适应不断变化的需求。商业智能使公司能够收集有关市场趋势的信息，并根据客户不断变化的需求提出创新的产品或服务。商业智能应用程序还可以帮助管理者更好地了解公司竞争对手正在采取的行动。此外，商业智能可以帮助公司与业务伙伴共享选定的战略信息。例如，一些企业使用商业智能系统与其供应商共享信息（如库存水平、绩效指标和其他供应链数据）。

商业智能和市场营销管理一样，既是技术，又是治理和哲学。哲学对于市场营销和商业智能的开发有多么重要，这一点再强调也不为过。我们不应该再学习过程投资应该先于技术投资，但是许多公司仍然忽略了这一点。为了使商业智能有效，需要在流程和技术两个方面进行投资。需要致力于使数据可访问，从而使投资为数据和信息基础架构的分析做好准备。对市场营销管理和商业智能的承诺通常很肤浅：想要提升其商业智能能力的公司必须在市场营销管理、治理、基础架构和体系结构方面进行投资。投资没有捷径可言。

最终，商业智能推动了分析和监控，这就是业务分析的目标。分析包括对内部和外部运营和交易的洞察。商业智能工具和技术支持多种战术和操作分析，其中包括：

● 对大量和少量数据的分析；
● 对销售、客户服务、生产和分销等数据进行切片和切割的能力；
● 跨垂直行业分析和呈现数据的能力。

内部和外部的区别，以及操作和战略应用程序之间的区别，对于商业智能的规划和执行非常重要，如图3.2所示。

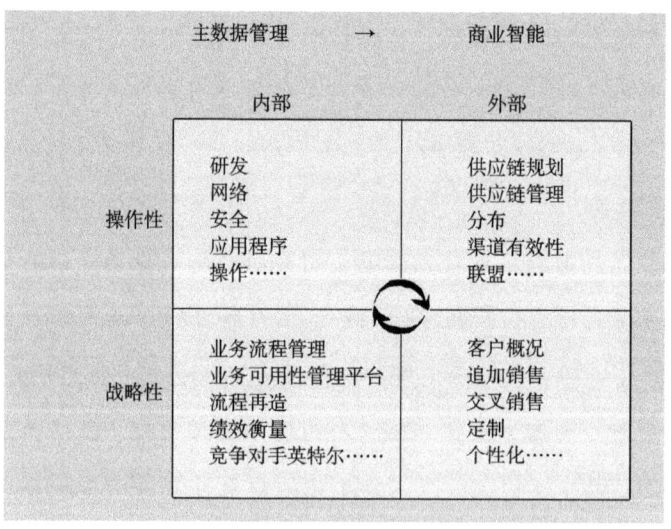

图 3.2 基于主数据管理的内部/外部/运营/战略商业智能

商业智能应该是一个包罗万象的战略。内部/运营重点包括研究和开发、网络效率、安全性、应用程序管理和基础架构的整体运营性能。内部/战略重点包括业务流程管理、业务活动监控、流程再造、战略绩效管理，甚至竞争对手情报。外部/运营重点包括供应链规划和管理、分销、销售渠道有效性，以及销售和生产联盟绩效。外部/战略重点包括客户概况、追加销售和交叉销售绩效、定制和个性化。有各种各样的方法、工具和技术可以帮助你实现这些商业智能目标,但是请记住,商业智能既是一种技术,也是一种过程哲学。没有对分析过程的承诺,商业智能投资不会有很大回报(没有对市场营销管理的承诺,商业智能目标就不会实现)。

商业智能的最终影响取决于几个成熟的创新流。因此,让我们描述一下,如2010年或2015年的完美图景。到那时,业务将在很大程度上实现自动化,在整个运营过程中会有各种各样的"条件—结果"(if-then)触发器。信息不会被人类检查,而是由软件评估。业务规则将驱动大多数业务流程,这些规则是手动更改的,但更频繁地由相同的"条件—结果"规则触发,这些规则将一起自动化关键流程和事务。操作和事务处理中的数据、信息和知识越多,我们就越接近实时优化,这是动态战略和战术的最终目标。当公司实时准确地知道他们的客户、制造过程和供应商发生了什么,当同一家公司有了精心设计的规则引擎,当这些公司自动化了规则,那么我们将有动态实时优化商业智能的最终表现。

当对正在发生的事情有实时的洞察力,对正在发生的事情的好坏有内在的判断(规则),以及对正在发生的事情做一些事情的自动化和准自动化能力时,商业智能就成熟了。最终,所有这些都是一个优化方程,描述性数据提供解释性数据,而解释性数据反过来又提供规范性数据。为了使商业智能真正有效,图3.2中的循环必须是封闭且连续的。"商业智能2.0"是最终游戏的轨迹,尽管最终游戏可能需要商业智能3.0来实现。业界正围绕商业智能2.0作为最终商业智能愿景展开讨论。这意味着商业智能终于得到了一些大联盟的关注,这并不是说它的能力已经从去年或前年的水平有了显著的发展。商业智能支持最高级别的业务分析。如果进行了正确的投资,就有可能优化内部和外部业务流程。

融合客户关系管理

笔者与戴尔公司的"技术支持"代表保持了一段时间的联系,偶尔还会与他们交谈。当一遍又一遍地听着等待的声音时,我告诉自己,可以去戴尔寻求技术支持,因为人类技术支持团队用来解决问题的脚本与数字技术支持团队使用的脚本是一样的。这个建议让我觉得很奇怪。如果真的能从网络上得到需要的答案,那么为什么戴尔花这么多钱来支持800开头的号码让我难过呢？这个声音是在暗示笔者是个白痴，真的想和某人说话吗？从一个服务代表跳到另一个服务代表，最后（现场）戴尔支持专业人员告诉笔者，她不知道如何解决这个问题。

笔者经历的是所有世界中最糟糕的。在听了几个小时的音乐，经过5次改道后，我突然想到，也许技术还没有那么发达，至少在技术行业，还没有客户服务。我被告知，如果问题是软件问题，即使我支付了3年的支持费用（在服务过程中了解到我的保修仅涵盖硬件），或者可以亲自打电话给软件制造商来讨论问题，但评估还是被打断了。

戴尔的经历是在诺德斯特龙（Nordstorm）零售连锁店经历之后重新定义的。很难想象诺德斯特龙公司的服务代表会告诉笔者，本人必须联系袖子脱落的衬衫制造商，因为诺德斯特龙公司只支持出售衬衫的盒子，或者如果想修理或更换衬衫，将不得不支付额外的费用或出国旅行来解决问题。如果在诺德斯特姆商店购物，就会知道他们基本上没有什么不能做的：顾客永远是对的。

顾客为这项服务支付更多吗？当然。真正卓越的服务包含在购买价格中，对于那些想要在价格和服务之间进行权衡的人来说，回报是显而易见的。戴尔当然不是唯一一家"支持"远非完美的供应商。事实上，考虑到戴尔（以及其他硬件和软件供应商）更担心的是价格便宜而不是支持，当一个人购买戴尔产品时，他应该期望得到如同在沃尔玛一样的服务，因为这些连锁店通常是低成本的零售供应商：在沃尔玛或任何能保证每天低价的零售连锁店提供像诺德斯特龙那样的支持会让戴尔付出太多，因此我们也要付出太多。

那么，这个行业应该如何处理复杂性、支持模糊性、无效的客户服务和服务漏洞呢？作为客户，我认为这很简单：台式机和笔记本电脑的操作系统和应用软件如此复杂，由如此多不同的供应商生产，并且容易出现如此多的故障和冲突，销售（硬件＋软件）系统的人应该负责支持他们销售的产品。他们不应该把矛头指向其他地方，不应该为解决捆绑在自己品牌盒子里的问题而收费，也不应该让客户自己解决问题。有没有另一个零售业以这种方式对待顾客？只有低成本的。我们想要什么？低价还是优质服务？

所有这些都解释了为什么台式机／笔记本电脑支持是增长最快的外包目标之一，

以及为什么个人住宅的技术顾问在各地涌现。我们都需要更多的帮助，减少头痛。如果我制造硬件和软件，我会试图打断这些趋势；我会试着拥有我的顾客。一点客户关系管理怎么样？也许诺德斯特龙的标准太高了。杰西·佩妮怎么样？

对一些公司来说，客户关系管理作为一种商业策略是有意义的，但并非所有公司都是如此。例如，一些公司给自己贴上低价而非服务的标签；其他人以服务为自己的品牌。图3.3试图说明这是如何工作的。

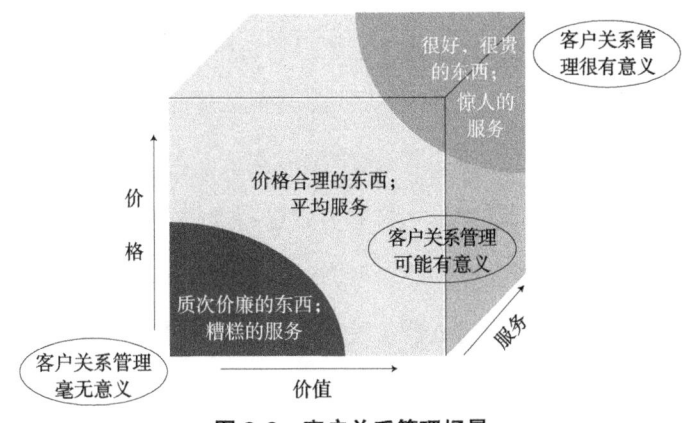

图 3.3　客户关系管理场景

但是这里真正的趋势，我们应该定义和利用的趋势，远远超出了我们今天所认为的"客户关系管理"。事实上，我们今天所认知的客户关系管理已经过时了。趋势是向融合和持续的客户关系管理发展，在客户的整个"生命周期"中，各种数据被用来分析、联系和管理客户，为一个惊人的趋势做好准备。有些人认为这是"个性化"，有些人认为是"定制"，有些人则认为是全天候销售和服务。随着数据库变得更加集成，购物变得更加数字化，以及"永远在线"访问设备变得更加普及，我们可以期待得到各种优惠。这是"剖析"的另一个定义。

我已经收到了一些公司发来的电子邮件（和普通邮件）。他们分析了关于我住在哪里、我挣多少钱、我买什么的数据，以确定我喜欢什么及我会为他们出售的东西支付什么。这是第一代大规模定制，与信息高速公路上的儿童游戏相比。基于大规模营销假设的相同数据，大规模定制超越了年龄、财富、一年中的时间等简单的相互关系，根据对我们作为更大群体的一部分和作为个体消费者的推断，推断出你和我真正想买什么的具体想法。通过包括销售、营销、服务和分销在内的各种信息，可以与客户、供应商、合作伙伴和员工进行"个性化"联系。随着时间的推移，鉴于数字交易成本相对于企业接触其价值链和供应链成员的其他方式来说是如此之低,以及数字通信变得如此普遍,企业将重新评估其广告和营销预算。他们将越来越个性化。

汤姆·克鲁斯和史蒂文·斯皮尔伯格的电影《少数派报告》中有一个很棒的场景:2054年,克鲁斯在一座城市中行走,当他的眼睛被扫描时,他立刻被推销出一整套个性化的产品和服务。想象一下,在等飞机或火车时,你会收到无数条信息,告诉你可以买到你已经喜欢并一直使用的东西,但现在却在12英尺外出售?如果所有的员工、顾客、供应商和合作伙伴都能以符合他们的兴趣、价值观和个性的方式进行推销,那会怎么样?

这一切将如何发生?这些关乎客户数据的深度、位置和质量,也关乎数据分析。一些公司的优秀的行为科学家用各种方式运行数据,试图解释顾客价值和购买行为的相关性。这里的力量是惊人的。例如,可以确定:

● 何时以数字方式(通过浏览器、手机、无线掌上电脑、传呼机)打断客户交易,何时不打断他们;

● 按人、按季节、按客户所在地和一天中的时间,需要多大的折扣;

● 可以销售哪些产品组合;什么产品不与其他产品混合;

● 哪些短期和长期生活事件会影响购买行为;

● 每个客户喜欢什么形式和内容的客户服务。

这只是可以做出的个性化和定制推理的一个例子。趋势很明显:随着集成和关联偏好数据及即时交流的能力,定制和个性化将会随着顾客的增加而加速。当推断数据和总访问与全球定位系统定位仪发生冲突时,客户、员工、供应商和合作伙伴将永远不再安全。完全趋同将会发生。

这是好事还是坏事?你早上醒来心情不好。你告诉你的个人(数字软件)代理,你不会接受来自数字小贩的报价,除非他们提供双倍的折扣——如果这是不可接受的,你就停止广播。或者,你正在进行一个重要的讨论,你的手机会发出一个有趣的信号——但前提是你要在接下来的10分钟内回复。或者,你在一个陌生的城市出差,快到晚餐时间了。你的个人数字助理有一个想法:离你站的位置一个街区远的地方有一家意大利餐馆——它当然知道你喜欢意大利食物(现在是什么时间,你在哪里)——那里有一张桌子等着你和你的同事。没有保留的必要;没有电话确认；只是设备上的一个快速数字回复——它会立即显示菜单、特色菜和酒水单。当你走向餐厅时，你和你的同事们讨论什么最适合的技术组合。

完全融合的客户关系管理（CRM）正在向我们走来，尽管持续的高谈阔论（如果允许的话）带来了"不便"，但盈利增长的趋势仍有巨大的机会。关键是概要分析，此时你已经注意到概要分析依赖于主数据管理和商业智能（以及灵活且可访问的软件）。这种趋势之所以有支撑，是因为它是趋同的自然结果。客户数据、购买和销售历史及库存等的交集允许进行各种各样的统计分析，最重要的是，允许进行常规相关性分析，这反过来又允许销售分析、网络分析、客户个性化、产品定制、动态定价、库存管理、需求预测，以及任何你能想到的基于经验数据的其他东西。

访问设备

拉里·埃里森10多年前参加了奥普拉·温弗瑞的节目，讨论"网络计算机"，当时有很多超前的想法，比如苹果的牛顿和IBM的语音识别应用。拉里当时错了，因为网络不够可靠、安全或无处不在，不足以支持"瘦客户端"架构。不要介意这些设备本身也有点奇怪，而且过于专有。但是如果拉里明天再次出现在奥普拉脱口秀上，他就大错特错了。

让我们来看几个趋势，来说明为什么"超薄基础结构"有意义。首先，根据用户的使用频率和深度将他们分成不同的类别：有些人使用非常昂贵而且很难支持的笔记本电脑来处理电子邮件。我们已经开始使用一系列设备——像掌上电脑、手机、寻呼机和MP3播放器——这些设备最终已经融合在一起。这些设备中的许多都很笨，但这没关系，因为我们对它们要求不多。然而，多设备同步仍然困难且昂贵。对绝大多数用户来说，台式机和笔记本电脑是压倒一切的（给它们供电的软件也是如此）。企业软件许可变得越来越糟糕（如果你不每3年更新一次你的微软软件许可，你就会受到惩罚）。

台式机/笔记本电脑支持仍然复杂且昂贵；大型企业——即使他们有网络和系统管理应用程序——仍然在更新、软件分发和版本控制方面苦苦挣扎。

如今，网络访问几乎无处不在。台式机、笔记本电脑、个人数字助理（PDA）、瘦客户机和大量多功能融合设备可用来访问局域网、广域网、虚拟专用网络

（VPN）、互联网，这些网络上托管的应用程序及在这些设备上本地运行的应用程序。总之，网络运转一切顺利。

许多（疯狂的）公司为员工提供多种接入设备，员工经常要求公司让个人设备（如黑莓和苹果手机）与他们的网络兼容。随着无线网络的引入，这一切变得更加复杂，无线网络使员工更加独立和移动。然而，获取、安装和支持所有这些设备的成本很高。

依靠永远在线的网络的小型、廉价、可靠的设备是有意义的。将计算能力从台式机和笔记本电脑转移到专业管理的服务器是有意义的。将存储从本地驱动器转移到远程存储区域网络是有意义的。随着服务器容量增加，胖客户端应该减轻一些重量。瘦客户机/胖服务器体系结构的总拥有成本（TCO）令人信服，更不用说再投资回报（ROI）了（说得委婉一点）。

瘦客户端依然美丽。当它是一个概念的时候，它是美好的，现在它是一个现实，它甚至比以前更美好。试问："你对当今运行你生活的胖客户端架构，对需要越来越多支持的、功能越来越强大的个人电脑满意吗？"

这是控制吗？是关于可靠性吗？还是安全？是的，都有关系。既然同意时间就是一切，考虑到所有新设备的出现，以及有多少新设备正在汇聚成大于其各部分总和的整体，这不是一个思考的好时机吗？如果不这样做，那么唯一让你真正开心的人就是那些你不得不雇佣的技术供应商。如果你控制了服务器，你就控制了每个接入设备上播放的一切；如果精简访问设备，就可以为用户获得控制、灵活性、标准化、可靠性、安全性和可扩展性。软件冲突不会再有，只有即时软件升级和快速简单的新应用使用。

维基百科对瘦客户机计算的优势定义如下：

信息技术管理成本更低。瘦客户机几乎完全在服务器上管理。硬件故障点更少，本地环境受到高度限制，提供了针对恶意软件的保护。

更容易保护。瘦客户端可以设计为任何应用程序数据都不会驻留在客户端上，从而集中恶意软件保护。

硬件成本更低。瘦客户机硬件更便宜，因为它不包含磁盘、应用程序内存或强大的处理器。在需要升级或变得过时之前,它们通常还有更长的时间。与胖客户端系统相比,瘦客户端系统(包括服务器和客户端)的总硬件需求通常要低得多。其中一个原因是硬件得到了更好的利用。胖工作站中的中央处理器大部分时间都是空闲的。对于瘦客户机,可以共享内存。如果几个用户正在运行同一个应用程序,只需要用一个中央服务器将它加载到内存中一次。对于胖客户端,每个工作站必须在内存中有自己的程序副本。

能耗更低。专用瘦客户端硬件的能耗比胖客户端电脑低得多。这不仅降低了能源成本,还意味着在某些情况下可满足升级空调系统的需求,这可以显著节约成本并有助于实现节能目标。

对大多数小偷来说毫无价值。瘦客户机硬件,无论是专用硬件还是通过级联重新调整用途的旧硬件,在客户机-服务器环境之外都是无用的。对计算机设备感兴趣的窃贼很难保护瘦客户机硬件。

恶劣的环境。大多数设备没有活动部件,因此可以在多尘的环境中使用,而不用担心电脑风扇堵塞、过热和烧坏电脑。

网络带宽更少。由于终端服务器通常与文件服务器位于同一高速网络主干上,所以大多数网络流量都局限于服务器机房。在瘦客户机环境中,只有鼠标移动、按键和屏幕更新传输自(至)最终用户。在高效的协议上,如独立分量分析或无向分量分析,这可以消耗少至 5 kbit/s 的带宽。

资源利用效率更高。一个典型的胖客户端将被指定来处理用户需要的最大负载,当它没有被利用时,这可能是低效的。相比之下,瘦客户端仅使用当前任务所需的确切资源量。

简单的硬件升级途径。如果峰值资源使用率超过预定义的限制,向刀片服务器添加另一个机架(无论是电源、处理、存储)是一个相对简单的过程,可以将资源提升到所需的数量。现有设备可以与新设备一起继续使用,而胖客户机模式需要更换整个桌面设备,这导致用户停机,并造成旧设备的处理问题。

瘦客户端已经出现,并将遍布市场。瘦客户端的业务案例是我们见过的最容易开发的案例之一。瘦客户端趋势将在提高生产率的同时节省资金。采用率将在几年内保持稳定，然后会非常迅速：到 2015 年，至少 50% 的接入设备将会变薄。太激进了？再想想。公司将利用瘦客户机计算的各种优势，从集成的手机/网络浏览器到全键盘瘦客户机，都可以访问公司网络和网络。现在出现了可以做任何事情的设备——以一种对许多用户都适用的形式出现。iPhone 的触摸技术将推出全新的接入技术和设备。有些将基于触摸屏，有些将基于硬键盘——最终——语音激活。这一趋势的最大驱动力将是对员工实际工作需要的评估。许多员工将只获得瘦客户，而少数员工将获得胖客户端。但是，每家公司都有一个标准问题，胖客户端加载膨胀软件的日子已经过去了。没有理由为不必要的计算能力或支持付费。

组合效应

这里讨论的 5 种趋势是绝对交织在一起的（图 3.4）。移动数据管理/商业智能将推动以网络 2.0 技术为加速器的融合型客户关系管理，所有这一切都发生在软件开发和交付过程中，以及越来越多地用于访问应用程序的越来越薄的设备中的选项和数据。趋势的本质是它们的外向性。他们将业务技术活动从企业内部转移到防火墙之外。这些趋势的真正影响将是它们对内向/外向业务技术转移（大约始于 5 年前）的贡献，这一转移将改变业务技术关系。

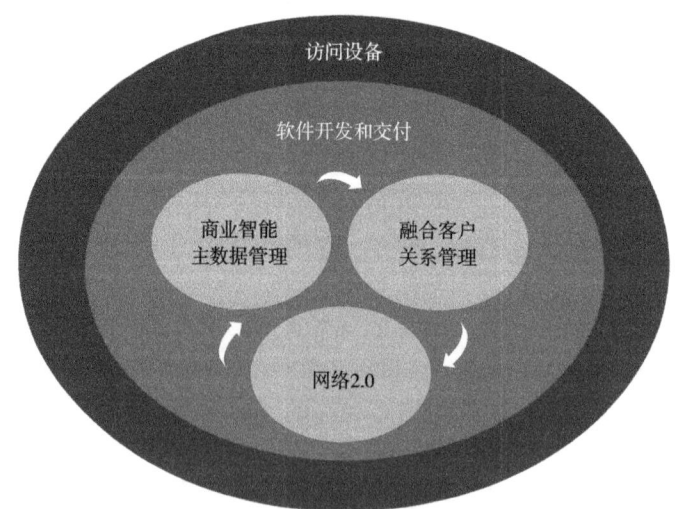

图 3.4 五大交叉趋势

影响

实际上，围绕这些趋势完全重新设计是可能的。想象一下现在从头开始构建一个技术架构和基础架构。你会投资于自己的大型数据中心吗？你会使用数百或数千台功能强大的笔记本电脑吗？你还会给你所有的员工个人数字助理吗？你会继续尝试整合许多不同的数据库吗？你会使用大型软件应用程序还是租用它们？

鉴于这里讨论的趋势，需要考虑的事情罗列如下。

软件开发和交付

● 评估你的整个应用程序组合；使用该流程尽可能多地停用应用程序。

● 检查所有申请的许可协议，特别注意需要在特定时间间隔更新的条款；从协议中寻找出口；挑战惩罚性协议。

● 确定可由供应商或第三方托管的软件：这是新软件开发／交付趋势的目标列表。

● 选择几个有意义的（给定许可协议）和试点托管计划；开发基线度量（相对于传统的内部使用模型）来评估试点的有效性，如启动时间、安全性、可靠性等。

● 扩展试点以包括更多托管应用程序。

● 确定将成为贵公司"标准"的应用程序"扩展"（针对主要企业应用程序）；试点托管版本；为所有应用程序开发互操作性：互操作性不佳的应用程序应该弃用。

网络2.0

● 了解可能增强业务流程的网络2.0协作工具和技术的范围；确定如何使用它们来提高性能。

● 试点维基建立快速的"课程百科全书"和其他形式的文档。

● 试点博客发布和审查项目任务，并支持集体讨论。

● 试用播客来记录内容。

● 引导大众分类法来组织内容。

- 试用 RSS 过滤器创建内容流。
- 引导混搭来创建工具、显示等。
- 试点众包解决具体问题。
- 商业智能主数据管理
- 评估你的整体数据/信息/知识体系结构的一致性、准确性、可扩展性和安全性。
- 开发和实施一个由目标、治理和工具组成的主数据管理计划。
- 开发和实施由目标、治理和工具组成的内部/外部商业智能计划。
- 将企业战略和战术融入市场营销管理/商业智能投资。
- 扩展分析以监控和优化内部和外部过程。

融合客户关系管理

- 投资统计建模,以加深对客户、销售、流程、产品和服务之间相互关系的理解。向模型中添加额外的变量;确定可以货币化的客户生命周期。
- 将模型整合到正式的销售和营销活动中。

访问设备

- 将用户划分为计算层次结构中的类。
- 确定要考虑的瘦客户机选项。
- 试用各种瘦客户端型号,从 iPhones 等融合设备到具有传统键盘的全功能瘦客户端。
- 评估替代瘦客户端模型的有效性;扩大成功的试点。
- 淘汰过时的胖客户端。

这些趋势共同展示了商业技术在2007—2010年的发展趋势。这些趋势将推动许多变化,并引发更多的趋势和变化,这些趋势和变化将继续朝着集成、互操作性、协作、定制和分散化的方向前进。

第二部分

尽职调查研究案例

第四章 无线通信技术风险投资：ThinAirApps 案例

案例介绍[①]

这是一个风险投资的案例研究。这个案例是 ThinAirApps（TAA），该公司负责创建、开发并销售无线中间件软件产品和服务。公司成立于1999年7月，2000年6月获得了第一轮也是唯一一轮风险融资，从安科投资公司和一群天使投资者那里筹集了1300万美元的股本。该公司的软件产品使各种类型和规模的企业能够快速、经济、高效地"无线"支持其移动工作人员；让专业人员不仅可以访问电子邮件、日历和联系人（群件）等常见数据，还可以访问更复杂的桌面或服务器应用程序、数据库或其他系统中的数据。所有这些数据都位于"防火墙后"。TAA 的独特之处还在于它能够安全地访问这些数据。

1999年无线语音在美国很流行。美国企业很大程度上接受了对员工使用手机的管理，而就在一年前，美国电话电报公司（AT&T）通过其一级全国商业呼叫计划破解了密码。然而，通过地面网络向手机和掌上电脑等手持设备传输数据（语音除外）并不是广泛的商业现实。根据 Strategis 集团的数据，1999年，智能手机和无线个人数字助理设备的销量不到300万台（到2004年，这个数字已经超过6000万

[①] 本案例由罗伯特·亚当斯（Robert S.Adams）和斯蒂芬·安德里奥尔（Stephen J.Andriole）提供。

台）。除了包括动作研究在内的众多玩家之外，奔迈公司（Palm）还推出了第七代个人数字助理设备奔迈Ⅶ。这是第一个为掌上电脑设计的完全独立的无线设备，它利用未充分利用的地面数据网络向用户提供对各种无线数据的原始（与今天的技术相比）访问，包括掌上电脑赞助的电子邮件和选定的互联网目的地。掌上电脑及其开放式开发平台的独特性，催生了一个从游戏到设备上使用的生产力提升应用程序的行业，在无线数据行业创造了一个分水岭，并在很大程度上成为TAA商业模式的基础。

TAA成为快速发展但不成熟的无线数据行业的早期领导者。在投资的时候，TAA的产品——ThinAirlines，是掌上电脑第七代设备上下载频率最高的附加应用程序——将近3万人用它来无线访问他们的电子邮件。虽然该公司刚刚进入创收阶段，但它已经通过让成千上万的个人用户在移动中访问个人电子邮件，树立了重要的市场意识。该公司的产品基于开放标准。换句话说，它运行良好，无论哪种设备操作系统（掌上电脑、黑莓、支持无线应用协议的手机、Java 2微版等）、网络（时分多址、蜂窝数字式分组数据交换网络、码分多址等），或正在使用的应用程序（电子邮件或其他已创建TAA无线应用程序接口的企业应用程序）。该公司的收入模式主要基于其旗舰产品ThinAir服务器的企业销售，ThinAir服务器是一种连接到企业电子邮件服务器（通常是微软交换）的中间件服务器，允许定制连接到其他应用程序。因此，即时无线数据访问是可以实现的，包括电子邮件、日历和通讯录在内的群件功能都可实现。TAA软件开发工具包（SDK）允许组织从他们的其他企业应用程序直接建立到ThinAir服务器的定制连接。这些机会非常重要，包括实时库存定价、即时订购、实时会计系统更新，以及所有远离办公室和网络的情况。

ThinAirApps机会

那么，投资机会如何？尽职调查小组获得了以下有关该公司的信息、"空间"和财务状况。

公司

ThinAirApps（TAA）成立于1999年10月，旨在开发领先的软件平台，将企业数据系统连接到任何无线设备。ThinAir品牌是通过ThinAir邮件（TAM）建立的，ThinAir Mail是第一个针对奔迈Ⅶ的实时电子邮件解决方案，也是从Palm.Net网站下载最多的应用程序。ThinAir服务器（TAS）利用并扩展了该品牌，这是一个领先的无线平台，仅在6个月内就安装了1000多台设备。TAS是第一个足够灵活的解决方案，可以在防火墙后运行或托管在第三方数据中心。TAS提供的服务软件将微软交换、Lotus Domino/Notes、超文本标记语言/网络和流行音乐/图像文件等常见的群件/电子邮件平台连接到所有领先的无线设备，包括掌上电脑、支持无线应用协议的移动电话、加拿大移动研究公司（RIM）的寻呼机、微软掌上电脑、Handspring Visors掌上电脑和所有其他能够连接到互联网的基于标准的设备。这种实时访问正在从组件扩展到连接来自结构化查询语言（SQL）数据库、可扩展标记语言（XML）数据源、客户关系管理和其他企业源的数据。凭借这一强大的产品，ThinAir服务器是企业客户无线支持其员工、面向企业客户的运营商级服务及个人移动专业人士的明确技术选择。在保障科学公司的支持下，TAA将迅速扩大其在庞大的无线软件行业的市场份额。

市场

无线设备渗透率在国内的复合年均增长率为66%，在全球为80%。到2005年，全球有超过10亿台无线设备。越来越多的企业希望通过将内部系统扩展到无线设备来增强员工的工作能力。2003年，有900万企业无线数据用户。公司增加了30%的企业联网移动工作人员，每个用户花费约1万美元。[①]

策略

ThinAirApps正在利用无线设备的爆炸式增长及其作为数据访问资源的用途。企业很快意识到，无线支持员工将现有系统扩展到办公室之外，可以提高效率并

---

① 数据来自《无线互联网和移动电子商务报告》，英联邦联合公司，2000年10月。

节约成本。随着手机和个人数字助理（PDA）的融合，设备的功能正在大大扩展。此外，随着诺基亚、爱立信、摩托罗拉和掌上电脑等老牌厂商的关注，以及微软在无线技术领域的进入，企业市场正在迅速扩张。然而，设备和运营商网络并不能提供完整的解决方案。ThinAir 服务器是一个缺失的组件，它允许数据中心和防火墙后的用户通过任何运营商网络访问任何设备上的公司数据。

对于公司的信息技术人员来说，ThinAir 提供了单一、集中的解决方案来管理所有设备，并以安全、可控的方式连接所有数据源。该平台向开发人员开放，允许为企业添加和定制额外的高价值应用程序。通过这种方式，ThinAir 服务器成为一个战略性企业解决方案，它随着企业不断扩大的无线需求而增长并进行调整。

TAA 正在建立 ThinAir 服务器，作为允许所有设备访问企业数据的事实标准。TAA 在 ThinAir 服务器安装了 1000 多台设备，作为无线软件领域的领导者，已经赢得了市场份额和企业的关注。在已安装的基础设施中，企业正处于不同的评估、试点阶段，约有 100 家是全额付费客户。这些客户来自各行各业，包括全球 2000 强企业。大客户包括百时美施贵宝（Bristol Myers Squibb）、强生、摩根士丹利 – 丁威特和安得森咨询集团等。此外，通过与增值经销商、服务提供商、原始设备制造商/独立软件开发商和集成商的合作，TAA 正在迅速将其销售范围扩展到绝大多数公司。大约 99% 的企业接到 ThinAir 的来电后即开展合作业务。

ThinAir 服务器的国际市场也已经成熟。随着 2000 年第一季度在欧洲开设销售和支持办事处，以及在亚洲和拉丁美洲建立经销商和集成商合作伙伴关系，TAA 将自己定位为在全球范围内复制 ThinAir 服务器在北美的成功。

ThinAirApps 致力于在新兴的、不透明的无线市场中，在设备、协议和网络方面保持不可知论和开放的态度，因为各种技术正在竞相建立自己。在降低风险和消除依赖失败技术或与失败技术结合的不确定性方面，ThinAir 服务器为其企业客户提供了一个具有战略意义和未来可操作性的技术平台。这样，企业不必在任何特定的设备或标准上"下注"，也不必为每个数据源实现单独的技术。ThinAir 服务器将继续支持所有出现的新标准，有效地减轻信息技术管理员的负担。

ThinAirApps 解决方案

ThinAirApps 将其产品定位于 3 个不同但相关的业务领域，以企业客户为目标。

面向企业的 ThinAir 服务器

当前的 ThinAir 服务器产品是针对企业客户的解决方案，它可以位于公司的防火墙内，也可以位于较小的托管动态服务器页面（ASP）数据中心。该解决方案提供开箱即用的群件访问，但将扩展到为企业系统（如客户关系管理、企业资源规划、时间跟踪等）提供应用程序。该解决方案还拥有 ThinAir 软件开发工具包，并将通过为内部信息技术开发人员和集成商合作伙伴提供的额外开发工具进行扩展，以便为其他系统（如定制的 SQL 数据库）定制 ThinAir 服务器。

运营商级 ThinAir

是面向汽车制造商、无线运营商和其他高容量无线服务提供商的高度可扩展、健壮且可靠的 ThinAir 服务器版本，该解决方案专注于在开放、快速扩展的消息服务环境中，每次安装处理 100 多万用户。运营商级的 ThinAir 服务器将于 2001 年第三季度推出，目前至少有 4 项服务正在签约。

移动专业版 ThinAir

对于个人移动用户，移动专业版 ThinAir 面向的是企业尚未使用完整解决方案、但属于移动专业人员且需要在自己购买的设备上利用无线服务的个人。该解决方案包括一个桌面重定向器，它允许从桌面消息传递软件、一个可在互联网上访问的公共服务器，以及在与其他个人生产力工具的集成中获得消息传递服务。移动专业版 ThinAir 将于 2001 年第二季度上市。

通过这种三管齐下的方法，ThinAir 为从个人移动专业人员到汽车运营商的所有级别的企业数据访问提供了一个完整的解决方案。随着 ThinAir 服务器在企业中的扩展，ThinAir 解决方案可用于所有潜在客户。

生产线

ThinAir 服务器是一个开放、安全、强大、数据中心可扩展的企业平台。它可以在公司防火墙的内部或外部运行,在动态服务器页面(ASP)的外包数据中心运行,并作为一个更大的解决方案的一部分进行捆绑。此外,ThinAir 软件开发工具包(SDK)允许企业和集成商将连接扩展到定制企业系统,并集成其他设备类型。

ThinAir 群件访问是 ThinAir 支持的第一类应用。群件访问提供了对常见企业群件/消息技术的即时、实时访问,如微软交换、Lotus Domino、POP 和 IMAP 服务器。该产品与 ThinAir 服务器捆绑在一起。

ThinAirPort 是一款针对掌上电脑设备的免费电子邮件客户端,它使用 ThinAirPort 服务器连接电子邮件和群件系统。自 1999 年 10 月发布以来,TAM 已成为 Palm.Net 下载量最大的应用程序之一,目前拥有超过 3 万名活跃用户。

ThinAirApps 对新技术持保守但进步的态度。在继续接受但不依赖于某一特定技术标准或设备的过程中,TAA 目前正在探索将新兴技术融入其产品中。其中包括对蓝牙、3G 设备和网络、个人数字助理/移动融合及数据源集成的持续调查。

定价

ThinAir 服务器以每个用户 100 美元的标价出售企业许可证,批量折扣从 1000 个用户开始。折扣表提供给转售商和合作伙伴。每年以许可证价格的 50% 提供额外支持,以许可证价格的 20% 提供标准支持。动态服务器页面(ASP)托管解决方案的价格为每个用户每月 3~4 美元,包括支持。对于标准支持的主要版本,升级费用是标价的 50%(对于高级支持的客户是免费的),对于次要"点"升级的支持,所有客户都是免费的。

集成商合作计划允许集成商使用软件开发工具包构建定制应用程序,10 个开发者席位的价格为每年 15 000 美元,额外席位的价格为 1500 美元。此外,一个协助集成商完成项目的相关战略咨询小组将每小时为他们的服务收费。ThinAir 邮件是免费提供的。

公司的战略服务组为 ThinAir 服务器客户提供定制的解决方案和集成服务。有了这种支持，TAA 能够扩大其解决方案的范围，并创造另一个高利润的收入来源。

销售

ThinAirApps 致力于直销和合作伙伴销售，以迅速获得 ThinAir 服务器的市场份额。TAA 已经有了一名西海岸销售总监和一名东海岸销售总监。此外，TAA 的四人业务开发部门专注于动态服务器页面（ASP）、集成商和原始设备制造商/独立软件供应商捆绑合作。TAA 目前正在积极招聘国际销售职位及经验丰富的软件渠道销售人员来领导这个部门。

客户

ThinAir 的目标客户是拥有大量移动工作人员、需要即时访问关键信息的国内和国际企业。这些公司正在推动无线技术的商业应用。在消息传递及其他通信和处理技术方面有大量投资的大公司可以利用 ThinAir 平台将它们扩展到无线领域。

TAA 通过 5 个主要渠道接触客户：

● 面向大型企业客户的直销；

● ThinAir 服务器的增值经销商；

● 企业服务提供商：面向寻求外包解决方案的企业客户；

● 集成商：围绕 ThinAir 服务器打造定制企业解决方案的无线实践；

● 原始设备制造商/独立软件供应商捆绑合作伙伴：集成为一个更大的产品，无线支持其他技术。

通过这种多层次的方法，TAA 迅速获得了广泛的影响力，并能够利用合作伙伴公司的销售力量和已建立的关系。此外，每个领域的垂直合作伙伴都允许在没有 TAA 投资的情况下更深入地进入早期采用者行业。ThinAir 的目标是成为任何企业数据源实时无线连接的事实标准。

ThinAirApps 还启动了一个集成商合作计划，以促进使用 ThinAir 服务器开发定制企业解决方案。这为 TAA 提供了一个来自相关会员和咨询费的替代收入来源。此外，它通过利用老牌集成商的关系和声誉，扩大了 ThinAir 服务器的影响范围。

营销

ThinAirApps 通过 8 个主要平台推广其品牌和产品：

- 为个人提供免费的电子邮件服务；
- 提供 ThinAir 服务器的评估版本；
- 在著名的无线和互联网展会上展出；
- 创建和维护一个有效的网站；
- 向商业和技术受众做广告；
- 在行业活动上发言；
- 联系媒体和分析师；
- 主办技术研讨会。

TAA 致力于通过有针对性但具有成本效益的方式为企业客户建立其品牌和产品。营销成本预计将与收入预测成正比，适当时将利用外包和合作伙伴机会。

历史和成就

ThinAirApps 成立于 1999 年 10 月，是电子商务集成商纽约（CTNY）创意技术的衍生产品。ThinAir 邮件和 ThinAir 服务器的前身分别于 1999 年 10 月和 2000 年 2 月发布。ThinAir 服务器是第一个支持实时无线数据访问的防火墙解决方案。ThinAir 邮件是目前 Palm.Net 下载量最大的客户端，拥有 3 万名活跃用户。

管理团队

ThinAirApps 正在积极但明智地扩大其员工队伍。目前，约有 50 名全职员工分布在开发、支持、销售/业务开发、营销和管理团队。TAA 有一个扁平化的组织，有经验丰富的软件和初创企业高管，他们都有成功的良好记录。TAA 开发团队由 15 名以上拥有多年无线和企业软件开发经验的工程师组成。

首席执行官乔纳森·奥克斯

乔纳森·奥克斯（Jonathan R.Oakes）是 ThinAirApps 的首席执行官和联合创始人。他负责监督公司的所有主要职能，包括战略方向、营销、销售、财务和实施日常运营。奥克斯先生经常在会议和贸易展览上发言，宣传公司对无线行业当前和未来状况的看法。

作为纽约创新科技（CTNY）有限公司的创始人和合作伙伴，奥克斯先生作为一名充满活力的创业型领导者建立了良好的记录。在5年时间里，他将公司从一个小型系统集成公司发展成为一个领先的电子商务设计和战略咨询机构，拥有45名专业人员。在 CTNY，奥克斯先生领导销售和营销工作，制定公司战略，并监督一般业务。在与 CTNY 合作时，该公司被选为德勤的50强之一，这是纽约市发展最快的科技公司之一。奥克斯先生获得了斯基德莫尔学院的文学学士学位。

首席技术官纳撒尼尔·弗雷塔斯

纳撒尼尔·弗雷塔斯（Nathanial X.Freitas）是 ThinAirApps 的首席技术官和联合创始人，他负责监督技术架构的开发，以及定义技术路线图以指导未来的战略决策和产品开发。他还与现有和潜在的合作伙伴合作，将 ThinAir 服务器平台战略化并集成到他们的无线解决方案中。弗雷塔斯先生还经常在各种会议、贸易展览和研讨会上发言，并参加如无线应用协议（WAP）论坛等组织。他的经历涵盖了学术、商业和政府领域的软件开发。

弗雷塔斯先生以优异成绩获得了圣巴巴拉加州大学的文学学士学位。他的研究包括古典和当代艺术音乐（作曲和表演）及计算机科学。弗雷塔斯先生还在电子艺术技术研究中心（CREATE）工作和学习，这是一个著名的实验室，致力于研究和开发新一代软件和硬件工具，以帮助基于媒体的创作。

经过多次独立咨询，并参与了洛杉矶的两家互联网初创公司，弗雷塔斯1996—1998年继续在圣巴巴拉进行研究。在此期间，他参与了一系列重要活动，包括亚历山大数字图书馆，这是一个由国防部、美国宇航局和国家科学基金会资助的价值数百万美元的项目，弗雷塔斯最终在那里获得了安全许可，可以向高级军事官员展示他的作品。他也是 Bodies 公司的首席技术官，一个在线概念艺术"公司"，赢得了许多赞誉，其作品已在世界各地展出。

为了从他在学术界的经历中寻求新的发展，弗雷塔斯搬到了纽约，并开始在纽约创意技术公司（CTNY）担任首席开发人员。弗雷塔斯先生在 CTNY 领导了瘦设备动态企业应用框架（DEAFT）的工作，这是 ThinAir 服务器的早期原型。这项工作促进了 ThinAirPort 的发展，使之成为 ThinAirApps 的最初产品。

执行副总裁罗伯特·耶尔克斯博士

罗伯特·耶尔克斯（Robert Yerex）博士在高科技和软件行业拥有 19 年的经验。耶尔克斯博士获得了明尼苏达大学的理学学士和理学硕士学位，以及康奈尔大学的哲学博士和工商管理硕士学位。耶尔克斯博士从事一系列学术研究，包括统计学、数值和定量分析、经济学、企业家精神、一般管理、金融和计算机科学。

耶尔克斯博士除了自己的私人执业外，还担任美国管理系统和理性软件公司的顾问。1993 年，他创建了 Objectshare Systems 股份有限公司，并一直担任 CEO，直到公司与 ParcPlace-Digitalk 股份有限公司合并。1995 年，根据《圣何塞商业杂志》，Objectshare 是增长第 11 快的私营技术公司。在加入 ThinAirApps 之前，耶尔克斯博士从 Objectshare 转任阿兹特克软件（Aztec Software）公司副总裁和联合软件（Unity Software）公司副总裁。

风险

技术方面：无线技术还处于起步阶段，虽然在带宽扩展和数据使用方面预计会有很大进展，但该技术的发展方向仍然未知。

支持/质量保证：存在测试新产品和支持现有产品会拖累组织的风险。与大多数其他企业技术相比，无线软件在支持和质量保证方面更加复杂，因为它必须与无数的设备和网络相集成。

竞争：虽然 TAA 是企业无线数据接入领域的领导者，但更大的企业可能会进入该市场。微软最近宣布他们打算无线启用他们的后台办公产品，但是这个版本至少还要等 18 个月。

市场：尽管设备渗透率在全球范围内持续增长，未来的预测也很大，但企业无线软件市场最终可能只是一个利基市场。

财务：扩展横向企业软件业务是昂贵的，尤其是在纽约市。

财务状况

ThinAir 拥有多样化和高质量的收入来源。直接和间接许可收入是 TAA 销售和捆绑销售的核心。此外，合作伙伴集成商从他们开发的定制项目中获得许可，并支付费用成为 TAA 集成商合作伙伴计划的一部分。动态服务器页面（ASP）提供周期性的月费，这个月费根据他们服务的用户数量而定。支持合同是年度合同，对所有客户都是强制性的。此外，TAA 正在组建其战略服务集团，该集团按小时或项目计费，并支持产品的基础销售。

ThinAirApps 从私人投资者手中筹集了首轮资金，总计 120 万美元。

业绩

ThinAirApps 2001 年收入约为 800 万美元，2002 年收入约为 3400 万美元。

额外资金

ThinAirApps 正寻求发起一轮私募股权融资。TAA 已经从战略伙伴那里获得了大量的投资利益。战略合作伙伴不仅能带来资金，还能带来企业软件行业的领域知识和关系。这些资金将用于扩大员工（主要是销售人员），并投资于额外的产品开发，以扩大市场覆盖面。

投资亮点

巨大的市场。 无线设备销售呈爆炸式增长：国内无线设备普及率的复合年均增长率为66%,这一数字在全球范围达80%。到2005年,全球将有超过10亿台无线设备。到2003年,企业无线数据用户将达到900万,公司将为每个用户花费大约1万美元来实现移动化[①]。

先行者。TAA 安装了 1000 多台 ThinAir 服务器:TAA 已将 TAS 确立为将企业数据连接到任何设备的最佳解决方案。随着群件支持的到位和对企业数据源的额外支持的到来,TAS 将继续成为最引人注目的无线平台。此外,灵活的销售模式允许评估期和试点项目,TAS 消除了投资新软件的犹豫。

品牌识别。TAA 有超过 3 万个 ThinAir 邮件和公共 ThinAir 服务器的活跃用户:ThinAir 邮件仍然是 TAA 最好的营销工具。ThinAir 品牌拥有超过 2 万名活跃用户,被公认为无线软件领域的领导者。此外,支持免费客户端的公共 TAS 展示了平台的可扩展性。

战略协议。ThinAir 服务器将成为一家主要设备制造商无线服务产品的核心业务:一家主要设备制造商选择了运营商级 TAS 解决方案作为其下一代无线服务的主干,用于将他们的设备连接到企业和互联网。制造商认为 TAS 是他们服务的最佳解决方案,预计未来几年将有超过 100 万名用户。这种关系对其他正在考虑 TAS 的企业来说是一种巨大的支持和客户参考。此外,他们使用 TAS 无线支持自己的劳动力。

影响力。动态服务器页面(ASP)与 Aether、GoAmerica、Mobile Logic、Juno、E-Cal、Centerbeam 和 UCSI 达成交易:ASP 关系允许企业客户托管解决方案,而不是自己管理 ThinAir 服务器。通过与领先的企业服务提供商合作,TAA 利用他们在企业中的关系和声誉。

与扩展系统的原始设备制造商协议:TAA 于 2000 年 9 月与扩展系统公司(ESI)达成了第一笔原始设备制造商捆绑交易。ESI 正在将 ThinAir 服务器与他们现有的 XTNDConnect 服务器捆绑在一起。ThinAir 服务器之所以被选中,是因为它的灵活性,为 ESI 提供了他们的下一代产品。ESI 是企业连接市场公认的领导者,该交易有可能为 TAA 提供每年 7 位数的收入机会。

高质量的企业客户。 诸如百时美施贵宝公司(Bristol-Meyers Squibb)、摩根士丹利-丁威特(Morgan Stanley Dean Witter)、安德森咨询公司(Anderson Consulting)

---

① 数据来自《无线互联网和移动电子商务报告》,英联邦联合公司,2000 年 10 月。

和强生公司（Johnson & Johnson）：许多企业已经采用 ThinAir 服务器作为他们的无线解决方案，成功的客户关系为获得新客户提供了很好的参考。此外，这些大公司正在逐步增加其 ThinAir 服务器产品的用户和功能，从而增加 TAA 的经常性收入。

不可知性。TAS 并不局限于一种设备、协议或网络：TAA 通过不将软件局限于特定的设备、协议或网络，有效降低了混乱的无线市场的风险。这不仅让 ThinAir 服务器能够适应新技术，还能确保企业客户的投资。

企业已做好准备。ThinAir 服务器公开、安全地与企业防火墙一起工作：ThinAir 服务器使用开放的连接标准，并使用最新的加密技术让企业客户对产品感到舒适。ThinAir 服务器在现有的公司防火墙内外工作，让企业能够灵活地实施该技术。

尽职调查

以下列举了适用于技术投资尽职调查的 15 个尽职调查标准中最重要的标准。尽职调查是由私募股权风险资本家执行的，而不是由特定公司或供应商的技术经理执行的。这里采用的尽职调查视角是一位风险投资者的视角，希望在相对较短的时间内看到投资的巨大回报，这是私募股权风险资本家的惯用手法。

"正确的"技术 / 对基础架构的需求很少或为零 / 流程和文化的变化

毫无疑问，TAA 的技术是"正确的"技术。在可预见的未来，无线个人数字助理和智能手机的年增长率至少为 50%。事实证明，这种趋势只是故事的一部分。第二代无线网络已经（在 1999 年）建成，支持第三代网络的技术当时正在欧洲使用，并计划在美国应用。支持向设备传输更高带宽数据的基础设施也正在成为现实。更重要的是，手持设备上的应用市场没有标准。当时，许多手机都在使用无线应用协议（WAP），该协议是由爱立信、摩托罗拉和诺基亚于 1997 年创建的，旨在让无线设备能够访问在线信息和应用。然而，另外两个主要的无线设备制造商加拿大移动研究公司（RIM）和美国奔迈公司正在追求他们自己的协议，这需要购买专门的中间件，微软 Windows CE 操作系统和 Java 2 微型版（J2ME）都显示出他们进入主流掌上电脑的迹象。这些标准中的每一个都需要自己的专用中间件来访问公司数据。因此，在公司环境中管理这些设备会带来一个昂贵而复杂的问题，除非用户在一个设备上进行标准化，如 ThinAir 服务器（TAS）。鉴于网络和呼叫计划的多样性，以及移动服务提供商提供的早期定价计划，在一个组织内，在一台设备上实现融合几乎是不可能的，更不用说一家运营商了。

另一方面，我们能够建立 ThinAir，使运行 ThinAir 服务器的组织能够在一个中间件平台上管理多个设备和不同的运营商。此外，该服务器产品可扩展到企业中使用的其他应用程序。中间件平台不需要用户投入大量的额外资金，甚至帮助组织避免了在一个运营商计划或设备上标准化的成本。可以使用软件开发工具包（SDK）创建与现有企业应用程序的连接。ThinAir 服务器有效地代表了一个高影响力的解决方案，它只需要很少的基础设施成本和对现有业务流程或文化的很少改变。TAA 解决方案的存在实际上将企业业务流程扩展到了办公室或有线连接之外。由于这些贡献，TAA 在市场上高度差异化。

我们从竞争分析发现，有几个组织专门从事一个或多个垂直应用，但没有一个组织着手解决各种竞争标准或各种设备的集成。事实上，我们发现的是行业中的惰性——各种组织都在联合使用一种或另一种标准——有些专门为 RIM 黑莓生产应用程序；有些为奔迈公司或 Windows CE 生产应用程序；等等。这激发了我们投资的热情，使我们的投资变得真正独一无二。然而，这也引发了一些关于我们和 TAA 共同承担任务相关的焦虑——通过一个事实上的向无线设备传输数据的标准，将整个行业整合在一起。有风险吗？当然有。但是趋势表明，集成和互操作性将是几乎每个公司（以及 ThinAir 服务器的潜在客户）都会高度重视的需求。

水平优势和垂直优势 / 影响可量化

凭借其技术，TAA 不成比例地成为一个横向游戏。它的横向适用性——无线访问电子邮件和群件——的流行起到了为垂直专业服务的弹弓作用。一旦 TAA 用其服务器收购了防火墙后的"房地产"，就有了一个平台来开发垂直专业化的无线应用，如金融服务或医疗保健行业。然而，它不具备创建特定垂直解决方案所需的领域专业知识，因此，它本质上仍然是一个横向机会（尽管具有非常真实的

"vorizontal"能力）。

管理这一缺陷的短期策略是将其软件开发工具包销售给开发人员和最终用户社区，有效地使那些拥有垂直领域专业知识的人能够自己开发应用程序，同时为公司提供一部分收入。长期来看，该公司已经开发了一个产品路线图，其中包括下一代运营商级平台，用于支持所有客户端代码的设备上的应用程序开发。目标是向企业开发人员提供高级应用编程接口，然后他们可以利用现有的特定于领域的技能集。该公司将继续自行开发和支持横向应用。

考虑到解决方案的横向和群件性质，TAA 的价值提议只提供了高水平的、更"软"的价值量化。这些因素包括生产力提高带来的净影响，包括不受限制地访问公司数据、设备管理方便，以及开发和实施专门应用程序的成本降低。该公司严重依赖其渠道合作伙伴在垂直专业领域设计和销售更多的量化价值主张。

解决方案 / 多重默认选项

该公司的产品和分销战略围绕着一种捆绑产品，这种产品通常需要集成和定制服务，尤其是当客户希望向现有的企业应用程序提供无线连接而不是典型的群件时。由谁来提供集成和定制服务取决于产生产品销售的分销渠道。例如，当直接销售发生时，公司的内部服务团队将提供集成和定制服务。如果销售是通过间接渠道进行的，或者是直接销售给一个非常大的组织，渠道合作伙伴将赢得服务合同和软件销售。为了将 ThinAir 服务器推向垂直解决方案类型的销售，该公司与 GoAmerica 等无线经销商、OmniSky、Juno 和 Fiberlink 等托管服务提供商建立了多种渠道合作伙伴关系，其合作伙伴也包括埃森哲（Accenture）和沃顿斯（Vaultus）等具有垂直领域专业知识的无线解决方案提供商。为了促进集成垂直解决方案的销售，TAA 将其软件开发工具包直接出售给渠道合作伙伴，渠道合作伙伴随后将使用软件开发工具包开发的定制应用转售给垂直专业化基础上的最终用户。这一战略有效地将技术的横向和纵向优势联系起来。

无线行业有一个独特的结构，它依赖于多个部门，包括设备制造商、运营商或网络运营商，以及中间件应用程序开发人员。围绕这些细分市场，各种服务公司专注于为企业市场开发无线应用。但是，对于各种各样的设备、网络和应用来说，在任何一个标准或协议上都没有达成一致。因此,我们认定,我们在 TAA 的投资具有在各种标准和协议之间进行调解的能力,拥有多重违约退出。在适当的执行水平和客户群增长的情况下,TAA 及其知识产权将证明对各种大型行业参与者(包括无线行业的多个细分市场)具有价值。TAA 也已经在这些领域的许多参与者中确立了自己的领导地位,尤其是与 TAA 有广泛战略联盟的奔迈公司。

经验丰富的管理层/"包装"和宣传/行业意识

ThinAir 是由一群 20 多岁的企业家创立的。这些人成功地建立了一个互联网集成商,这是他们第一次开发 ThinAir 技术的地方。该公司充满了青春和创造力,但尽管之前有经验,却缺乏深度的商业经验。我们专注于与管理层一起确定和组装路线图,以解决不足之处。TAA 管理层年轻且才华横溢。其产品开发能力和开发基础设施是一个明显的优势。我们最初把重点放在销售和市场营销上,因为 TAA 已经有了一个完整的产品,它已经在市场上直接销售了,但要根据具体情况而定。TAA 手头的首要任务是建立一个能够抓住市场机遇的分销引擎。

在我们努力工作的早期,我们决定向创始人/首席执行官做出承诺,这是基于他对技术和行业方向的掌控,以及他从员工那里获得的忠诚度。他显然已经确立了自己作为公司现阶段领导者的地位。

正是公司的创造力为 ThinAir 服务器带来了巨大的市场认知度。管理层决定向 POP3 和 IMAP 电子邮件账户的个人用户赠送其 ThinAir 邮件产品,导致在我们投资的时候出现了近 3 万名个人用户,这些尖端的消费者帮助推广了公司的创新产品。这款"免费软件"也让 ThinAirApps 连续几年成为掌上设备下载应用程序的头号开发者,这当然也吸引了奔迈公司高层的注意。为了努力成为企业数据无线访问的事实标准,该公司采用了"广域无线"(WOW)的品牌理念,这突出了解决方案的独特性——能够与防火墙后的企业数据进行安全的实时无线交互。除了 1999 年由年轻企业家驾驭无线浪潮经营的市场领先的年轻公司的火爆之外,TAA 还拥有一批蓝筹试点客户,包括埃森哲、麦格劳·希尔公司(McGraw-Hill)、摩根士丹利(Morgan Stanley)、德事隆集团(Textron)、百时美施贵宝公司(Bristol-Meyers Squibb)、SBC 通讯公司和奔迈公司。

伙伴和盟友

TAA 与奔迈公司（Palm）建立了广泛的战略关系。这种关系是由该公司软件在掌上电脑用户中的流行所激发的，跨越了消费者和企业两个战略。在 1999 年投资时，奔迈主要是一家面向消费者的公司。它拥有超过 65% 的市场份额，拥有超过 1200 万名用户，其中大多数是个人消费者。与苹果电脑有些相似，它的设备在利基市场非常受欢迎，这个市场被开发者社区所包围，开发者社区因消费者对利用奔迈 7（Palm Ⅶ）无线功能的附加应用的需求而繁荣——基于位置的程序、金融服务应用和个人娱乐等。

然而，企业市场是奔迈公司的梦想，该公司在企业个人数字助理市场的份额远远落后于加拿大移动研究公司及其黑莓设备。这个市场不如消费市场成熟，尽管它更大，增长更快。TAA 服务器对奔迈公司的重要性显而易见。如果奔迈公司能够成功打入企业市场，它必须首先通过可扩展的横向应用领域（如电子邮件和群件）来实现。通过这一合作，奔迈公司获得了 TAA 服务器的许可，将其作为其下一代消息传递基础设施的核心组件。奔迈公司实际上也选择了 ThinAir 服务器来满足其内部移动工作人员的需求。

这种关系为 ThinAir 技术和市场地位的重要性提供了实质性的验证。它还将为公司的未来方向做出定义。

结果

发生了什么？尽职调查过程"成功"了吗？2001 年 12 月，奔迈公司进行了投资，收购了 ThinAirApps，价值约 2000 万美元。就绝对美元回报和相对于 2000 年其他风险投资和无线中间件行业平均表现的回报而言，其投资者的结果都很有意义。然而，以风险投资的标准来看，结果并不那么引人注目。请记住，投资者在 1999 年向该公司投资了 1300 万美元，虽然两年后 700 万美元的"利润"看起来很可观，但如果其他事件有所不同，利润可能会高得多。例如，厂商之间的竞争——微软、奔迈公司、加拿大移动研究公司等——可能已经达到了狂热的程度，引发了对 TAA 技术更高的估价，而不是 1999—2001 年竞争空间的相对"均衡"。

尽管如此，TAA 的核心技术今天仍然是掌上智能手机在各种应用之间连接的基础，包括它现在使用范思哲邮件客户端与微软交换（电子邮件/群件）服务器的无缝连接。无论以何种标准衡量，这一壮举对公司及其创始人来说无疑是巨大的成功。

但是，投资者在评估中有哪些不足之处呢？公司在实现其目标和目的方面有哪些不足？是什么导致了这一切？让我们先讨论一下我们投资完成后不久发展起来的市场动态。

2001年年初，奔迈公司在推出奔迈Ⅶ的后继产品i705时失策，因为它在上市前太早就宣布了它的首次亮相。与此同时，奔迈公司已经用奔迈Ⅶ"填满"了它的分销渠道，在宣布这一消息后，对它的需求急剧下降。这导致了库存减记，导致奔迈公司严重低于其收益预期。该公司的股票和相关价值暴跌。大约在同一时间，经济衰退开始，手机和个人数字助理设备的预计销量开始大幅下降。诺基亚、爱立信、摩托罗拉及所有其他主要的手机和个人数字助理制造商进入了一个长期的低迷期，直到2004年才开始出现。

经济衰退引发了许多其他事件，包括企业技术支出冻结。尽管研究表明，许多组织将目光投向了通过无线设备远程访问公司数据和应用程序，但他们立即在这一举措上投入资金的倾向消失了。这是我们投资成果的最大贡献者。在第三代无线网络上的巨额资本支出，我们认为这将有助于更广泛的企业采用，也大幅放缓。一场"完美风暴"？差不多。

考虑到行业对每个参与者自身标准的固执，我们指望企业成为融合的催化剂。然而，在我们投资的第一年，我们面临着企业对无线应用需求的下降——一个默认的退出策略可能受到了损害。该公司通过与自身处境艰难的奔迈公司的战略关系，向一家设备供应商做出了重大承诺。我们要么在其他设备供应商身上下了毒，要么在联盟转型的道路上走了很长一段路——另一个违约退出受到了影响。最后，随着企业技术支出的缩减，我们的许多渠道合作伙伴都出现了困境，飞行员和销售开始放缓。这家原本将自己打造为设备不可知论者的公司，突然发现自己陷入困境，只能与一家设备提供商相互依赖。

我们在发展渠道合作伙伴方面投入的精力也超过了培养强大的内部销售专业人员。结合我们的横向优势和纵向劣势，我们实际上既没有可以依靠的行业专业化来创造核心收入，也没有产生纵向专业化的内部销售和领域能力。

我们投资前提中最大的缺陷是该技术的不可知论的力量——它与各种设备、网络和应用程序一起工作的能力。尽管这一前提基本成立，但由于该公司与设备制造商的不平衡行为，这一前提被削弱了。与奔迈公司的战略关系实际上排斥了其他制造商：在企业市场对多设备平台产品缺乏"拉动"效应的情况下，该公司在更大的无线市场上被视为以奔迈公司为中心的供应商。其他设备提供商，如奔迈公司，继续推广他们自己的中间件和封闭标准。在这个节骨眼上，没有来自企业市场的压力来提供 ThinAir 类型的解决方案，因为使用的增长没有实现。尽管 TAA 被选为奔迈公司的企业解决方案，但奔迈公司本身也卷入了一场关于它是什么类型公司的内部辩论；事实上，它正在努力寻找自己的消费者和企业身份。它未能在企业市场获得任何吸引力，因为它见证了加拿大移动研究公司获得越来越多的市场份额。

竞争格局也显示出快速变化的迹象。尽管经济形势严峻，私募股权风险投资行业仍继续投资无线行业。结果，许多竞争者要么进入市场，要么开发出威胁与 TAA 竞争的产品。空间变得越来越拥挤，而且有早期迹象表明 TAA 的市场差异将会消失。许多市场进入者都在追求垂直应用战略，这是 TAA 目前的一个弱点。

最终，市场上一片混乱，该公司保持了自己的独特性，但却冒着失去先发优势的风险。由于 TAA 没有可以依靠的垂直专业，我们迅速转向对奔迈公司的销售，该公司一段时间以来一直表示有兴趣收购该公司。从长期来看，该公司的先发优势——及其横向延展性——将被证明是不可持续的。今天，我们知道防火墙后对群件的横向访问只是短期的"杀手级应用"和长期商品。这种类型的功能正在被整合到其他平台，如微软交换。无线中间件和应用领域的长期价值正在通过垂直应用开发和专业化实现。这种垂直专业化也带来了服务收入的显著增长，而 TAA 已决定将服务收入让给其渠道合作伙伴（最终无论如何都没有能力交付）。

该行业目前的状况如何？在 2005 年，仍然存在一个非常分散的市场。如果一个企业希望同时使用掌上电脑和加拿大移动研究公司的设备，它必须至少购买一个加拿大移动研究公司专用的中间件服务器。2004 年年中，奔迈公司终于发布了它的 Treo-650 智能手机，它具有与微软交换的现成群件功能。TAA 仍然是奔迈平台上使用最广泛的群件和无线应用服务器；奔迈公司选择 TAA 核心技术作为其企业和消费者战略无线解决方案的关键要素（没有其他竞争对手与奔迈公司或任何其他设备供应商建立这种地位）。

奔迈公司已经将 ThinAir 服务器集成为其最新无线设备的消息传递平台和企业解决方案。奔迈公司目前为其企业解决方案贴上了 TAA 技术的私人标签。奔迈公司本身的 2000 名员工都使用了 TAA 技术。TAA 技术已经发展成为独立于设备、协议、运营商网络、操作系统和数据源的技术——跨越奔迈公司、加拿大移动研究公司、掌上电脑及任何支持 Java 的设备（包括手机），为所有移动工作人员需求提供统一的解决方案。作为无线中间件和群件领域的先行者，TAA 在业界享有很高的声誉，尤其是在奔迈公司和 GoAmerica（基于加拿大移动研究公司的无线互联网服务提供商）的消费者和专业用户中。

但是该公司与各种大型渠道合作伙伴（埃森哲、其他四大公司、大型集成商等）的合作伙伴关系并没有转化为销售。企业需求也落后于预期。TAA 高度依赖奔迈公司平台，其使用主要由奔迈公司驱动。TAA 技术为奔迈公司提供了进入企业市场所需的解决方案——这被广泛认为是奔迈公司生存的关键。

整个无线中间件和应用领域的竞争格局变得越来越复杂，威胁不仅来自直接竞争对手（主要是无线知识、Viafone、Everypath 等私有实体），还来自设备制造商（奔迈、加拿大移动研究公司等），以及微软、甲骨文和 BEA 系统公司等老牌应用和服务器公司。

结论

1300 万美元的投资在两年内产生了 2000 万美元。尽职调查程序为投资开了绿灯。有足够的数据证明投资是合理的：几乎所有的尽职调查问题都得到了满意的回答。投资"成功"了吗？显然，答案是"是的"。但是，如果上述事件没有发生，1300 万美元的投资很容易就能得到 10 倍于这个数额的回报。但是，谁能控制市场或金融趋势呢？因此，风险投资和所有技术投资都存在固有风险，换句话说，尽职调查可以减少但不能消除技术投资的不确定性。尽职调查过程是有纪律的，但并不完美，因为没有人能够预测未来的市场或金融趋势，而这些市场或金融趋势能够轻松而显著地影响结果。

第五章 投资远程访问技术的企业：Prudential Fox Roach/Trident 案例

案例介绍[①]

这是一个企业投资特定技术来改善员工与客户沟通和交易方式的案例。案例的公司是 Prudential 地产旗下独立所有和运营的 Prudential Fox Roach / Trident 房地产经纪公司。Prudential Fox Roach / Trident 是美国第四大房地产服务提供商，年销售额近 160 亿美元。该公司在宾夕法尼亚州、特拉华州和新泽西州有 70 个办事处，有 900 名员工。Prudential Fox Roach / Trident 还与 3300 多名独立销售代理签订了合同，他们从事通信业务。这些代理商是技术投资的焦点。

该公司是一个全方位服务或房地产"解决方案提供商"。其价值主张围绕服务展开，包括购买、销售、租赁或重新安置，并通过其办事处和销售助理，以及在美国和加拿大拥有 1400 多个国家办事处和 4 万名销售助理的更大的 Prudential 网络延伸。Prudential Fox Roach / Trident 还通过三叉戟集团提供融资、结算和保险。

直到 20 世纪 90 年代中期至后期，优化生产、销售和服务的流程——包括房地产流程——相对来说界限分明，有清晰的起点、中间点和终点。今天，这些流程是扩展和连续的。思考这种变化的一种方式是将间断式交易与连续交易进行对

[①] 本案例由斯蒂芬·安德里奥尔（Stephen J.Andriole）和查尔顿·孟山都（Charlton Monsanto）提供。

比。间断式交易，如出售保险单、购买个人电脑磁盘驱动器，或交易股票，指当日或隔日可以完成的交易。交易可以是连续的：一份保险单与另一份混合在一起；交叉销售和追加销售，即向现有客户销售额外（更昂贵）产品和服务，是持续的目标；磁盘驱动器被整合到个人电脑制造中，股票的买卖同时与税收计算器和房地产规划器联系在一起。房地产专业人士同时出售房屋、抵押贷款和保险；他们中的一些人甚至出售（再出售）家居装饰、保姆和购物服务；他们在销售周期的某个时间点使用数字技术进行所有的销售。例如，所谓的全方位服务房地产公司将通过多重上市服务（MLS）列出房屋，为房屋做广告，在周末提供开放日，帮助寻找融资，组织结算过程，寻找供应商进行任何必要的维修，提供当地和地区学校的数据，提供经批准的保姆的姓名，以及有执照和有保险的电工、水管工和园艺师的姓名、地址和证明人。这大部分是使用数据库完成的，数据库是全面服务房地产经纪人随着时间的推移而开发的；大部分通信是通过电子邮件或访问公司的网站进行的，该网站为客户提供密码保护的门户。

员工、供应商、客户和合作伙伴之间的连接——尽管还远未完成——正在实现交互式客户关系、集成供应链和业务分析，从而允许对库存、分销和定价进行实时调整。最终的效果是时间和距离被压缩，速度和敏捷被加速。也许没有哪个市场比房地产更经历过这种压力，在过去的5年里，美国的一些地区房价上涨超过了300%。此外，在许多市场中，房屋在出售前在市场上停留的平均天数减少了50%。一些市场认为房屋销售在几天或几周内完成，而不是像20世纪80年代和90年代那样在几个月内完成（尽管2005年年底市场开始放缓）。

在房地产世界里，一切都是关于卖家数据、客户数据，以及将这些数据与每笔交易的细节相匹配。为了做到这一点，房地产经纪人和代理人必须能够立即可靠地访问数据、流程、所需表格及有关监管要求和变化的信息。"生命周期"概念与房地产客户尤其相关，因为典型的客户会买卖几套房子，购买几笔抵押贷款，并在此过程中获得大量的支持服务，如房屋检查和保险。房地产买卖双方都是近乎完美的终身客户。

协作和数据与这里描述的案例特别相关：Prudential Fox Roach / Trident 的挑战是让每个人都联系在一个由卖家、买家、经纪人、代理人、表格和法规组成的网络中，没有人需要担心网络、应用程序或通信设备的管理。因此，挑战归结为：我们如何全天候、可靠、安全且经济高效地联系所有利益相关方？

房地产界在开发网络和基于网络的应用程序支持的在线流程方面相对保守。像"贷款树"这样的公司实际上是在 20 世纪 90 年代中期到后期建立的，但是它们早期的收入增长缓慢——直到宽带通信加速普及到普通大众。房地产消费者（买家和卖家）也很难接受网络，直到通过特定或通用房地产经纪人（分别如 Prufoxroach.com 和 Realtor.com）的网站列出或找到房屋变得相对容易。现在，通常的做法是在网上搜索房屋，然后联系代理人进行访问，公司通过相关和不相关网站的网站寻找买家和卖家。

Prudential Fox Roach / Trident 的代理商采用新技术的速度也相对较慢，但自 2002 年以来，其采用率大幅上升。该公司面临的挑战是确保他们的代理人对技术的使用增强——而不是阻碍——房地产交易处理的所有方面。

投资机会

房地产公司及其销售代理面临着上市和客户的激烈竞争。寻找新的方法来加快复杂的房地产销售周期为房地产公司提供了一个重要的优势。Prudential Fox Roach / Trident 寻求一种更好的方式，让其移动销售代理和分支机构的员工能够访问无数的应用程序、表格和数据库，如上市和出售房产所需的多项服务。该公司希望通过互联网提供应用程序和企业内部网，这为代理人提供了广泛的可用性和熟悉的浏览器界面，他们中的许多人技术不成熟。

Prudential Fox Roach / Trident 实施了思杰元框架（Citrix MetaFrame）安全访问管理器，以增强其现有的元框架演示服务器环境，通过互联网安全访问应用程序和信息。[1] 独立代理和 900 多名员工现在可以从任何标准网络浏览器单点访问应用程序、数据库、表单、文档及网络搜索引擎等工具。

---

[1] 2004 思杰系统公司版权所有。思杰元框架和元框架 XP 是思杰系统公司在美国和其他国家的注册商标或商标。微软、视窗和视窗服务器是微软公司在美国和／或其他国家的注册商标或商标。所有其他商标和注册商标都是其各自所有者的财产。

远程访问实施项目的影响缩短了房地产销售周期,为远程和移动用户提供了数据安全性,并将支持需求减少了60%。[1] 该项目还简化了许多非技术用户的计算。或许同样重要的是,该项目已经将因技术支持原因离开公司的代理人数减少了80%以上。

自2000年以来,房地产市场火爆,利率处于30年来的低点,房地产公司及其销售代理面临上市和客户的激烈竞争。寻找新的方法来加快销售周期提供了一个重要的优势。Prudential Fox Roach / Trident 寻求一种更好的方式,让其移动销售代理和分支机构的员工能够访问无数的应用程序、表格和数据库,如上市和出售一处房产所需的多项服务。

代理人总是在移动,经常在晚上和周末工作,所以他们可以适应买家和卖家的时间表;该公司需要一种方法,让这些代理能够在任何地点(如家庭办公室)简单、实时地访问信息,这样他们就可以充分利用与客户在一起的时间——如果需要,还可以当场提供报价或计算结果。然而,由于这些代理是独立的承包商,从事计算机和网络连接的工作,而 Prudential Fox Roach / Trident 并不控制,因此提供对公司和行业的应用程序和数据的可靠和安全访问是至关重要的。

就上述需求而言,房地产面临巨大的挑战,因为它几乎触及了所有类型的通信需求。房地产领域的一般协作通信需求如表5.1所示。然而,Prudential Fox Roach / Trident 的问题是广泛而深刻的。新的通信要求产生了太多的替代解决方案。在实施基于思杰的解决方案之前,该公司试图使用传统的硬件/软件实施模式来使用和支持数千名代理和办公室雇员。然而,这一解决方案推出后不久,重大问题就开始出现了。主要问题包括:

- 无法使支持房地产交易流程的应用程序保持最新。
- 无法保持流程的可靠性或安全性。
- 无法让流程快速扩展。
- 无法在"个人"或用于房地产以外的其他用途的计算机中保持领先于许多"中断和修复"要求。

---

[1] 基于该公司2005年收集的数据。

● 无法通过分布式但不受管理的管理策略和程序来管理流程。

● 根据公司内部调查，房地产经纪人的流失率不断上升，越来越受到经纪人向代理人提供（或拒绝提供）的技术服务的性质和质量的驱动。换句话说，如果没有可靠、安全的技术支持，代理人将离开房地产经纪公司，寻求拥有更好的技术支持的房地产交易处理。公司报告称，他们的正常代理人流失率约为每年20%，其中约40%的代理人认为"技术"是他们离开公司的主要驱动力。

表 5.1　房地产领域的一般协作通信需求

一般趋势	房地产趋势
● 改变工作模式和流程，包括： 　—远程办公 　—移动计算机处理技术 　—小型办公室/家庭办公室（SOHO）计算	● 房地产专业人士越来越多地在家、在车里、在同事办公室工作；代理商是21世纪初的"移动专业人士"
● 新客户、员工、供应商和市场联系（B2B、B2C、B2E等）。	● 房地产专业人士是更大的产品和服务供应商家族的一部分，是一个"市场"
● 信件、电话、传真、面对面；在线和离线、同步和异步通信	● 随着房地产代理商扩大模拟通信，他们越来越依赖技术
● 供应商产品和服务的近实时比较	● 尤其是在抵押贷款领域，这种情况正在发生
● 脱媒和再中介	● 买家和卖家正在使用网络进行搜索和资格预审
● "整体员工管理"和"整体客户管理"	● 房地产专业人士正在收集客户数据和长期使用的供应商
● 多用途接入点：有线和无线个人电脑、笔记本电脑、个人数字助理、智能手机、网络计算机、信息亭、局域网、虚拟专用网、广域网和万维网	● 房地产经纪人和代理人，以及抵押贷款经纪人，都在投资有线和无线技术；接入点像访问万维网一样无处不在；台式机让位于笔记本电脑，笔记本电脑让位于掌上电脑
● 随时随地的信息共享	● 房地产买卖双方对信息贪得无厌
● 更多带宽（及带宽管理）、接入点、安全性、可靠性、可扩展性和分布式系统管理	● 房地产的总体趋势是追求更高的带宽、接入、可靠性、可扩展性和分布式系统管理

简而言之，传统的获取/使用/支持技术模型不能满足房地产经纪人、代理人或抵押经纪人的协作通信需求。这在很大程度上是由于代理商与经纪人的关系。代理商本质上是独立的承包商。与此同时，经纪人必须将他们视为拥有一系列福利的全职员工——如技术支持。如果经纪人不能为他们提供足够的技术支持（以及其他好处），他们就会寻找其他经纪公司。

鉴于这些压力和问题，传统的技术支持方法必须被一种促进专业人员、办公室、分支机构和合作伙伴之间安全连接的方法所取代。面向远程办公室连接的思杰访问基础架构解决方案使组织能够安全地向远程办公室和联系中心交付应用程序和信息，并从一个中心位置维护这些应用程序和信息。

由于网络和设备的多样性，支持和维护远程用户的应用程序和信息变得势不可当。集成新的分支机构并支持具有不同系统和资源的并购会带来额外的复杂性和挑战。

为这些远程房地产专业人员提供高水平的支持对于保持高生产率和满意度至关重要。思杰接入基础设施解决方案简化了远程移动用户应用程序和信息的使用和维护，并通过任何网络和设备提供安全通信，包括能够：

● 从一个集中位置配置、管理和启用应用程序访问，从而降低单独配置分支机构的成本；

● 通过加速交付企业资源计划（ERP）、客户关系管理（CRM）、销售人员自动化（SFA）和办公室生产力应用程序，提高业务扩展的价值实现时间；

● 不再需要派遣技术人员通过集中的应用程序管理来服务远程位置；

● 使用互联网以更低的带宽、更低的电信和网络成本安全地使用应用程序；

● 通过集中化的关键业务数据库增强客户服务；

● 利用内置的灾难恢复系统保护数据，并帮助消除代价高昂的停机时间。

Prudential Fox Roach / Trident 得出结论，思杰元框架（Citrix MetaFrame）安全访问管理器是该公司按需提供企业应用程序和信息的安全单点访问的最简单方式，同时确保用户在任何地点、任何时间、使用任何设备、通过任何连接获得一致的用户体验。

该公司实施了思杰元框架安全访问管理器，以改进其现有的元框架演示服务器环境，使其能够通过互联网安全地访问应用程序和信息。[①] 现在，3000 多名独立代理和 900 多名员工使用单一访问点从任何标准网络浏览器访问多个应用程序、数据

---

① 思杰是解决当前问题的可靠解决方案，但肯定不是首席信息技术官（首席信息官和首席技术官）唯一可用的解决方案。关键是提供对多种应用程序和交易处理能力的访问，最大限度地减少对经纪首席信息官和首席技术官的支持要求。

库、表单、文档及工具，如网络搜索引擎。通过思杰解决方案使用的应用程序包括从旧的 16 位软件到"自主开发"的解决方案。它们包括邻居地址、学校报告和房屋关闭所需的个人电脑表格。

房地产交易可能是一个漫长的过程。通过让代理灵活地基于网络访问他们需要的所有信息资源，思杰访问基础架构有助于加快销售周期并更快地交付佣金。元框架安全访问管理器帮助公司的移动销售代理优化他们的时间和缩短销售周期。通过网络的安全访问，代理人可以在旅途中、在酒店或在家办公时获得多重上市服务（MLS）列表、表格、贷款信息、学校报告和所有其他需要的工具。

支持独立代理包括支持许多用户通过其无法控制的连接从 Prudential Fox Roach / Trident 不拥有的设备登录，这引起了安全问题。元框架安全访问管理器提供了许多安全措施，帮助公司保护公司信息。该方法通过网络提供基于标准的数据加密，并允许 Prudential Fox Roach / Trident 提供基于用户角色的访问，因此它可以控制谁看到哪些信息。Prudential Fox Roach / Trident 拥有 3 个主要的用户群体——公司员工、提供抵押和产权服务的子公司员工及独立代理人——可以根据每个群体的个人业务需求提供定制服务。

实现的目标之一是简化用户体验和技术管理员的工作。许多代理都不精通技术，所以简单是关键；不管代理在哪里登录，思杰都提供了一致而简单的界面。此外，它还为他们提供数据备份。对于管理员来说，思杰支持高效、集中地使用应用程序和更新。在其以前的获取/使用/支持模式下，Prudential Fox Roach / Trident 需要 3 倍于思杰实施后所需的现场技术支持人员来保持应用程序和系统的最新状态。

具有影响力的整个方法可以概括为：

● 使用的应用程序；
● 多重上市服务（MLS），一个房地产数据库；
● 家庭商店的"学校报告"；
● 由个人电脑信息（PCFORMATION）制作的"个人电脑表格"；
● 电子邻居的"了解邻居"；

● "真快表格"。

网络环境

运行在 7 台惠普 DL380 服务器上的思杰元框架 XP 演示服务器，功能版本 3：
● 思杰元框架安全访问管理器；
● 微软 Windows 2000 服务器；
● 帧中继广域网、互联网。

主要优势

● 通过基于网络的访问缩短销售周期；
● 为远程和移动用户提供数据安全性；
● 支持需求减少 60%；
● 简化非技术用户的计算；
● 由于技术支持问题，代理更换率降低了 80%。

该解决方案是 6 个月尽职调查的结果，然后用几乎相等的几个月时间对该技术进行试点，然后将其推广到所有代理和办公室专业人员。在将近一年的时间里，解决方案从概念变成了现实，尽管还存在一些问题。该公司发现自己处于主要供应商的软件版本之间。这导致试点和实施过程出现一些延误。在项目的试验阶段也发现了一些兼容性问题。但是一旦这些问题得到解决（在项目的试验阶段），推广工作就开始了，并几乎立刻获得了成功。

当需求超出我们满足它们的能力时会发生什么？根据我们的经验，灾难很快就会降临。最初的代理技术支持解决方案包括为 3000 多名代理维护每台台式机和笔记本电脑。这种方法在几个层面上都失败了。首先，要跟上需求是不可能的。每次代理或员工遇到问题，公司都会派遣一名技术人员。问题的数量很快超过了公司的应对能力。代理人和员工被留在越来越长的支持队列中等待。其次，维持这种方法的成本是天文数字。该公司不仅负责 3000 多台机器的"中断和修复"，还必须保持所有机器上所有软件应用程序的最新状态。这很困难，因为不可能控制代理计算机上所有应用程序的所有版本。最后，Prudential Fox Roach / Trident

希望开始战略性地利用技术来支持其代理、员工和客户,支持模式破坏了这一企业目标。

为了解决所有这些问题,实施了思杰解决方案。最初的结果不仅仅是"有希望的"支持领域的成本节省了近60%,自解决方案实施以来,因技术原因从公司流失的代理数量下降了80%。公司实施的接入解决方案同时解决了几个问题。有充分的理由相信,该解决方案将持续存在,并且该公司创建的访问门户可以随着时间的推移用于其他目的。

尽职调查

以下将尽职调查标准应用于该技术投资。此处采用的尽职调查视角是指最终用户期望看到投资的实质性回报,主要是流程改进和成本降低。

"正确的"技术

正如在第一章中所建议的,"正确的"技术假定技术产品或服务在今天是有生产力的——并且很可能继续如此;它假设技术"有效",并且能够"扩展"(支持越来越多的用户);它假设技术是安全的;它假设该技术是更大趋势的一部分,如开发更广泛和更深入的企业应用程序或企业资源规划应用程序。但"正确的"技术不是凭空发展的。技术创造者、买家和投资者需要理解特定技术与相关技术之间的关系。例如,什么是远程访问(思杰)技术?它是一个技术概念,一个真正的技术,还是一个完整的技术集群?

技术可以被映射到一个影响图上,该图揭示了许多令人乐观的技术尚未跨越原型技术和技术集群之间的鸿沟——如图5.1中分隔两者的粗线所示。浅色区域的技术目前没有重大影响,在中间区域的技术有潜力,而在深色区域的技术是真正成熟的。这条鸿沟将中间区域和深色区域分开。请注意思杰技术的位置,该技术是Prudential Fox Roach / Trident远程访问解决方案的基础。

| 技术尽职调查：服务于首席信息官、风险投资者、技术供应商的最佳实践

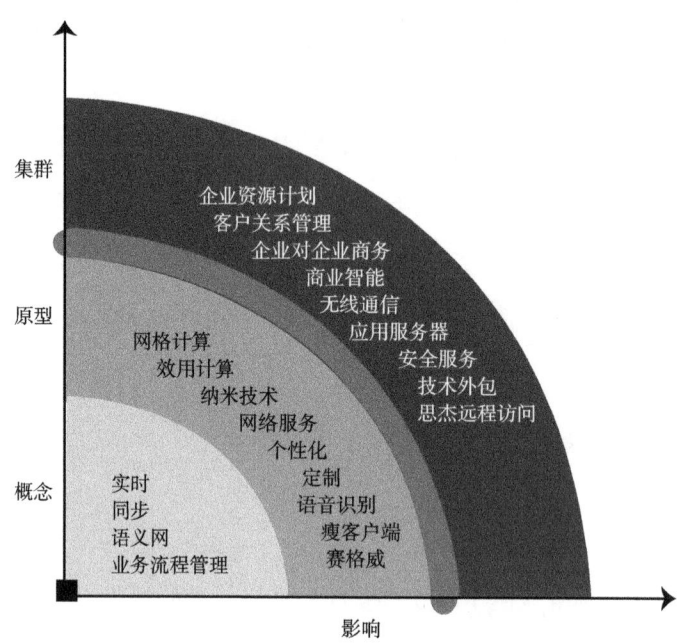

图 5.1　技术、影响和鸿沟，以思杰为例

思杰技术已经建立并得到了很好的支持。从任何定义来看，它都不是"实验性的"。事实上，它已经被各种各样的公司在多个垂直行业使用了很多年。采用这项技术几乎没有风险。这是一个真正的集群。

对基础架构的需求很少或为零

需要对现有通信和计算基础设施进行大量投资的技术解决方案比那些依靠现有基础设施的技术解决方案更难销售和使用。如果技术经理不得不花费大量资金来应用公司的产品或服务，他们就不太可能这么做——如果选择的是另一种类似的产品或服务，则只需要很少或不需要额外投资。首席信息官对意外后果的规律极其敏感：如果投资连锁反应被怀疑是新技术投资的结果，投资就不会进行。

那么思杰呢？思杰技术几乎是即插即用的（记住没有纯粹的即插即用这种东西）。Prudential Fox Roach / Trident 团队不仅以试点项目的形式与思杰合作（以展示该技术的工作效果），还联系了思杰客户，以更好地了解他们对该技术的基础设施体验。总体而言，该团队确信采用该技术不需要大量的基础设施投资（除了基本的思杰技术）。

预算周期一致

下面谈谈"维生素片"和"止痛药",以及购买思杰技术。不管投资者在哪里,好的时机是至关重要的。理解市场环境、预期和现实是很重要的。资本市场从根本上改变了买卖环境;市场决定"止痛药"和"维生素片"的受欢迎程度。

如图5.2所示,思杰项目的不同寻常之处在于它既能作为"维生素片",又能作为"止痛药"。请记住,维护房地产经纪人的个人电脑会带来相当大的故障修复痛苦。但是也有"维生素片"围绕着全天候连接3000多名专业人员的能力——可靠和安全。图5.2表明思杰技术解决方案实际上有基础设施、战术和战略组件。像这样的项目,至少在时间和影响方面,是非常不寻常的。团队很高兴得知思杰技术将实现多个目标。

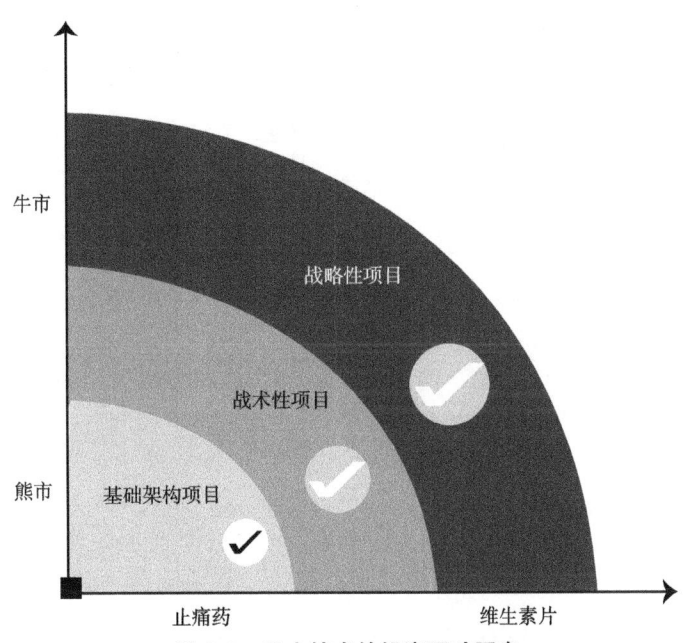

图5.2 思杰技术的投资驱动因素

还应该提到的是,Prudential Fox Roach / Trident 当时正处于思杰科技投资的全盛时期。房地产繁荣(有人称之为泡沫)推动了这种增长和盈利。这种投资的时机非常好:当时高级管理团队感觉特别强大。在一个前所未有的增长和盈利时期,高级技术经理谨慎地提出了"止痛药"/"维生素片"项目。

影响可量化

如果一种产品或服务的影响无法量化,那么人们就必须依靠轶事来说服潜在的顾客该产品或服务值得购买。但是如果影响可以量化，那么它可以与某个基线或当前性能水平进行比较。显然，如果影响巨大，如降低 40% 的分销成本或提高 30% 的客户满意度，那么很容易说服客户至少尝试一种产品或服务。所有技术投资者都喜欢可量化的影响。

在理想情况下，影响可以减轻某种形式的"疼痛"，尽管"维生素片"的影响显然很有吸引力。量化影响还有助于区分产品和服务。我们已经知道思杰技术解决方案已经将支持成本降低了 60%。我们还知道，使用新准入程序的房地产经纪人更快乐、更有效率（因为技术问题而离开公司的人越来越少）。采访和调查证实了这一点。但是，该团队预计会产生巨大的或"平均的"量化影响吗？期望值更适中，在 30% 的范围内，但是客户（代理）满意度期望值更高，因为许多代理在保持他们的个人电脑正常运行方面有问题。

估计的和实际的影响是显著的，但是请记住，在进行技术投资之前，不可能准确地知道量化的影响是什么（尽管一个结构化的示范试点项目可以大大减少影响的不确定性）。在很大程度上，我们对影响做出估计，然后希望——并试图影响——最好的。另外，优秀的尽职调查团队将与使用了特定技术的其他人进行广泛交流，以努力减少影响预测中的不确定性，当然，试点项目始终是减少不确定性计划的必要组成部分。

流程和文化的变化

如果一种产品或服务需要组织极大地改变他们解决问题的方式或他们工作的企业文化，那么产品或服务将相对难以销售。相反，如果一个产品或服务能够在现有的流程和文化中蓬勃发展，那么组织采用起来就会容易得多。基于思杰技术的解决方案的美妙之处在于它的易用性，以及它几乎无缝集成到房地产代理已经开展业务的方式中的能力。实际上，代理只需点击桌面上的新图标，就可以访问驻留在公司服务器上的应用程序。尽职调查团队没有因为流程或文化的改变而对投资三思。

解决方案

首席信息官总是在寻找"解决方案"，尽可能多地解决问题。供应商知道这些要求，并试图以合适的价格提供合适的服务组合。思杰技术代表了公司技术需求的部分解决方案；代表了一种全天候为代理提供访问的方式；代表了一种将代理连接到他们工作所需的应用程序的方式；它帮助代理重新思考他们利用行业和客户数据的方式。虽然肯定不完美，但该技术代表了一种开发远程访问门户的方法，同时解决了许多基础设施、通信、数据和应用程序问题。

多个退出方案

首席信息官将其项目成果捆绑在更大的风险管理框架内。如果一个主要应用程序失败了，他们会考虑如何减轻影响。例如，聪明的首席信息官永远不会切换到新的应用程序，直到该应用程序已经过彻底测试。这意味着组织经常运行两个应用程序，因为他们确保新应用程序做它应该做的一切。Prudential Fox Roach / Trident 聘请思杰和一些独立顾问运行一些试点应用程序，以确定该技术在他们的技术环境中的运行情况。这些飞行员降低了使用的不确定性，减轻了可怕的"如果出了问题，我们应该考虑什么步骤？"的压力问题。Prudential Fox Roach / Trident 的团队在将该技术应用于整个公司之前，确保了该技术的有效性。他们甚至对成本进行了基准测试。所有这些准备工作都是为了减少对应急计划的需求和指定"多个退出方案"的需求。

水平优势和垂直优势

最好的产品和服务须讲出引人注目的横向和纵向故事，因为客户希望了解特定行业的解决方案或在类似环境下（如竞争对手）有效的解决方案。没有一个好的纵向故事，横向销售将变得越来越困难。首席信息官希望供应商了解他们的业务。聪明的供应商从横向和纵向两个方向吸引客户。

思杰主要是一家横向供应商：其产品和服务用于多个垂直行业。然后，它为特定垂直行业的特定客户定制产品。试点项目测试了该公司为 Prudential Fox Roach / Trident 定制的解决方案，换句话说，试点项目测试的是技术的水平和垂直优势。有人驾驶的技术证明了这项技术不会在房地产领域"崩溃"。事实上，新版本一旦实现，它就脱颖而出了。

行业意识

首席信息官们很难买到知名度很低或没有知名度的产品或服务。大多数公司不愿意成为技术的"早期采用者",仅仅是因为在实践中有太多的风险。思杰是一家非常知名的公司,其产品符合行业标准。采用耳熟能详的技术没有危险;思杰几乎是 Prudential Fox Roach / Trident 心目中的应用标准。行业研究机构也一直对思杰的产品给予高度评价。

伙伴和盟友

首席信息官期待广泛的支持网络。Prudential Fox Roach / Trident 首席信息官也有同样的期望。幸运的是,思杰拥有一个顾问网络,可以用来帮助使用和支持思杰产品。思杰本身也有顾问提供帮助:正如已经提到的,思杰是技术、顾问和支持供应商的"集群"。

"政治正确"的产品和服务

大多数技术经理不会拿他们的职业生涯去冒险,即使"有风险的"产品或服务可能解决一些棘手的问题。买家希望产品和服务能够减轻真正的痛苦。虽然"维生素片"很好吃,"止痛药"是必不可少的。降低成本和人员,显著改善流程,以及改善糟糕的服务水平是让买家看起来更聪明的止痛药。这是一个投资的好地方。

"政治"对商业技术决策有着深远的影响。每一个都与"政治"及其对企业行为的影响有关。但是政治是影响决策整体环境的一个方面。其他因素包括公司的文化、领导层的素质和特征、公司的财务状况,以及行业、国家和全球经济的总体财务状况。

难题的 3 个最明显的部分包括对协作业务模型、技术集成和互操作性的追求,当然还有围绕业务技术的获取、使用和支持。另外 5 个中的 3 个 —— 政治、领导力和文化 —— 更"温和";其中 2 个 —— 公司的财务状况和全球经济 —— 是"困难的",并围绕着所有决策的背景。

让我们来看一下变量。评估公司的政治智商很重要。有些公司几乎完全是

"政治性的"：一些人只根据他们的想法、他们喜欢（和不喜欢）的人及对他们个人有利的东西（这对公司可能有利，也可能不利）来做决定。其他公司对数据、证据和分析有强迫症；中间是大多数公司，在分析和政治之间有一些平衡。

企业文化是关键的决策驱动力。这种文化具有冒险精神吗？保守？一家公司会承担计算好的风险吗？疯狂的冒险？它是早期还是晚期技术采纳者？这种文化是奖励还是惩罚冒险者？技术投资必须与文化（以及构成整个决策环境的其他变量）同步。如图 5.3 所示，Prudential Fox Roach / Trident 的文化本质上是传统的，但有时也能转变成非常有企业家精神的文化。

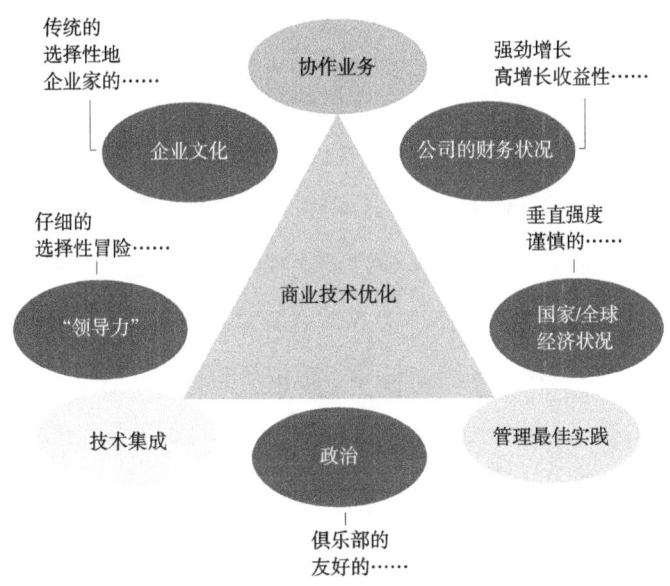

图 5.3　Prudential Fox Roach / Trident 背景

领导层呢？它聪明吗？它旧了吗——快退休了？每个人都已经富有了吗？高级管理团队是成熟的还是青春期的？它是致力于每个人的成功还是仅仅是自己的成功？它是同情的还是无情的？这里的关键是高级管理团队的整体领导能力。有一些非常聪明、有技能、可敬的管理团队，也有一些非常糟糕的团队。试图向一个以自我为中心的团队出售一个长期的基于技术的解决方案，只考虑他们的个人财富是行不通的；试图将同样的解决方案出售给一个团队，这个团队采用长期的方法来创造广泛的股东价值，通常效果很好。如图 5.3 所示，Prudential Fox Roach / Trident 的高级管理团队小心谨慎，有选择性地进行冒险——这是优化技术投资的良好品质。

公司的实际表现如何？它在赚钱吗？比去年多多少钱？它在勒紧腰带吗？首席信息官是否又收到了一份关于降低技术成本的备忘录？公司盈利增长了吗？对未来是乐观还是悲观？工业部门做得好吗？总体经济看起来不错，还是存在地区性、全国性或全球性的危险信号？行业和经济的信心水平是多少？聪明的钱去哪里了？重要的是，要将公司定位在更大的经济力量中，这些力量决定着国家和全球的熊市和牛市。如图 5.3 所示，Prudential Fox Roach / Trident 的财务状况非常强劲，并可能保持相对强劲，尽管有一些迹象表明，整体房地产市场可能正在降温。

招人和用人

寻找真正有才华的专业人员来为产品和服务公司配备人员，这可能是公司在各个发展阶段面临的最重要的挑战。那些将员工招聘和保留视为核心竞争力的公司，比那些仍以传统方式招聘和保留员工的公司更有可能生存和发展。这个问题的创造性解决方案已经不再是好事，而是一种必要。换句话说，创造性招聘和保留策略不再是"维生素片"，而是"止痛药"。首席信息官希望他们的供应商拥有许多真正聪明、敬业的专业人士。如果有相反的证据，他们可能不会进行技术投资。供应商明白这一点，并试图围绕他们的销售、营销和交付努力将是最好和最聪明的。思杰团队被认为是坚实和专业的。团队通过与思杰客户交谈，对他们的记录进行了调查，这些客户试图做的基本上就是 Prudential Fox Roach / Trident 试图做的事情。

差异化

如果一家科技公司不能清晰明确地定义其在市场中的差异化，那么就应该对该公司在竞争激烈的市场中的渗透能力——更不用说在竞争激烈的市场中取得成功——竖起一面大红旗。差异化是成功的关键，虽然当一个公司第一次组织自己时，并不是每一个差异化论点都是完整的，但众所周知的"电梯故事"最好从第一天开始就连贯一致。首席信息官需要大量的帮助。为了销售一项技术投资，他们需要一个商业案例，明确地描述他们的选择是如何从所有的选择中获得信息的。思杰是市场领导者，相对而言，竞争对手较少。差异化的故事在这里相对容易讲。对替代方案进行了审查和拒绝；没有人进入试验阶段。

经验丰富的管理层

这里的关键是要看到技术能力和管理经验的正确组合，以开发和交付成功的产品或服务。还有其他理想的先决条件：在目标横向和／或纵向行业的经验、正确的渠道关系、招聘和留住人才的能力，以及与行业分析师合作、沟通和销售的能力。思杰团队经验丰富，聪明过人。该公司实力雄厚，在业界享有令人羡慕的声誉。被分配到 Prudential Fox Roach / Trident 项目的特定人员非常合格。

"包装"和宣传

虽然承认"风格"和"形式"优先于"内容"似乎有些奇怪，但事实是，"风格""形式""激情"很畅销。产品和服务的描述和宣传材料应该读起来好看，那些展示这些材料的人应该是专业的、能言善辩的、真诚的。那些没有意识到形式、内容和激情重要性的公司将比那些拥抱和利用这一现实的公司更难攀登。作为一家公司，思杰深知包装和沟通的重要性。他们的网站（www.citrix.com）展示了公司对形式和内容的重视——这在当今竞争激烈的商业技术世界中是必要的。

结论

尽职调查过程产生了几乎所有的绿灯。这项投资获得了丰厚的回报。所有的技术投资决策都有好的结果吗？显然不是，但是通过过滤器传递重要问题有助于减少结果和影响的不确定性。

第六章 投资网络电话（VOIP）的风险：NexTone 案例

案例介绍[①]

作为互联网协议语音技术公司，NexTone Communications（简称"NexTone"）就是一个由风险投资支持的组织的例子，该组织已经从它起步的地方以几乎 180 度的角度结束；在某些方面，结果与投资者在对公司进行首次投资时得出的尽职调查结论完全不同。我们尽职调查流程的这个例子是从寻求投资回报的私募股权风险资本家的角度来看的。

NexTone 最初开发和销售的软件平台支持基于互联网协议的网络上的高级通信服务交付功能。换句话说，NexTone 服务交付平台使宽带服务的综合通信提供商（ICP），如电信公司、有线电视公司、互联网服务提供商（ISP）等能够向其客户提供独特的语音相关应用，如用户级交换机（PBX，虚拟办公室内和多办公室通信系统）、虚拟专用网络、随叫随到（如移动电话、家庭电话等的可移动性等）、多媒体会议等。该公司成立于 1998 年，从两个早期风险资本基金筹集了 200 万美元的第一轮风险融资。在和众多综合通信提供商进一步开发其产品并获得多种试点项目后，该公司从现有投资者和领投的 Safeguard Scientific 公司那里筹

---

① 本案例由罗伯特·亚当斯（Robert S.Adams）和斯蒂芬·安德里奥尔（Stephen J.Andriole）提供。

集了 1200 万美元的 B 系列融资。本章描述了 Safeguard Scientific 公司在领投之前进行的尽职调查。

1999 年，综合通信提供商/宽带服务市场是爆炸性的。资本为建设光纤网络、互联网服务提供商和其他高速通信网络提供资金的能力似乎是无穷无尽的。主要是由 1996 年联邦电信法案促成的，该法案允许新的市场进入者与现有的电信提供商（如贝尔大西洋公司、贝尔南方公司、美国西部公司等）开展竞争。利用现有公司自己的基础设施，面向商业和住宅用户的新通信服务提供商的增长是两位数，甚至可能是三位数。公共股本、债券市场及私人股本市场已经锁定了一个资本密集型的追求，即确保越来越有价值的"管道"进入家庭和/或企业，以提供越来越多的服务。差异化不仅仅是提供数据和语音服务，还体现在提供独特的增值服务上，并且作为竞争优势对这些综合通信提供商越来越重要。由于服务市场的竞争压力和知识产权网络的无处不在，NexTone 和许多其他的网络电话业务都在响应这种消费各种新服务的需求。

该公司处于开发宽带知识产权通信新服务的前沿。该公司的 iVANi 系统旨在为综合通信提供商提供一个端到端平台，以快速、简单且经济高效的方式开发和提供增值的差异化服务。iVANi 系统的核心是 iServer，它实际上是一个呼叫控制服务器，或呼叫会话管理器。有一个名为 iView 的平台管理应用程序，允许管理员管理支持 NexTone 服务的供应。iEdge 500 和 iEdge 1000 是位于最终用户场所的边缘设备。它们将连接到模拟电话、用户级交换机、电缆调制解调器或局域网等，并为它们所连接的网络或设备提供各种增值服务。最后，iMobile 是为携带笔记本电脑或其他移动设备的移动用户设计的。通过使用 NexTone 平台实现的一些增值应用包括：

● 远程办公，综合通信提供商可以通过大型远程办公计划瞄准企业，使用户能够在家中或远程位置安装 iEdge 设备，并使用该系统使自己在办公室中虚拟存在，就像本地连接到用户级交换机或局域网一样，并通过分机拨号、接入网络服务等方式接收和拨打电话。

● 与远程办公应用程序类似，用户级交换机扩展（PBX Extension）可以透明地出现在总部用户交换机或网络上，在这种情况下，拥有远程分支机构的公司需要与总部建立语音和数据连接。

●用户级交换机互联（PBX Interconnect），允许两个或多个公司位置使用公共互联网连接，而不是建立专用连接或专用网络，即使使用两个不同品牌的用户交换机。

● IP Centrex，通过使用 iServer 直接为模拟手持设备提供类似于用户级交换机的功能（如呼叫保持、转接、三方通话等），消除了企业购买独立用户级交换机和数字手机的需求。

投资前提中更重要的方面是 NexTone 产品存在的竞争激烈的市场机会。有这么多新的、资金充足的国际合作伙伴——互联网服务提供商、清洁能源公司、语音经销商等——在价格上展开竞争，因此，差异化和产品捆绑的需求非常明显。在尽职调查中，我们证实，几乎所有的综合通信提供商都在寻找能够提供某种竞争优势的技术——通过提供差异化产品——超越综合通信提供商和市场上现有竞争对手的平衡。正是投资前提的这一方面，市场机会，将导致 NexTone 为了生存而戏剧性地改变方向。简单地说，市场机会蒸发了。从 2000 年开始，经济衰退、资本市场趋紧和供应过剩合在一起，实际上使得大多数综合通信提供商无力回天，最终破产。然而，NexTone 今天依然存在，并蓬勃发展——基于一个非常不同的产品组合和目标市场。

背景

NexTone 成立于 1998 年。它开发了一个系统解决方案来解决企业客户面临的 3 个关键问题：

●通过利用宽带技术（如 xDSL、固定无线和电缆调制解调器），以经济高效的方式消除当前高速互联网接入的性能瓶颈。

●将用于语音、传真和数据的多条网络线路整合到一条高速接入链路中，从而将电信成本降至最低，

●通过支持互联网上的高级服务，如远程办公、远程办公室连接和虚拟办公室套件，提高移动性、工作效率和灵活性。

NexTone 的解决方案包括位于客户驻地的 iEdge 设备，以及一个名为 iServer 的

集中式管理服务器系统。边缘设备和集中管理服务器共同构成一个系统，使服务提供商能够向其业务客户提供高级语音数据应用。NexTone 的产品将作为下一代服务提供商向中小企业客户提供服务的一部分进行捆绑。

优先融资

之前的融资结构如下：240 万美元的股权融资来自中大西洋风险投资公司、蓝石资本、马里兰州和私人投资者，75 万美元的债务融资来自硅谷银行。

管理团队

NexTone 的管理团队包括电信行业经验丰富的老手，他们在产品开发、项目管理、营销和销售方面拥有超过 70 年的丰富经验。他们的背景融合了初创企业和大公司的丰富经验。NexTone 的管理团队在执行业务计划方面有着良好的记录。1999 年的所有预计里程碑都已完成或步入正轨。

拉杰·夏尔马（Raj Sharma），总裁：金融和国际商务工商管理硕士，电子工程和计算机科学硕士；在通信行业有 15 年的营销和管理经验，公司包括 AT&T 公司、IBM 公司、休斯网络系统公司（Hughes Network Systems）和新桥网络公司（Newbridge Networks）；有向财富 1000 强和国际客户营销的经验。

拉维·纳拉扬（Ravi Narayan），金融与运营副总裁：信息系统与金融工商管理硕士和工业工程硕士；在休斯网络系统公司和国际商用机器公司等创业公司有 12 年以上的技术和商业背景；管理财务和运营。

斯里达尔·拉马钱德兰（Sridhar Ramachandran），工程副总裁：计算机工程硕士；超过 11 年的技术、商业和企业背景，包括与通用电气（GE）、海湾网络（Bay Networks）和休斯网络系统等公司在网络和电信领域的不同方面；人工时代的产品开发。

史蒂夫·格拉内克（Steve Granek），销售副总裁：20 多年的销售、商业和企业背景，涵盖了与模数转换器电信公司、虚拟专用网络公司、电话电报公司和微格公司的网络和电信的不同方面；管理销售和业务发展。

丹·迪尔林（Dan Dearing），市场总监：计算机和信息科学学士，计算机科学硕士；在国内外的电信和服务行业与斯普林特、通用电气、休斯网络系统和Ciena公司有16年的销售、营销和支持经验；管理营销。

市场

NexTone已经将其产品定位于满足通过高速互联网接入链路提供的增值应用和服务的日益增长的需求。xDSL、无线和电缆调制解调器等新兴技术以非常低的价格提供宽带互联网连接。随着这些技术的普及，"新一代"服务提供商越来越热衷于捆绑增值服务，以留住客户并实现差异化。Frost & Sullivan预计，到2001年，整个综合通信市场将以每年149%的速度增长，达到约18.9亿美元。在这个市场中，NexTone的目标是面向中小企业的大型企业和服务提供商。

竞争

这个市场的竞争范围从传统的路由器供应商到新近成立的公司。为了应对这一市场，传统路由器供应商正在为其现有产品和更大的网关产品引入基于IP的语音卡。NexTone的方法不仅提供了关键的成本优势，而且还关注服务提供商的运营成本。NexTone的边缘设备从一开始就被设计成一个低密度的客户驻地网关。它针对小型办公环境在性能和成本方面进行了优化。构建运营商级IP电话网关的供应商提供了针对高得多的端口密度进行优化的解决方案，使其成为次优的客户驻地网关，而且成本高昂。拥有现有客户驻地产品的供应商构建适应产品中IP电话功能的电话卡时，必须为了兼容问题牺牲效率。

与竞争对手相比，NexTone的优势在于其独特的客户机——服务器架构和"整体解决方案"。该体系结构产生了一个系统，该系统经过优化以降低服务提供商的总运营成本。目前，解决方案空间是分散的，由客户从不同的供应商那里挑选不同的技术。通过与其他供应商合作，NexTone为服务提供商提供了一个完整的解决方案,以快速进入市场,并提供增值语音/数据应用,从而增加收入机会。

战略伙伴关系

为了给客户带来一个"完整的解决方案",NexTone 正与其他关键行业参与者广泛合作,打造战略联盟。NexTone 已经正式启动了"人人为一"的合作伙伴计划,该计划旨在汇集 NexTone 及其所有合作伙伴的产品和服务,为 NexTone 的客户提供全面的解决方案。已经建立和正在建立的一些伙伴关系如表 6.1 所示。

表 6.1 NexTone 的伙伴关系

技术伙伴关系	服务提供商合作伙伴关系	商业伙伴关系
铜山(xDSL) Jetstream(公共交换电话网网关) 媒体网关(UMS) MindCTI(账单)	NexBell(网络电话服务提供商) GRIC(清算所) Transnexus(清算所)	硅谷银行(设备融资)

市场分析

目前,大多数商业客户访问两个不同的网络来执行他们的日常业务功能:一个是电话网络;另一个是互联网或数据网络。维护、管理和支付两个独立的网络显然是低效的。也许更重要的是,对于两个独立的网络,很难利用、组合和利用两个网络中存在的智能。例如,当潜在的购物者需要帮助并点击企业网站上的"交谈"按钮时,客户服务代理应该能够查看该"网络购物者"的所有背景信息。

声音和数据的融合不仅仅是一个伟大的概念,它正在彻底改变人们做生意的方式。由于技术进步,融合应用开始改善我们在当今竞争激烈的市场中的工作、销售和沟通方式。创新的浪潮刚刚开始。

互联网的发展及互联网服务提供商通过将企业连接到公共互联网所获得的成功,现在正被应用于企业网络。当今领先的互联网服务提供商提供的解决方案允许企业运行他们的互联网服务提供商的传输控制协议网络上的广域网。这意味着内部公司网络和外部公共互联网接入使用相同的服务、连接和协议。

大多数中小型企业需要高速、经济高效的方式连接到互联网和其他远程位置。他们需要与员工、供应商和客户交换电子邮件、文件和其他信息。他们通常没有内部资源人员来安装和管理广域网。中小型企业的趋势是将其数据和电信服务外包出去。

新型服务提供商：互联网服务提供商、清洁能源公司和有线电视公司正积极瞄准这些业务，以获得外包业务。大多数中小型企业希望将网络视为一种实用工具，通过它可以获得所有服务，即网络托管、高速互联网接入、多媒体通信和虚拟专用网络。包括远程工作者在内的商业客户正在寻求大量额外的接入线路，主要是为了在这些线路上增加流量。同样的客户也越来越希望更快地接入互联网。他们希望通过这些接入线路运行集成服务。服务提供商面临的挑战是找到合适的安装技术，以便他们能够提供市场现在和将来需要的服务。

由于规模较小，没有大型电信公司的惯性，新的服务提供商可以利用新兴技术来满足日益增长的带宽、更好的互联网接入和语音数据集成需求。例如，服务提供商可以在本地环路中利用 xDSL 等新兴技术来提供高速互联网接入和语音数据集成。在这种情况下，语音必须在客户驻地转换为 IP 数据包。服务提供商还需要提供与本地交换运营商（ILEC）旧电路交换网络相同的 Centrex 服务。NexTone 使服务提供商能够更容易地为转换到综合语音数据服务的客户提供 Centrex 服务。

技术驱动因素

在接下来的 10 年里，IP 网络承载的电话和传真流量预计将从常规电话系统中削减数十亿美元的收入。始于 1995 年的 IP 语音技术现在已经成熟到可以在语音和传真流量方面与传统的公共交换电话网竞争的地步。据观察，使 IP 语音电话和传统公共交换电话网电话互通的产品数量有所增加。xDSL、无线和电缆调制解调器等新技术已经在以非常合理的成本提供高速互联网接入。随着高速互联网接入的普及，通过单一互联网连接整合语音、传真和数据变得很有意义。这进一步降低了服务提供商的运营成本，同时成为用户的一站式商店。服务提供商可以从现有用户中吸引新的用户，并保留他们现有的基础。

然而，为了使高级语音数据应用被广泛接受和成功，当电话和传真转移到互联网时，现有的电话服务，如用户交换机服务，将不得不被保留。基于对语音、传真和电子邮件的统一消息的强烈兴趣和初步成功，很明显，人们强烈希望将消息整合到互联网这个大伞下。互联网电话、统一语音、传真和电子邮件，以及基于互联网的用户交换机服务已经成熟，可以进行集成和整合，这对 NexTone 来说是一个巨大的机遇。NexTone 打算利用这一转变，提供基于互联网的用户交换机功能，同时将语音和数据流量从公共交换电话网（PSTN）重新路由到互联网。

市场演进

中小型公司将享受到大带宽管道的好处，而他们的超大型公司却认为这是理所当然的。此外，远程站点将最终获得他们需要和应得的带宽。这反过来将有助于将客户与企业紧密联系起来，无论是通过远程学习来改进销售培训还是增加对客户的个人服务。这也意味着更多的销售和支持数据流向总部。提高分支机构的带宽将带来更好的客户服务，提升销售前景，并改善产品和服务。

如今，大多数总部站点都与卫星站点相连，配有专用线路和帧中继[①]，管理和金融应用程序消耗了大部分容量。在不久的将来，将会有成百上千的远程办公室通过高速数字用户线路（DSL）和无线服务与企业相连。这些管道将提供语音和互联网接入，以及虚拟专用网络和用户交换机扩展服务。中小型企业将与大型企业一起，参与"网络经济"。它允许网络管理员不仅将大带宽分配给大网站，还分配给小网站。

NexTone 预计商业语音流量将逐渐向互联网转移。商业用户将开始把一小部分语音流量放到互联网上。从短期来看，企业将主要由公共交换电话网和知识产权电话之间的价格套利空间驱动，二者争夺国内外通话市场。

NexTone 预计国内价格套利只会在短期内存在，如图 6.1 所示。这是因为电信公司在降低每分钟使用价格和与知识产权电话竞争方面有很大的空间。对于国际电话，从长远来看，知识产权电话将继续发挥重要作用。这是因为国际长途电话的价

---

① 译者注：帧中继是 1992 年兴起的一种新的公用数据网络通信协议。

格套利空间是巨大的,而国外长途电话终端收取的结算费用导致的巨大的价格套利空间可能会持续很长一段时间。

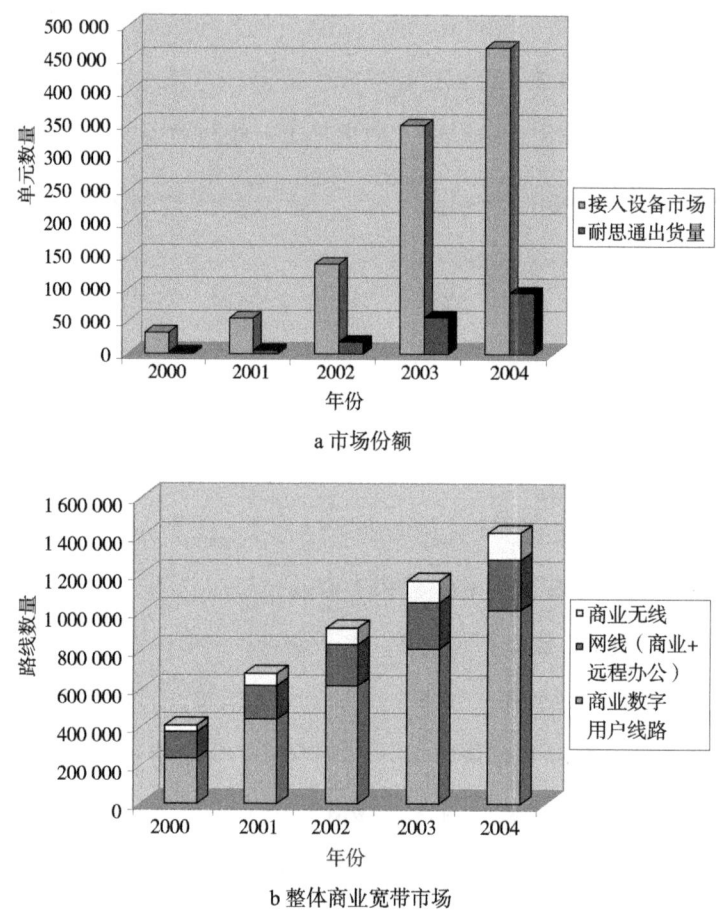

图 6.1 NexTone 的市场份额和整体商业宽带市场

NexTone 认为,美国 IP 电话的真正驱动力不是价格套利。相反,它将是提高生产力的应用程序,依赖于 IP 电话。互联网呼叫中心、统一消息、工作流和协作等应用将越来越依赖于 IP 电话,并将在节省时间、增强通信和提高业务效率方面发挥关键作用。

在未来 5 年内,NexTone 将分别收购 8%、10%、13%、16% 和 20% 的综合接入设备用户。

市场战略

NexTone 的营销策略将分阶段展开,如表 6.2 所示。

表 6.2　NexTone 的营销策略

阶段	第一阶段：市场进入	第二阶段：市场渗透	第三阶段：市场支配地位
销售计划	直接销售通过服务提供商到企业间接销售 将 NexTone 产品与其他服务捆绑在一起 与用户级交换机/关键系统共存 与其他行业供应商的互操作性/联盟 证明技术	通过服务提供商的间接销售 向财富 1000 强的直销 技术和概念接受	"不能因为与 NexTone 合作而被解雇" 服务提供商和企业寻求 NexTone 解决方案
产品	iEdge 500 系列 应用：远程办公、零售业、虚拟专用网	iEdge 1000 系列 在食物链通信中心上升—互联网接入＋语音＋传真 市场进入→市场渗透	iEdge 5000 系列 完整的用户级交换机替代市场渗透率→市场支配地位

产品策略

NexTone 解决方案由 iServer 和 NexTone 客户端组成：iEdge 500、iEdge 1000 和 iMobile。该系统利用宽带接入互联网，在客户驻地提供语音、数据和传真融合。该系统提供增值服务，如虚拟公司用户交换机扩展、中心交换机服务、漫游、虚拟专用网络和统一消息服务（UMS）。NexTone 解决方案通过互联网运行，并利用任何类型的互联网接入机制，包括 xDSL、无线、电缆调制解调器和综合业务数字网。客户端位于边缘设备或电脑上，与现有的传真、电话和电脑接口，并通过互联网重新指引向流量。在目的地没有连接到互联网的情况下，对用户透明的客户端将呼叫转发到替代的折扣运营商或传统的 PSTN 以引导传真和电话流量。

知识产权（IP）

NexTone 的竞争对手进入的最大障碍是复制 NexTonc 架构提供的可扩展性。NexTone 设计了一个系统，可以处理成千上万的注册和地址解析。使用一种独特的方式来扩展系统以处理数百个客户，NexTone 已经实现了一个难以复制的互联网用户级交换机架构。

服务器的虚拟分区允许服务提供商以易于调配和管理的方式向不同的客户提供不同级别的服务。NexTone 比最接近的竞争对手至少领先 9 个月。

此外，与竞争解决方案相比，客户端软件中实现的带宽管理算法提供了更好的 IP 语音质量。

尽职调查

以下回顾了适用于该技术投资尽职调查的 15 个标准中最重要的标准。

"正确的"技术 / 对基础架构的需求很少或为零

我们的尽职调查提供了足够的证据，证明 NexTone 正在追求一种适用于当前和未来市场的技术。宽带服务的增长和基于知识产权的通信的优势足以证明 NexTone 的价值主张。使用虚拟交换机或 IP Centrex 与花费数万甚至数十万美元（对于较大的组织而言）购买交换机类型的服务相比，成本节约非常显著。锦上添花的是，由华尔街和全球风险投资家资助的新兴分销渠道的存在；这些竞争对手要求 NexTone 能够提供的产品类型，以便自己更有效地竞争。简而言之，NexTone 所驾驭的技术趋势资金充足，并且建立在已经建立的通信服务行业之上，该行业正经历着巨大的技术颠覆。NexTone 在这场混乱中发挥了作用。然而，重要的是，NexTone 产品集在第一层综合通信提供商（如斯普林特、ATT 等）中还没有被证明是可扩展的设置。这被认为是一个技术问题，并非不可克服。事实上，在 Safeguard 公司参与的这一轮融资中，有一部分是为了在高度可扩展的基础上为产品开发融资。

虽然 NexTone 产品依赖于昂贵的数字通信基础设施，但它的销售不一定会引发这样的努力。通信市场发生的混乱已经导致了宽带基础设施的巨额支出。同样，NexTone 的产品在很大程度上是基于软件的，并且与目标客户为自己的客户提供产品的策略相吻合。此外，NexTone 产品基于开放架构，可在任何综合通信提供商的网络上有效工作。

水平优势和垂直优势 / 影响可量化

我们认为 NexTone 是一个横向的游戏，因为它的产品没有任何特殊的纵向利益，也没有倾向于在任何一个垂直市场上销售。然而，考虑到 NexTone 只出售给综合通信提供商，人们可以严格地将其视为一个垂直游戏。从这个角度来看，NexTone 的关键在于它的产品支持综合通信提供商提供典型的语音功能，否则综合通信提供商无法提供此类服务。我们认为这种优势是"可以在横向基础上销售的纵向专业化"。换句话说，我们不会支持一种模式，即 NexTone 本身承诺直接向最终用户销售产品，而不管垂直专业是什么。

NexTone 故事的数量方面非常引人注目。我们从两个层面对此进行了评估。第一个层面是对公司的直接客户——综合通信提供商——的数量上的好处。如前所述，iVANi 系统使国际公共机构能够向其最终用户客户捆绑各种服务。我们能够在较高水平上量化从 NexTone 产品中获得的利益。在与众多国际通信公司的尽职调查中，我们将价格点与现有通信提供商和其他竞争国际通信公司的价格点进行了比较。例如，我们确定，与国际公共电话公司告诉我们的一致，通过提供包含公共电话交换机类型服务的产品，国际公共电话公司可以将每条线路的平均收入（ARPU）提高 3%~7%。有了 NexTone 提供的其他功能，ARPU 可以进一步扩大。

在第二个层面上，在综合通信提供商向最终用户销售的情况下，我们能够建立更有说服力的量化影响。具体来说，在新的用户交换机销售的情况下，最终用户可以花 3 万多美元购买包括数字手机在内的系统。根据组织的规模，成本可能高达 10 万美元甚至更多。通过在综合通信提供商网络上使用支持 NexTone 支持的虚拟用户交换机或 IP Centrex，可以以很低的边际成本向综合通信提供商提供同样的服务，为最终用户留下了很大的定价和节省空间。

流程和文化的变化／引人注目的差异化故事／端到端解决方案

如前所述，我们决定将 NexTone 产品系列视为综合通信提供商对最终用户的销售。这个有利位置很好地帮助我们审视了 NexTone 产品的最终畅销性。为此，我们在尽职调查中强调了最终用户使用 NexTone 产品的便利性及可能造成的任何中断。这既是技术分析，也是客户行为评估。

我们对 NexTone 产品集的技术审查没有发现任何关于 NexTone 使用服务质量的问题。具体来说，语音终端用户期望"五个 9"，即 99.999% 的可靠性。虽然还没有成为现实，但通过持续的产品开发努力，我们获得了足够的安慰，相信在不久的将来是可以实现的。从纯粹客户行为的角度来看，我们通过最终用户的努力获得了洞察力，正如预期的那样，支持 NexTone 的服务实际上与现有通信提供商已经提供的服务完全相同。简而言之，我们能够得出这样的结论：在设计的应用程序中使用 NexTone 技术不会对流程或行为产生任何不必要的改变。

我们已经详细讨论了 NexTone 作为其客户的差异化故事的重要性。我们还专注于了解有多少其他直接竞争对手存在，以及 NexTone 如何能够在自己的客户（即综合通信提供商）眼中脱颖而出。

该公司的主要优势是其端到端解决方案集。与专注于网络电话市场及其应用各个方面的竞争相比，NexTone 为其客户群开发了一种解决方案，为综合通信提供商及其客户提供了"开箱即用"的解决方案。例如，在一些情况下，使用 NexTone 产品的互联网服务提供商能够向其客户群提供功能丰富的语音服务。从"1999 年"的角度想想吧——你的互联网服务提供商是否提供语音服务。

多重默认选项

我们勤奋的这一方面被证明是一个盲点。我们的结论是，尽管我们的投资存在多种退出机会，至少对其他网络电话技术提供商而言是如此，但 NexTone 只有一个垂直专业领域——综合通信提供商。如果这个市场发生不可预测的事情，NexTone 及其潜在收购者将会陷入困境。如前所述，确实发生了一些事情，我们的出口虽然没有完全消失，但至少在一段时间内似乎冻结了。

最终，没有多重违约的风险将不会成为下一笔投资的重要因素。我们将在这个例子的结论中进一步讨论这个问题。

经验丰富的管理层 / 行业意识

NexTone 由 3 位第一次创业的企业家创立，他们在技术研发、综合管理和市场营销等通信行业都有丰富经验。这些企业家表现出了为存在漏洞的团队增加成员的能力，尤其是在销售方面。

然而，当市场转向公司时，我们对第一次创业团队的冒险被证明代价高昂。控制支出和转变战略的决策进展缓慢，创始人团队在实现需要发生的变革方面存在分歧。NexTone 生存的一个重要因素是，最终增加了一名更有经验的高管，带领公司完成所需的痛苦变革。然而，不应该不提的是，创始人团队，尤其是它的技术专长，在导致公司今天成功的战略转变中发挥了重要作用。

由于创始团队在通信技术市场的经验和他们在营销方面的专业知识，NexTone 确实拥有行业意识，这使公司具有竞争优势。NexTone 及其产品在网络电话市场上进行了很好的宣传，既有业内推广又有市场分析师青睐，如扬基集团（Yankee Group）阐释了公司的技术潜力。此外，对我们的工作具有重要意义的是，该公司组建了一个由思想领袖和综合通信提供商主管组成的咨询委员会，他们也为公司的努力增加了可信度。

结论

如今，NexTone 仍然是通信市场的网络电话技术提供商。然而，它的产品和目标市场与我们最初的投资前提完全不同。

在 2000—2002 年，当综合通信提供商市场内爆时，NexTone 的技术实际上没有买家。经济问题影响了网络电话的采用率，而 NexTone 的技术无法为那些决定进入市场的一级服务提供商提供服务。因此，在经历了巨大的痛苦和挣扎、一些规模缩小、管理增加和额外的资本注入之后，NexTone 调整了其核心技术，为网络电话被全球大量使用的单一市场提供了一个解决方案。

在美国之外，网络电话被认为是长途通信的低成本替代品。撇开服务质量不谈，发达国家和不发达国家都在使用网络电话，以替代有线基础设施的低成本连接。大型国际语音服务提供商正在通过 IP 网络"分流"流量，避免向其他运营商进行昂贵的长途切换。然而，跨国网络电话服务提供商面临许多问题。

这些问题中最重要的是在不同 IP 网络之间的切换中使用的设备的互操作性。两个网络电话协议标准已经被广泛采用——H.323 和会话发起协议（SIP）。这两种标准是不兼容的，因此，使用相反标准的服务提供商无法切换网络电话流量，以便为任何给定的语音呼叫找到成本最低的路由。NexTone 调整了其核心会话控制器技术，以提供网络间的 H.323 和 SIP 互通。在这一点上，它是唯一这样做的公司。

因此，当一个网络电话服务提供商使用 NexTone 互通会话控制器时，他们可以从他们的网络服务中削减大量成本。此外，这项技术具有网络外部效应——越多的服务提供商使用这项技术，就为所有用户创造了更多节约成本的机会。最后，一旦安装了该技术，过早拆除该技术可能会导致整个综合通信提供商网络瘫痪。因此，NexTone 既有定价权，又能从客户那里获得良好的应收账款。这一点很重要，因为该公司的许多新客户都是二级或三级航空公司，其信用状况不佳。

2002 年，NexTone 迅速开始为其新产品开拓这个市场，并在今天继续增加收入和产品供应。2005 年 11 月，该公司宣布了 3500 万美元的风险融资。在最初的创始人团队中，只有首席技术官——NexTone 科技的创造者——留在了公司。

NexTone 最后给出了一个很好的例子，说明在任何给定的投资中，15 个评估标准中只有几个是非常重要的。虽然上面讨论的许多标准都是正确的——基础设施要求很少或没有、数量影响、流程或文化的变化、引人注目的差异化战略、市场意识等——但投资的成功归结为几个正确的技术趋势和多重违约，这就产生了我们所经历的问题。请记住，今天的 NexTone 是成功的，但这并不是因为早期的投资者准确地评估了这几个标准。额外的资本、新的领导和大量的运气使得 NexTone 获得了成功。

简而言之，在网络电话技术和市场趋势上，NexTone 被证明是一个很好的赌注。然而，市场发展的时间比投资者预期的要长得多。我们依赖公司对一个市场的适用性——"正确的技术趋势"——是非常冒险的，几乎导致投资失败。虽然很大程度上存在与市场相关的风险，未来并不明朗，我们有效地依赖一个新兴的综合通信提供商市场作为 NexTone 的唯一出路。我们从来没有为公司的发展方向制定过方案，以防市场放缓或永远不会实现。最终，我们承担了远远超出可接受范围的"市场风险"。这个问题也凸显了我们没有为 NexTone 识别多重违约的风险。或许，通过与管理层的合作，我们可以更早地发现互通市场机会。那会节省很多投资者的钱。

第七章 投资射频识别技术的企业：甲骨文案例

案例介绍[1]

本章重点介绍企业投资射频识别技术（RFID）的案例，旨在向甲骨文公司（Oracle Corporation）的产品和服务系列中添加另一项基于技术的服务。

甲骨文美国公司是当今世界上最大的软件公司之一，拥有超过5万名员工、140亿美元的收入和15万名客户。甲骨文美国公司每年在研发（R&D）上花费超过10亿美元。决定一门技术课程需要在市场研究方面进行大量投资，以确保研发经费能够转化为产品，完成从直觉向成果的市场转化。甲骨文的最新投资领域是基于传感器的计算（SBC），该领域以射频识别技术为核心。

射频识别是一种自动数据收集技术，使设备无须接触，利用视线即可读取标签。射频识别利用射频波在阅读器和物品之间传输数据，以识别、跟踪或定位该物品。典型的射频识别系统由3个硬件组件组成：

● 天线；

● 用独特信息进行电子编程的射频识别标签（转发器）；

● 带有解码器（收发器）的射频模块。

---

[1] 本案例由拉尔夫·门扎诺（Ralph Menzano）和斯蒂芬·安德里奥尔（Stephen J.Andriole）提供。

根据高德纳集团（一个技术行业研究和咨询机构，参见网站 www.gartner.com），射频识别技术可能成为下一个十年交通领域的主要技术赋能因素。[1]他们接着说，随着射频识别技术大概在 2007—2009 年的兴起，技术供应商坐在采用曲线后面是危险的。

弗吉尼亚州莱斯顿市的市场研究公司 Input 称，射频识别技术将在各州和地方政府掀起一波又一波的浪潮。第一波可能涉及商业卡车运输，第二波可能针对边境和港口，第三波可能涉及交通管理。随着对射频识别技术需求的增长，各州和地方政府将利用联邦交通和国土安全基金来帮助他们实施射频识别技术项目和倡议。

州和地方客户现在更容易接受射频识别技术，因为他们认为这是席卷政府市场的更大一波无线技术项目的一部分。例如，ACS 公司在运输部门的税收和法规遵从性方面牢牢掌握着射频识别技术。现在有 9 个州使用该公司的 EZPass 电子收费程序，24 个州使用其 PrePass 程序来权衡和监控通过州界的卡车的凭证。射频识别技术可以更广泛地应用，不仅可以作为智能交通倡议的一个组成部分，而且可以提高交通安全；作为交通拥堵管理的一部分，射频识别技术可以用于实时跟踪通勤者的行为模式，也可以用于跟踪州际公路上的危险物品。

优利系统（Unisys）在参与国土安全部的"安全商务行动"试点后，正试图扩大其与主要港口的合作。该公司与西雅图港有一个射频识别技术项目，并希望将该解决方案扩展到该地区的其他港口。优利系统公司还在与得克萨斯州动物健康委员会开展一个试点项目，该项目可以作为识别和跟踪牲畜的国家模式。国家动物识别系统是一个联邦资助的项目，如果在全国推广，将允许各州通过各种营销渠道跟踪牲畜。射频识别标签和阅读器还可用于在疾病暴发和其他健康问题出现的时候收集数据。

如表 7.1 所示，射频识别标签分为有源和无源两种，每种标签都有自己的特点。

借助射频识别技术，公司可以更准确地跟踪资产和监控关键指标，更好地了解运营情况，并根据实时信息做出决策。射频识别只是基于传感器的技术当中的一

---

[1] "4 项新技术将改善货物处理和物流"，2004 年高德纳公司，2004 年 5 月 20 日。

种，其他包括湿度、光、温度和振动传感器。射频识别标签越来越多地与传感器和全球定位系统等跟踪技术相结合，使公司能够更好地了解其供应链，从而降低风险并优化业务流程。

表 7.1 射频识别标签的类型

	无源标签	有源标签
电源	没有电池；获得电力	内载电池
用例	一次性零售	昂贵的物品，没有网络
数据	标签上的唯一标识符用于实时查找存储在网络上的项目的详细信息	写入设备
存储	比有源标签空间小	空间比无源标签更大
保存期限	比有源标签短	比无源标签更长

甲骨文的射频识别技术投资战略

射频识别是一项重要的新兴数据捕获技术，它通过新的（移动）业务解决方案进一步扩展了甲骨文的价值。首先，业务信息系统获得了更准确、更好、更快的数据，从而实现了成本节约和性能提升。最终，电子产品感应提供了独特的无处不在的项目级信息，支持新的业务流程和供应链透明度。"产品感知"是关闭可使用的、战术和战略业务流程控制回路的重要一步，因此实现了实时企业绩效管理和实际的"普及智能"——这是甲骨文和甲骨文客户未来成功的关键。

甲骨文基于传感器的服务是一套全面的功能，用于捕获、管理、分析、访问和响应来自传感器（如射频识别、位置和温度）的数据。在大多数射频识别应用中，数据量非常大。容量越大，应用程序越符合甲骨文的优势。基于甲骨文数据库、甲骨文应用服务器、甲骨文企业管理器和甲骨文电子商务套件，甲骨文基于传感器的服务使公司能够快速轻松地将基于传感器的信息集成到其企业系统中。甲骨文的解决方案包括一个合规包、一个射频识别试点套件，以及甲骨文电子商务套件和甲骨文应用服务器中的集成支持。

该技术包的一些初步试点应用包括：

●美国宇航局德莱顿飞行研究中心成功使用了一个项目，该项目集成了甲骨文的射频识别和基于传感器的技术，以改善危险材料的管理，提高保障性和安全性，同时大幅降低（译者注：原文缺失）。

● 麦卡兰（拉斯维加斯）机场网站称，甲骨文公司的射频识别技术在解决行李处理问题上发挥了主要作用：带有射频识别标签的行李将把行李误导率降低到 1%以下。

随着射频识别标准的发展，甲骨文将把解决方案推向技术领域，这样客户就不需要自己动手了。最终愿景是提供基于传感器的计算和预定义服务，以便客户能够经济高效地从射频识别技术中受益。

甲骨文为企业提供了将射频识别（和其他传感器）技术融入其应用和业务流程的能力，该解决方案由一个射频识别平台和预建的支持射频识别的应用组成。甲骨文的射频识别平台基于甲骨文数据库（10g 版）和甲骨文应用服务器（10g 版），可用于支持任何现有或新应用的射频识别。甲骨文电子商务套件是建立在这一技术平台上的企业资源计划套件，将为由射频识别阅读器自动触发的交易提供现成的支持。

甲骨文提供了市场上最完整的射频识别解决方案之一，包括一个开发支持射频识别的射频识别解决方案和应用的平台。通过利用甲骨文 10g 数据库和甲骨文 10g 应用服务器的技术和可扩展性优势及甲骨文应用的业务处理能力，甲骨文正积极与合作伙伴合作，提供从射频识别阅读器集成到应用处理的端到端解决方案。

甲骨文射频识别技术解决方案的一些关键特性包括：

● 数据库和 Java2 平台企业版（J2EE）开发人员：甲骨文开发人员现在可以开始将来自射频识别和其他传感器技术的数据集成到他们的应用程序中，不需要学习新的开发环境或对传感器技术有深入的了解。

● 强大的技术和经验证的可扩展性：射频识别需求被集成到现有的业务流程和数据管理技术中，即甲骨文数据库和甲骨文应用服务器。

● 业务流程专业知识：甲骨文应用。

● 事件和数据管理的集成：历史上，事件和数据管理是分开的，导致复杂的交互和非基本功能的复杂处理，如复合事件和事件聚集。集成的数据和事件管理简化了许多功能，并实现了新的功能，如对"丢失"事件的监管，这对监管易腐货物非常重要。

●策略管理：尽可能以声明的方式描述策略，必要时以程序的方式描述策略。

●射频识别技术硬件不可知：可扩展的框架，以建立新的驱动程序，并使用领先的射频识别阅读器供应商的预建驱动程序。

●基于传感器的计算路线图：甲骨文的射频识别平台不仅支持射频识别，还支持其他类型的传感器。

甲骨文射频识别平台支持分布式基础设施，可以获取、过滤和交付大量实时数据，供任何企业应用程序使用。使用甲骨文射频识别解决方案的优势包括以下3点：

●最快采用射频识别技术：应用程序开发人员不需要关于射频识别硬件的专业知识。此外，任何Java开发人员都可以通过简单的标准接口访问数据和事件。

●与可靠的实时数据的最简单集成：可靠的消息传递框架提供了从感官事件到业务事件的过滤和映射，以及与传感器、边缘计算和业务合作伙伴的实时通信。

●投资保护：不同的硬件供应商提供不同的应用编程接口。射频识别阅读器的即插即用架构将业务应用与技术和标准的变化隔离开来，使公司能够在不影响应用的情况下更新标签技术。

甲骨文射频识别技术发展路线图

射频识别技术正在彻底改变整个业务流程。现在，业务流程的中心是可以实时跟踪的项目。根据定义，所有的业务流程都必须被集成以跟踪一个项目，如通过供应链传递给消费者。现有的应用程序将需要被重组以支持这个概念，并且底层平台必须支持事件驱动的模型，因为项目从一个业务步骤传递到另一个。甲骨文定位于为射频识别计算提供应用和技术平台。

射频识别技术硬件考虑事项

甲骨文的射频识别平台是硬件不可知的，也就是说，从射频识别标签读取数据的设备，简称为阅读器，可以来自任何制造商，如易滕迈公司（Intermec）、意联科技（Alien Technology）、EMS 和矩阵（Matrix）。

甲骨文企业管理器（OEM）为系统管理员提供了监控整个射频识别平台的工具，包括甲骨文数据库、甲骨文应用服务器的所有组件，以及用于边缘处理的甲骨文无线应用服务器。原始设备制造商为监控和管理射频识别阅读器提供了一个中央控制台。对"心跳检测"的支持确保了射频识别阅读器是实时的。当阅读器关闭时，系统管理员和技术人员可以通过电子邮件、寻呼机或语音收到警报，还可以灵活支持其他警报触发器。

射频识别技术标准

甲骨文 AS 无线提供了一个广泛的驱动程序框架，支持与任何可用的新驱动程序集成。这些驱动程序使任何射频识别阅读器都可以即插即用到无线局域网中，从而将构建在该平台上的射频识别应用程序与底层硬件基础设施隔离开来。甲骨文提供了与甲骨文应用程序仓储/物流产品的完整集成，用于射频识别触发的装运和收货事务处理，并提供了更多内容。超过 150 个适配器可用于与外部数据源和应用程序集成。此外，甲骨文正在积极招募合作伙伴，将他们的应用程序与甲骨文射频识别平台集成。

甲骨文的射频识别平台将支持业内的射频识别标准，因为它们已经完成。甲骨文已经有很多组件符合自动识别/工程总承包架构。例如，甲骨文 10g 数据库已经支持了可扩展标记语言（XML）和 XML 查询语言（XQuery）。同样的基础设施可以用来支持实体标记语言（PML）。甲骨文的目录服务适合支持对象名称服务器。

此外，为了进一步了解支持射频识别的应用程序的要求，甲骨文已经与许多作为自动识别中心成员的合作伙伴合作，将他们的产品与甲骨文平台集成。甲骨文将跟踪 EPCglobal 和 AutoID 实验室，因为它为平台和应用程序定义了射频识别计算标准，并确保我们的射频识别解决方案满足运营要求，并提供最具可扩展性和成本效益的解决方案。甲骨文也正在加入 EPCglobal。

集成

甲骨文 10g 数据库和甲骨文 10g 应用服务器共同为基于传感器的计算提供了基础。甲骨文的解决方案是一个事件驱动的架构，与最先进的数据管理紧密集成，因此可以捕获、存储、过滤、处理和分析来自任何来源或传感器的事件。甲骨文现在支持条形码阅读器，甲骨文的对象技术支持复杂和大型的数据类型。它允许支持射频识别的应用程序定义其他传感器提供的信息，如温度、激光、辐射等。只有甲骨文提供了事件和数据管理的关键集成。

甲骨文的射频识别技术平台对标识符的大小和规格没有任何限制。甲骨文 10g 数据库的对象技术支持复杂和大型的数据类型作为数据库中的基本对象。甲骨文已经成功测试了多达 96 比特，并将支持行业技术和要求的进步。甲骨文提供了与甲骨文应用程序仓储/物流产品的完整集成，用于射频识别触发的装运和收货事务处理，并提供了更多内容。超过 150 个适配器可用于与外部数据源和应用程序集成。此外，甲骨文正在积极招募合作伙伴，将他们的应用程序与甲骨文射频识别平台集成。

可管理性、可扩展性、安全性

甲骨文射频识别平台的无线组件与领先的射频识别读取器/写入器集成，可以支持上述两种情况。该平台管理、处理和智能过滤来自射频识别阅读器的数据，然后将其传递给数据库服务器和数据仓库，用于商业智能和挖掘。射频识别标签可以包含唯一的标识符（如工程总承包号），然后使用该标识符在后端（如数据库）中查找关于其所附着的物品的信息。如果支持的话，关于物品的信息也可以直接写入射频识别标签本身（如易腾迈的无源标签支持读和写），因此不需要使用查找服务来获得关于设备的信息。甲骨文射频识别平台还支持结合使用直接从射频识别标签存储/检索的信息和使用唯一标识符查找存储在后端或互联网上的信息。

甲骨文提供了一个单一的接口，用于在任何特定时间点访问关于标签的所有信息（如标签数据和实体标记语言服务）。与标签数据接口不同于查找服务接口的系统相比，这为应用程序开发人员提供了显著的优势。

甲骨文射频识别平台支持多个不同级别的事件过滤。在边缘与射频识别阅读器集成的无线服务器执行第一级过滤。甲骨文无线应用服务器为冗余过滤器、冲突检测、交叉读取器过滤器和高级过滤器（如货盘级和项目级）提供内置支持。中间层的应用服务器可以在将数据向上传到数据库服务器之前做进一步的过滤。

甲骨文为客户提供了进一步定义过滤规则的灵活性。甲骨文 9i 第 2 版提供了一个规则引擎，可以根据兴趣过滤任意数据。这不仅为用户提供了从边缘立即对"原始"事件做出反应的能力，而且还提供了对来自操作和仓库数据的"衍生"事件做出反应的能力。这使得用户不用编程或很少编程就能"掌握最新情况"。

甲骨文射频识别平台的一个关键特性是在甲骨文 10g 数据库中支持一种新的数据类型——工程总承包数据类型。基于此，身份管理通过 EPC 查找来实现。对数据当前状态的查询、规则评估、连续查询（CQ）和闪回查询（对数据库以前状态的查询）提供了最全面的项目跟踪。闪回数据有效地提供了供应链中所有项目的每个（当前和历史）状态的完整历史。通过商业智能和门户完成并交付进一步的分析。

生命周期管理需要数据状态日志，这是一项非常困难的任务。这一要求导致了复杂的数据结构和显著的额外开发成本。经验表明，获取历史数据更加困难。为了解决这个问题，甲骨文不仅为用户提供了对数据当前状态的访问，还提供了对以前状态的访问。假设底层数据仍然可用，用户可以在任何时间点查询任何引用。该功能允许用户找到任何曾经存在的状态，或者从审计的角度来看，访问任何历史状态。不需要编程。此外，甲骨文允许用户在一段时间内访问数据，使用户能够访问单个记录和记录集（或集合）的演变。

甲骨文的射频识别解决方案为实现可扩展性提供了坚实的机会。甲骨文 10g 数据库、甲骨文 10g 应用服务器和甲骨文 10g 应用服务器无线版本基于最新的网格技术，旨在按需扩展。甲骨文技术以其高水平的可扩展性而闻名。该数据库提供了一种称为真实应用集群的独特功能。

甲骨文的射频识别平台提供了精细的安全性及设备和数据安全策略框架。随着行业发展最佳实践，甲骨文将提供支持行业建议和法律实践的预建政策。公司也可以使用安全框架定义自己的策略。

可以在几个级别设置与标签相关联并因此与物品相关联的信息的安全性。边缘服务器可以设置为仅监控特定类型的标签和项目。存储在后端的数据的细粒度安全性允许灵活地定义上游和下游的访问规则。例如，当一件物品在供应链中穿行时，每个供应链参与者都可以让未来的参与者看到物品的历史。一方面，在供应链的末端，商店可以选择让顾客访问商品的历史数据；另一方面，供应链中的每个参与者都可能阻止未来的参与者访问该产品的数据历史。

甲骨文射频识别平台通过分布式架构支持数据联合，该架构包括一个可以连接到多个边缘服务器的中央服务器，每个边缘服务器可以管理多个阅读器。通过将来自多个读取器的读取相加，可以在边缘服务器联合数据，此外，从边缘服务器过滤的低级事件可以与后端的其他数据联合，然后传递给应用程序。

甲骨文射频识别技术合作伙伴

甲骨文的射频识别解决方案合作伙伴对于甲骨文向新老客户提供完整的射频识别解决方案至关重要。这些合作伙伴将利用甲骨文在数据管理、业务流程管理和应用程序开发方面的专业知识，同时在射频识别价值链的关键点提供必要的增值服务或功能。甲骨文及其合作伙伴将继续构建和集成射频识别组件，为客户提供一套越来越完整和集成的射频识别服务和解决方案。

下文列出了甲骨文的部分合作伙伴，它们之间已经实现了一定程度的集成或互操作性。这些合作伙伴尤其重要，因为许多客户计划在近期进行试点或试验，而且他们的预算往往有限。

甲骨文近期的机会是利用这些特定的合作伙伴，最大限度地降低甲骨文的销售成本及客户的投资风险。随着时间的推移，射频识别合作伙伴的数量和深度将显著增加，为甲骨文提供更大的灵活性，为甲骨文客户带来更大的价值。即将推出的射频识别合规包、射频识别试点套件及甲骨文 10g 应用服务器中的甲骨文新边缘服务的可用性将成为扩大合作伙伴群体的关键推动因素，其中包括：

● 意联科技公司是领先的射频识别硬件供应商，为消费品包装公司、零售商和其他行业提高其整个供应链的运营效率。

● 英特尔被广泛认为是世界上最先进的制造商之一，它正在审查世界各地最著名的方法，并开发试点项目，在自己的大批量生产设施中测试射频识别技术和流程的使用和价值。英特尔正在评估当前的做法，并探索利用射频识别技术来加速材料流动、增强跟踪和追踪，并实现生产效率的突破性提高。

● 易腾迈射频识别系统非常适合广泛的应用，包括库存和资产管理、访问控制、合规性跟踪以及人员和车辆识别。易腾迈提供最广泛的射频识别硬件、软件和实施服务，所有这些都与已采用或新兴的标准兼容，确保互操作性，并提供清晰的技术迁移路径。甲骨文已经与易腾迈合作开发了易腾迈射频识别阅读器的驱动程序。甲骨文射频识别平台在阅读器之上提供了一个抽象层，因此应用程序开发人员不必直接与阅读器集成，也不必管理、过滤和处理原始数据读取。

● 18 年来，Loftware 一直提供先进的条形码和标签打印软件技术，包括射频识别。Loftware 的全球标记解决方案独立于硬件和打印机，在高需求环境中非常强大。Loftware 提供服务器端和客户端技术，允许关键任务应用程序满足全球供应链中的条形码合规性需求。

● Pragmatyxs 是一家电子商务公司，专门从事标签、数据收集和射频识别解决方案的"最后一英里"集成。Pragmatyxs 与其合作伙伴 Loftware 和易腾迈在企业标签和智能标签打印、数据收集和射频识别设备方面密切合作。

● Printronix 是为全球客户提供工业和后台企业打印解决方案的领先供应商。Printronix 是线性矩阵打印机的长期市场领导者，因其全面选择的热敏、激光和网络解决方案技术而赢得了卓越的声誉，所有这些技术都得到无与伦比的服务支持。

● 塔塔咨询服务（TCS）是甲骨文全球认证优势合作伙伴，在甲骨文产品方面拥有超过 10 年的经验。TCS 提供以下射频识别服务：咨询、应用开发、系统集成、培训和支持。

横向和纵向市场战略

成功的技术为真正的商业问题提供了解决方案。通往成功的道路是一个合乎逻辑的过程[①]：

- ●确定机遇和需求的行业背景；
- ●确定组织与行业的关联，以形成商业计划。

这是麦卡伦机场遵循的流程。他们并没有简单地说："行李处理的射频识别技术是最新的技术，应该使用。"相反，他们认为行李处理是一个行业内更大商业战略的一部分，在这个行业中，行李处理一直是一个寻找解决方案的历史问题。

机场一直在关注一个名为"通用自助服务"（CUSS）的主题，根据该主题，传统上由航空公司管理的某些功能被外包给托管机场，由托管机场向航空公司开出使用机场设施的账单。这种机场和航空公司的关系并不新鲜，因为从现代飞行开始，跑道就是一种共享资源。新鲜的是正在讨论的服务——售货亭、大门、俱乐部和行李处理。

因此，行李处理只是全球各地机场和航空公司以一种不断发展的方式接受的CUSS行业主题的一个方面。在一个典型的机场，麦卡伦也不例外，10%的行李被放错了方向。麦卡伦平均每天处理大约65 000袋行李，因此6500袋被误导。每个顾客使一件行李与它的合法主人团聚的费用可能高达150美元。如果将成本估算四舍五入，误导行李很容易造成每天100万美元的问题。

麦卡兰决定继续研究CUSS。今天，你可以通过共享信息亭（所有航空公司的图标出现在打开的屏幕上）、共享登机口和共享行李处理设施找到成功的证据。这些都是商业战略的一部分。行李处理的信息技术计划需要1.25亿美元的项目来转换为射频识别系统，经过测试，该系统的误操作率不到1%。机场和航空公司的节省可以用投资的实际回报来衡量——项目回收期约为6个月。无形的历史来源于增强的客户服务和满意度。

---

① 《让信息技术发生》，拉尔夫·门扎诺（Ralph Menzano），Unbound 出版物，2001年。

甲骨文在射频识别技术上的投资是巨大的。关于将射频识别技术添加到公司产品和服务中的决定，尽职调查标准说明了什么？

尽职调查

以下将尽职调查标准应用于射频识别技术投资。这里采用的尽职调查视角是指一家公司试图通过投资基于新技术的产品和服务来创造额外收入和利润。在这种情况下，技术是射频识别。

"正确的"技术

正如第一章所建议的，"正确的"技术假设技术投资目标是更大趋势的一部分。什么是射频识别技术？它是技术概念、原型技术还是整个技术集群？

技术可以被映射到一个影响图上，该图揭示了许多令人乐观的技术还没有跨越原型技术和技术集群之间的鸿沟，如图 7.1 中分隔两者的粗线所示。浅色区域的技术目前没有重大影响，在中间区域的技术有潜力，而在深色区域的技术是真正成熟的。这条鸿沟将中间区域和深色区域分开。请注意射频识别技术的位置。

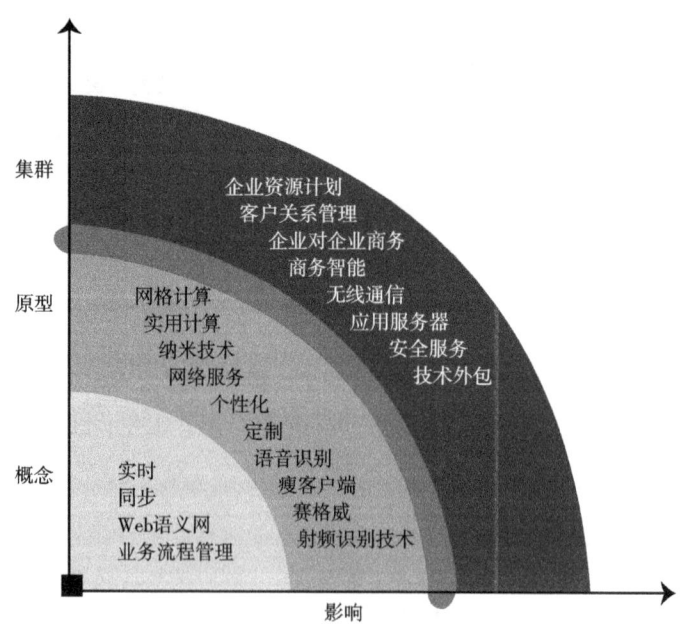

图 7.1　技术、影响和鸿沟，以射频识别技术为例

射频识别技术还没有跨越鸿沟。进展顺利吗？当然，但是在标准、技术本身、成本和支持方面仍然存在不确定性，特别是因为它涉及存储和分析有源和无源射频识别标签产生的所有数据。甲骨文对这项技术的投资是一场可控的赌博。它之所以受到控制，是因为甲骨文能够真正影响技术的发展方向。但是不要搞错了，在射频识别技术上的投资是有风险的。

对基础架构的需求很少或为零

需要对现有通信和计算基础设施进行大量投资的技术解决方案比那些依靠现有基础设施的技术解决方案更难销售和使用。如果技术经理不得不花费大量资金来应用公司的产品或服务，他们不太可能这么做，如果选择另一个类似的产品或服务，只需要很少或不需要额外的投资。像甲骨文这样的供应商非常清楚围绕新投资的谨慎。

这里是绿灯吗？它是黄色的（向绿色移动）。

射频识别带有价格标签。数据库基础设施必须能够接收和处理标签生成的数据。通信基础设施必须能够安全地接收数据。对射频识别技术的投资必须制定标准以确保通信和分析的兼容性。简而言之，射频识别技术带有一些附加条件，随着技术走向标准化，这些条件也在不断变化。像甲骨文这样选择投资基于射频识别技术的产品和服务的公司，只是对射频识别市场规模的未来及随着时间的推移将出现的技术标准和标准流程下了一点赌注。为了缓解技术经理对采用射频识别技术的担忧，甲骨文必须确保为其射频识别产品和服务的潜在客户提供就绪的基础设施的途径。

预算周期一致

如图 7.2 所示，射频识别的主要焦点最初是战略性的。这就是甲骨文对该技术的定位。他们的投资定位于帮助他们的潜在客户开发他们的供应链、物流运营，并最终开发他们的市场份额。射频识别最初是战略性的，但随着时间的推移，将变得更加战术化，成为技术基础设施的一部分。甲骨文希望其客户通过采用 FRID 技术获得的竞争优势最初会很强，但随着时间的推移，随着越来越多的公司采用基本相同的技术，竞争优势将会减弱。

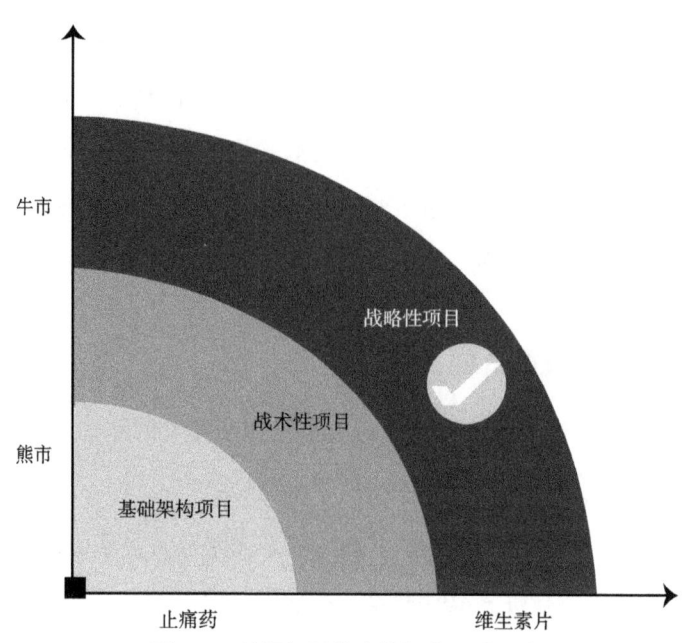

图 7.2 射频识别技术的投资驱动因素

在对射频识别技术进行投资的过程中，甲骨文保持了强大的财务实力，尽管全球技术市场在 2000—2004 年遭受重创，但仍有大量资金可用于技术投资，尤其是如果预计会产生下游股息的话。显然，射频识别技术有资格在相对熊市期间继续投资。

影响可量化

当标准确定下来，行业在其制造、分销和零售系统中使用射频识别技术时，完全有理由相信成本节约将是巨大的。与此同时，除了一些飞行员的早期数据，影响仍然是假设的。甲骨文"承诺"节约成本并提高流程效率，认为射频识别技术不仅能解决一些老问题，还能创造更多业务。

在进行技术投资之前，不可能准确地知道量化影响是什么。一方面，在很大程度上，我们对影响做出估计性的判断，然后希望并试图影响最好的结果；另一方面，优秀的尽职调查团队将与使用了特定技术的其他人进行广泛交流，以努力减少预测中的不确定性，当然，试点项目始终是减少不确定性计划的必要组成部分。甲骨文已经在几个地方使用了这项技术，效果非常好

结果。甲骨文的工作是证明这项技术可以省钱、赚钱、改善客户和供应商关系

及其他量化结果。他们朝着这个目标进展顺利。但个人客户将不得不开展自己的试点项目，以确定射频识别技术可能对其运营产生的量化影响。

流程和文化的变化

如果一种产品或服务需要组织极大地改变他们解决问题的方式或他们工作的企业文化，那么产品或服务将相对难以销售。我以前说过，它也适用于采用射频识别技术。甲骨文需要确保其客户能够在不中断当前制造、分销和零售流程的情况下，使其流程适应射频识别技术。甲骨文开发的射频识别技术套件正是为了实现这一点，尽管不可避免地会有一些流程需要定义并集成到新技术中。总体而言，这里的评估是复杂的：行业（甲骨文的客户）可能不得不重新设计一些关键流程，以充分利用射频识别的能力；因为射频识别技术是合作供应链计划和管理的一部分，这个过程至少要与合作伙伴和供应商一起重新定义。这总是具有挑战性的，可能需要甲骨文及其合作伙伴像过去一样，帮助他们的客户开发新的射频识别产品和服务。

解决方案

公司总是在寻找能解决尽可能多问题的"解决方案"。像甲骨文这样的供应商都知道这些要求，并试图以合适的价格提供合适的服务组合。基于射频识别技术的产品和服务不是技术基础设施或体系结构的端到端解决方案，但它们代表了一种分段的射频识别"解决方案"，正如甲骨文所捆绑的那样，这意味着该技术的集成和互操作性要求在很大程度上由甲骨文解决，尤其是如果客户已经是甲骨文数据库管理客户的话。虽然射频识别技术的本质不是"独立的"或"端到端的"，但甲骨文已将该技术的元素捆绑在一起，足以使其成为一个可集成的部分解决方案，满足大量更大的需求。

多个退出方案

甲骨文团队非常看好射频识别技术。这是个正确的判断吗？有可能。无论这项技术在哪里落脚，射频识别技术都将有一个巨大的市场。唯一需要降低的风险是投资的规模和速度：太多的钱、太快的速度会造成射频识别技术的供需失衡。

水平优势和垂直优势

最好的产品和服务是那些具有引人注目的横向和纵向故事的产品和服务，因为客户希望了解特定行业的解决方案或在类似环境下（如竞争对手）有效的解决方案。没有一个好的纵向故事，横向销售将变得越来越困难。首席信息官希望他们的供应商了解他们的业务。像甲骨文这样聪明的供应商，会在横向和纵向组织自己以吸引客户。

甲骨文主要是一家横向供应商，其产品和服务用于多个垂直行业。同时，它为特定垂直行业的特定客户组织和定制其产品和服务。射频识别最初是水平的，但也有直接的垂直应用。因此，射频识别是一种真正的水平／垂直使能技术。

行业意识

这里没有问题：几乎地球上的每个人都知道射频识别技术。有人会说，科技行业本身正在把它宣传为下一个"杀手级应用"，行业研究机构、标准制定机构和专家都在谈论这项技术对许多垂直行业的重要性。

伙伴和盟友

首席信息官们希望他们所追求的产品和服务拥有广泛的支持网络。甲骨文与许多第三方供应商和顾问合作的历史悠久。甲骨文的合作伙伴渠道既广又深——而且是他们培养的。使用甲骨文产品或服务不会有成为"孤儿"的危险。这里所有灯都是绿色的。

"政治正确"的产品和服务

技术投资者不会拿他们的职业生涯冒险，即使"高风险"的产品或服务可能解决一些棘手的问题。射频识别技术通常被认为是一项热门技术——适用于许多应用的"正确"技术。甲骨文在冒险和创新方面有着悠久的历史。公司文化、领导力和政治都与新技术投资相一致，预计新技术投资将增加市场份额和利润率。简而言之，射频识别技术对甲骨文来说很容易"政治正确"。

招人和用人

甲骨文是一家蓝筹股技术公司，在吸引最优秀和最聪明的人才方面没有什么困难。甲骨文技术产品和服务的买家可以直接从甲骨文及其庞大的合作伙伴网络中获得大量可用人才（图 7.3）。

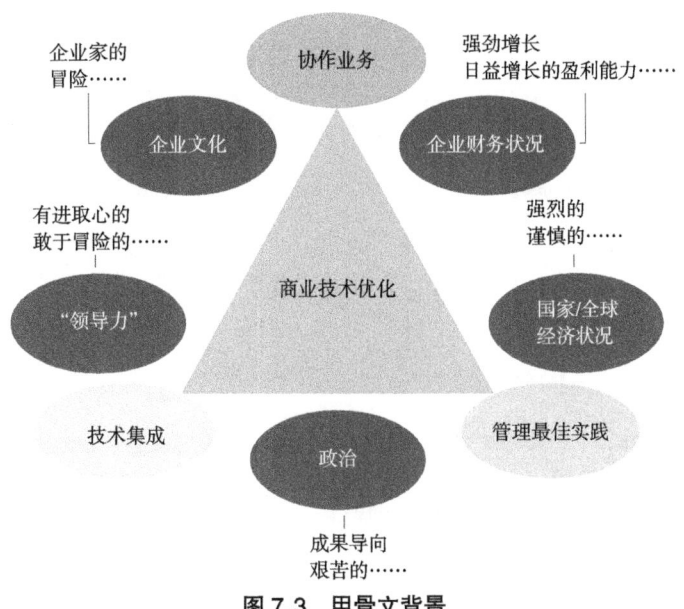

图 7.3　甲骨文背景

差异化

差异化对成功至关重要，虽然并非每一个差异化论点都是在技术出现时形成的，但技术购买者需要理解为什么他们将要购买的产品或服务证明他们的投资是合理的。甲骨文故事讲得好，讲出了为什么基于射频识别技术的产品和服务是可靠、安全、可扩展、可互操作和经济高效的。行业分析师将甲骨文的射频识别产品与其他供应商进行比较。首席信息官、首席技术官和技术经理需要评估所有的差异化数据。也就是说，最大的供应商将会有相对完整的关于他们的产品和服务如何比竞争对手"更好"的故事。射频识别供应商应该提供试点以展示他们的产品和服务有多么不同；买家应该要求最大的射频识别供应商补贴这些试点。

经验丰富的管理层

这里的关键是要看到技术能力和管理经验的正确组合，以开发和交付成功的产品或服务。还有其他理想的先决条件：在目标横向和/或纵向行业的经验、正确的渠道关系、招聘和留住人才的能力，以及与行业分析师合作、沟通和销售的能力。甲骨文射频识别团队经验丰富，聪明过人。该公司实力雄厚，在业界享有令人羡慕的声誉。

"包装"和宣传

作为一家公司，甲骨文深知包装和沟通的重要性。他们在 www.oracle.com/technologies/rfid/ 的网站展示了公司从形式和内容上对射频识别技术的重视——这在当今竞争激烈的商业技术世界中是必要的。甲骨文赞助射频识别大会和会议，并已有大量白皮书描述其应用和支持新技术的方法。

结论

尽职调查过程的结果几乎所有都是绿灯。但甲骨文及其潜在客户必须解决一些关键的不确定性。像许多供应商一样，甲骨文也在对射频识别技术的可行性打赌。如上所述，这几乎肯定是一个好的赌注，但仍然有标准和其他技术问题——如成本、安全性和射频识别标签的可靠性——必须在广泛使用之前解决。甲骨文在早期采用射频识别技术方面有既得的经济利益。一方面，在射频识别技术上的投资对甲骨文这样的公司来说非常有意义；另一方面，射频识别技术的购买者应该谨慎行事，推动甲骨文（和其他射频识别供应商）完成射频识别的故事——他们会的。

第八章　企业架构服务能力中的技术产品和服务开发：LiquidHub 案例

案例介绍[1]

本案例重点研究投资新技术服务。在本案例中，LiquidHub 公司在对市场和自身的服务能力进行评估后，决定投资企业架构，以便更好地为客户服务。该公司的任务是了解市场，制定一个全面的走向市场的企业架构战略，并重新培训专业人员，使他们能够提供最好的服务，做到这一点需要大量的投资。但是投资会产生相应的回报吗？

背景

LiquidHub 公司创立于 2001 年年初，作为一家系统集成商和技术咨询公司，LiquidHub 致力于满足客户的企业集成需求。该公司的名称有两层用意，一是致力于成为各类技术的汇聚地（Hub），二是在提供解决方案层面保留灵活性（Liquid）。

---

[1] 本案例由罗伯特·凯利（Robert Kelly）、乔纳森·克莱顿（Jonathan Brassington）与斯蒂芬·安德里奥尔（Stephen J.Andriole）提供。

2001年年初，电子商务的潜力还没有发挥出来，许多公司担心互联网的机会会像1995—2001年的互联网泡沫一样转瞬即逝。虽然他们都认为围绕企业系统集成的基本问题仍未解决，但他们确信企业系统集成将成为长期趋势。争论的焦点是决定并定义这种集成将如何发展。LiquidHub的服务模式始终专注于其在信息技术战略、应用架构和应用开发方面的核心竞争力。但是，当公司着手制定信息技术战略或与客户讨论架构时，他们似乎经常被要求仅在当前需求的背景下制定该战略，信息技术决策与当前或未来的业务需求脱节。公司围绕这一判断开始了一项为期4年的努力，旨在开发一种强大的替代方案，以满足客户的需求，构建合作关系，为客户持续提供价值，使 LiquidHub 公司在技术服务市场上脱颖而出。

客户面临的挑战

该公司的客户在努力拓展业务时面临着一些困难，包括信息技术带来的挑战。随着他们完成多年的跨部门计划，如企业资源规划、客户关系管理和供应链管理的实施，技术和业务管理专业人员都意识到构建一种合理的系统和流程集成方法越来越困难。虽然这些领域中的领先厂商都吹嘘他们的解决方案能够提供集成的便利性，但是随着需要集成的企业系统数量的增加，集成工作的难度随之上升。当前，企业技术计划面临的最大障碍之一是它们的定义不一致，不仅是技术提供商，而且是企业本身。在这个越来越关键、越来越复杂的信息技术环境中，客户面临着许多挑战。

这些挑战包括：

● **敏捷性**。业务周期变化速度的加快及在企业技术架构中保持同等创新速度的困难导致许多组织失去优势，从而导致错失机会、不灵活的流程、股东价值的下降及顾客满意度的降低。在由消费者驱动的经济中，一切都建立在变化的联盟、快速的产品生命周期和产品竞争力的基础上。如果企业不开发敏捷的企业架构，就会在竞争中出局。

● **效率**。企业现在意识到互联网不仅仅是一个低成本的分销渠道，也是一个低成本的技术平台，能使越来越多的企业共享信息和协调商业流程。互联网及其相关技术提供了强大、灵活且极具成本效益的竞争优势，传统投资和流程同样重要。挑战在于找出如何利用互联网可能给他们带来的效率提升。

●**竞争能力**。机构需要快速进入新的全球市场并获得竞争地位，同时在现有市场中成长，将企业与当地合作伙伴、供应商和政府机构联系起来。此外，许多组织已经通过积极的并购战略实现了增长，因此，快速部署通用业务流程和集成技术基础架构对于保持竞争优势是必要的。最后，竞争也需要紧密的合作，特别是当组织依赖于与越来越多的供应商、客户、员工和贸易伙伴日益复杂的互动时。

简而言之，公司的客户需要将现有的技术投资与不断发展的应用架构相结合，同时满足不断变化的业务需求。

方法

满足客户需求要遵循两条不同的路径，最终融合到企业服务转型路线图（ESTR）的服务产品中（图 8.1）。第一条（"自上而下"）路径遵循企业架构（EA）的原则，并基于简化的 EA 参考模型产生了一个进行实用企业架构规划（EAP）的过程。第二条（"自下而上"）路径遵循集成技术的发展，通过企业应用集成（EAI），采用面向服务的架构（SOA），最后采用更加广泛的企业服务构架。

这两条路径可以交汇成一个集成模型，帮助客户了解如何规划未来，即使从业务和/或技术角度来看未来不确定。同时，这种方法能够帮助公司简化他们混乱的技术架构。这种统一的规划方法为我们的客户提供了一个动态的路线图，使客户的技术规划工作及我们的实施项目更加清晰。

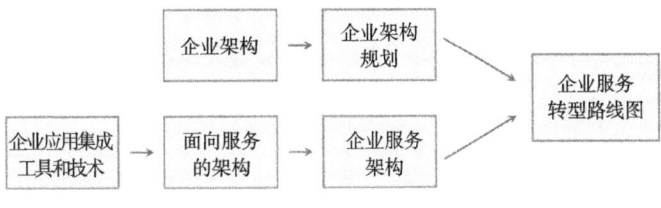

图 8.1　企业服务转型的途径

企业架构路径

企业环境包括信息技术和业务环境两个层面。对整个环境的全面理解（包括信息技术和业务考虑）对企业取得成功至关重要。该公司开始采用（然后改编）企业架构中的一些最佳实践。由于客户的业务周期不断缩短，通常从几年缩短到几个月，业务部门和信息技术组织都面临巨大的压力。更大的压力在于，业务部门和信息技术部门的话语体系各不相同，各自的发展目标和路径也不同步。如果企业配置了两个不同但相关的架构，一个用于业务，一个用于技术，就可以使之调整和同步。这种新的框架，或者说企业架构，可以通过同步业务和信息技术来实现高度响应和高效组织。在充满竞争、快速变化、不可预测的全球经济中，企业要想在竞争中脱颖而出，必须具备对行业动态和经济走向的敏锐嗅觉和快速反应能力，以应对产品商品化、政府法律法规、新兴技术和全球化等一系列挑战。

在过去十年中，许多组织设计了技术架构路线图，作为其年度信息技术战略计划的一部分。这些技术构架路线图和相关的技术蓝图代表了整个企业实现共同技术愿景的途径。但是，信息技术规划通常是在业务战略完成后进行的，这使得信息技术成为通过提高运营效率来降低成本的工具，而不是考虑周全的推进现有业务目标或塑造新目标的方法。此外，面对千年虫修复和互联网兴起的双重压力，很多公司并没有采取行动，仅仅是迫于压力做出反应，导致公司决策与公司技术发展前景脱节。从历史上看，信息技术组织一直与财务紧密结合，通过首席财务官进行报告，将技术定位为整体业务战略的附庸。毫不奇怪，在这种环境下开发的传统架构模型不能支持业务流程外包、新业务联盟及网络服务、门户和协作的引入所要求的灵活性。

虽然企业技术架构背后的概念已经存在多年，但是许多组织还没有成功地实现利用可持续的架构来弥合业务和技术之间的差距。行业最佳实践与客户经验使得公司能够用企业技术架构来弥补业务和技术的差距。采用企业技术架构后，公司能够跳出传统的以技术为导向的架构，进而过渡到集业务架构、技术架构、公司治理于一体的新型架构，其中，业务架构包括业务流程模式、运营管理和组织模式。

根据给定组织的信息技术和业务文化，企业架构可以以多种方式使用。作为参考模型，它可以定义和清点组织的业务流程、信息技术资产和项目组合之间的关系。作为一种方法或流程，它是一种战略规划工具，同时也是支持企业应用集成和维护的所有标准、准则和策略的中央存储库。

作为一个参考模型，企业架构不仅构成了对组织当前能力和未来需求进行整体分析的基础，而且还提供了更好地审查必要技术投资关注领域的方法。作为一个流程，企业架构有助于不断优化代表当前状态到未来状态转换的项目组合。

最成功的组织是那些能够并且愿意集成他们的业务和技术优先级，通过一组通用的架构原则和标准将它们联系起来，并且企业治理支持企业架构的组织。业务架构、技术架构和企业治理共同定义了一种平衡的方法来规划和执行战略方向。

业务架构指定了组织内的这些支持过程以及与组织的供应商、贸易伙伴和客户共享的那些过程。因为它们通常包含详述这些过程的业务逻辑，所以企业应用程序套件也包含在业务架构中。无论它们被标记为企业资源计划、供应链管理、财务、后台办公室、人力资源系统还是客户关系管理，这些软件套件通常被配置为保存组织的业务流程知识和工作流程。同时，技术架构是技术原则、模型和标准的逻辑模型，它们被定义来支持组织的业务模型和架构。它被用作技术参考蓝图，支持对业务模式和战略至关重要的使能信息系统的规划和设计。

LiquidHub 的企业架构参考模型（图 8.2）帮助客户用一个简单的图表来表达企业流程和技术平台的当前和未来状态。在使这些资源及其相互之间的潜在联系变得可见之后，该图帮助组织构建业务和信息技术架构、战略规划和持续治理之间的关系。

从规划的角度来看，企业架构是规划、设计、实现、发展和管理业务和技术架构的有效技术。理论架构（一种被用作理想化的未来状态模型的架构）和实际架构之间的主要区别在于实现过程不同。作为一个过程，企业架构将业务驱动因素、技术投资和企业内部项目优先排序的现实联系起来。项目组合管理是指对一系列技术和业务项目的持续优先化、监督和评估，实际上保障了企业架构的成功实施。

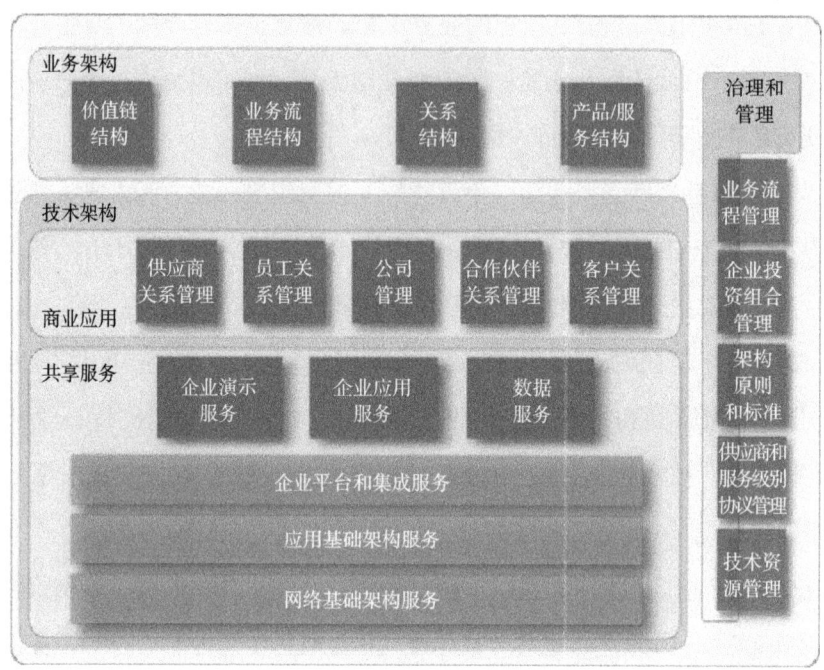

图 8.2 企业架构参考模型

但是,即使有了这些强大的"自上而下"的工具,客户仍然面临日常的信息技术管理问题,这些问题包括:

- 如何构建新的应用程序?
- 如何降低技术选择和实施的成本?
- 如何超越应用程序架构的复杂性?

为了找到这些问题的答案,客户将目光投向应用集成领域,寻找将应用捆绑在一起的"黏合剂",希望将它们融合到一个统一的技术框架中。

企业服务路径

LiquidHub 从系统集成商起家,擅长应用架构和开发。因此,尽管企业资源计划提供了一个在业务和技术战略规划方面与客户合作的严格流程,但客户也寻求帮助来解决日常的技术实施和集成问题。简而言之,客户仍然需要解决由于系统日益复杂而产生的问题,并且需要对它们进行集成。

企业应用集成

在互联网繁荣时期,系统集成的难题仍未获得关注。从 20 世纪 90 年代中期开始，企业应用集成提供了一个连接信息源的基础架构，充当了应用程序及其业务流程之间的中介。运行在单一系统上的早期应用程序很好地服务于各个目标部门，但是系统之间的信息交换是有限的。客户机-服务器技术的发展和改进的关系数据管理技术扩展了可用于集成的工具。

企业应用集成软件套件旨在解决应用集成的复杂需求，提供的关键功能领域包括：

● 集成代理（为消息转换和智能路由提供一组服务）；
● 用于指定转换和路由规则及将适配器构建到应用程序中的开发工具；
● 适用于流行的企业打包应用程序的现成适配器（如思爱普 R/3）；
● 监测、行政和安全设施；
● 面向消息的中间件（MOM）；
● 业务流程经理、电子商务功能和门户服务。

在整个价值链中，企业应用集成支持的业务流程集成可以为公司带来巨大的利益，但是即使有了这些产品，获得这些利益的道路也往往是艰难的。公司在使用企业应用集成系统时遇到的 3 个主要问题是：

● 由于开发人员追随微软的系统，现代应用程序架构出现分歧。.NET 架构及太阳微系统公司的 Java 2 企业版（J2EE）在各种平台（IBM、BEA、开源等）上运行；
● 信息技术内部购买打包应用程序，以满足利基业务需求的趋势；
● 遗留应用程序可能根本没有集成接口，需要为遗留应用程序开发一个包装器来促进集成架构。

由于它们的异质性，实现企业应用集成的工具仍然更具挑战性：每个产品都要求用户以自己的方式与系统和工作流进行交互。企业应用集成面临的挑战在于其元素的分离。尽管这些单点解决方案（如消息代理或应用服务器）为信息技术组织提供了迫切需要的功能，但供应商解决方案的多样性及不断变化的标准使得真正的组织范围内的企业应用集成似乎成为一个遥不可及的梦想。众多供应商提供应用服务器、消息代理和业务流程管理工具。其他供应商进入了企业应用集成市场，其提供的集成方案的特色在于，在专有系统安装的过程中吸收了其他集成技术概念。鉴于这些挑战，尽管我们继续致力于实施企业应用集成技术，但我们并不认为它是一项能够解决客户长期业务和技术挑战的战略性技术。

面向服务的架构

企业应用集成专注于允许多个不同的应用程序一起工作，在整个企业中共享数据、流程和其他关键功能。但是企业应用集成平台的不一致性使得解决核心问题变得困难——增加了系统的复杂性。相反，面向服务的架构模型取消了中间层消息代理，而是将应用程序功能公开为服务。这些服务可用于同步调用，类似于应用编程接口调用，但采用标准格式。从根本上说，面向服务的架构专注于用一个定义良好的接口包装现有的应用程序，该接口将应用程序转换成一组其他应用程序可以访问的服务。被广泛接受的接口标准、编码标准（如可扩展标记语言）和一类新的应用程序（如网络服务）的出现使面向服务的架构成为可能，这些应用程序通过可发现的网络可访问接口使面向服务的架构变得可用。通过实现应用程序的松散耦合，组织可以在选择业务逻辑解决方案时采用以前有风险的"同类最佳"方法。此外，通过消除一层复杂性，将现有体系结构转换为服务模型可以推动更快、更经济高效的开发。

除信息技术的角度外，还应从公司业务层面来定义和挖掘面向服务的架构的好处。因此，面向服务的架构可以被定义为一套设计和组织原则，将业务逻辑和数据作为独立的可重用服务公开。面向服务的架构的总体目标是构建组织结构，以便业务愿景和需求能够推动信息技术朝着相同的目标前进，而技术不会阻碍目标的实现。将信息技术资产公开为可重用的服务使业务经理能够利用以前未实现的集成点。例如，将客户购买模式集成到订单执行模式中，可以实现更直接的目标营销或补充产品的追加销售。

从信息技术的角度来看，面向服务的架构是一种通过所谓的"松散耦合"在非面向服务的架构方法中来连接两个或多个不同应用程序的方法，应用程序通常是紧密耦合的，也就是说，每个应用程序都直接知道（连接是预定义的）它所集成的应用程序，并且应用程序之间的接口依赖于成功处理的业务逻辑。相反，松散耦合将接口组件从底层应用程序的业务逻辑中分离出来。这是一个优势，因为只需更改接口层，就可以在应用程序之间建立新的连接。这种将现有应用程序"打包"到业务服务中的过程消除了传统上存在于不同系统之间的一层复杂性。

该模型允许业务经理和信息技术组织将应用程序和流程视为可随意混合和匹配的已定义组件。面向服务的架构模型还支持强大的信息技术治理，因为业务服务层依赖于成熟的接口标准。如上所述，封装业务逻辑允许信息技术组织以更集中的方式和更短的开发时间来处理业务需求。

企业服务架构

将服务架构概念扩展到特定的业务流程和信息技术开发之外，被称为企业服务架构（ESA）。企业服务架构从整体上看待整个组织，跨越多个学科，并确定提供特定业务/流程功能的高级组件。企业服务架构的重点是创建一个灵活的信息技术架构，在这个架构中，信息技术资产与敏捷的业务架构保持一致，允许适应当前和未来的业务需求，从而降低交易和整体分析的成本。

企业服务架构正在深刻地改变软件供应商构建和使用应用程序的方式。遗留应用程序正在被系统地分解和重新设计，成为可重用的服务和组件。这一点很重要，因为当今的组织在其架构的许多领域都面临着冗余，包括系统、流程和数据。信息技术组织的一个共同目标是减少冗余，以消除复杂性。将系统、流程和数据合理化成一个功能超集，可以让组织简化其现有的体系结构。通过简化架构决策（需要考虑的组件更少）消除复杂性，提高了业务灵活性，并且面向服务的架构的松散耦合允许更快速的开发。重用现有服务和组件的能力减少了项目持续时间，从而降低了总体开发成本。

在这种背景下，很明显，随着业务和信息技术领导者寻求解决即将到来的开发项目，企业服务架构正被认真考虑。面向服务的架构的松散耦合和包装架构有可能解决将应用程序视为服务的难以实现的目标，这些服务可以动态组合以解决实际的业务问题，尤其是在企业范围内解决时。

企业服务架构可以为一个组织增加价值，因为它能够将信息技术组织与组织的业务驱动因素结合起来。作为面向服务的架构一部分完成的抽象过程消除了特定于应用程序的复杂性。这使信息技术人员能够专注于如何最好地利用他们的企业应用程序和数据存储组合来满足业务需求。在面向服务的架构出现之前，信息技术组织主要关心的是底层技术及如何让不同的系统协同工作。要解决的业务问题经常超出他们的权限。

面向服务的架构不是一个短期的效率计划。投资于面向服务的架构的组织考虑长远，愿意投资于最初可能不会影响投资回报率（甚至不会降低特定开发项目的投资回报率）的基础，因为他们认识到面向服务的架构将帮助他们以更高效、资源更少的方式满足未来的业务需求。未来变革的步伐可能加快，业务经理将不得不不断调整业务模式，以满足客户和缓解竞争压力。为了有效，这些调整必须快速实施，并且不受信息技术限制的干扰。虽然一个面向服务的架构不能消除所有的信息技术障碍，但是一个设计良好的面向服务的架构确实给了信息技术经理一个新的方法，在经过验证的业务应用程序的基础上创建解决方案。

但是实施企业服务架构应该是一项战略投资，而不仅仅是一个单一的项目。为了实现服务模型的好处，组织必须结合战术性的"自下而上"方法和战略性的"自上而下"方法来实现面向服务的架构。

从战术上讲，一些机构已经开始识别带有数据集（或特性）的遗留应用程序，如果这些数据集（或特性）被公开，可能会使其他系统或流程受益，然后围绕这些数据的访问创建服务。从战略上讲，这个过程从企业级开始，从技术和业务的角度识别驱动组织的服务。这个过程产生了定义一个组织的所有技术和业务服务的高级路线图；有了路线图，业务和信息技术单位便能够评估随后的战术项目，以确保符合组织的总体方向，并能够调整路线图以应对环境中的意外变化（图 8.3）。

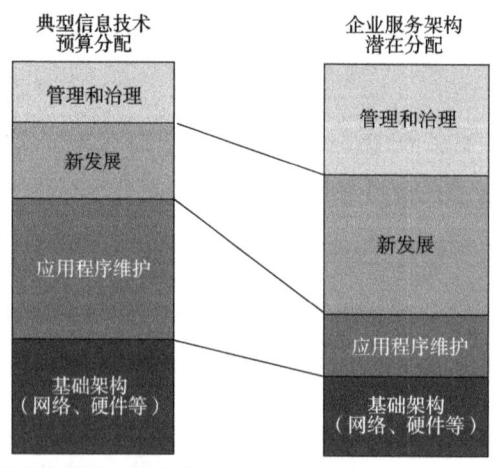

图 8.3　典型信息技术预算分配与实施企业服务构架的预算分配对比

LiquidHub 企业服务转型路线图

"自上而下"和"自下而上"方法的结合对于必须同时应对不断变化的业务环境和技术架构的组织来说是有意义的。信息技术和业务领导者需要能够看到全局,并理解技术是如何实现的。信息技术决策者、架构师和开发人员需要确保每个技术的实现都适合一个更大的整体,并且是可重用和可扩展的。

尽管企业架构的原则是有益的,而且显然像面向服务的架构一样有价值,但独立地来说,它们并没有给客户信心和清晰的答案来回答"应该如何进行?"这个简单的问题,这也是路线图如此有用的另一个原因。它为利益相关者指明了方向,让其明白在规划企业业务需求、实施面向服务的架构,以及随着公司壮大而扩大投资规模时应采取哪些行动。凭直觉知道这张地图的价值——无论是地图本身还是提醒我们这个过程涉及绘制的两条轨迹——让我们想到了我们现在称之为"企业服务转型路线图"(ESTR)的规划和实施方法。许多组织的业务生存依赖于他们获得所需信息的能力,以便对快速变化的市场条件做出快速而适当的反应。获取和使用这些信息通常取决于拥有同样敏捷的企业技术。不断变化的市场条件要求创新,包括商业战略和支持及推动创新的信息技术。成功的组织必须拥有基于灵活和响应迅速的技术基础架构的信心和敏捷性。这样的组织是一个敏捷的企业,能够有效地利用现有资产,并根据市场和业务的需要整合新技术。LiquidHub 的企业服务转型路线图帮助组织规划技术的简单性和可重用性,为敏捷的企业提供路线图(图 8.4)。

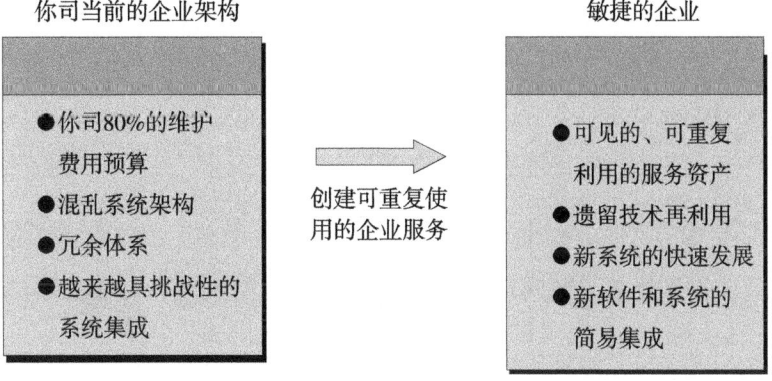

图 8.4 对敏捷企业的需求

为了满足组织通过其信息技术能力最大化其敏捷性的需求，企业服务转型路线图提供了一个增量战略和规划流程，该流程可以识别和利用现有信息技术资产的价值，同时提供一个长期有效的灵活技术架构。基于企业架构和面向服务架构的原则，企业服务转型路线图为 LiquidHub 的客户提供了一个清晰的流程，用于评估业务需求，识别现有技术和流程资产，并以确保技术重用和降低总拥有成本的方式规划新技术的实施和集成。

企业服务转型路线图被定义为 4 个"流程"，它们定义了技术和过程。在流程中的每一点，都确定了特定的任务和可交付成果，帮助企业在技术实现和集成中逐步提高可重用性和敏捷性。

这 4 个流程是：

- **程序管理**。企业如何管理优先事项和资源。
- **企业商务服务**。企业如何归档，如何描述支撑其运转的基本商业流程。
- **信息管理**。企业如何自由管理并使用数据、内容、信息。
- **技术共享服务**。企业如何创造可重复使用的企业技术资产和扩展性的框架。

LiquidHub 与生命科学、医疗保健、金融服务、制药、保险和其他关键行业的客户合作，成功地将新技术框架与企业和遗留系统相集成。企业服务转型路线图帮助我们的客户满足独特且不断变化的需求，简化新技术开发，并变得更加灵活。企业服务转型路线图作为 LiquidHub 的战略实施方法，包括规划和战略专业知识，以及我们的实施经验和方法。我们的客户继续受益于这种统一的方法，它融合了企业架构、面向服务的架构及在实际组织中实现它们的最佳实践的优点。

尽职调查

下面将尽职调查标准应用于 LiquidHub 对新服务项目——企业服务转型的投资（图 8.5）。这里采用的尽职调查视角是一家试图通过投资基于新技术的服务来创造额外收入和利润的公司。

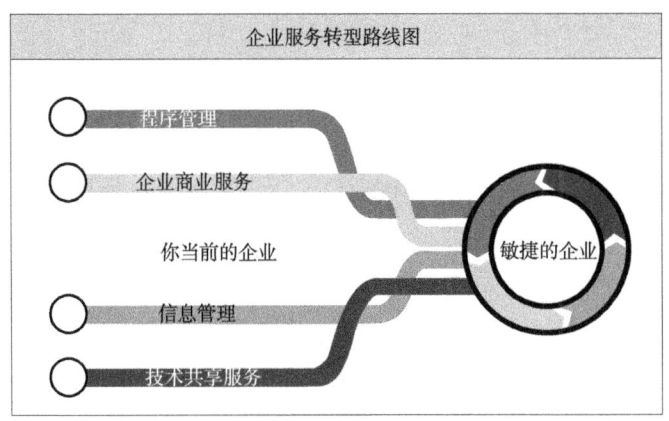

图 8.5 LiquidHub 的企业服务转型路线图

"正确的"技术

正如第一章所建议的,"正确的"技术假设技术投资目标是更大趋势的一部分。

技术可以被映射到一个影响图上,该图揭示了许多令人乐观的技术还没有跨越原型技术和技术集群之间的鸿沟,如图 8.6 中分隔两者的粗线所示。浅色区域的技术目前没有重大影响;中间区域的技术有潜力;深色区域的技术是真正成熟的技术。这条鸿沟将中间和深色区域分开,请注意面向服务的架构－企业服务转型(SOA-EST)技术服务的位置。

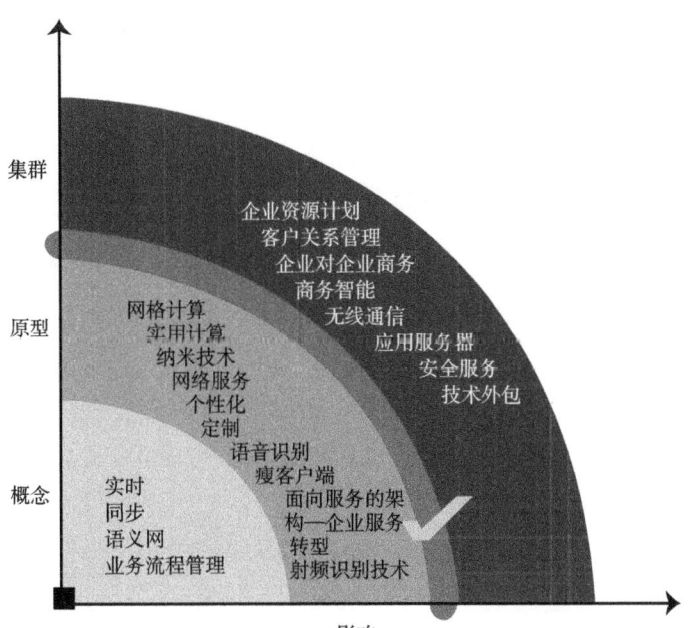

图 8.6 技术、影响和鸿沟,以面向服务的架构－企业服务转型为例

SOA-EST 技术还没有跨越鸿沟,将来会跨越吗?会的,但是在标准、技术本身、成本和支持方面仍然存在不确定性,而且 LiquidHub 的规模还不足以决定标准或技术的发展方向。

这个指标的结果可行吗?结果是中性的,距离可行稍微有点差距。存在风险吗?有一些风险,但风险可控。

对基础架构的需求很少或为零

需要对现有通信和计算基础架构进行大量投资的技术解决方案,比现有技术解决方案更难销售和部署。如果技术经理不得不花费大量资金来应用一家公司的产品或服务,但如果还有一个选择是另一种几乎不需要或不需要额外投资的类似产品或服务,他们就不太可能这么做了。像 LiquidHub 这样的供应商很清楚客户对新投资的谨慎。企业服务转型需要投资。想要充分利用网络服务和面向服务的架构的公司将不得不在过程和基础架构的改变上投资。一些公司可能会知难而退,而 LiquidHub 完全有能力为客户提供强有力的商业案例,但当公司处于削减成本模式时,他们会抵制昂贵的新举措。也就是说,企业服务转型的回报是巨大的,有远见的公司将乐于进行必要的投资以取得显著的成果。

预算周期一致

如图 8.7 所示,企业服务转型的主要焦点最初是战略性的,这就是 LiquidHub 对这项技术的定位,但随着时间的推移,企业服务转型将变得更具战术性。LiquidHub 希望其客户通过采用企业服务转型技术获得的竞争优势最初会很强,但随着时间的推移及越来越多的公司采用基本相同的流程和技术,竞争优势将会减弱。

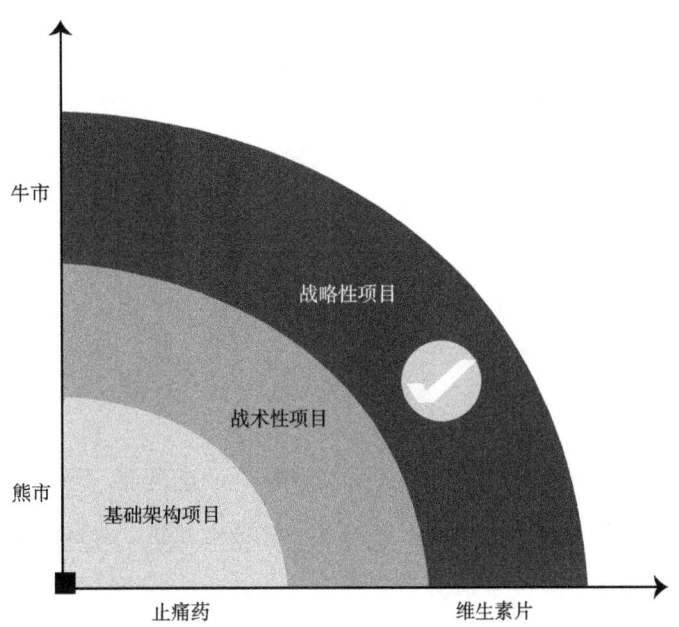

图 8.7 企业服务转型技术的投资驱动因素

LiquidHub 面临的部分挑战将是说服客户，企业服务转型将增加长期商业价值。这是可以做到的，虽然最初的影响积累起来很慢，但随着时间的推移，影响将是巨大的。聪明的公司很早就会明白这一点。

影响可量化

在进行技术投资之前，不可能准确地知道会产生什么样的影响。在很大程度上，我们对影响做出估计，然后希望并试图产生最好的影响。另外，优秀的尽职调查团队将与使用了特定技术的其他人进行广泛交流，以努力减少影响预测的不确定性，当然，试点项目始终是减少不确定性计划的必要组成部分。

LiquidHub 的企业服务转型业务案例包含量化影响数据。客户需要看到他们在企业服务转型上的投资将会带来数量上的红利。同时，技术的生命周期长度没有保证，所以技术的影响无法量化。改进的服务和降低的成本——更不用说集成新流程和技术的能力——是由企业服务转型客户跟踪的一些影响指标。根据基础架构的"混乱"程度的不同，成本节约、服务改进及显著增加集成和互操作性能力可能都在 50%~75% 的范围内，尽管不那么混乱的公司也有 25%~50% 的改进范围。

流程和文化的变化

也许最重要的变化是企业服务转型对公司商业技术治理方法的影响。需要做出具体的决策来优化企业服务转型投资。一些公司可能不愿改变他们的治理策略，但是如果不改变，投资就会失败。除了治理之外，应用程序、数据和通信架构也发生了变化，这对于优化公司对企业服务转型的承诺也是必要的。LiquidHub 将不得不通过商业案例来帮助他们的客户证明这些变化的合理性。

解决方案

企业服务转型是一套技术、流程、模型和软件。这也是一种心态，一种商业技术获取和部署理念。因此，企业服务转型是一种解决方案，因为它可以影响整个商业技术关系。也就是说，企业服务转型是公司必须从其当前的基础架构和体系结构中迁移出来的一个目标。

多个退出方案

LiquidHub 非常看好企业服务转型技术，这个判断对吗吗？很有可能。只要 LiquidHub 和其他公司提高客户对企业服务转型重要性的认识，这项服务就应该有一个大市场。自 2000 年及互联网泡沫破灭以来，商业技术界对"爆款应用"和"颠覆性技术"的态度相对冷淡。对新服务产品的重大投资是有风险的。它们主要基于趋势分析和准备好满足新客户帮助请求的计划。网络服务和面向服务的架构代表了两个主要的趋势，LiquidHub 及时、正确地预测了这两个趋势，以开发企业服务转型相关的服务产品。如果公司对这些趋势的判断是错误的，并且他们提供的服务是不恰当的，他们将会损失一大笔钱。这里有这么多可供选择的出路：他们必须是正确的，否则投资就会损失。

水平优势和垂直优势

企业服务转型是一种水平服务，可以为特定的垂直行业定制。企业服务转型是一个非常强大的水平产品，也是一个高潜力的垂直产品。这里，技术尽职调查的结果是可行的。

行业意识

世界仍在为网络服务、服务架构和企业服务转型（通过 LiquidHub 的努力）而争论不休。LiquidHub 公司制作了白皮书，接受了行业采访，在行业会议上发表了论文，并与领先的行业分析师及机构进行了沟通。

伙伴和盟友

LiquidHub 与几家领先的供应商都有合作关系，这些供应商提供软件、支持服务，甚至硬件。该公司在主要技术供应商中有很好的代表性。

"政治正确"的产品和服务

自 2000 年由 3 位企业家共同创立以来，LiquidHub 已经有了惊人的发展。公司不是"保守的"；相反，无论资本市场或商业技术支出的整体状况如何，它都有一个积极的战略来继续增长。事实上，在 2000—2003 年这个行业最艰难的时期，该公司的年增长率超过了 50%。公司的管理层积极而聪明。当我们从网络服务和面向服务的架构试点阶段进入技术开始定义新的基础架构和体系结构的阶段时，面临的时机非常好。

招人和用人

LiquidHub 拥有完善的管理制度，并在发展和完善其服务产品的过程中不断招募新的人才。或许同样重要的是，该公司通过内部和外部培训对现有员工进行了投资。

差异化

当行业对新技术和商业技术优化方法敏感度很高的时候要做出差异化是很难的。LiquidHub 并不是唯一一家提供基于网络服务和服务架构的企业架构服务公司。事实上，所有主要的服务供应商都提供类似的服务。那该公司的差异化体现在哪里？首先，LiquidHub 在其企业服务转型的产品中提供"交钥匙"服务。其次，迁移是 LiquidHub 产品的一个关键组成部分，这是友商产品所缺乏的。最后，

LiquidHub 企业服务转型的服务定价低于其他主要技术服务供应商，这又增加了一层差异化。也就是说，LiquidHub 公司的差异化取决于公司的业绩和在市场竞争中的表现。

经验丰富的管理层

LiquidHub 的高级管理团队实力雄厚、经验丰富，自公司成立以来，他们就一直执掌着公司，他们是企业服务转型服务的设计师，客户可以对公司的领导力感到放心。

"包装"和宣传

LiquidHub 对其企业服务转型产品进行了很好的包装。如上所述，该公司已经树立了对其企业服务转型产品的重要行业意识，并参加了各种水平和垂直的行业会议。关于这个指标的所有审查结果都是可行的。

结论

LiquidHub 公司的产品较为新颖。尽职调查分析是否表明他们在这项新服务上的投资是有意义的？是的，很明显。所有的指标都显示可行。只要公司继续为客户提供优质服务，这项服务在市场上应该会做得非常好。鉴于其多年来的增长记录，LiquidHub 很可能将继续成为其客户高度重视的合作伙伴。

第九章　电子邮件信托解决方案的风险投资：Postiva 案例

案例介绍[①]

本章重点介绍风险投资对 Postiva 公司的电子邮件信托解决方案进行投资的案例。Postiva 公司的主营业务是提供电子邮件信托解决方案，其他业务包括隐私教育培训和咨询服务等。电子邮件信托解决方案是一种最佳的信息技术产品和服务，它巧妙地结合了电子邮件内容安全（如反垃圾邮件、防病毒）、身份验证和客户关系管理技术的方方面面。简而言之，Postiva 公司主要为电子邮件发件人提供认证和问责服务，为互联网服务供应商和收件人提供更加高效的邮件处理和过滤功能，帮助消费者处理混乱的垃圾邮件和病毒邮件，以及更高程度的隐私保护和安全保障，提升消费者对电子邮件处理的信心和控制能力。

本案例将先探讨 Postiva 公司的商业计划，然后从风险投资者的角度出发，对照 15 个尽职调查标准筛选该公司面临的投资机会。

背景

Postiva 公司成立于 2000 年 12 月，宗旨是为客户提供隐私保障服务，提升客户

[①] 本案例由施冯（Vincent J.Schiavone）和斯蒂芬·安德里奥尔（Stephen J.Andriole）提供。

信任度，优化其消息传递业务平台，包括电子邮件、即时消息、双向寻呼、短消息服务及其他现有和未来的交互通信方式。该公司开发的基于消息传递业务的信任基础架构，即"Postiva 平台"，支持各种形式的商业交易处理。这个平台正在等待专利授权，支持相关软件产品开发。该公司认为，通过此专有平台可以解决互联网和消息传递面临的 3 个最重要的问题，即隐私威胁、法律合规性和工作效率。此平台支持智能消息传递解决方案，帮助企业客户优化现有业务流程并进行基于消息传递的新型交易。Postiva 平台还可以用于集成并支持许多应用程序实现互操作性，支持数据在应用程序、架构、操作系统和设备之间实现安全"精简"传输。

该公司最初希望的创收途径是提供信托业务服务（即电子邮件/信息信托密封和隐私咨询服务）及 RightPath™ 合规系统，它是一个与隐私、法律、监管和最佳实践合规性相关的软件和基础架构。该公司希望依托现有 Postiva 平台和技术，打造一个可以提供智能消息传递解决方案的 EM-Agents™ 平台。EM-Agents™ 的宗旨是为直销和客户关系管理领域的消息传递、基于消息的计费和支付解决方案、简化和异步信息收集及检索，以及供应链管理、工作流和生产力流程提供新颖和轻便的运输生产力和交易解决方案。

该公司认为，Postiva 平台的体系结构具有巨大的价值和竞争优势，该平台旨在为法律合规性及生产力和事务性智能消息传递解决方案提供一个通用平台。Postiva 平台为企业用户提供了许多好处，包括但不限于：①自动/匿名的法律、法规和最佳实践合规性；②新的商业机会；③更高的生产率；④简化的集成和互操作性手段；⑤由于上述原因，安装技术和营销实践带来了更高的投资回报。

Postiva 平台及相关信托业务服务旨在提供一种新颖的、可持续的解决方案，以解决 600 亿美元信托市场中的问题，包括隐私、安全管理、应用集成、电子邮件营销和其他服务。2004 年，美国的隐私和安全管理规划市场规模达到 50 亿美元；2005 年，应用集成服务市场规模达到 170 亿美元。该公司直接或间接参与竞争的与智能消息传递解决方案业务相关的市场包括：外包客户关系管理和电子邮件营销服务领域，其市场规模增长到 2004 年的 48 亿美元和 2005 年的 73 亿美元；账单支付服务领域，其市场规模于 2000 年达到 110 亿美元左右；公司在线采购营销领域，其市场规模于 2005 年达到 1010 万美元；基于移动和地段的商业市场，其市场规模于 2004 年达到 50 亿美元。

在种子轮融资阶段，该公司的融资目标是 75 万美元。此次融资的收益将用于启动信托密封和隐私咨询业务，继续开发 RightPath™ 软件和 EM-Agent™ 套件，建立销售和营销计划，雇佣更多的关键人才，启动品牌建设活动，发展战略联盟/合作伙伴关系，以及用于一般公司用途。

市场和机遇

隐私合规和法律合规

隐私保护和建立消费者信心对于增加互联网用户和交互式通信的使用至关重要。消费者通常不在网上购物，也不相信网上公司能安全地保护他们的个人信息。例如，根据国际数据公司的一项隐私调查，779 名消费者中有近 65% 的人不止一次表示他们在过去半年内在网上什么都没有购买，主要是出于隐私顾虑。弗雷斯特研究公司（Forrester Research）最近的一份报告发现，只有 6% 的消费者对拥有个人数据的网站表现出高度信任。

立法和监管的形势在不断演变。弗雷斯特研究公司的报告发现，7/8 的美国人支持引入互联网隐私立法。为了回应强烈的选民情绪，在过去的两年里，国会已经通过了 1000 多项隐私和反垃圾邮件法律。虽然这些努力还没能推动意义更加广泛的隐私立法，但部门层面的隐私监管保护得到了强化。例如，1996 年为加强医疗信息隐私保护推出了《健康保险门户和责任法》（HIPPA），1998 年为保护儿童隐私推出了《儿童在线隐私保护法》（COPPA），1999 年为保护金融信息隐私颁布了《格拉姆-利奇-布利利法》（GLB）。弗雷斯特研究公司研究发现，在《财富》全球企业 100 强中，73 家公司必须遵守过去两年中成为法律的 4 套联邦隐私法规中的至少一套。此外，还有大量形形色色的州、地方和国际法律法规通过了立法，与此同时，更多的法律法规仍在拟定中。例如，18 个州对未经请求的商业电子邮件有不同的法律；截至 2001 年 2 月中旬，42 个州有 314 项与隐私相关的法案悬而未决，11 个州有 36 项针对互联网的隐私法案悬而未决，14 个身份盗窃法案和 51 个金融隐私法案也在不同的州悬而未决。此外，欧盟、加拿大和亚洲部分地区颁布了强有力的隐私保护法。由于这种不断演变的法律和监管"迷宫",企业和营销人员越来越被现有的和拟议中的联邦、州、地方、国际和行业特定的法律法规及最佳实践所迷惑。此外,鉴于法律法规的不断变化,企业通常不了解所有适用的法律法规,或者无法在所有业务部门和/或客户所在的所有司法辖区内遵守这些法律法规。

遵守与隐私相关的法律可能会产生巨大的成本,并且经常被忽视。例如,安永会计师事务所和信息服务执行委员会得出的行业研究结论:限制公司未经许可共享或销售客户信息的提案,将使90家最大的金融机构每年增加170亿美元的支出,并通过目录和互联网零售商产品的附加成本,对消费者征收10亿美元的"信息税"。此外,在COPPA通过一年后,宾夕法尼亚大学安纳伯格公共政策中心的研究人员发现,大多数面向儿童的网站并没有遵守联邦政府关于隐私的要求。

执法和问责工作刚刚起步。尽管企业和营销人员可能会因侵犯隐私而受到个人和企业的民事诉讼并承担民事责任,但违反法律和法规(包括COPPA、GLB和HIPPA)可能会使违规方受到经济处罚甚至刑事处罚,包括监禁。例如,美国联邦贸易委员会(FTC)曾对3家互联网公司征收了10万美元的罚款,因为它们涉嫌非法收集13岁以下儿童的姓名、地址、电话号码和其他信息,从而违反了《反腐败法》。此外,FTC还对违反GLB隐私规定的3家企业提起了强制执行诉讼,对这3家企业进行了罚款,并要求退还与某些不当获取的个人财务信息有关的利润。

立法和监管的低效可能带来不良影响。企业、营销人员、互联网服务提供商、电子邮件服务提供商和其他相关方一直在就政策问题游说世界各地的立法机构和决策机构,原因为:①遵守已颁布的法律和法规要求的潜在成本过高;②不遵守可能导致的潜在责任和品牌暴露;③立法和法规可能对长期和/或创新业务实践产生不利的业务影响,无论是有意的还是无意的。为了防止先发制人和效率较低的政府监管及其意外后果和不利的商业影响,这种游说工作在很大程度上要求行业协会赞助和/或支持移植自我监管标准、密封程序和作为立法及监管的高级替代品的新技术。

就新技术的前景而言,迄今为止,隐私工具大多是基于网络的、复杂的、缺乏合规性/问责制、用户控制特性,并且已经销售给承担安装和使用这些工具的个人。"隐私领导力倡议"最近的一项研究显示,只有15%的消费者安装和使用可用的隐私保护技术。此外,企业越来越意识到,他们必须主动为客户提供隐私和安全解决方案。因此，弗雷斯特公司的一项研究预测，企业在安全方面的支出将增加两倍，美国的安全支出在 2004 年达到 190 亿美元，其中超过 50 亿美元与安全管理和规划（包括隐私审计、策略设置、实施和隐私相关工具）有关。

生产力

随着电子邮件和其他形式信息的激增，电子邮件和信息越来越被视为一种既能提高生产力又能降低生产力的工具。联合通信公司最近的一份报告显示，截至 2000 年年底，全球共有 8.911 亿个电子邮箱，比前一年增加了 67%。此外，该报告估计，全球有 3.45 亿个企业信息席位，代表着企业电子邮件部门 34% 的增长。该报告还显示，截至 2000 年年底，45% 的美国消费者和 75% 的美国工人定期使用电子邮件，占总人口的 58%。这些发现与高德纳集团的一项研究估计相符，该估计认为一家企业的电子邮件现在承载了企业 75% 的通信。

尽管企业已经将电子邮件作为一种节省成本和时间的通信方式，但个人电子邮件与商业信息的混杂可能会对工作效率产生不利影响。高德纳集团的研究估计，美国工人平均每天花 4 小时阅读、写作和转发电子邮件，国际数据公司报告称，在北美地区每天发送的 61 亿封电子邮件中，34 亿封是与工作相关的，约占总数的 56%；27 亿封则是私人电子邮件，约占总数的 44%。根据这些报告，可以估计出美国工人平均每天花在阅读、写作和转发私人电子邮件上的时间大约为 1.5~2.0 小时（可能高达一个工作日总时间的 25%）。

形势将会恶化。朱庇特媒体公司（Jupiter Media Metrix）的数据显示，到 2006 年，每个用户的电子邮件数量将比 2000 年增加 40 倍，其中，垃圾邮件的数量约占所有电子邮件的 1/3。尽管电子邮件对企业有好处，但垃圾邮件和使用企业电子邮件系统发送私人电子邮件正在削弱并将消耗越来越多的成本节约和/或由电子邮件及消息传递带来的生产率的提高。该公司认为，随着电子邮件和消息数量的增加，企业将越来越希望并实施能够优化消息传递效率的工具，部分方法是将私人电子邮件与业务相关的通信分开，对业务相关的消息进行优先排序和分类，并最大限度地减少垃圾邮件。

企业对企业集成和信息传递优化

随着企业应用程序的出现，出现了复杂性和协调需求。在过去的 10 年中，公司在企业应用程序上投入巨资，以实现内部业务流程的自动化并提高其效率。随着竞争的加剧和市场变得更加活跃，公司开始认识到他们必须与客户、供应商和商业伙伴进行更密切的协调。然而，传统的企业应用程序不容易支持企业边界之外的业务流程。因此，仅依赖其企业应用程序的公司无法轻松地将其业务流程与客户、供应商和其他业务合作伙伴的业务流程相集成，以实现生产率的提高。

在这种环境中，互联网已经成为电子商务、通信和信息共享的重要媒介。互联网作为商业通信平台被广泛采用，为企业对企业的关系奠定了基础，这种关系已经使组织能够挖掘新的收入来源，简化烦琐的流程，降低成本和提高生产率。企业正在寻求企业对企业的集成（B2Bi）解决方案，使他们能够利用现有的企业应用程序组合，通过互联网与客户、供应商和其他商业伙伴交换信息和进行交易。

计算环境的多样性及无法在这些环境中共享信息一直是企业对企业集成的主要障碍。当前的企业对企业集成方法成本高、问题多且效率低。此外，由于大多数企业对企业集成的方法是以网络为中心的，需要用户持续连接到互联网。该公司认为，下一波企业对企业集成创新的一部分将集中于增强和扩展消息传递，使其成为企业对企业集成更智能和合适的平台。推动这一趋势的因素包括：①企业对企业集成在国际和国内的渗透率不断提高，网络访问受限和／或成本较高和／或电子邮件渗透率较高的其他市场；②移动平台、设备和应用程序的激增；③企业越来越担心与需要持续互联网连接的应用程序相关的安全和隐私风险。尽管电子邮件和消息传递将演变成各种形式（如基于知识产权语音的电子邮件、无处不在的即时消息传递、与智能代理相关的电子邮件、嵌入式电子邮件），但随着它变得越来越智能和主动，其仍将是互联网的主要应用，这一预测强调了这一趋势。该公司认为，电子邮件和消息不仅会在网络之间和不同设备之间传播，而且电子邮件和消息还会传输数据并将应用程序与应用程序连接起来。该公司认为，提供信任并支持电子邮件和消息传递的标准化和优化功能的电子邮件和消息传递基础架构是电子邮件和消息传递成为可靠传输所必需的，在此基础上，异构（开放/专有）消息传递架构、不同的企业应用程序（消息传递、业务、交易或其他）、新兴的安全和隐私技术及业务流程系统之间可以实现互操作性。

基于互联网的增长和对通信、电子商务及移动设备增长的预期，该公司认为企业对企业集成软件（包括基于消息的形式）的市场机会是巨大的。例如，国际数据公司一项专注于网上交易市场的研究预测，企业对企业集成的市场在 2005 年达到 170 亿美元。

除了作为企业对企业集成技术和服务的基石之外，该公司还打算依托 Postiva 平台及技术来扩展和增强消息传递功能，使其更加智能化和事务化。

具体来说，该公司打算开发一套智能消息传递解决方案，即 EM-Agents^{tm}，主要包括基于消息的生产力和交易解决方案，用于：①直接营销和客户关系管理消息传递；②基于消息的计费和支付解决方案；③流水线、异步信息收集和检索；④供应链管理、工作流和生产力流程。该公司认为，新兴市场代理套件支持的功能市场是巨大的。该公司预计将直接参与以下市场的竞争：外包电子邮件营销服务的整体市场（2005 年为 73 亿美元——朱庇特媒体公司）和客户关系管理外包（2004 年为 48 亿美元——国际数据公司）；计费系统（2000 年为 110 亿美元——行业标准）和账单支付（2005 年为 404 亿美元——区域研究）；移动和电子商务（到 2004 年总计 50 亿美元——国际数据公司）；企业在线采购营销（到 2005 年总计 101 亿美元——弗雷斯特研究公司）。

Postiva 解决方案

定位、策略和营销

该公司解决方案的基石是其专利申请中基于消息的信任基础架构，该基础架构支持各种形式的业务交易处理（"Postiva 平台"），其软件产品就是基于该基础架构构建的。该公司认为，通过一个专有架构，它可以解决互联网和消息传递面临的 3 个最重要的问题——隐私、法律合规性和工作效率；实现智能消息传递解决方案，帮助企业优化和集成现有的业务流程和应用程序，并进行新颖的基于消息传递的交易。此外，该公司认为，Postiva 平台的架构与现有的隐私、安全应用程序和基础架构相集成。Postiva 平台还可用于集成和提供许多应用程序的互操作性，作为应用程序、体系结构、操作系统和设备之间数据的安全"精简"传输。Postiva 平台旨在成为当今，尤其是未来分布式体系结构中的一个支持层，在这种体系结构中，各种形式的消息都有可能出现。

如图 9.1 所示，公司计划在综合阶段执行其战略：①电子邮件信任服务和产品；②电子邮件/消息优化（生产力和交易）。该公司定位于拥有多种收入来源。在第一阶段，公司希望通过以下方式创收：①提供隐私咨询和首席隐私官支持服务，包括评估、监控、教育和/或外包首席隐私官职能；②开发、营销和许可电子邮件/消息传递信托密封程序；③开发、营销和许可 RightPath™ 自动化法律、法规和最佳实践合规工具。该公司相信，通过其隐私咨询和信任产品，它将帮助公司客户：①遵守不断变化的国内、国际和行业特定的法律、法规及最佳实践；②通过管理和自动化部分合规流程来降低成本；③通过增强对潜在客户、现有客户的信任和保护其隐私来增加长期客户价值；④在客户获取、保留努力及现有营销和客户关系管理实践、技术方面增加投资回报。

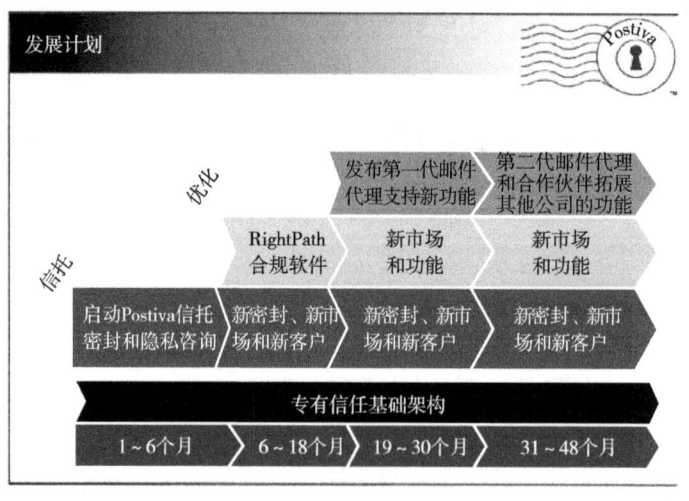

图 9.1 Postiva 发展计划

在第二阶段，即电子邮件/消息传递优化阶段，该公司希望利用和建立 Postiva 平台的现有基础和技术，通过开发、营销和许可其消息传递代理产品套件 EM-Agents™ 来创造收入。该套件将包括基于消息的生产力和交易解决方案，用于：①直接营销和客户关系管理消息传递；②基于消息的计费和支付解决方案；③简化和异步的信息收集和检索；④供应链管理、工作流和生产力流程。该公司认为，Postiva 平台及其生产力和事务性智能消息传递解决方案将为公司提供许多好处，包括但不限于：①新的商业机会；②更高的生产力；③简化的集成方式；④由于上述原因，安装技术、商业和营销实践带来更加丰厚的投资回报。

正如下文所述，第一阶段旨在建立公司、营销人员、中介和消费者之间的意识、信誉和信任。该公司认为，其平衡的电子邮件隐私标准是其主要竞争优势之一，也是维护其与隐私倡导者和企业/营销人员关系的重要基础。具体而言，该公司认为，其最初以隐私为中心的非技术性努力（提供电子邮件/信息信托密封和隐私咨询服务）及其衍生的关系将提供一个经济高效的平台，以引入和营销公司的法律、监管及最佳实践自动化/匿名合规应用程序 RightPath™，以及开发电子邮件优化工具和产品。该公司在第一阶段的策略是使用直接及间接的方法联系营销人员、首席隐私官、首席安全官、律师、在线广告商和支持服务、互联网、电子邮件服务提供商，以及其他需要了解、尊重和/或遵守隐私问题、法律、法规和最佳实践的专业人员。因此，该公司打算利用直接努力，包括销售代理和员工、贸易展览、赞助、平面广告、直邮和电子邮件、电话营销和公共关系，以及与贸易协会、消费者利益和隐私团体结成战略联盟的间接努力。

该公司的分阶段方法使其能够根据在每个阶段获得的学习、成功和反馈，有效地调整其产品开发、营销工作及财务和人力资源的使用，并灵活地应对其目标市场和金融界的现有条件及新兴趋势。

收入和商业模式

该公司的收入包含多种来源。让我们从它的产品开始讨论。

产品

第一阶段：电子邮件信托服务和产品

隐私咨询。该公司开始通过其电子隐私集团（ePrivacy Group）提供隐私咨询，以帮助公司设计、开发和验证他们的隐私政策、实践和程序。所提供的咨询服务包括隐私研讨会和培训计划、专家咨询服务、跨学科专业知识、评估、首席隐私官外包、首席隐私官支持服务、自我评估和隐私监控、通知及警报和响应服务。该公司预计其最初的客户将是直销商和拥有多种国际业务的大公司,每家公司都必须在不同的法律环境和特定的行业最佳实践中运营。虽然咨询服务的收费结构通常是以小时为基础的,但某些介绍性研讨会和教育服务的收费标准是固定的。

Postiva"可信邮件"密封计划。Postiva"可信邮件"密封计划是一项致力于在电子邮件发送者和接收者之间建立信任和信心的计划。公司开发了一个基于标准的第三方"密封"计划,既解决了用户对电子邮件隐私的担忧,又试图满足企业和营销人员的特定业务需求。Postiva"可信邮件"密封计划由一个多方面的保证流程组成,该流程建立了电子邮件发送者的问责制,从而使电子邮件接收者在进行在线交流或提供与之相关的个人信息时更加舒适自然。该计划及其标准是与直销行业协会、隐私倡导者、政策制定者和技术未来学家一起制定的。公司的意图是利用公司与这些个人和协会的关系,将最初的营销努力集中在他们各自的组成部分和成员身上。密封许可证的定价将基于一个公式,包括公司规模和信息量。随着时间的推移,该公司打算引入额外的密封,包括但不限于涉及消息传递的高度安全和商业密封。

RightPath™合规系统。该公司的第一个旗舰软件产品是RightPath™隐私、法律和监管合规系统。RightPath™合规系统基于Postiva平台,旨在利用实时规则数据库。该数据库包含适用的联邦、州、地方、国际和行业特定(即金融、医疗保健、儿童和直销)法律、法规、行业贸易团体指南和最佳实践的合规程序。公司预计对其RightPath™合规性软件的需求很大,因为它预计这将是第一个软件和/或基础架构解决方案,使公司能够根据预期接收人的特定个人信息(如接收人的年龄和/或地理位置)遵守具有不同适用性和后果的某些法律,而无须接收人暴露、委派和/或共享此类个人信息,即自动和匿名合规性。此外,该公司认为,对RightPath™合规系统及其其他信托产品和服务(即信托密封计划和隐私咨询服务)的需求将受到不断变化的法律和监管环境的驱动,企业和营销人员对潜在责任合法性问题日渐担忧。该公司打算以部分基于年邮寄和/或销售数量的基本许可费来构建其

RightPath™ 合规系统软件许可。此外，公司还打算对支持、安装、培训和/或信息服务（如更新的法律和法规数据库）收取额外的持续费用。

第二阶段：消息传递优化（生产力和交易）

该公司希望利用和建立其 Postiva 平台的安装基础和技术，提供智能消息传递解决方案，帮助企业优化业务流程。具体来说，该公司打算开发一个移动代理产品套件 EM-Agents™：①营销和客户关系管理消息传递；②提供基于消息的计费和支付解决方案；③提供精简和异步的信息收集和检索；④为供应链管理、工作流程和生产力流程提供新颖和轻便的运输生产力及交易解决方案。

该公司认为邮件代理专有产品特点新颖，并具有重要的商业应用价值。尽管涵盖这些特征的相关专利已经提交，但有一些仍在待定。

随着时间的推移，该公司打算在电子邮件代理中引入的几个关键产品特性如下。

●**营销和客户关系管理代理平台**：基于 Postiva 平台架构，正在申请专利的智能消息营销和客户关系管理解决方案被重新设计，部分是为了解决互联网的"隐私悖论"——一方面平衡消费者通常保留私人个人信息的矛盾愿望；另一方面平衡企业和营销人员在客户获取、交叉销售、追加销售及客户保留工作中利用在线和离线信息的做法。该公司预计对这些解决方案有很大的需求，因为它相信这些解决方案将是第一个软件和/或基础架构解决方案，能够实现个性化服务、有针对性的动态报价和客户获取，而无须用户暴露、委派和/或共享个人信息，即真正的机密、匿名目标和特征描述。与营销和客户关系管理代理相关的许可费通常是基于每封邮件/活动设置的，与增强的电子邮件营销功能的费率一致且具有竞争力。还考虑了额外的安装、开发、分析和培训费用。

●**交易、计费和支付代理**：该公司还提交了与通过电子邮件/消息基础架构进行预定义和/或基于回复的交易系统和方法相关的专利申请。基于此类专利申请，交易、计费和支付解决方案将支持许多基于点击/回复的个人和商业交易，以及通过电子邮件和消息进行的支付和购买。与交易、计费和支付代理相关的许可费通常将基于每笔交易/账单，与信用卡处理增强服务或其他支付系统/技术相关的费率保持一致并具有竞争力。还考虑了额外的安装、开发、会计和培训费用。

- **精简和异步的信息收集及检索代理**：埃森哲和朱庇特媒体公司最近的研究表明，在无线互联网接入普及之前，无线行业必须克服几个重大问题。这两份报告都将数据输入的难度，以及在无线设备上请求和接收信息所需的击键次数视为增长的障碍。该公司认为，通过电子邮件和消息传递，可以更快、更安全、更经济地获取网络上常见的信息。因此，该公司开发了精简和异步的信息收集及检索代理。与信息收集和检索代理相关联的许可费用通常基于每笔交易/查询，根据所访问的信息数据库的价值/成本而变化（或蜂窝、无线网络提供商可以提供涵盖一组查询或功能的整体许可）。还考虑了额外的安装、开发和培训费用。

- **供应链管理、工作流程和生产力流程**：该公司提交了专利申请，并打算开发与各种供应链管理、工作流程和生产力流程相关的解决方案：①报价、企业对企业和集团采购、拍卖投标的自动电子邮件/消息传递请求；②从商业电子邮箱和消息传递系统中分离和重新路由个人电子邮件/消息；③公司消息带宽和流量优先级、管理和垃圾邮件抑制；④商业和个人电子邮件/消息的分类和优先级。该公司预计对这些解决方案有很大的需求，因为这些解决方案中有几个是新颖的，并且考虑到与这类解决方案相关大型企业的潜在成本节约、效率和生产率提高。与供应链管理、工作流程和生产力流程代理相关的许可费通常基于每笔交易/购买，与拍卖服务、信用卡处理增强服务和企业对企业电子邮件采购交换/技术相关的费率一致且具有竞争力。还考虑了额外的安装、开发和培训费用。

竞争优势

该公司认为，与潜在的竞争对手相比，它有以下几个额外的竞争优势。

- **首个端到端的隐私、信任产品和服务系列**：该公司认为，由于其提供多种互补的隐私、信任产品和服务的战略，它处于强大的竞争地位。该公司创建全方位服务公司的战略侧重于一种模式，这种模式包括标准制定、咨询服务及相关合规软件的开发和增强，在提供互补服务和客户基础的情况下，创造了大量交叉销售机会。

- **自动化和匿名的法律合规性**：该公司预计对其 RightPath™ 合规性系统的需

求很大，因为它预计这将是第一个实现自动化和匿名合规性的软件和/或基础架构解决方案。此外，尽管该公司的密封计划侧重于电子邮件和消息传递的最佳实践，但该公司也相信，其设计的技术驱动的平台能够实现法律和最佳实践合规性的自动化，这将为其提供可持续的竞争优势。

● **与不同平台和应用程序的集成和互操作性**：合作而非竞争。虽然该公司将与后文竞争部分中讨论的许多公司在逐个产品的基础上进行竞争，但该公司不知道有任何类似 Postiva 的公司专注于信任/隐私及优化服务和产品。此外，虽然所有这些潜在竞争对手可能都有各自的业务战略和产品线，但 Postiva 认为，其专有的 Postiva 平台的互操作性和集成特性为其提供了竞争优势，并为公司创造了与这些公司合作（而非竞争）的机会，以支持其产品的新功能和扩展功能。

● **可信度和平衡**：与隐私倡导者和营销组织的关系。该公司认为，其在隐私标准方面的平衡方法及与隐私倡导者和企业/营销人员（包括行业协会）的关系是其主要竞争优势之一。此外，该公司认为，其顾问委员会的组成及其积极参与将进一步支持其对平衡和信誉的承诺。该公司还认为，其最初以隐私为中心的非技术性努力（提供电子邮件/信息信托密封和隐私咨询服务），以及由此产生的关系将提供一个成本效益有效的平台，用于：①引入和营销 RightPath™ 合规系统；②随着时间的推移开发电子邮件优化工具和产品。

● **卓越且可扩展的技术**：该公司认为，Postiva 平台的技术和架构基于一个基础和算法，该基础和算法提供了卓越且可扩展的技术，为竞争对手设置了障碍。该公司认为，Postiva 平台的体系结构带来了巨大的价值和竞争优势，该平台旨在为法律和法规遵从性，以及生产力和事务性智能消息传递解决方案提供一个通用的开放平台。

● **专利组合、知识产权和专有方法**：为了获得与 Postiva 平台、RightPath™ 和 EM-Agent™ 软件和功能相关的可持续竞争优势，该公司向美国专利商标局提交了 5 份专利申请和 1 份临时申请。该公司还寻求对关键商标和服务商标的商标保护。

● **经验丰富的经理、营销人员、技术人员、律师和学者**：该公司认为，其组建了一个无与伦比的管理团队，尤其是对于一家初创公司而言，该团队在商业、营销、技术、安全、隐私、法律、金融、医药和电子商务方面拥有丰富的经验（参见

"管理"和"咨询委员会")。此外,由于其敬业的员工和顾问,该公司定位于开发专有的、原创的、平衡的隐私产品和服务。

竞争

由于其提供多种产品和服务的战略,该公司认为自己处于强大的竞争地位。虽然该公司可能会在逐个产品的基础上与下面讨论的许多公司竞争,但它相信其专有的Postiva平台的互操作性和集成特性将为其提供竞争优势,并为该公司创造与这些公司合作(而非竞争)的机会,以支持其产品的新功能和扩展功能,如图9.2所示。

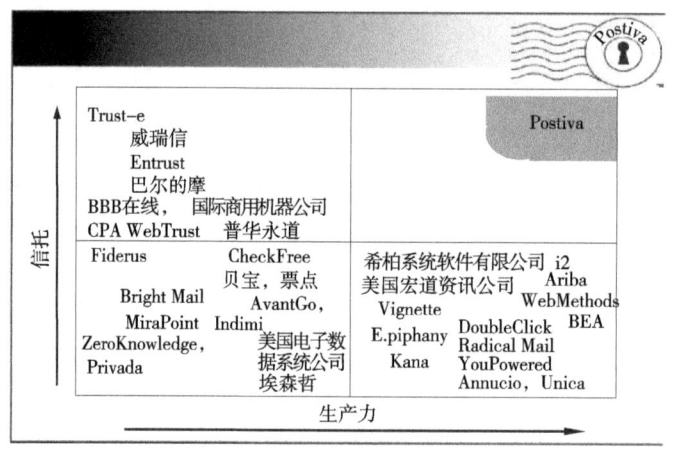

图9.2 竞争地图

一般来说,公司存在的竞争如下。

●**受信任的信息密封计划**:有几个公司和组织提供隐私密封计划,如电子信任、银行在线和注册会计师网络信任。目前,这些程序是以网络为中心的密封计划,提供与自愿承诺遵守并包括特定网站中包含的隐私政策某些条款相关的密封。虽然该公司的密封计划侧重于电子邮件和消息传递,但该公司也相信,其设计的技术驱动的自动化合规平台将为其提供可持续的竞争优势。

●**隐私咨询**:咨询和会计公司包括普华永道、国际商用机器公司、Fiderus和隐私线索公司(Privacy Clue),它们至少部分提供与隐私相关的咨询、审计、评估和/或管理服务,种类繁多。该公司预计这一市场领域的竞争将会加剧,并会持续保持警惕,以保持领先地位。此外,该公司认为,它为营销贸易组织和隐私倡导者的关系提供了竞争优势，有助于在商业目标/营销技术和隐私问题之间达成适当的平衡。

● RightPath^{tm} 合规系统：提供隐私或安全相关软件和服务的公司有很多，如威瑞信（Verisign）、Entrust、巴尔的摩、微软、Privada、YouPowered 和 ZeroKnowledge。此外，关于 Postiva 平台作为企业对企业集成平台的应用，企业对企业集成商和推动者包括 WebMethods、BEA、i2 和美国电子数据系统公司（EDS）。虽然该公司在潜在客户方面有可能与某些公司竞争，但该公司的产品和服务通常旨在补充隐私、安全企业对企业集成和赋能型公司所提供的产品和服务。通过与这些公司合作，该公司相信它可以与他们的某些产品和服务集成，并扩展和/或增强相关功能。

● EM-Agents^{tm} 邮件代理平台：特定邮件代理解决方案的性质决定了各种潜在竞争对手的存在。该公司营销和电子客户关系管理代理的潜在竞争对手包括电子邮件增强功能公司（Radical Mail、DoubleClick 和 Unica）和电子客户关系管理公司（希柏系统、宏道资讯、Vignette 和 E.piphany）。该公司的交易、计费和支付代理与账单支付和支付系统公司（贝宝和票点）竞争。该公司的供应链管理、工作流程和生产力流程解决方案与反垃圾邮件公司（BrightMail 和 MiraPoint）及生产力和电子商务公司（i2、Ariba 和 CommerceOne）竞争。拥有公司精简和异步信息收集及检索代理的潜在竞争对手可能包括各种移动信息和商业信息管理、内容和支持公司（AvantGo、Indimi 和 Multex）。

尽管本章概述了潜在的竞争，但该公司相信，通过为隐私、法律、法规和最佳实践合规性的所有方面提供差异化和更高质量的服务和端到端解决方案，其可以在这些市场领域取得成功。此外，该公司认为其多元化战略创造了重要的交叉销售机会，提供了互补的服务和客户基础。因此，该公司认为其战略使其处于非常强大的长期竞争地位。

技术

在一定程度上，公司将从事与法律、法规和最佳实践合规性相关的软件和应用程序开发，它将利用经过验证的最先进的技术和合作伙伴来快速高效地开发最新的技术和组件。迄今为止，该公司选择了技术组件和基础架构，同时牢记实施的便利性、成本、可靠性、性能和可扩展性。该公司的目标不是处于技术的前沿,而是处于成熟技术的前沿。这将确保其产品能够满足客户的需求,并提供一个稳定的基础架构,以便在未来轻松高效地进行构建。

此外,该公司还聘请了 Synnestvedt & Lechner 有限责任合伙公司开始进行专利申请组合的开发工作。迄今为止,该公司已提交了 5 项专利申请,以及 1 项有关 Postiva 平台、RightPathtm 和 EM-Agentstm 软件产品及相关功能、方法的临时性申请。

预计财务绩效总结

表 9.1 显示了公司筹资后的预测财务业绩。这些预测是基于某些假设制定的,当然会受到风险和不确定性的影响。公司对该信息的准确性或完整性不做任何陈述或保证。

表 9.1 预测财务业绩

		截至该年度 12 月 31 日			
		2001 年	2002 年	2003 年	2004 年
收入	第一阶段——信托/千美元	662	5396	16696	46836
	第二阶段——交易和优化/千美元		293	3381	23 559
	总收入/千美元	662	5688	20 077	70 395
销售成本	第一阶段——信托/千美元	211	1395	3252	6032
	第二阶段——交易和优化/千美元		47	439	2356
	总销售成本/千美元	211	1441	3691	8388
毛利	第一阶段——信托/千美元	454	4004	13 448	40 508
	第二阶段——交易和优化/千美元	454	4 250	16 389	61 712
	毛利/千美元		246	2941	21 204
	毛利率	69%	79%	82%	88%
销售和营销/千美元		1250	2758	7973	27 201
占销售额百分比		189%	48%	40%	39%
研发/千美元		1150	1600	2816	7248
占销售额百分比		174%	28%	14%	10%
一般和行政成本/千美元		750	1750	2750	7040
占销售额百分比		113%	31%	14%	10%
营业收入(亏损)占销售额百分比		-408%	-33%	14%	29%

管理层：官员、董事和关键顾问

该公司的管理团队代表了互联网、市场营销、法律、学术、商业和计算机技术方面的一系列经验和成就，公司管理团队如表9.2所示。

表9.2 公司管理团队

姓名	年龄	职务
施冯（Vincent J.Schiavone）	42	董事长、总裁兼首席执行官
詹姆斯·柯尼格（James H.Koenig）	36	执行副总裁、首席发展和法务官、总监
西姆森·加芬克尔（Simson Garfinkel）	35	首席隐私官
迈克尔·迈尔斯（Michael Miles）	43	首席财务官
迈克尔·米奥拉（Michael Miora）	48	电子隐私集团副总裁
拉姆·莫汉（Ram Mohan）	32	首席技术官
杰夫·穆里根（Geoff Mulligan）	44	高级建筑师

施冯，董事长、总裁兼首席执行官

施冯先生就读于坦普尔大学。自1986年以来，施冯一直深入参与互联网商务、隐私和安全领域研究。他是由风险投资公司资助的第一个无等级互联网搜索引擎"4Anything Network"的创始人、前首席执行官和董事会主席，该搜索引擎包括4500个垂直主题网站，其中包括2000个热门话题和2000个城市和乡村网站。根据朱庇特媒体公司的数据，从1996年6月到2000年4月，在施冯的领导下，公司从概念发展到120名员工和每月超过800万的独立访问者，使其成为全美网站100强。1999年，作为"4Anything Network"的一员，施冯还创建了一个以种植者直接价格提供最高质量的在线花店Greatflowers.com和一个与世界最大供应商合作的在线珠宝商JewelrySpotlight.com。施冯在在线服务和安全分析的设计和开发方面拥有丰富的经验。在加入"4Anything Network"之前，1997—1999年，施冯曾担任信息安全实验室公司的首席策略师，该公司是一家安全咨询公司，服务于金融服务、制造、医疗保健和分销行业。1999年，信息安全实验室公司被纳斯达克上市公司彩虹技术公司收购。1995—1996年，施冯担任美国国家计算机安全协会（NCSA）的高级分析师,他是 NCSA 最著名的情报收集和分析网络安全服务——信息系统/侦察的概念、设计、营销和开发的主要贡献者。1995年,施冯创建了阿万蒂联合公司(Avanti Associates),并担任其总裁。该公司致力于发声控医疗记录软件和系统,旨在为政府机密和公司专有环境快速可靠地识别私人信息和电子媒体标签。1996年,专业牙科技术公司(Professional Dental Technologies)收购了声控医疗记录软件和系统业务。

詹姆斯·柯尼格,执行副总裁、首席发展和法务官、总监

柯尼格在公司的各个重要领域都有丰富的经验,包括隐私法律和实践、电子商务、直销、计算机技术和法律。1997—2000年,柯尼格担任电视和在线零售商QVC的业务发展总监,负责QVC许多新的非广播业务、联盟和投资的总体战略制定和实施。在加入该公司之前,柯尼格曾担任Vicus.com公司的企业发展和营销高级副总裁,该公司有100名员工,负责创建替代性健康信息、产品和服务,他在该公司监督业务发展、媒体联盟、电子商务计划、广告和数据库营销(包括电子邮件许可、在线、远程营销和直邮活动)。1996年,柯尼格成为MaMaMedia.com创始团队的一员,并以执行副总裁的身份监督商业和法律事务,该公司是麻省理工学院媒体实验室的一个分支公司,为儿童开发与在线相关的娱乐和教育产品。柯尼格于1990年开始他的职业生涯,作为风险资本/高技术实践集团的成员,在威嘉律师事务所(Weil, Gotshal & Manges LLP)执业6年。柯尼格在麻省理工学院获理学学士学位,随后在迈阿密大学法学院获法学学位,他曾是迈阿密大学《法律评论》的商业编辑。柯尼格撰写的主题涉及商业发展、战略联盟及互联网、电子商务、娱乐和电信行业的风险资本融资。他的一篇文章《电子邮件隐私:需要知道的真相》,发表在电子邮件营销许可责任委员会的《行业领导洞察》(2001年2月第2版)。

此外,柯尼格还是互动媒体协会负责电子邮件的理事会成员、隐私委员会成员、可寻址媒体联盟的常务成员,以及直销协会、互动媒体协会和互联网联盟的投票成员。

西姆森·加芬克尔,首席隐私官

加芬克尔是一名记者、企业家,也是隐私和计算机安全方面的国际权威专

家，他的职业生涯一直在测试新技术，并就其影响提出警告建议。他曾是沙尘暴公司（Sandstorm）的首席技术官，一家社区互联网服务提供商的创始人，以及 UNIX 和 Windows 生产力软件的开发者。他著有 9 本关于隐私和信息安全的著作，包括《数据库国家》《阻止垃圾邮件》《信息社会的建筑师》《个人隐私保护：相当好的隐私》《网络安全与商业》《实用 UNIX 与互联网安全》等。加芬克尔也是著名的专栏作家，曾在《波士顿环球报》《连线》《沙龙》《技术评论》《计算机世界》《福布斯》《纽约时报》上发表文章。1997 年，加芬克尔对美国社会保障管理局网站的报道显示，安全松懈和隐私保护不力正危及所有纳税美国人的金融隐私。这篇报道引发了国会的调查，结果网站被关闭并重新设计。加芬克尔创建了互联网服务提供商 VinyardNet，并于 2000 年将其出售给了 Broadband2Wireless。加芬克尔是哈佛大学伯克曼互联网与社会中心的研究员，拥有哥伦比亚大学的硕士学位和麻省理工学院的 3 个本科学位。

迈克尔·迈尔斯，首席财务官

迈尔斯在公共和私营科技公司拥有超过 20 年的广泛财务和运营管理经验。1997 年 1 月至 2000 年 3 月，迈尔斯在 Safeguard Scientifics 公司担任高级副总裁兼首席财务官，在公司加速增长时期负责所有财务、投资者关系和人力资源事务。迈尔斯直接负责 Safeguard Scientifics 公司及其 40 家合作公司的所有资金和资本市场职能。他直接参与了所有 14 家由 Safeguard Scientifics 公司发起的首次公开募股，包括诺维尔（Novell）（1985 年）、剑桥技术合作伙伴（1992 年）和互联网资本集团（1999 年）。他在协助早期和中期公司方面拥有丰富的经验。在担任 Safeguard Scientifics 公司首席财务官之前，他曾任该公司副总裁、财务总监（1992 年 1 月至 1996 年 12 月）、财务报告经理（1984—1992 年）。1980—1984 年，迈尔斯任职于库珀（Coopers）和莱布兰德（Lybrand）公司。1980 年，迈尔斯获得斯克兰顿大学（University of Scranton）会计学学士学位。

迈克尔·米奥拉，电子隐私集团副总裁

在过去的 24 年里，米奥拉为工业企业和政府设计及评估了安全、私有系统，

包括国家最敏感的一些公共和私有系统。作为信息安全实验室公司的创始人，米奥拉是安全咨询和相关服务领域公认的领导者，他为大公司管理咨询服务和项目，并为各行业的公司进行信息/网络间安全和隐私评估。信息安全实验室公司于1999年被彩虹技术公司收购，米奥拉于1999—2001年担任该公司副总裁。米奥拉因向美国国家计算机安全中心、国家侦察办公室（NRO）和国家安全局（NSA）提供咨询，并组织计算机安全和隐私，以及灾难恢复方面的培训和研讨会而赢得了国际声誉。对于这项工作，米奥拉获得了最高的政府许可。1995—1997年，他担任国家（国际）计算机安全协会（NCSA/ICSA）咨询服务主任，帮助ICSA实现其作为信息安全领域主要力量的地位。米奥拉在加州大学洛杉矶分校和加州大学伯克利分校分别获得数学学士和硕士学位。米奥拉为由约翰·威立出版有限公司（Wiley & Sons）出版的《计算机安全手册》撰写了大量章节，他在多场会议发表演讲，并为各种期刊撰文。

拉姆·莫汉，首席技术官

莫汉在纳斯达克上市公司Infonautics任副总裁兼首席技术官。莫汉是追踪（Sleuth）产品网络的创始人，也是这家屡获殊荣公司的创始人。2000年，莫汉负责整个企业的运营，帮助推动一线业务的增长，并为公司的产品运行营销、产品管理和收入增长功能。同年，Sleuth产品的注册用户从约60万人增至约180万人，增长了两倍。自1995年加入Infonautics以来，莫汉一直在帮助Infonautics设计产品的互联网战略和技术，包括"电子图书馆"订阅服务。在加入Infonautics之前，莫汉是第一数据公司First Data Corporation首批网络计算财务团队的负责人之一。他还在优利系统公司（Unisys）和毕马威国际会计公司担任各种领导、工程和技术职位。莫汉以优异的成绩获曼加洛大学的电子工程理学学士学位，于巴拉希达桑大学获企业管理及工商管理硕士学位，于费城德雷克塞尔大学获计算机科学理学硕士学位。

杰夫·穆里根，高级建筑师

穆里根是太阳微系统公司（Sun Microsystems）的高级职员工程师，也是太阳微系统公司首要防火墙产品SunScreen的主要设计师，还是互联网商务集团（InternetCommerceGroup）的创始成员。在太阳微系统公司工作期间，穆里根创办了美国网（USA.Net），并创建了一个永久的电子邮件地址的产品，即网络地址（Network Address）。在加入太阳微系统公司之前，穆里根在 Digital 的网络系统实验室工作，负责开发 DEC 密封防火墙和网络课件，并负责研究电子邮件系统和技术。他在美国空军服务了 11 年，在五角大楼从事计算机和网络安全工作期间，他把五角大楼的第一个系统放到了 ARPANET 上，帮助五角大楼建立了局域网和广域网，并在空军学院教授计算机科学。穆里根拥有网络安全和电子邮件技术方面的专利，此外，他还是一位著名的演说家和作家，他的著作包括《消除垃圾邮件：电子邮件处理和过滤》。穆里根于 1979 年在美国空军学院获得理学学士学位，于 1988 年在丹佛大学获计算机科学硕士学位。

尽职调查

以下内容将尽职调查标准应用于 Postiva 公司的技术投资。这里采用的尽职调查视角是风险投资者的视角。

"正确的"技术

正如第一章所建议的，"正确的"技术假设技术投资目标是更大趋势的一部分。显然，在这种情况下，这项标准是满足的。也许没有比电子邮件和所有支持它的应用程序和基础架构更重要的技术了。此外，电子邮件和相关通信的使用也在推动企业对企业（B2B）事务处理，尤其是企业对消费者（B2C）事务处理。似乎这还不足以定义"正确的技术"，我们在电子邮件、B2B 和 B2C 事务处理上覆盖了安全和安全技术。可以说，电子邮件确实是 21 世纪初的"杀手级应用"。但是在电子邮件、电子邮件安全，以及我们使用通信媒介解决个人和职业问题的方式方面存在重大问题。换句话说，电子邮件和电子邮件安全是一个无处不在的问题。任何和所有优化电子邮件的技术都在"正确的"领域。

对基础架构的需求很少或为零

需要对现有通信和计算基础架构进行大量投资的技术解决方案比那些依靠现有

基础架构的技术解决方案更难销售和使用。

电子邮件已经有了一个巨大的基础架构价格标签。具有讽刺意味的是，围绕电子邮件管理的低效率——更不用说将电子邮件作为主要的网络通信媒介所带来的越来越大的风险——产生了许多巨额基础架构费用。尽管与Postiva平台相关的成本将增加电子邮件管理的成本，但同样的技术使用将显著降低电子邮件管理的总体成本。

Postiva平台本身代表了一种基于现有通信基础架构的替代电子邮件体系结构。这对特别依赖电子邮件的大型企业来说是个好消息，这些企业被迫优化现有的技术投资，而不是进行额外的投资。这里涉及一个"销售"：Postiva必须让依赖电子邮件的电子邮件管理员和业务流程经理相信，Postiva平台提供的效率和保护既有成本效益，又能提高工作效率。

预算周期一致

如图9.3所示，技术的主要焦点最初是战略性的。但在短时间内，它将成为处理各种事务的必要战术技术。新技术的本质最初是被视为战略性的，尤其是在未经证实的情况下。但是一旦它在一两个试点中得到验证，它就可以作为一种战术技术出售并使用。

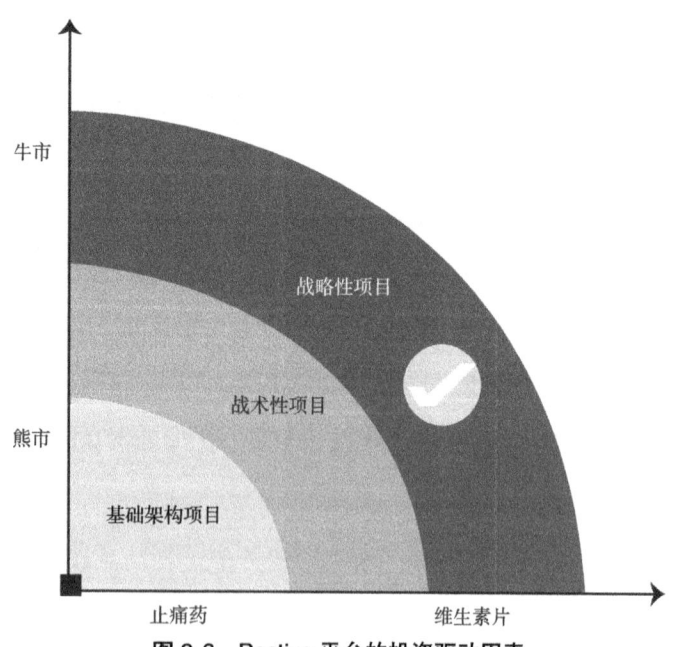

图9.3　Postiva平台的投资驱动因素

影响可量化

除了一些早期试点和基于模拟测试的一些数据外，影响是假设性的。Postiva 平台的早期采用者必须验证该技术在效率和安全性方面的影响，以及其他一些有意义的指标。

一般来说，在进行技术投资之前，不可能准确地知道量化的影响是什么。我们对影响进行估计判断。但是，有些领域最好能产生影响，而且最好是足够的影响，如在隐私合规和遵守其他监管要求方面。

流程和文化的变化

如果一种产品或服务需要组织极大地改变他们解决问题的方式或他们工作企业的文化，那么这个产品或服务将相对难以销售。在绝大多数公司，电子邮件的广泛管理大多发生在幕后。Postiva 的大部分技术也将在企业信息架构和基础架构的幕后发挥作用。例如，合规性会自动发生，而其他一些选项——如关于消息优先级的选项——将由用户定义。总体来说，对流程和文化的影响预计是最小的。

解决方案

公司总是在寻找尽可能多的"解决方案"。供应商喜欢生产解决方案，风险投资者喜欢投资解决方案。因为电子邮件本身不是面向解决方案的，所以 Postiva 平台不是传统的端到端解决方案。然而，它是消息传递架构的一个基本元素，提供了当前消息传递平台无法提供的许多功能和合规性。

多个退出方案

专利的申请创造了一个潜在的知识产权库，即使 Postiva 平台的销售未能实现，该库也可以被货币化。如果主要的商业模式失败了，也有替代产品和服务具有"分解"价值。例如，即使该公司无法获得足够的牵引力来维持一段时间，该公司的部分技术也很可能被出售给其竞争对手。

水平优势和垂直优势

最好的产品和服务能够讲出有吸引力的水平和垂直故事，因为客户希望了解特定行业的解决方案或在类似环境下（如友商）有效的解决方案。Postiva 平台的优势是水平的。由于电子邮件既是战略性的又是战术性的，它是行业中最具横向性的工具之一，它也是大多数公司赖以沟通和越来越多地开展业务的工具，也可以为特定行业开发和优化定制垂直解决方案。

行业意识

这里没有问题：电子邮件——所有的问题和机会都是由电子邮件创造的——是地球上每个行业分析师都熟知的。垃圾邮件、隐私、安全和效率是所有首席信息官和业务技术经理的首要问题。另外，Postiva 公司的知名度不那么高。

伙伴和盟友

关键的初始伙伴是值得信赖的发送方。这种"良好的内部管理"式的批准密封是 Postiva 平台价值的重要组成部分。除此之外，公司还需要与主要的及一些相对次要的消息传递、合规和基础架构供应商建立一套关系。

"政治正确"的产品和服务

"电子邮件问题"是一个日益严重的问题，解决这个问题的产品和服务是有价值的。随着人们对隐私、安全性、合规性、复杂性和优化的关注越来越高，解决这些问题的产品和服务将几乎必须被市场接受。

招人和用人

虽然 Postiva 是一家初创公司，但该公司拥有资深的高级经理和负责人团队。他们在电子邮件/隐私/安全领域都有广泛而深入的经验，首席执行官也有多次成功的创业经历。

差异化

差异化对成功至关重要，虽然并非每一个技术刚出现时就能形成差异化优势，但技术买家需要理解为什么他们的投资是合理的。Postiva 处于一个了不起的领域，但是面临很多竞争对手，其中一些是也将是来自大型成熟厂商的竞争。Postiva 计划提供的产品和服务实际上是与许多小型、中型和大型供应商竞争。差异化不仅存在于技术平台本身，也存在于可信的发件人（Trusted Sender）领域。但是在短时间内有很多事情需要证明 —— 科技初创企业通常就是这样。

经验丰富的管理层

公司管理经验丰富，整个团队都是世界级的。事实上，这个团队比大多数创业团队更有经验。

"包装"和宣传

管理团队非常清楚作为其走向市场战略一部分的辅助材料、行业分析、白皮书等的重要性。

结论

尽职调查的结果显示，各项指标基本上是良性的。但是，该公司是否存在问题？

Postiva 公司的主要问题是它无法持续占领市场。一个重要原因在于该公司的金融和技术市场状况欠佳。2000 年的互联网泡沫破灭让 Postiva 等数百家初创企业陷入了融资"瓶颈"。尽管该公司的培训和教育咨询业务表现相对较好，但该公司的持续融资遇到了困难。

随着时间的推移，经验丰富的管理层开始重新评估为投资者实现资产变现的方式。这一评估使其反垃圾邮件技术成为其最有价值的资产之一。公司管理层将反垃圾邮件技术作为该公司拟出售的头号技术，一边与潜在的技术买家进行接触，一边尝试从风投和天使投资者那里筹集资金。Postiva 公司做了两手准备：一是为可能出现的技术交易进行优化；二是为持续的技术投资吸引更多资金。为此，管理层衍生了一家名为特尼泰德（Turntide）的新公司，将新公司的所有业务集中在反垃圾邮件技术的销售或再投资上。Postiva 公司作为特尼泰德公司的大股东，持股 70%。

Postiva 公司两条腿走路的战略奏效了。最终，特尼泰德公司被赛门铁克（Symantec）公司以 2800 万美元现金收购。赛门铁克公司不仅购买了最中意的反垃圾邮件技术，还买走了 Postiva 平台的所有（已提交申请的）专利。由施冯率领的 Postiva 公司管理层吊足了赛门铁克公司的胃口，充分发挥了特尼泰德公司吸引风险投资的潜力，实现了向赛门铁克公司出售技术的预期目标。虽然有人说，特尼泰德作为一家新公司从创立到被出售仅仅用了半年时间，但实际情况要比传闻复杂得多。此后 4 年，Postiva 公司开发出了自己的商业模式，但是筹集的资金有限，在市场走下坡路时进行了裁员，好在衍生了另一家由其控股的新公司，并成功地将这家新公司出售给了一家大型供应商进行了套现。由此可见，针对 Postiva 公司初始投资进行的尽职调查结果是良性的，但可能是歪打正着，或者说是凭借一些正确的但相对次要的原因获得了正向的评估结果。回顾整个尽职调查过程，可以发现 Postiva 公司之所以能在商业模式欠佳的条件下完成技术交易，主要依赖的是公司管理团队的丰富经验。

本案例说明，公司管理团队、成长空间及对知识产权保护的重视在尽职调查中占据很大权重，尤其是管理层做出的技术出售或技术投资的双重策略对公司套现起到了关键作用。

第十章　投资基于知识的人机交互：TechVestCo 案例

案例简介

这是 TechVestCo 公司投资产品和服务的一个例子，该公司计划向更大的商业技术社区提供更多产品和服务。在此案例中，TechVestCo 公司为那些设计和开发易于使用的基于计算机的应用程序的人开发了一种"智能"辅助工具。想法很简单：支持易于使用软件应用程序的设计和开发，不让用户失望，同时提高人机生产率。TechVestCo 承担了交互式"工作台"的设计和开发工作，旨在帮助软件工程师设计和开发"友好"的人机界面。[①]

易于使用软件应用程序的需求

一系列问题推动了基于知识的用户交互界面设计、原型制作和评估工作台的发展——决定投资开发一种方法，然后开发一种软件工具，出售给负责设计易于使用软件应用程序的软件工程师，这里有以下 3 个问题。

如果有一个相当于"工作台"的应用程序，理解用户界面设计、原型制作和评

---

① 工作台的初始原型由美国空军罗马实验室资助。工作由斯蒂芬·安德里奥尔（Stephen J.Andriole）、李·艾尔哈特（Lee Ehrhart）和查尔顿·孟山都（Charlton Monsanto）完成。随后，TechVestCo 公司对该应用程序进行了投资。

估的最佳实践，会怎么样？

如果这些最佳实践被转化为交互式知识库，帮助设计者收集需求、开发原型和评估原型，会怎么样？

如果这个智能系统在多个工作站上运行，并且可以联网，这样设计者无论在哪里都可以共享设计，会怎样？

该项目产生了一个基于计算机的工作台，它将基于知识的设计和开发与软件工程最佳实践结合成一个准自动化系统，加速了"用户友好型"软件应用程序的设计和开发。

用户界面工作台

TechVestCo 设计开发了一个工作台，可以演示基于知识的设计如何支持人机界面的设计、开发和测试。这个工作台展示了一个关键的软件工程活动是如何被基于知识的设计所支持的；同时，它还展示了基于知识的交互式软件工程工作台如何支持多种活动。该平台可扩展到其他软件工程活动，如需求管理、软件设计、原型制作和测试。

假设工作台具有广泛的商业化可能性：很少有应用程序将基于知识的问题解决方式与软件工程相结合，像 IBM 旗下 Rational 开发软件这样的竞争对手，已经在一些软件设计流程的"自动化"方面取得了良好进展，但是还没有充分利用基于知识问题解决的进步来设计人机界面。工作台项目使用"对象—属性—值"的知识表示方法（一种可高度扩展到所有软件工程流程的方法）弥合了这一差距。

该项目假设：

● 可以将软件工程最佳实践运用到知识库中，从而加快软件设计、开发、应用和使用；

● 可以在对象—属性—值知识库中表示最佳实践知识；

● 可以在基于知识的人机交互（HCI）设计、原型制作和评估应用中，证明该方法的可行性；

● 可以将人机交互设计流程扩展为基于知识的交互式应用程序，它将支持附加的软件设计和开发流程。

工作台可以商业化。有许多软件设计者和开发人员应该对获得工作台感兴趣，以加强他们的软件设计和开发工作。

该应用程序支持用户计算机交互设计者识别用户需求（定义为"任务"），通过实现嵌入式商用现成（COTS）软件构建交互原型，并评估原型以确定它们的特性是否应该在产品代码中实现。

基于知识的交互式工作台组件

软件设计流程的本质过去是，现在仍然是需求建模。图10.1展示了一起产生需求模型的元素，需求模型反过来成为（总体和人机交互）设计和原型过程的输入。人机界面工作台支持识别最有可能满足用户需求的人机界面设计特征（给定需求建模阶段识别的约束）。

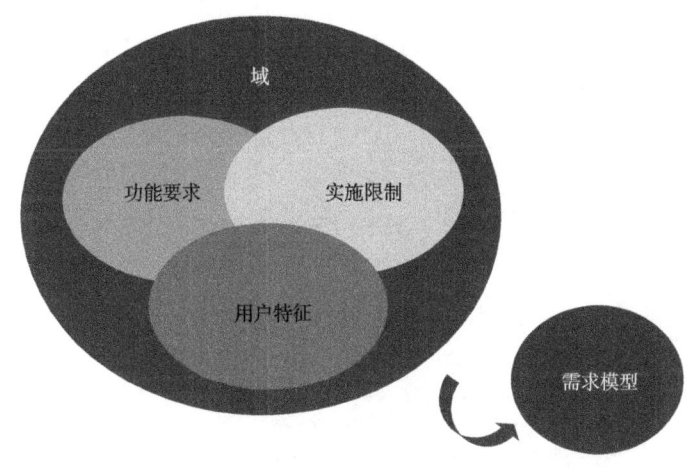

图 10.1 需求建模过程

如图10.2所示，有许多元素导致推荐的显示和人机交互例程。原型是编写软件需求规范的绝对先决条件。我们可能认为我们知道需求（甚至对于系统增强），但是我们能期望做得最好的事情就是构建和测试进化原型。软件就是这样开发的。TechVestCo工作台支持这一流程。

经提倡的（并嵌入到人机交互工作台中的）流程是：优先需求（给定约束条件）、一次性原型、初始软件需求、进化原型、详细的软件需求规范。

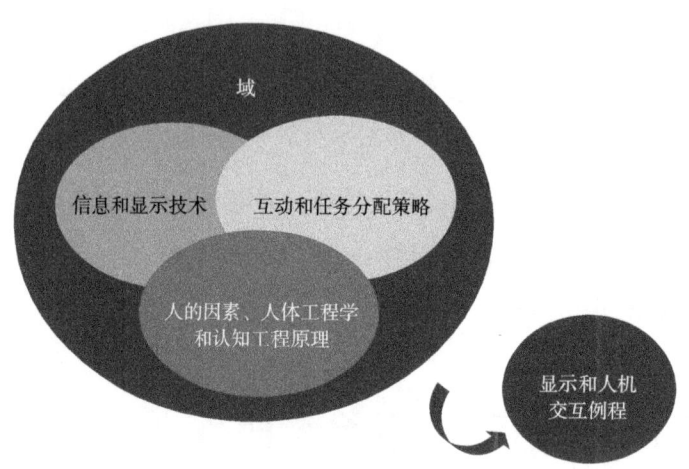

图 10.2 显示和人机交互常规识别过程

关键在于"模板化"需求建模和原型化过程,以及让有经验的专业人员来实施和管理它们。关键还在于允许群体设计和交流的自记录商业现成软件。人机交互工作台通过应用(嵌入在系统中的)商用现成软件支持迭代原型化流程。系统的体系结构允许在商用现成软件变得可用或新工具被识别为"首选"时添加(或删除)它。然而必须记住,并不是所有的商用现成工具都是平等的,有些工具更适合做一些特性原型,有些则不太适合。图 10.3 展示了原型"模板"。

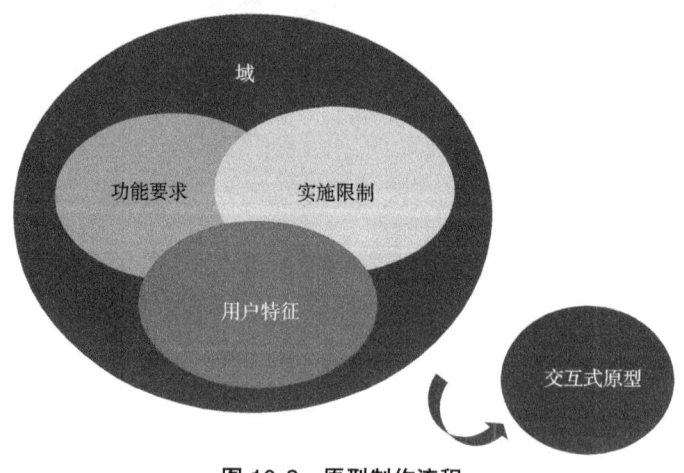

图 10.3 原型制作流程

如图 10.4 所示,评估过程也很简单。工作台具有关于替代实验设计、方法和手头特定评估任务的约束的知识。根据这些知识,以及以前的数据和关于需求、显示等的知识,工作台推荐了最佳的评估方法。

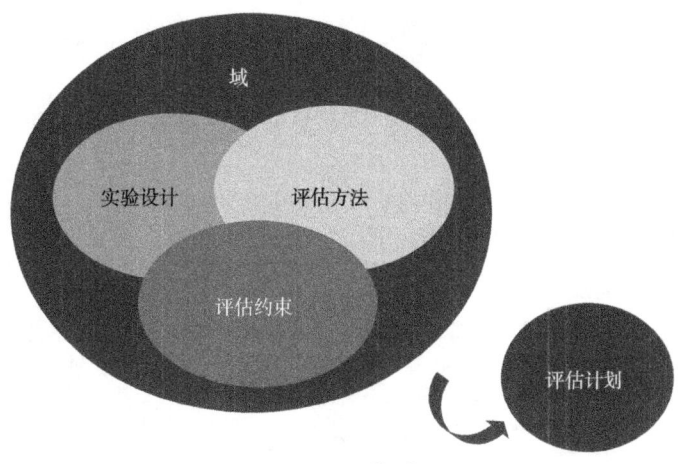

图 10.4 评估过程

知识库是系统的核心。设计过程的识别方法是基于通用的"对象—属性—值"知识表示方法。实际上，人们开发了一套规则来帮助人机交互设计者开发软件应用程序的界面。

图 10.5 以图形方式展示了这种方法。

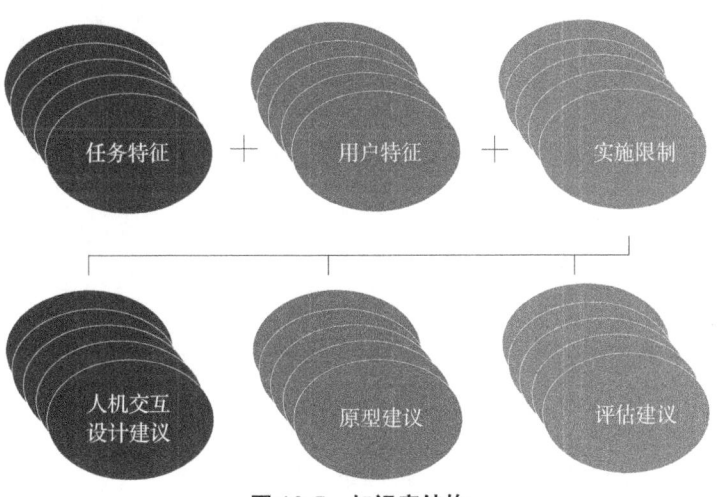

图 10.5 知识库结构

图 10.6 展示了工作台的主菜单。它确定了 3 个主要活动领域——需求建模、原型开发、原型评估，以及第二个领域——人机交互采样，其中包含选定人机交互特征的视频样本和商用现成软件原型工具。每个图标代表设计者可用的功能区域。图标代表从上到下的顺序流程，尽管设计者并不一定要按顺序进行。"人机交互采样"活动区域随时可用。

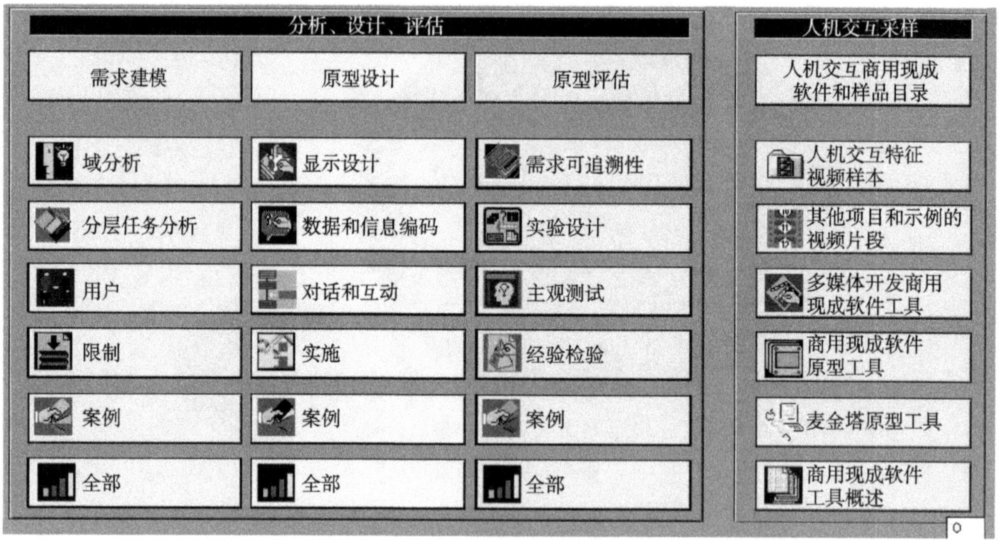

分析、设计、评估			人机交互采样
需求建模	原型设计	原型评估	人机交互商用现成软件和样品目录
域分析	显示设计	需求可追溯性	人机交互特征视频样本
分层任务分析	数据和信息编码	实验设计	其他项目和示例的视频片段
用户	对话和互动	主观测试	多媒体开发商用现成软件工具
限制	实施	经验检验	商用现成软件原型工具
案例	案例	案例	麦金塔原型工具
全部	全部	全部	商用现成软件工具概述

图 10.6　工作台的主菜单

这个工作台通过我们的人机交互应用程序展示了基于知识软件工程的可能性。理论上，将这种方法扩展到软件设计和开发流程的其他方面是可能的，如数据库设计或测试。

虽然屏幕截图是在麦金塔电脑（Macintosh）上创建的，但人机交互工作台也可以在 Windows 环境下运行，使用各种现成的工具（如规则引擎）。

尽职调查

以下内容将尽职调查标准应用于该技术投资。这里采用的尽职调查视角是公司评估备选项目的视角，以增加市场份额和收入。如果工作台可以卖给软件设计社区，那么公司就可以获得可观的收入——至少是这么计划的。

"正确的"技术

正如第一章所建议的，"正确的"技术假定技术产品或服务在今天是有生产力的——并且很可能保持这样。它假设该技术"有效"，并且能够"扩展"（支持越来越多的用户），并且是安全的，它还假设该技术是更大趋势的一部分，如开发更广泛和更深入的企业应用程序，如企业资源计划（ERP）应用程序。

但"正确"还有另一个维度。技术不是在真空中发展的。那些创造、购买和投资技术的人需要了解特定技术与相关技术之间的关系。例如，什么是远程访问（Citrix，美国思杰公司）技术？它是一个技术概念、一个真正的技术，还是一个完整的技术集群？

技术可以被映射到一个影响图上，该图揭示了许多令人乐观的技术还没有跨越原型技术和技术集群之间的鸿沟，如图 10.7 中分隔两者的粗线所示。浅色区域的技术目前没有重大影响；中间区域的技术有潜力；深色区域的技术是真正的技术。鸿沟是中间和深色区域的分界线，请注意 TechVestCo 公司投资的基于以知识为基础设计技术的位置。

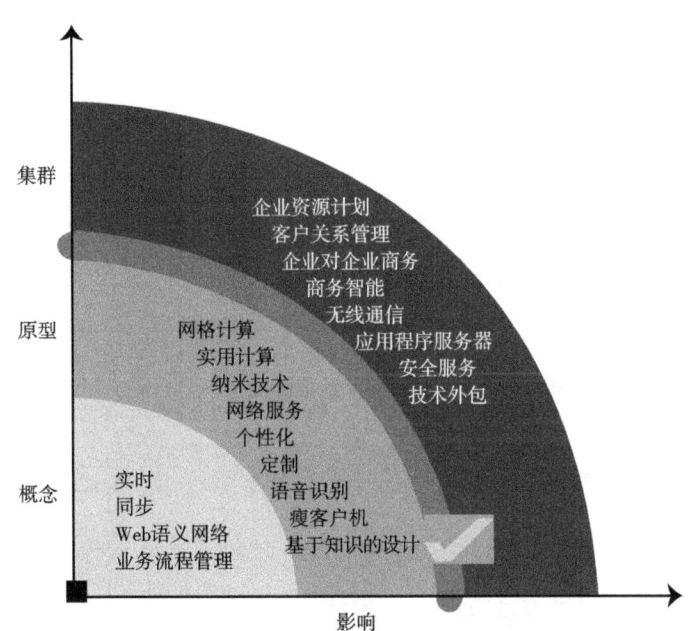

图 10.7 技术、影响和鸿沟，以思杰系统为例

基于知识的设计，即生产规则、神经网络、其他知识表示和处理技术的使用，有着悠久的历史。多年来，已经有许多尝试将基于知识的处理运用到各种流程中。可以说，基于知识任何东西的记录都不太好。多年来，人工智能领域因未能兑现无数学者和技术大师做出的许多业绩承诺而遭受重创。

这里显然存在风险：相对而言，鲜有基于知识的应用获得成功。在本案例中，尽职调查结果是中性的，没有完全达标，差点没有通过。

对基础架构的需求很少或为零

工作台运行在苹果麦金塔和 Windows 兼容的电脑上,不需要额外的硬件或软件。这是一个"独立"的应用程序,不需要额外的硬件或软件来运行。

预算周期一致

投资设计和开发基于知识人机交互工作台的决定最终是由为 TechVestCo 公司创造收入的设计驱动的。当时的计划是把工作台卖给那些想设计和开发人机交互的公司。工作台的定位是"止痛药",因为它减少了开发有效界面的时间、精力和成本。从 TechVestCo 的角度来看,工作台代表了一种战略投资,尤其是因为它试图证明基于知识设计的适用性;从工作台购买者的角度看,他们可能会认为工作台是战术性的。

影响可量化

理想情况下,影响力可以减少某种形式的"疼痛",尽管"维生素片"的影响显然是有吸引力的。定量影响还有助于区分产品和服务。人机交互工作台在时间、精力和成本方面产生了 30%~50% 的影响。但是真正的影响——提供改进的软件功能导航人机交互的开发和使用——在产品发布时还没有完全确定。

流程和文化的变化

如果一种产品或服务需要组织大幅改变解决问题的方式或他们工作企业的文化,那么该产品或服务将相对难以销售。幸运的是,工作台不需要改变流程或文化,除了软件设计者能够让他们的人机交互设计工作得到应用程序的支持。虽然这听起来不会对流程或文化产生影响,但存在一个风险,即一些软件设计师会拒绝帮助,即使它是有用的。

解决方案

工作台是独立的,但在广泛的软件设计和开发过程中肯定不是一个"解决方案"。它代表了流程的一部分,理想情况下可以通过嵌入的知识库和用户界面设计流程来加速——但它在任何意义上都不是软件设计、开发或测试过程的解决方案。

多个退出方案

在某种意义上,对工作台的投资是不可恢复的。一旦投入资金,人们的期望是该产品可以出售给软件设计师和开发者,并从中获利。如果产品不能刺激市场,想收回投资也无济于事。虽然从工作台的开发中可以获得一些有价值的知识,但这种知识获取不能被描述为一种可接受的退出。

水平优势和垂直优势

最好的产品和服务应能够讲出惊艳的关于水平和垂直优势的故事,因为客户希望听到行业特定的解决方案或在类似情况下工作的解决方案(如友商)。没有一个好的纵向故事,横向销售将变得越来越困难。首席信息官希望他们的供应商理解他们的业务。聪明的供应商横向和纵向组织自己来吸引他们的客户。

人机交互工作台是一个水平和垂直的应用。一旦在特定的垂直行业中使用——如在保险行业应用程序的人机交互开发中——工作台将存储界面供将来重用。开发的人机交互应用程序越多,行业相关性就越深。事实上,工作台已经针对防御指挥和控制领域进行了优化。同时,工作台非常水平,能够支持许多垂直领域的界面设计、原型制作和评估。

行业意识

业界对基于知识应用的潜力有相当大的认识,但对成功的基于知识的应用却没有足够理解或认识。事实上,该行业对专门基于知识的应用和人工智能持怀疑态度。

伙伴和盟友

工作台被一个相对不知名的零售商视为利基产品。在产品的引导过程中没有真正的合作伙伴或盟友。支持工作台的是其开发人员。

"政治正确"的产品和服务

大多数技术经理不会在他们认为有风险的事业上冒险,即使"有风险的"产品或服务可能解决一些棘手的问题。开发工作台的决定是否"有风险"?这是保守文化的一部分吗？尤其是考虑到在开发、包装、营销、销售和支持收缩包装软件的历史时，这个决定显然是有风险的。

招人和用人

正如所建议的那样，TechVestCo 公司的团队在软件应用程序的设计和开发方面是合格的，但在商业软件的销售和营销方面就不那么合格了。该公司可以很好地吸引和留住前一类的专业人士，但在吸引和留住后一类的专业人士方面，该公司的记录尚未得到证实。

差异化

在产品开发的时候，没有友商。

经验丰富的管理层

工作台的开发人员是有经验的软件应用程序开发者。他们也非常了解人机交互的设计、原型制作和评估流程。但是他们在收缩包装软件的设计、开发、包装、营销和销售方面有经验吗？记录显示这方面的经验很少。

"包装"和宣传

工作台的辅助材料更多的是针对软件工程师，而不是软件开发团队的经理。虽然技术的"惊喜因素"可能已经得到了充分的描述，但是工作台的商业价值却没有那么令人信服。

结论

尽职调查过程发现了一些严重的问题。不足为奇的是，这项投资没有支付股息。鉴于尽职调查的结果，工作台不应该被开发出来。尽职调查的结果大多是中性和不通过。问题在于工作台未能激发软件设计和开发社区。

第十一章　企业投资无线技术：维拉诺瓦大学案例

案例简介[①]

这是一个企业投资特定技术（无线通信技术）的例子，旨在为维拉诺瓦大学的管理人员、教师和学生提供网络和核心应用程序的访问。像许多大学一样，维拉诺瓦大学正在投资无线技术，为其技术用户群体提供移动性。

背景

维拉诺瓦大学位于宾夕法尼亚州费城以西，由圣奥古斯丁教团的牧师和兄弟于1842年创建。它由5所学院组成：文理学院、工程学院、商学院、护理学院和法学院。维拉诺瓦大学的国家和国际声誉及学生的学术经历，都因其杰出的师资队伍而得到加强，其师资队伍不断获得国家认可，包括富布赖特奖学金、古根海姆奖学金和一系列教学奖项。维拉诺瓦大学最近因其校园技术的深度和广度而被著名的《普林斯顿评论》所认可，最终被列为二十五大"互联最广的校园"之一。

---

① 本案例由斯蒂芬·福格尔（Stephen Fugale）和斯蒂芬·安德里奥尔（Stephen J.Andriole）提供。

挑战

维拉诺瓦大学将提高师生的教育体验作为其主要战略目标之一。维拉诺瓦大学的首席信息官斯蒂芬·福格尔（Stephen Fugale）表示，大学管理者希望通过先进、便捷、灵活的技术来实现这一目标。"实现这一目标最合理的方法之一是通过无线网络。"他解释道，"作为校园学习体验的一部分，人们显然渴望随时随地上网。"

解决方案

为了测试无线网络的可行性，维拉诺瓦大学决定在 2002 年晚些时候使用思科系统公司的技术进行试点。在商学院安装了几个思科 Aironet 1200 系列无线接入点。一个安装在法学院，两个安装在学生会，另外几个安装在计算机服务办公室。

数据速率高达 54 Mbit/s 的 IEEE 802.11a 标准提供了极大增强的性能和可扩展性增强的 8 个不同通道。尽管该标准与 IEEE 802.11b 设备不兼容，但它不受 2.4 千兆赫频段设备的干扰，如无绳电话、蓝牙设备、微波炉和手持式条形码扫描仪。IEEE 802.11g 标准提供了与 IEEE 802.11b 设备的向后兼容性，保护了用户对其现有无线局域网（WLAN）基础设施的投资。但是，由于 IEEE 802.11g 与 IEEE 802.11b 限于相同的 3 个通道，随着无线局域网用户密度的增加，可扩展性可能成为一个阻力因素。

思科 Aironet 1200 系列接入点支持 IEEE 802.11b 标准，具有 11 Mbit/s 的数据速率，并提供向新的 IEEE 802.11a 和 IEEE 802.11g 标准的迁移路径，这一特性增加了可扩展性和投资保护。

此外，Aironet 1200 系列可以在现场升级。例如，客户可以通过 IEEE 802.11b 无线电订购，然后随着他们的应用和带宽需求的发展，在新标准中添加或替换无线电。

维拉诺瓦大学无线试点项目最有趣的应用之一是商学院的高级管理人员工商管理硕士（EMBA）项目。该项目持续24个月，会议在维拉诺瓦会议中心举行，该中心位于一家大型酒店和会议中心，距离主校区不远。该会议中心安装了4个思科Aironet 1200系列接入点，通过互联网实现校园连接。

这个试点项目并不是维拉诺瓦大学第一次体验无线网络。思科的一个竞争对手此前向商学院捐赠了10个无线接入点，该大学的网络服务团队将该接入点设置为面向商科学生的无线局域网。其他一些学院也建立了自己的独立网络。

"当我2002年来学校的时候，校园里不仅有几个互不相连的无线局域网，还涉及几个不同的网络供应商。我们想把这件事处理好。"福格尔说。

这意味着要统一无线环境并建立一些首选的战略合作伙伴关系，这将有助于我们管理总拥有成本，集中支持线，最重要的是，确保我们在质量、可维护性和可扩展性方面获得一流的设备。（福格尔，私人交流）

福格尔（私人交流）补充道，思科Aironet无线技术标准化的决定基于3个关键原则：

首先，思科显然是市场领导者。没有人质疑该公司广泛的产品和能力。其次，我过去与思科有过合作，可以证明其对客户后续支持的坚定承诺。最后，思科花费了大量时间了解维拉诺瓦大学和我们的需求。

多阶段使用的第一阶段始于2003年，该阶段将无线局域网扩展到校园全覆盖。除了试点阶段使用在商学院的8个Aironet接入点之外，校园内还安装了近100个额外的接入点。思科Aironet接入点连接到思科智能以太网Catalyst 3550交换机，并通过它们连接到思科Catalyst 6506路由器，后者为无线子网提供路由。"我们想要Catalyst 3550交换机有几个非常重要的原因。"维拉诺瓦会议中心负责人解释道。

一个是他们通过以太网电缆提供在线电源的能力。这节省了我们原本不得不花费在额外布线上的钱。我们还希望在单个位置将接入点连接在一起，如在商学院教学楼每层放置 24 个接入点，在另一个位置放 8 个接入点，等等。通过这种方式，交换机可以将接入点聚合在一起，提供电力。（维拉诺瓦会议中心，私人交流）

"此外，这让我们能够使用 Catalyst 3550 交换机和 1200 接入点的一些更先进的功能。"他继续说道。

例如，当某人连接到无线网络时，他或她的用户标识符将决定该人使用哪个虚拟局域网（LAN）。技术人员可以登录并完全访问任何他想访问的内容，但是学生或教职员工可以获得任何他或她有权连接的虚拟局域网。（维拉诺瓦会议中心，私人交流）

最后，维拉诺瓦大学都安装了思科 PIX 防火墙。

结果

在维拉诺瓦大学推广无线技术的初期，该大学福尔维纪念图书馆内安装了 25 个接入点，校园中心也安装了接入点来创建多个"热点"。在这些"热点"中，有位于康纳利中心的贝尔空中露台自助餐厅，一个被称为意大利厨房的学生用餐区和多尔蒂大厅的教工餐厅也包括在内。

下一阶段将是把无线接入扩展到其他学院，覆盖面也将扩大到护理学院和法学院。

维拉诺瓦大学的最终目标是为整个校园提供无线覆盖，先从学术环境开始，然后到学生活动和学习的公共区域，最后是宿舍。管理人员甚至考虑最终扩大大学的无线覆盖范围，以支持住在校外的学生。

第二部分 尽职调查研究案例

尽职调查

以下是对维拉诺瓦大学无线技术投资的尽职调查标准。这里采用的尽职调查视角是指一个组织获取并使用一项能够增强其运营的技术。该流程由该校的首席信息官牵头,他正在寻找最具成本效益的解决方案来满足该校的移动互联要求。

"正确的"技术

如第一章所述,"正确的"技术假定技术投资目标是更大趋势的一部分。什么是无线接入技术?它是技术概念、原型技术还是整个技术集群?

技术可以被映射到一个影响图上,该图揭示了许多令人乐观的技术还没有跨越原型技术和技术集群之间的鸿沟,如图 11.1 中分隔两者的粗线所示。浅区区域的技术目前没有重大影响;中间区域的技术有潜力;深色区域的技术是真正成熟的技术。鸿沟是中间和深色区域的分界线。请注意无线应用服务的位置。无线应用服务已经跨越了鸿沟,尽管在标准、技术本身、成本、安全性和支持方面仍存在一些不确定性。

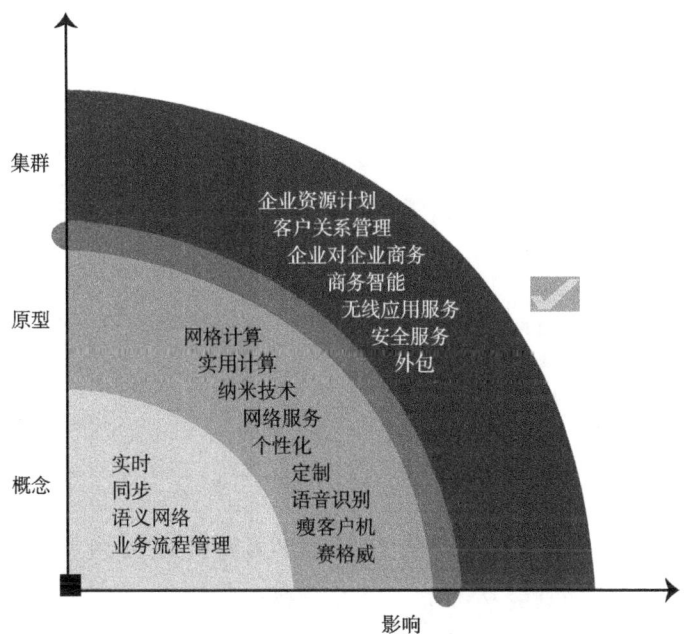

图 11.1 技术、影响和鸿沟,以无线应用服务为例

尽职调查的结果是可行的,尽管无线技术仍在发展。在许多高校使用无线网络也有很多先例。事实上,有一个有力的论据可以证明,随着无线带宽的增加,大学校园里几乎没有有线电视了。这是发展无线的时机?很难说,但可以肯定的是,在5~10年我们可以预期大多数——如果不是全部的话——受束缚的大学服务将会消失。

对基础架构的需求很少或为零

需要对现有通信和计算基础设施进行大量投资的技术解决方案比那些依靠现有基础设施的技术解决方案更难销售和使用。如果技术经理不得不花很多钱应用一家公司的产品或服务,他们不太可能这样做——如果他们可以选择另一种类似的产品或服务,只需要很少或不需要额外的投资。不幸的是,无线接入最初很昂贵。维拉诺瓦大学现有的基础设施是校园里一堆杂乱的有线接入点。虽然标准化还未到位,传输速度也不一致,但基础设施已经建成并"运转"。学校师生转向无线接入需要相当大的基础设施投资。在这种情况下,基础设施投资对于采用新技术及其支持的功能是必要的。更糟糕的是,考虑到使用的性质,该大学仍然维持着两种接入环境——一种是有线的,另一种是无线的。事实上,它计划这样做至少有几年了。但这是否会让投资变得"糟糕"?不,因为长期投资——考虑到长期技术趋势——证明了投资的合理性。最终,世界将走向无线化,维拉诺瓦大学就像几乎所有的大学一样,将从相对早期的无线技术投资中受益。

除了新的无线架构之外,还有保持无线环境正常运行所必需的支持(更不用说安全了)。随着时间的推移,支持需求(和成本)将会减少,原因有二:第一,随着有线环境的使用寿命逐渐缩短,整个接入环境最终将向无线技术倾斜;第二,支持无线环境的成本将随着时间的推移而降低——尤其是如果大学决定外包对未来商品的支持。

预算周期一致

如图11.2所示,维拉诺瓦大学无线投资的最初重点是战略性的。该校的无线计划最初旨在利用无线技术的进步。然而,投资的关键在于它与总体战略技术计划的一致性。这项投资是"维生素片"还是"止痛药"?该校一直在寻找方法来改善与教师、学生、管理人员和校友的互动方式。无线技术是交互策略的关键组成部分。这也符合技术趋势、大学的战略技术计划及允许自由投资资金分配的预算周期。

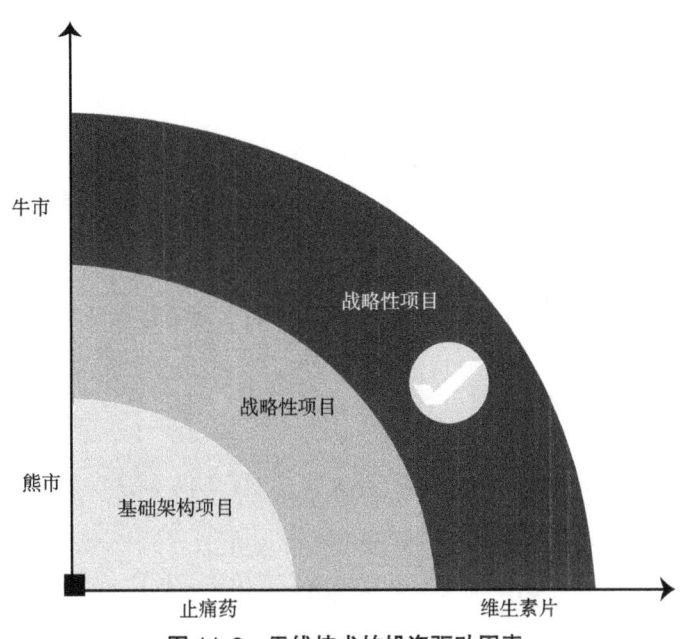

图 11.2 无线技术的投资驱动因素

影响可量化

无线技术使用的预期影响包括降低成本、改善远程和移动通信，以及降低支持基础设施要求。在维拉诺瓦大学安装无线接入点之前，该校使用的思科技术已经在其他环境中进行了测试，因此，在一定程度上影响是可预测的。他们将制定衡量标准来确定随着时间的推移会产生什么样的影响，思科提供了类似的使用影响数据。维拉诺瓦大学首席信息官还联系了其他大学，评估其无线安装项目产生的影响。

流程和文化的变化

无线接入网络、应用程序和电子邮件的可用性改变了交互过程，并在一定程度上改变了通信和计算环境的使用文化。校园内或任何组织内的移动计算改变了组织成员访问数据、交流，尤其是在大学环境中学习的方式。这些变化有些是好的，但有些是有问题的。例如，无线通信支持持续通信（不受接入有线网络需求的限制）。虽然这是可取的，但无线通信也能让学生在课堂（或其他会议）期间进行交流，因为在课堂上，即时消息和其他在线活动已经非常普遍。让学生从一个班到另一个班不断地交流会分散他们学习的注意力（很明显）。维拉诺瓦大学实际上正在评估一些课堂干扰能力，以确保学生参与学习过程，而不是互相发邮件或在www.jcrew.com网站订购牛仔裤。

其他变化是积极的。对网络、数据库和应用程序的无线访问使校园中的正常事务处理更容易、更快捷、更灵活。

这种对现有流程和文化的改变对组织有利，便于其更容易开展大学业务。

解决方案

无线技术本身并不是满足大学通信需求的"端到端"解决方案。它是一种有利的通信技术，有助于提升大学运作的效率。

基于无线技术的产品和服务不是针对技术通信基础设施或架构的端到端解决方案，但它确实代表了一种被思科捆绑在一起的分割的"解决方案"。这意味着无线技术的集成和互操作性需求在很大程度上由思科解决。虽然无线技术的本质不是"独立的"或"端到端的"，但思科已经将该技术的要素捆绑在一起，足以使其成为一个可集成的部分解决方案，满足大量更大的需求。人们强烈认为，随着时间的推移，思科仍将是主要的无线通信供应商，因此，能够协助客户提升无线技术与其他通信和应用技术的集成度和互操作性。

多个退出方案

思科无线技术的案例在本质上接近大学无线通信的一种零和游戏。换句话说，一个"出路"是如果使用思科技术失败，学校可以转向其他供应商和技术，但这样做的成本会非常高；另一个"出路"是默认回到一个完全有线的校园。这两种方案都被认为是不可接受的，除非在思科完全失败的情况下才有可能。思科被选中凭借的是它的声誉、经验、产品和服务。

水平优势和垂直优势

最好的产品和服务能够讲出关于水平和垂直优势的吸睛的故事，因为客户希望听到行业特定的解决方案或在类似情况下工作的解决方案（如友商）。没有一个好的垂直优势的故事，横向销售将变得越来越困难。首席信息官希望供应商理解他们的业务。

思科是一家水平优势供应商，其产品和服务用于多个垂直行业。同时，像大多数大型技术供应商一样，它为特定的客户组织、定制产品和服务，包括学术界在内的垂直行业。维拉诺瓦大学并不是思科提供无线接入的第一个学校——从长远来看也不是。事实上，思科拥有丰富的学术经验，并将其运用到维拉诺瓦大学的无线使用中。

行业意识

每个人都知道无线技术和思科。

伙伴和盟友

首席信息官们期望对他们所追求的产品和服务有一个广泛的支持网络。思科与第三方供应商和顾问合作的历史很长，思科的合作伙伴渠道既广又深，使用思科的产品或服务不会被孤立。这是可行的。

"政治正确"的产品和服务

技术投资者不会在他们认为有风险的事业上冒险——即使"有风险"的产品或服务可能解决一些棘手的问题。无线通信通常被视为热门技术，是适合许多应用的"正确"技术。维拉诺瓦大学的投资文化可以说是保守又谨慎。领导层也相当谨慎，但也愿意在有证据表明投资回报强劲时转向新的方向。

招人和用人

思科是一家技术蓝筹股公司，在吸引最优秀和最聪明的人才方面没有什么困难。思科技术产品和服务的购买者可以直接从公司及其庞大的合作伙伴网络中获得大量可用的人才。支持维拉诺瓦大学的思科团队非常出色。

差异化

差异化对成功至关重要，虽然并非每一种差异化论点都是在技术出现时形成的，但技术购买者需要理解为什么他们的投资决策是合理的。思科的产品和服务在无线通信领域被确定为稳固且有竞争力。性能数据广泛传播，行业分析师帮助客户评估了思科和无线技术供应商友商的优势和劣势。

经验丰富的管理层

这里的关键是看到技术实力和管理经验的正确组合，以开发和交付成功的产品或服务。思科团队经验丰富、非常聪明，该公司实力雄厚，在业界享有令人羡慕的声誉。

"包装"和宣传

思科公司意识到了"包装"和通信的重要性。思科赞助了很多无线会议，并且已经有了大量的白皮书来描述该公司应用和支持新技术的方法。他们的网站（http://www.cisco.com/en/US/products/hw/wire- less/products _ promotion 0900 aecd 801 a 118 c.html）展示了公司对无线形式和内容的重视。

结论

尽职调查的结果几乎全部达标。技术使用进展顺利，影响是极好的，问题的数量是最少的。这里的尽职调查过程总体上是成功的，它展示了技术投资的基本保守方法是如何产生积极成效的。这一过程是"保守的"，主要因为供应商和技术都已得到很好的确立和验证。作为被无线网络覆盖的学校，维拉诺瓦大学绝不是第一个。风险最小，成本可控。

第三部分

尽职调查工具和技巧

第十二章 技术尽职调查的方法、工具和资源

有几种途径、方法和工具可以加强技术尽职调查流程。这里将讨论以下4个方面：

- 技术趋势分析方法；
- 尽职调查分析的现成工具；
- 尽职调查项目管理；
- 尽职调查模板。

技术趋势分析方法

发展趋势分析的方法包括以下步骤。

第一，它松散地建立在内容分析和对找到的类别进行编目的基础上，其中，内容分析是一种基于文档扫描的正式技术。例如，如果"Linux"的主题出现在100%的扫描材料中，那么它的内容分数就很高；如果"Linux支持"出现在75%的材料中，作为一般Linux覆盖的一部分，那么就可以识别出一个模式，这些模式成为潜在趋势的来源。为进行高水平内容分析而扫描的主要材料包括以下内容。

内容来源：

- 各种投资银行分析和报告
- 各种公司报告
- 弗雷斯特报道
- 《IBM思维研究》
- 《股份有限公司》
- 《股份有限公司技术》

- 阿伯丁报道
- 高德纳报告精选
- 精选书籍
- 《应用发展趋势》
- 《银行系统和技术》
- 《基线》(Baseline)
- 《BizEd 杂志》
- 《生物信息技术世界》
- 《商业 2.0》
- 《企业金融》
- 《商业周刊》
- 《呼叫中心客户关系管理解决方案》
- 《通信融合》
- 《国际计算机学会通讯》
- 《传播新闻》
- 《通信解决方案》
- 《通信系统设计》
- 《通信技术》
- 《计算机经销商新闻》
- 《计算机技术评论》
- 《计算机电话通讯》
- 《计算机世界》
- 《计算机语音媒体》
- 《计算机服务机构》
- 《客户关系管理》
- 《客户参考代码》
- 《客户互动解决方案》
- 《信息周刊》
- 《信息世界》
- 《保险与技术》
- 《集成通信设计》
- 《集成系统设计》
- 《智能企业》
- 《互联网周刊》
- 《互动周刊》
- 《互联网世界》
- 《互联网世界新闻》
- 《电气和电子工程师协会计算机》
- 《电气和电子工程师协会普适计算》
- 《电气和电子工程师协会软件》
- 《电气和电子工程师协会频谱》
- 《电气和电子工程师协会系统、人和控制论事务》
- 《知识管理》
- 《知识管理世界》
- 《微软高管圈》
- 《军事和航天电子》
- 《移动计算》
- 《美国国家航空航天局技术简报》
- 《网络杂志》
- 《网络经济》
- 《网络计算》
- 《网络世界》
- 《新建筑师》

第三部分 尽职调查工具和技巧

- 《客户界面》
- 《客户支持管理》
- 《首席财务官》
- 《指导》
- 《文档处理技术》
- 《文档世界》
- 《数据管理》
- 《数据管理评论》
- 《电子商务顾问》
- 《电子商务技术新闻》
- 《电子学习》
- 《电子新闻》
- 《电子商务世界》
- 《企业家》
- 《企业发展》
- 《企业系统杂志》
- 《企业系统》
- 《电脑周刊》
- 《快速公司》
- 《联邦计算机周刊》
- 《福布斯》
- 《财富》
- 《财富小企业》
- 《一线解决方案》
- 《政府计算机新闻》
- 《政府行政部门》
- 《全球定位系统世界》
- 《惠普世界》
- 《优化》
- 《个人电脑世界》
- 《利润：甲骨文应用杂志》
- 《演示文稿》
- 《红鲱鱼》
- 《销售和营销自动化》
- 《软件开发时代》
- 《聪明的合作伙伴》
- 《聪明的经销商》
- 《软件开发》
- 《仓促股份有限公司》
- 《摘要》
- 《技术简报》
- 《保险技术决策》
- 《技术视野》
- 《技术评论》
- 《教育期刊中的技术视野》
- 《电信业务》
- 《电话通讯》
- 《电视专业版》
- 《天睿公司评论》
- 《变革杂志》
- 《行业标准》
- 《风险价值模型业务》
- 《可扩展标记语言和网络服务杂志》
- 《华盛顿技术》
- 《连线》

第二，模式是根据长期发展趋势的现有数据库进行评估的。

为了验证的目的，模式和趋势与"真正的"分析师和从业者讨论，包括投资银行分析师、首席信息官、首席技术官和技术供应商。

所有这些都被综合成在某个时间点似乎有效的趋势。显然，趋势会改变——尽管投资者最感兴趣的是那些持续领先的趋势。

首席信息官、技术供应商和风险投资者都必须进行技术趋势分析，尽管原因有所不同。在技术投资业务中，趋势分析应该是一项核心能力。

说明跟踪和记录技术趋势的最好方法也许是说明几个趋势分析。第一个是普适计算，第二个是智能系统技术，分别见本书的附录一和附录二。

尽职调查分析的现成工具包

尽职调查流程可由任意数量的现成软件工具支持。[①] 当中的许多工具可用于参照15项尽职调查标准来组织、定义、加权和评分投资选项。可以设置可反复使用的模板。许多多标准决策的实践者都有他们喜欢的软件工具，用来解决各种各样的选项抉择问题。虽然这些工具可能有所帮助，但绝不是必需的。如果你的组织对多标准决策感到满意，并且已经使用了一些可用的工具，那么将它们应用到尽职调查过程中可能是有意义的，但是如果不熟悉这些工具，那么投资于培训和利用客户思维就没有什么意义了。

尽职调查项目管理

调查标准是有效的，它能赚钱也能省钱。项目管理应该是你发起的每一个尽职调查过程中的核心原则。真正的关键是一致性和持久性。计划失败是因为投资者推出的项目、流程和政策因团体或组织而异，或者是因为他们随着时间的推移而失去兴趣，这是专业人士在正式退出前很久就能觉察到的。我清楚地记得，我曾坐在观众席中听高管们谈论一家公司的重大新举措，结果却听到他们喃喃自语"这也将

---

① 请参见Maxwell（2006），了解众多多标准决策工具。

淘汰"。那么，进行尽职调查项目管理需要哪些能力？这些能力包括以下 3 个方面：

● 评估尽职调查项目是否可行的能力。这个项目能成功吗？有什么风险？谁是领导这个项目的最佳人选？项目团队优秀吗？面临哪些必须马上解决的问题？

● 项目执行能力，包括项目里程碑、预期成果、时间表、成本管理、效果评估等要素。接受尽职调查的公司或尽职调查团队不一定具备这些能力。如果缺乏这些能力，可以考虑选送一些项目经理去参加专业培训，获得项目构思和流程管理等相关技能认证。项目管理学院（www.pmi.org）是一个很好的培训去处。

● 淘汰低质量项目的能力，即甄别尽职调查项目是否还有挽救的希望。如何淘汰不合格的项目？这个心理活动就像是："股票已经亏损 50%，应该卖掉吗？"或者，这个项目能起死回生吗（这只股票只是在冬眠，还会涨回来的）？

淘汰一个项目至少可参考两个因素：

● 项目执行情况可以具体衡量。需要对比项目绩效的预期目标和实际情况。如果进度、里程碑、成本、预期交付成果和风险与预期目标有 33% 或更多的差距，这个项目就不太可能成功。如果两个或三个指标存在 20%~25% 的差距，项目就面临被淘汰的危险，应该密切跟踪看它是否会失败。

● 如果一个项目偏离了既定战略或战术目标，或者执行不力，就必须对项目的走向做出判断。就像买了一只亏损的股票一样，这个项目还能回来吗？彻底放弃一个项目的决定是很难做的。但是，如果项目执行不力，而且越来越糟糕，可能是时候叫停了。

如何"评估"手上所有的项目？一些公司和风险投资机构每周开一次项目会议，一些每个月开一次，另一些公司则是非正式地开会。每个人都需要的是一个业务指标，它能立即显示哪些尽职调查项目进展顺利，哪些表现不佳，哪些等待淘汰。

业务指标不难构建；它们甚至更容易买到。微软项目（Microsoft Project）可提供现成的或定制的报告应用程序，将项目显示为合格、不合格、中性，并显示出项目变化趋势。应该对项目管理和业务指标应用程序进行标准化。还要确保准确的信息进入业务指标，使其运行在公司的台式机，笔记本电脑和个人数字助理上。换句话说，你应该可以随时检查主要项目。其中一些工具，如项目控制面盘（由软件项目经理网络 www.spmn.com/pcpanel.html 开发）——从微软项目中提取数据，并将其注入显示项目状态的微软 Excel 工具中。其他工具，如太平洋边缘软件的投资组合边缘，使你能够同时追踪多个项目。

需要制定规则。例如，你可能有一个 10%~15% 的估计/实际差异规则来触发每周的项目例会。你可以规定项目可交付成果的变化比进度变化更重要；也可以规定如果超过 7 个尽职调查标准产生不好的结果，那么投资应该立即放弃。关键是能否制定一套适用于贵公司文化和尽职调查项目经验的规则。

尽职调查模板

技术尽职调查是一个围绕 15 个具体投资标准进行定性和定量评估的过程。尽职调查是我们筛选和选择替代投资选项的正式术语。这里描述的方法一部分是定量的，一部分是定性的，一部分是分析的，一部分是直觉的——因为尽职调查本身就是一部分艺术、一部分科学和一部分运气。

尽职调查是围绕一套可应用于各种技术投资决策的恒定标准来组织的。根据你所处的位置，这些标准可以很好地为你服务——尤其是如果你根据手头的决定"定制"这些标准的话。

这本书的重点是以一种或另一种技术投资为结果的技术尽职调查。投资目标包括软件应用、个人电脑、笔记本电脑、手机、个人数字助理、通信硬件和软件、数据、安全和技术服务。用于审查投资机会和挑战的视角是围绕所有技术投资者（尤其包括首席信息官、风险投资者和技术供应商），为实现目标所需满足的特定要求而组织的。

有我们可以使用的备忘单吗？有克里夫笔记（Cliff Notes，美国知名学习指南网站）吗？尽职调查有"入门指南"吗？没有，但是有一个模板，我们都可以用来确保使我们的组织最有可能成功的尽职调查项目。

下面是一个包含模板的项目清单，可以用它来组织你的下一次尽职调查。

● 你要买什么？
□ 软件应用程序

第三部分 尽职调查工具和技巧

☐数据、信息、内容和知识

☐通信

☐安全

☐基础设施

☐技术服务

☐先进技术

●你在寻求什么样的影响?

☐内部效率

☐运营影响

☐战略影响

☐市场占有率

☐竞争定位

☐收益

☐利润

☐收购

☐公开销售证券

●你是如何组织的?

☐平衡团队

☐技术专长

☐组织专业知识

☐管理专业知识

☐销售和营销专业知识

☐最佳顾问

☐工作计划

☐权利

☐时机

●商业案例组织

☐谁

- □ 时间
- □ 格式
- □ 执行

● 定义尽职调查标准

- □ "正确的"技术趋势？
- □ 低基础设施要求/少量变化？
- □ 预算周期一致？
- □ 影响可量化？
- □ 流程和文化的微小变化？
- □ 端到端"解决方案"？
- □ 多重默认选项？
- □ 水平/垂直故事？
- □ 高度行业意识？
- □ 正确的伙伴关系和联盟？
- □ 技术"政治正确"？
- □ 招人/用人策略？
- □ 差异化？
- □ 良好的管理？
- □ "包装"和宣传？

● 权重、分数和总尽职调查标准（权重得分 1~10；总计 = 权重 × 分数，表 12.1）

表 12.1 权重、分数和总尽职调查标准

	权重	得分	总计
"正确的"技术趋势？			
低基础设施要求/少量变化？			
预算周期一致？			
影响可量化？			
流程和文化的微小变化？			
端到端"解决方案"？			
多重默认选项？			
水平/垂直故事？			

续表

	权重	得分	总计
高度行业意识？			
正确的伙伴关系和联盟？			
技术"政治正确"？			
招人/用人策略？			
差异化？			
良好的管理？			
"包装"和宣传？			

● 商业案例开发

□ 投资

□ 无投资

□ 寻求更多信息

这个模板可以总结成一个图表（表12.1）。

还有一些我们应该尊重的相对标准权重，如表12.2所示，首席信息官、技术供应商和风险投资者的看法不尽相同。

表12.2 相对标准权重

	首席信息官	技术供应商	风险投资者
正确的技术趋势？	高	高	高
低基础设施要求/少量变化？	高	中	中
预算周期一致？	高	中	低
影响可量化？	高	高	高
流程和文化的微小变化？	高	中	中
端到端"解决方案"？	高	中	中
多重默认选项？	低	高	高
水平/垂直故事？	中	高	高
高度行业意识？	高	高	高
正确的伙伴关系和联盟？	高	高	中
技术"政治正确"？	高	中	中
招人/用人策略？	高	中	中
差异化？	中	高	高
良好的管理？	中	中	高
"包装"和宣传？	中	高	高

请注意,"差异"并不大;相反,请注意主要投资者群体之间存在着细微的差异。其中一些可以忽略不计;其他的是有意义的——如首席信息官对保持基础设施不受干扰的重视。

关键在于需要根据首要的投资观点来定义、加权和评分标准。

基于前面的 11 个章节及图 12.1 的模板,你应该准备好着手任何技术尽职调查项目,不管你的投资前景如何。希望技术投资值得你投入时间,希望你的技术投资会产生有意义的回报。

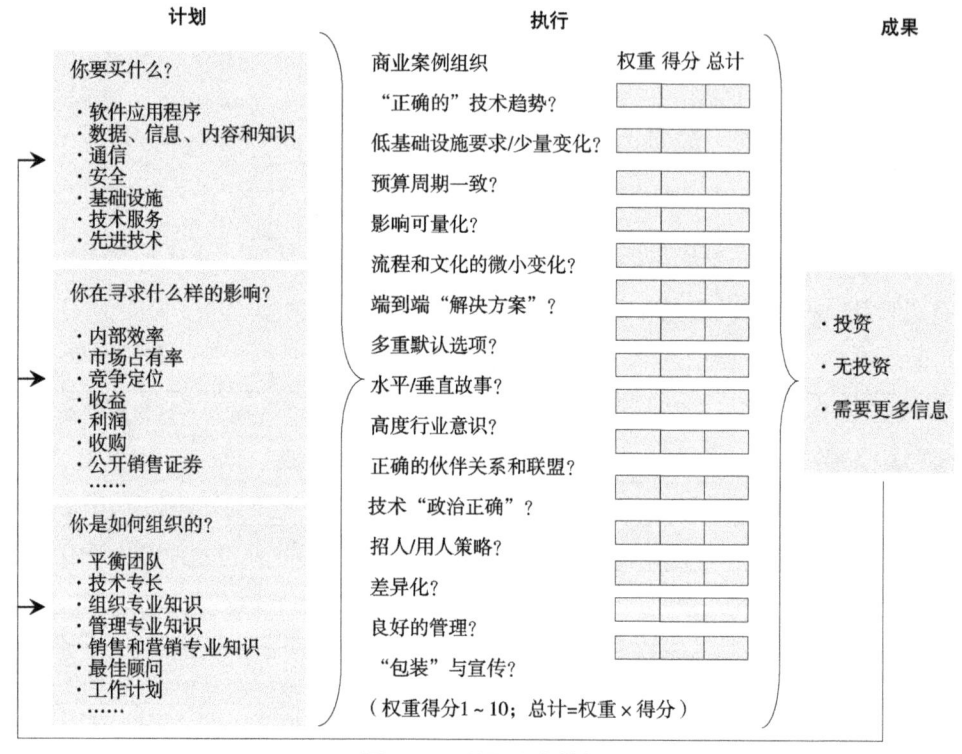

图 12.1 尽职调查模板

参考文献

[1] MAXWELL D T.Decisionanalysis: aidinginsight Ⅷ [J].OR/MSToday,2006,31(6).

附 录

附录一 技术趋势分析：普适计算趋势

随着美国企业界对技术商品化的讨论，一个巨大的趋势正在升温。这种趋势就是普适计算。思考普适计算的一种方式是将互联网和万维网定位为原型，这实际上就是20世纪90年代的情况。一方面，围绕新数字经济的猜测是正确的，因为它是基于一个本质上准确的愿景；另一方面，猜测并不是基于向无处不在的无缝连接的进化，而是基于原型互联网根本无法提供的革命性先决条件。与此同时，互联网的机会仍然在我们的前面，而不是后面，这些机会很可能被包裹在普适计算中。

这一愿景将持续下去，并将发展成为一套架构和应用程序，彻底改变企业对企业（B2B）、企业对消费者（B2C）、企业对员工（B2E）和企业对政府（B2G）的模式。事实上，如果不依靠普适计算技术，就不可能完成以下任务：

- 交易；
- 通信；
- 谈判和合作；
- 娱乐；
- 广告和市场；
- 治愈；
- 制造；
- 管理；
- 分配；
- 学习。

在所有的宣传、所有的技术和所有我们期望的新的通信和计算方式中，很少有关于它们是如何联系在一起的深刻见解。如果世界因互联网的普及而变得"虚拟"，它将如何影响我们？我们能期待什么？

这项分析确定并描述了技术趋势，这些趋势将决定我们如何与个人数字代理合作，这些代理将在网络上执行我们的投标，我们将如何通过分布在世界各地的基于虚拟现实的模拟来学习新事物，社会公投将如何实时发生，我们将如何在观看颁奖典礼时购买奥斯卡提名者的服装，我们将如何走下奥古斯塔国家高尔夫俱乐部的第16洞，与虚拟的老虎伍兹（Tiger Woods）谈论俱乐部的选择，我们将如何用我们的电脑控制台进行生产，以及我们将如何远程和慈悲地治疗各种疾病。

这一分析确定并描述了技术趋势，这些趋势结合在一起定义了宏观趋势，即普适计算，这一趋势将使今天的各种活动成为离散的、互不关联的事务。普适计算将使事务处理变得连续和无缝。

该分析通过软件、服务和通信的多趋势视角描述了宏观趋势，这些是计算和通信应用、体系结构和基础架构的主要驱动因素。我们在这里所做的是识别和描述最有可能影响普适计算下的事务处理未来的趋势。

但同样重要的是，该分析概述了一项行动计划，该计划将帮助企业为不可避免的互联互通做好准备，这将改变所有人的经营方式。

退后一步，评估我们随着时间的推移在技术方面做了些什么，这一点很重要。如果你是一家大型保险公司、零售商或制造商，你可能仍然有很多为你的后台业务的主要部分服务的遗留应用程序。

你可能还支持你在20世纪90年代早期到中期部署的一些第一代客户端/服务器应用程序，毫无疑问，你已经添加了一些互联网应用程序，完善了你的后台/前台/虚拟办公室应用程序套件。你也可能用一些集成工具和技巧把它们"拼凑"在一起。

现在的挑战是重新评估你的计算和通信环境，这次是参照普适计算"浪潮"。附图1.1较为详细地描述了各个计算时代（附图1.1之后的项目中有一些关于普适计算的附加细节）。

垂直行业面临的影响如下：一些行业接受新技术比较慢，而另一些行业则接受得比较快。当我们将垂直行业与公司的年龄和规模联系起来时，就会出现一幅描述大多数公司生活地点的画面。例如，如果一家公司超过"50岁"，从事保险或金融服务行业，收入超过 50 亿美元，那么它很可能被困在第二代和第三代之间。

所有这一切带来的未来愿景与我们之前的所有经历明显不同。换句话说，以 3~5 年的时间窗口来定义的未来，将不是会代表从充分理解的事件中得到的稳定推断，而是将影响我们个人和职业生活各个方面的革命性变化。然而，与其他"革命"不同的是，这一次是基于推断的基础架构趋势：当自动化的、永远在线的应用程序被部署时，革命性的爆炸就会到来。

我们应熟悉这一愿景。当应用程序实现自动化时，这意味着什么？连续的？集成的？你的商业模式和流程如何适应普遍存在？你的内部流程是否支持连续事务处理？这些是我们都需要回答的几个问题。

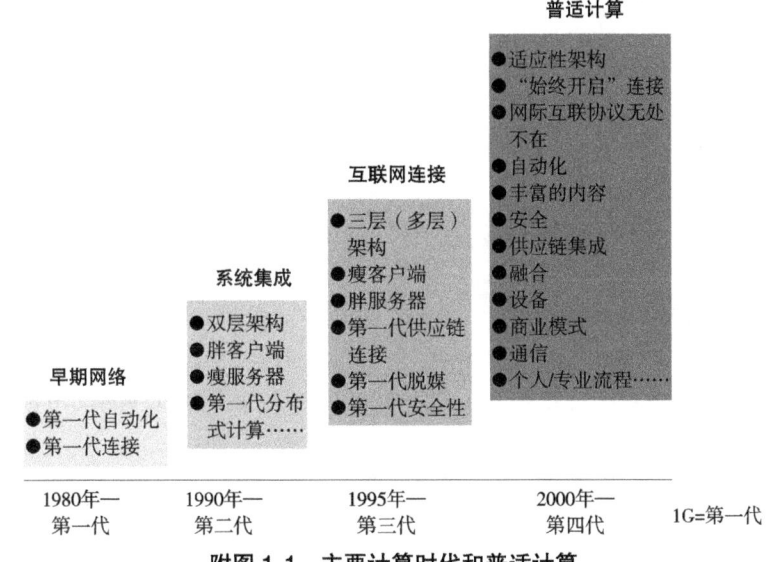

附图 1.1　主要计算时代和普适计算

1. 适应性架构

能够适应异构环境的计算、通信体系结构和基础架构；跨平台集成和互操作的体系结构……

2. 始终开启连接

通过窄带和宽带连接的结合，实现连续的个人和专业事务处理；能够进行持续访问和事务处理……

3. 网际互联协议（IP）无处不在

IP 地址遍布物理和虚拟世界：汽车、家庭、建筑、服装、电器等；实时定位所有实体的能力……

4. 自动化

通过（所有）客户端、服务器和基于网络的协作智能代理进行连续事务处理；完全定制化和个性化；"异常处理"的兴起……

5. 丰富的内容

语音 / 文本 / 视频交互式多媒体内容；可沉浸的内容……

6. 安全

整体安全解决方案（认证、授权、管理等）……

7. 供应链集成

全面供应链集成；供应链流程的实时检查；个人和专业供应链的出现……

8. 融合

融合同时发生在多个环节，包括：

—设备

接入和交易处理设备的融合，尤其包括电话、个人数字助理、寻呼机、个人电脑、嵌入式处理器……

—商业模式

个人、专业和混合事务处理及工作流程 / 协作流程的融合……

—通信

所有交流形式和内容的融合；离线和在线通信的集成……

附 录

—个人和专业流程

跨所有个人和专业领域的不间断、无缝事务处理的集成……

我们将在此考察的趋势包括：

●软件趋势

企业/互联网应用集成（EAI/IAI）；

事务处理平台开发；

供应链连接；

个性化和定制/商业智能；

自动化；

丰富的内容聚合/管理；

个人和专业门户；

架构：嵌入式应用和对等计算；

语音识别/自然界面；

网络服务/面向服务的架构。

●服务趋势

外包服务提供商；

应用集成服务提供商；

丰富的内容管理服务提供商；

发展服务；

基础设施工程服务→解决方案。

●通信趋势

无线应用；

网络安全解决方案；

带宽管理和优化；

电信；

宽带；

网络应用和服务；

光网络；

触摸技术。

这些是我们认为将对普适计算产生最大影响的计算和通信趋势。我们认为，技术投资者无论是首席信息官、供应商还是风险投资者，都应该跟踪这些趋势。

普适计算技术趋势

有三大趋势将支持和扩展普适计算：
- 软件趋势；
- 服务趋势；
- 通信趋势。

软件趋势

我们将探索的软件趋势包括：
- 企业应用集成/互联网应用集成/交换集成；
- 交易平台开发；
- 供应链连接；
- 个性化和定制/商业智能；
- 自动化；
- 丰富的内容聚合/管理；
- 个人和专业门户；
- 架构：嵌入式应用和对等计算；
- 语音识别/自然接口；
- 网络服务/面向服务的架构。

这些趋势定义了普适计算支持技术的"第一条腿"，公司应该跟踪这些趋势，把它们作为普适计算对业务影响的广度和深度的指标。上述清单之所以重要，是因为这些趋势的同时到来，也是因为清单上的技术的组合效应：单个来说，它们都很重要，但合在一起，它们就创造了一个全新的未来。

企业应用集成／互联网应用集成／交换集成

这里至少有三件。但据行业分析师称，还没有一家供应商具备所有的集成功能：

一是"联合数据库"企业应用集成（通过访问多个数据库进行应用集成等，如 Cohera& Information Builders 公司）。

二是"流程自动化"企业应用集成（通过在现有企业资源计划和企业流程之上建立工作流／流程层进行应用集成，如 Vitria 公司）。

三是"中介"企业应用集成（通过中介信息集成应用的产品，如网络和主动软件新时代公司）。

这里的趋势表明，将会有软件来创建新的应用程序，以及集成了许多领先供应商功能的平台。BEA 系统公司、IBM、甲骨文、TIBCO 公司、Vitria 公司和 WebMethods 公司在可扩展性、通用连接性、业务流程工具和标准合规性方面都有很好的能力。如果一个供应商平台是最好中的最好呢？不同的交易和交易流程（如替代拍卖形式）的集成正开始出现。一旦公司克服了内部／外部集成问题，他们将着手解决实时事务处理集成问题。

所有这一切对技术专家、技术和业务经理的意义在于，集成将是普适计算的主要驱动力，而且这里的进展比预期的更快、更好。跟踪这一趋势很重要，因为应用程序集成——当它真正变得无缝时——将提升我们在客户、供应商和员工之间集成流程和事务的能力。在这里开展一两个试点是有意义的，特别是因为每个人都有一些需要集成的不同应用程序。企业应用集成工具和技术将扩展商业模式和流程，使它们无处不在、永远在线、智能化。

这里的假设条件是，虽然我们的连接水平会提升一个档次，但我们也有可能不会放弃太多现有的技术。与之相反的是，企业应用集成工具和技术将被用来连接那些将在普适计算基础架构上运行的应用程序。

趋势分析表明，在各种软件工具和"平台"的帮助下，供应链正在以惊人的速度崩溃。行业分析师预测，主要的交易引擎将存活下来，但其他自动售货机将无法在不可避免的达尔文式的空间震荡中存活。我们的趋势分析表明，今天至少有 20 个事务处理引擎在工作——它们不可能都拥有有意义的市场份额。我们应该跟踪 5

个市场份额领先者，忽略其他人。

盒子里的造市商也正在出现，比如来自 IBM 的（Websphere 商务套件）。集成不同造市商软件的能力将继续受到高度重视，因为这些引擎本身不具备互操作性。像 WebMethods 这样的公司瞄准的就是这个空间。它也是普适计算革命的一个组成部分。

企业应用集成工具和技术将转变为互联网应用集成（IAI）工具和技术，两者都将促进事务交换引擎的集成。第一代互联网应用程序已经彼此互相脱节，与它们经常依赖的各种遗留系统也已经脱节。

那么，你需要跟踪的关键应用技术和标准是什么？首先为下面的技术演讲道歉，你需要跟踪主要供应商及其追随者提供的主要应用程序开发和集成技术，包括可扩展标记语言（XML）及其扩展、通用编程语言（Java）及其扩展和微软的 net 技术（旨在集成数据和应用程序）。追踪这些宏观趋势将会给下游带来回报。

让我们来谈谈网络服务，它展示了一个趋势的所有特征，这个趋势可能有也可能没有长期的发展。想法很简单：让行业采用一套通用技术标准，使应用程序（和数据）集成和互操作。那不是很好吗？至少有 3 个基于 XML 的标准定义了网络服务：简单对象访问协议（SOAP）、网络服务描述语言（WSDL）和通用描述、发现和集成（UDDI）。SOAP 允许应用程序相互通信；WSDL 是一种允许其他应用程序使用它的过程的自我描述；UDDI 就像可以列出服务的黄页。对网络服务最简单的理解是，它是一系列功能的集合，主要允许较新的应用程序在互联网上相互协作。由于定义网络服务的标准相对一致，因此采用这些标准可能会有效率。例如，传统的胶水可能由中间件、企业应用集成技术和门户组成，其中网络服务因为它是基于标准的，可以通过减少必要的协议和接口的数量来减少数据和事务跳数。最终，计划是将网络服务扩展到你的整个协作世界、你的供应商、合作伙伴、客户和员工。正如你可能已经推断的那样，网络服务至少在理论上减少了对传统集成技术的需求。

那么，对于网络服务，应该做些什么呢？有人称其为业界最新的银弹。

网络服务正在推动面向服务的架构的发展，面向服务的架构是软件功能和活动的组织，它们在应用程序中甚至通过互联网进行合作。未来 5 年，面向服务的架构将极大地改变我们对软件的看法。

平台开发是另一个重要的软件趋势，它与应用集成趋势密切相关。随着平台变得更加"标准化"，集成问题将会减少。普适计算的先决条件之一是协同工作的应用程序。但是，完美的无缝集成对于普适计算来说并不是必需的。可预测的、可靠的集成才是必需的，不断发展专有和非专有平台也是需要的。

交易平台开发

尽管阿里巴公司（Ariba）、第一商业公司（CommerceOne）和其他交易/交换平台存在意识形态渗透，但电子采购中的"杀手级应用"是一个适应性强的实时平台，可以动态支持"完美"交易，即在动态定价环境中涉及多个买家和卖家的交易。实时是完美的造市商平台的杀手级特征。交易平台执行额外的任务，比如将买家和卖家组织成合作交易方，但是这个领域仍然缺乏杀手级应用。与此同时，主要的参与者正在朝着这个方向发展他们的商业模式。对于这些供应商来说，问题的一部分在于从各自的模型转移到真正的交换所必需的技术的复杂性，因为完美的交换所需要的软件架构与基于单一供应商、单一卖方或多个买方或卖方集合的交换完全不同。但很明显，他们的战略计划将朝着这个方向发展——而且速度很快（可以说，如果网络没有崩溃，我们早就到了）。密切关注这一趋势：它是供应链连接的一个关键组成部分（通过普及连接实现）。

在线支付选项的数量和复杂性都在增加。虽然消费者的偏好仍然是使用信用卡购买（而不是电子现金或借记），但趋势表明在线计费将与其他计费方法、工具和技术相结合。供应商正在改进工具，允许买家注册后不用信用卡付款。虽然支持企业对消费者（B2C）交易的信用卡支付在今天占据支配地位，未来却难以为继。据估计，在3~5年，电子现金和信用卡的相关替代品将占所有支付的70%以上。支持这些支付流程的引擎代表了数字经济和普适计算的关键推动者。交换和支付平台将允许无缝、自动化和"无摩擦"的企业对企业（B2B）交易。

存储区域管理（它是内容管理的"表亲"）代表了巨大的普适计算需求趋势。这个领域在未来几年将继续呈爆炸式增长。从某种意义上说，阿卡迈公司（Akamai）代表了对频繁请求的内容管理的架构响应。阿卡迈将最常被请求的内容预先存储在位于互联网沿线的服务器中。阿卡迈效应将在所有网站上重复出现,存储和内容管理将是保持网站繁荣的必要条件。这一领域的产品和服务需求量很大;这里的杀手级应用将产生巨大的生产力和效率,并且必须与零碎的解决方案区分开来。

如果你看一下关于电子客户关系管理、供应链管理、销售人员自动化、自动化营销及现代电子呼叫中心(需要一个知识产权主干)发展的讨论,你就有机会构建一个集成平台,将所有这些功能整合到一个应用程序中。这里的底层技术必须包含一些企业应用集成(EAI)/互联网应用集成(IAI)/网络服务/面向服务的架构工具、一些电信服务、中间件和许多通信技术;集成的应用程序最终将发展成为"整体客户管理"平台。这在今天是不存在的,趋势分析表明它几乎马上就会有一个巨大的市场,特别是如果宽带通信的推广继续与最近的商业部署保持同步。请密切关注我们今天所说的客户关系管理、定制、个性化和内容管理平台等的集成。

供应链连接

随着我们向持续的、互联的商业发展,供应链软件(和服务)的重要性将显著上升。与EAI/IAI不同的是,玩家的名单并不是无止境的;占主导地位的公司只有少数几家(i2,Manugistics,以及主要的企业资源计划供应商提供的供应链模块)。

供应链管理和计划(SCM/SCP)软件的功能正在急剧上升。下一代工具将集成垂直行业的供应链和供应链管理/供应链计划软件平台。

由于集成供应链产生的效率,供应链连接将会出现。当供应商知道批发商和零售商正在销售及以什么价格销售,他们就能够自适应地组织他们的生产过程和时间表。当协作预测和计划完全整合时,将从根本上改变企业生产和分配商品和服务的方式。

供应链应用将继续发展和融合,因为企业资源计划供应商、供应链管理/供应链计划特定的供应商和系统集成商都将继续提供连接生产商、分销商、批发商、零售商和客户的工具。

个性化和定制/商业智能

普适计算将为大规模定制和个性化(以及它所需要的数据挖掘)注入更多活力。

客户、供应商和员工"G2"及"操纵"
- 用于识别电子商务客户、供应商和员工并与之进行分析和互动的新模式;
- 用于客户/营销个性化的分布式数据挖掘;
- 垂直交叉销售推理模型;
- "扩展客户"的模型;
- 信息工具……

个性化和定制化将集中在客户/供应商/员工接触点,这将需要整合客户关系管理、电子逆向拍卖、自助服务、客户自助服务、电话销售、活动管理、互动营销和其他应用。

也有机会将客户关系管理平台集成到网络和呼叫中心服务模型中,产生一个以人为本的解决方案。认识到这一趋势的应用程序、平台和服务模型是普适计算发展的风向标。定制化和个性化趋势及普适计算(建立在主要的客户关系管理平台上)的吸引力也将使一般的数据挖掘世界复活。

关于商业和友商的情报有很多噪音。假设的前提是以支持各种分析的方式访问数据/信息/知识/内容。Cognos 和 MicroStrategy 代表了这一领域两个成功的软件供应商。在某些方面,这一趋势代表了数据集成、知识管理和企业信息门户技术的交叉。但是这里有一个更深层次的含义:所有的数据/信息/知识/内容都可以集成到一个平台中,这个平台本质上是一个灵活的分布式数据仓库,支持用户想要的任何数据。

这里的趋势表明,所有与人互动的应用程序——客户关系管理、供应链、销售人员自动化、定制、个性化和商业智能软件,都将整合成集成套件。有大量的应用程序可以做基本相同的事情,也有大量市场份额的市场领导者(如库贝尔系统)。最热门的行动是在广泛定义的个性化领域,它结合了客户关系管理、定制、一对一营销、许可营销、关系营销和多触点软件。但是个性化空间很拥挤。通常情况下,大约10%的公司拥有90%的市场份额。但是,很多供应商也得到了发展机会:如果这一趋势不成立,就不会有那么多供应商试图抢占发展机会。

当我们转向客户关系管理和电子客户关系管理应用程序时,我们会看到同样多的供应商。将人口统计和(在线、实时和离线)遗留数据关联到知情的客户关系管理、销售能力自动化、追加销售、交叉销售、促销和其他推断模型的行为模型，仍有发展空间（尽管隐私问题将继续增加）。所有这些应用都需要集成。前台客户关系管理和电子客户关系管理应用程序必须与运营客户信息数据库、后台核心处理应用程序、商业智能软件和客户数据仓库相连接，然后通过有线和无线连接通过网络交付。

有一种技术可以将不同的客户关系管理/定制应用程序联系起来。这是一项将推动普适计算应用集成和可扩展性的技术。

自动化

对于普适计算来说，也许没有比英特尔智能系统技术更重要的技术了，下文将展开讨论。技术趋势继续表明，网络将变得越来越自动化，智能代理将推动这一趋势深入发展。

智能代理将在基于普适计算的事务处理中发挥重要作用。这里有几个级别的功能：一个是开发适用于多种计算和通信基础设施的水平代理技术和体系结构；另一个是部署对特定行业有深入领域知识的垂直代理。

自动化的功能如下所示：

智能代理

- 软件代理可以与客户及其他代理进行自动的、自发的互动，并给予动态回应。软件代理是事件驱动的，可自我运转。

- 聚焦于解决企业对企业和企业对客户的问题。

代理已经在驱动应用程序的发展。在网络监控领域，计算机协会和IBM使用预测分析工具的应用。自动化的机会有很多。一些主要能力将围绕自动化、智能系统技术和协作智能代理展开。普适计算将是关于连续计算的，连续计算将是关于自动化的。代理可以应用于安全、购物、制造、电子邮件、内容管理，以及无数其他应用领域。

自动化领域有许多发展机会。趋势分析显示，人们越来越关注人工智能的复兴。当认证中心继续兜售他们的"新技术"（主要应用于网络和系统管理）时，其他供应商正在探索如何在各种应用中利用智能系统技术。认证中心已经宣布打算将代理扩展到他们的整个应用程序套件中。现在技术通过电子邮件和相关应用程序将智能集成到客户服务应用程序中。

许多公司从应用和服务的智能化中获益。市场会给予"爆款"应用以奖励，但目前还没有一家公司或集团能够在这个领域占据龙头地位。

人工智能将会卷土重来。为什么？因为基于网络的自动化是不可避免的，它比人机交互更便宜、更快、更高效。这里的最初趋势是基于任务的。"机器人"，比如我的网站——帮助购物者和合作过滤代理积极协助互联网搜索。这只是开始。请注意英特尔智能处理的纵向扩展，以及智能技术的横向广泛应用。

趋势分析表明，现在原始数据是可用的，并开始整合，对更好的行为推理模型的需求正在急剧上升。为什么？因为大规模定制、冲动购买，以及合作预测和补充（CFAR）都需要洞察个人和组织的购买模式。这些模型中一些是基于复杂的人类行为心理模型，而另一些是基于更简单的组织购买模式的外推模型。现在我们已经接近企业数据集成，对健壮智能模型的需求将会上升。

丰富内容聚合/管理

- 能够创造横向和纵向内容；
- 分布式内容同步和管理；
- 赋能的内容；
- 内容数据库和数据库管理服务；
- 统一内容访问入口。

这一领域将继续扩展，尤其是随着带宽的增加和应用程序丰富性的提高：

像 RealNetworks 这样的公司在流媒体领域有很好的定位，它们拥有同步和流式传输富媒体的工具。思科（和其他供应商）致力于开发丰富的内容管理解决方案，这是对该领域的认可。

支持普适计算需要涵盖内容创建（工具+存储库）、内容管理（开发、质量保证+部署）和内容交付（网络服务器、应用服务器+电子商务分析/度量工具）的工具和服务。

内容管理和分发变得越来越复杂。事实上，将负载平衡和缓存等技术与内容管理和分配割裂是不可能实现的。最终，随着分布式业务模型的使用，性能和服务质量能力都将得到增长。

值得注意的是，思科等一些龙头技术公司，正大举进军内容管理和分发领域。思科发布了一套内容网络产品。IBM、EMC和其他大型供应商也宣布了相关硬件、软件和服务能力。

该领域的一些利基供应商包括：

文档内容管理领域

- EMC/Documentum；
- Hummingbird Communications；
- Open Text。

电子出版领域

- Interleaf；
- Inso；
- Arbortext。

软件配置管理领域

- IBM/Rational software；
- Continuous Software。

网络内容管理领域

- Allaire；
- Broadvision；
- Eprise；
- Interwoven；
- Vignette；
- IntraNet Solutions。

开发和优化上述技术，以及其他供应商的技术和工具的能力将变得越来越重要，因为供应商自己会将服务添加到他们的库存中。

新的内容交付业务模式假设有多个接触点和访问点，包括无线、基于网站、交互式电视和通过不同通信机制（包括电子邮件、呼叫中心和数据仓库）进行的数据交换。

这个空间正在演变成集成的工具、技术、服务和解决方案，所有这些都是支持广泛分布的数据、信息、内容和知识所必需的。

个人和专业门户

个人和专业门户网站始终为持续计算提供便利。雅虎跟所有其他通用门户一样将继续发展成为专业门户和个人门户。还会有许多支持各种交易的其他门户。

门户的发展很快,但像许多其他软件领域一样,缺乏集成。主要的企业门户网站(如普卢姆特里、蜂鸟、思爱普公司和甲骨文)、商业门户网站(如我的雅虎和网景)、发布门户和个人门户都是脱离实体过程的单点解决方案。随着普适计算的普及,将需要跨门户的集成。(与目前市场上的产品相比,还需要功能和集成能力更强的门户。)

企业信息门户(EIP)作为解决不同数据库、应用程序、远程访问和其他需要功能、访问和处理集成的问题的交付解决方案,正在迅速发展。事实上,EIPs 正在成为一个元应用程序,它涵盖了公司防火墙内外的所有应用程序。

门户有各种形状和规模,包括公司、消费者、垂直方向的门户和商业门户。重点不是创建门户的业务模型,而是设计、开发、托管和支持门户的流程。应用现成门户软件的机会正在迅速增长。如果设计得好,它们将体现应用程序集成的极致水平,或者防火墙内外各种应用程序和数据库的接口。

门户软件由以下公司提供:

企业资源计划门户

● 思爱普

● 甲骨文/仁科。

合作用途

● IBM/莲花;

● 微软;

● 诺威尔(Novell)。

商业智能用途

● Brio/Scribe;

● 蜂鸟;

● 普兰穆特公司(Plumtree)。

行业分析师预测,到 2008 年,95% 的企业将实施环境影响评价,高于 2003 年的 60%。这种快速增长意味着设计、开发、托管和持续支持的巨大机会,即使采用预测有些夸张。包含在 EIP 趋势中的是应用集成工具和技术。

架构：嵌入式应用和对等计算

数十年来，可编程数字信号处理器（DSPs）和微控制器使各种嵌入式应用开发成为可能。如果我们假设普适计算是连续计算，商业将变得越来越自动化，应用程序必须适应动态事务处理，那么嵌入式应用程序的市场将会大幅增长。实时调度、接口和软硬件优化仅仅是应用程序性能提升的少数代表性例子。

对等体系结构也正在站稳脚跟。虽然每个人都熟悉类似 Napster 的应用程序，但已经有少数初创企业利用了对等网络的功能（如微软的 Groove Networks）。纯对等模式（对等端具有同等能力）和混合对等模式（服务器参与任务分配和共享过程）代表了巨大的潜力，尤其是在针对特定的横向任务（如病毒防护和加密）和纵向任务（如金融交易）时。对等架构将支持各种普适计算应用。

语音识别 / 自然接口

自从美国国防高级研究计划局的研究人员第一次做出关于语音识别的承诺以来，已经过去了将近 30 年。国防高级研究计划局也是为互联网创造底层技术的国防部机构。这个想法很简单：开发硬件和软件，能够理解人们所说的话，以及他们所使用词语的含义。然后，通过"自然语言理解"，在适当的情况下，以相同或甚至不同的语言连贯地做出反应。完整的语音输入和输出，过去是现在仍然是"语义理解"的目标，它指的是理解语言的意义和语境的能力，而不仅仅是理解语言的结构。

早期取得了令人印象深刻的进步，但是基于知识的实时语言理解被证明是困难的。事实上是如此的困难，以至于最令人印象深刻的进步是在句法方面（用不太完美的语音输入识别设备使用有限的词汇）。

那么，我们现在处在什么阶段，为什么要关心这个问题？普适计算需要大量的"自然"交互。假设不管用什么语言，都可以准确理解人类的意思，且用连续的句子与人类进行交谈。为了实现这一目标，需做到以下几个方面。首先，出于隐私和个性化的目的，系统必须区分不同的扬声器。其次，机器必须理解他们发出的离散命令及他们发出的连续句子。众多的知识库有助于系统理解结构、推论和目的。

下面探讨这一技术的组成要素，看看人类所处的发展阶段，看看哪些应用程序可能从改进语音和语音识别技术中获益最大。

离散语音输入应用程序，即可以识别特定命令的应用程序（如"打开幻灯片"）正在改进。有些有数千个单词的词汇表，有些允许用户定制词汇表以满足特定垂直行业的需求。离散语音识别应用在特定环境下工作良好，尤其是当许多人将在所谓的"与说话者无关"的应用中使用命令时。（其他"连续语音"应用程序在用户训练有素时效果最佳，这种情况发生在用户对应用程序大量说话时，这样应用程序就可以"学习"用户在说出特定单词时可能发出的声音。）

高效的连续语音识别更难实现。虽然我们的目标是支持接近人类的自然交流，但有时语音和字幕会出现延迟，这很讨厌，主要是因为延迟是不自然的。研究表明，连续语音识别应用程序的最有效用户是对听写系统的使用也有经验的专业人员，在听写系统中，停顿、标点符号和其他语言结构也是听写的一部分。

我们离真正的自然语言理解还有几年的时间，在这种情况下，当有人提出要求时，软件会"解释"说话者的意思。例如，"显示所有从纽约到迈阿密的航班，这些航班在午夜起飞，价格不到500美元"。虽然问题很具体，但演讲者实际上感兴趣的是在深夜以相对较低的价格到达迈阿密，并很乐意收到来自自然语言理解系统的响应。例如，"没有午夜从纽约到迈阿密的费用低于500美元的航班，但有5个航班在晚上11点至凌晨1点之间起飞，费用在400~600美元，想看看吗？"为了提供这种响应，应用程序需要了解说话者真正想要的是什么，并且为了做到这一点，它必须了解旅行、优先事项和目标。想象一下，理解自然语言的应用程序需要有多复杂，才能理解所有可能的查询。换句话说，当人们理所当然地认为我们理解诸如"提供了多少a"之类的查询的能力，以及对查询的必要（网球，而不是扑克）上下文解释时，深层自然语言理解系统在能够解释和推断意义和目的之前，必须理解成千上万个相互关联的上下文。今天，我们有几个应用程序可以将声音转换成可以识别、显示和存储的语音部分，并触发一些预定的动作。虽然这些应用程序远非智能，但它们非常强大，对于选定的任务来说非常高效。

如何利用这项技术？有许多可能对业务有益的用途，包括：

- 数据库、电子邮件、知识获取；
- 制造生产控制
- 呼叫中心客户服务；
- 个人任务处理；
- 账户余额检查；
- 语音文本互转。
- 订单处理；

可以通过安装在台式机和笔记本电脑上的设备、免提嵌入式设备（如汽车）、个人数字助理（尤其是支持语音/电话功能的设备）、装配线设备，甚至企业资源规划应用程序的语音门户来访问信息或进行交易。

采用挑战的一部分在于将语音集成到现有的接入和通信能力中。一如既往，集成和互操作性成为使用和支持语音识别应用的重要机遇和制约因素。信息技术的资深用户意识到，像语音识别这样的使能技术最适合用于扩展现有业务流程。例如，语音支持的客户服务代表了一种很好的方式来扩展公司对员工、客户和供应商的关怀和处理，只要它与公司使用的其他关怀和处理工具配合良好。

供应商是谁？主要的语音识别供应商包括 IBM 和飞利浦。这些供应商在市场上已经有很长时间了。其他供应商则专注于支持语音的网络。包括贝沃科、Foodline.com、通用魔术（General Magic）、Onebox.com、演讲稿（Speech Works）、特勒姆（Tellme）和发声点（Vocal Point）等。

应跟踪这些公司及其产品的发展方向。客户关系管理、定制化、个性化和自动化的所有进步都需要复杂的自然界面。语音是最自然的界面，因此跟踪那些能够在数据、应用程序和基础设施之间实现自然通信的技术。

网络服务/面向服务的架构

尽管有"服务"这个词，但是网络服务代表了典型的集成。简而言之，网络服务指的是一套基于标准的工具和技术，允许持续的电子商务。从某种意义上说，当前网络服务的趋势是通过一些灵活的技术，如 XML，将应用程序和功能进行相对不精确的耦合。在某些方面，它是终极 IAI 方法论，尽管在另一些方面，它是对 20 世纪 90 年代后期相对笨拙的整合努力的进化反应。网络服务也代表了将不同的平台和架构与 21 世纪的包装技术 XML 相结合的一种尝试。

正如上面在集成和互操作性的背景下所建议的，网络服务展示了一个长期趋势的所有特征。想法很简单：让行业采用一套通用技术标准，使应用程序（和数据）集成和互操作。那不是很好吗？至少有 3 个基于 XML 的标准定义了网络服务：简单对象访问协议（SOAP）、网络服务描述语言（WSDL）和通用描述、发现和集成（UDDI）。SOAP 允许应用程序相互通信；WSDL 是一种允许其他应用程序使用它的过程的自我描述；UDDI 就像可以列出服务的黄页。对网络服务最简单的理解是，它是一系列功能的集合，主要允许较新的应用程序在互联网上相互协作。由于定义网络服务的标准相对一致，因此采用这些标准可能会有效率。例如，传统的胶水可能由中间件、企业应用集成技术和门户组成，其中网络服务因为它是基于标准的，可以通过减少必要的协议和接口的数量来减少数据和事务跳数。最终，我们的计划是将网络服务扩展到整个协作世界、供应商、合作伙伴、客户和员工。网络服务减少了对传统集成技术的需求。

跟踪大供应商在该领域的活动。国际商用机器公司、甲骨文公司、微软公司和其他供应商已经宣布了他们对网络服务标准的承诺，尽管他们的实际承诺仍有待精确定义。

网络服务是一项极具潜力的迷人技术开发。但是你需要如此密切地跟踪进展的原因是因为网络服务（基于标准的集成）和协作业务模型之间的关系。网络服务有真正的基石潜力。它很可能成为一项主要的使能技术。

面向服务的架构（SOA）代表着走向集成和互操作的下一步。基于网络服务标准，SOA 使得软件组件可以在网络上共享和组装，以解决特定的事务处理问题。在其雄心勃勃的形式中，SOA 将允许实现某些特定功能所必需的软件组件的虚拟和临时组装，如检查远程库存，然后在他们确定了执行交易的费用后，立即自行分解。组件库将存在于网络上，可以随时使用。

首席信息官、供应商和风险投资者在 SOA 世界中有各种各样的机会。这是用户、创作者和投资者的开放领域。

服务趋势

与普适计算主题一致的服务趋势分为以下几大类：

- 外包服务提供商；
- 开发服务；
- 应用集成服务提供商；
- 基础架构工程服务向解决方案转变。
- 丰富内容管理服务提供商；

外包服务提供商

普适计算需要的服务专业知识可能远超出许多公司的能力。以这样或那样的形式外包将继续增加。重点仍然是应用服务和托管。几乎每个供应商都在进入这个领域。打包软件供应商、电信供应商和系统集成商都在提供租赁应用。传统软件许可模式面临的压力越来越大，产品本身的性质也在发生巨大变化。

随着中小型企业接受应用服务提供商（ASP）模式，这些公司对技术外包服务的需求将增长。

出于各种资本和文化原因，大企业采用这种模式的步伐相对缓慢，但最终会屈从于租赁与购买、建造或维护的逻辑。

商品化仍然是当前 ASP 模式盈利能力的真正威胁。如果没有更高利润的服务，"基本的" ASP 模式，就像基本的有线电视服务一样，是相对无利可图的。因此，ASP 服务模式将扩展到包括从应用程序支持到安全性的各种功能（就像有线电视公司试图向现有客户销售越来越多的高利润服务，如视频点播和高级频道）。

最明显的软件支持趋势仍然是向 ASP 和商品化的转变。AppCity 公司宣布推出"免费的"应用程序，并希望推出对用户免费的专有应用程序（在商业、信息、生活方式和购物方面）（用户将因横幅广告而遭受损失——这是苹果公司希望创收的主要方式）。虽然会有"自由"竞争，尤其是在企业对客户方面，但趋势表明，这种模式在企业对企业方面将是短暂的，尽管价格压缩将继续，许多这样的公司可能会倒闭。

ASP 市场可划分为单一应用程序 ASP、自行选择应用程序 ASP、基于灵活定价的 ASP、垂直 ASP 等。例如，Surebridge 为客户提供了租赁自有应用许可或严格租赁模式的选择。单个应用程序服务提供商通常是专有的，为客户提供基本的支持，并且可以较低的成本提供这些支持，因为这些应用程序从一开始就是为网络设计的，因此构建、修改和支持成本较低。

许多 ASP 模式，以及更纯粹的托管模式将合并成全面服务的整体解决方案提供商（TSP），这些提供商最初将作为横向 TSP 出现，然后转变成将成为纵向目标的部门。如果能够达到临界质量，成功的垂直销售点将由领先的销售点获得。这里的竞争可能会很激烈，因为最大的技术服务提供商通过与领先的独立软件供应商合作，能够相对容易地进入这个领域。然而，它们进入这一领域的方式将与目前的咨询服务提供商/技术服务提供商试图渗透市场的方式完全相反，即首先进入中小型企业，然后进入大型企业。今天，较大的技术提供商主要是大型企业。然而，在 3 年内，我们可以预期所有的阻力都会下降。现在的比赛是看哪些贸易点胜出，以及市场将如何细分。发展速度不够快的公司（如领先的先锋 ASP 公司 Exodus Communications，在 20 世纪 90 年代末失败）将成为 M&A 的目标。还要注意存储区域网络公司首先成为独立的服务提供商，然后成为更大规模的服务提供商产品的一部分。

随着时间的推移，提供全面服务的技术服务提供商的利润将会增长，尽管这些组织内部显然存在竞争，一些部门会拿到较高的利润，而另一些部门拿到的利润相对较小。对于许多临时服务提供商来说，利润率较低的临时服务提供商将成为亏损大户，而利润率较高的服务提供商将先支付所有账单，然后支付少量账单。总体收入/利润压缩的风险并不大：新技术和服务的引入将在未来几年保持合理的利润率，尽管对技术"实用性"的追求可能会导致利润率整体下降，甚至给行业带来监管压力。

这种"实用性"的概念对普适计算很重要。随着商业的不断发展，我们都将需要可靠、可扩展、安全的运营支持，这本身将被广义地定义为包括新应用的引入。换句话说，普适计算需要"实用性"整体解决方案提供商（TSPs）将朝着实用的方向发展。

网络专业服务公司（也称为互动机构）也将不得不继续向附加服务转变。第一个增加的服务将是战略服务，网络咨询公司将提供全面的战略商业咨询服务，这将会取代埃森哲、普华永道和国际商用机器公司现在所做的。对于电子商务和网络专业服务公司来说，这是一个自然的初始服务添加。之后，他们将开发完整的实施和支持服务产品，或者合作实现端到端能力。

一旦服务提供商达到了足够的能力，他们为什么不扩展到相关的服务领域，如电子呼叫中心？趋势分析表明，这种变化不会在服务提供商、旅馆和服务公司之间停止，所有这些公司都主要是横向的，会转变为"横向"领域，如呼叫中心、客户关系管理（CRM）、销售人员自动化（SFA）等。

虽然有许多网络应用程序性能指标指向产品，但仍需要一个指标框架来跟踪内部和外部性能指标，如网站应用程序的性能及它们产生的业务量。提供这种服务的必要技术是通用的"嗅探器"技术及数据仓库和挖掘技术，即所谓的网络智能技术。简而言之，尽管 Media Metrix 做得很好，但仍有大量额外的分析是保持网站正常高效运行所必需的，尤其是在交易自动化的情况下。

外包服务提供商市场显然正在发生变化。这些模型已经发展到了这样的程度，像 Jamcracker 和 Agiliti 这样的公司实际上集成了多个供应商和多个服务提供商的不同服务。顺便说一下，这种服务集成与普适计算的要求完全一致，问题的本质是工作效率如何。事实很简单：随着越来越多的服务被外包，需要集成管理解决方案的公司将越来越多。

在垂直市场中，牵引更容易实现，应用程序、计算机和通信基础设施是不同的。ASP 市场上最早的洗牌发生在纯粹的游戏中，即横向 ASPs。垂直倾向较大的美国石油公司表现相对较好。

与纯粹的游戏相比，垂直游戏可以更容易地聚焦于特定的领域，因为小的垂直玩家通常会发展成更大的玩家（在相同的可扩展基础设施上）。像 Casecentral（法律）、DocumentForum（法律）、EchoPass（高科技）、HotSamba（制造业）、InfoCure（医疗保健）、Trizetto（医疗保健）、TalkingNets（电信）、虚拟金融服务（金融服务）和 General Growth Properties（零售）这样的虚拟服务提供商专注于特定垂直行业的独特（尽管是大市场）需求。同样重要的是应注意专注于中小企业，从定义上来说，需要一个比专注于大企业更完整的解决方案，因为大企业已经拥有大量的基础设施，通常需要分期偿还。

建议跟踪具备以下特点的公司：
● 聚焦于具体的垂直行业；
● 提供集成解决方案；
● 和软件和电信供应商建立广泛的合作关系。

应用集成服务提供商

企业应用集成（EAI）和互联网应用集成（IAI）服务市场规模持续增长。在未来几年，当早期互联网应用程序达到"遗留"状态时，当企业信息门户（EIPs）继续流行时，这一趋势将继续发展。

EAI/IAI 服务市场将扩大到包括企业资源规划和扩展资源规划（ERP/XRP）市场、前台/虚拟办公室市场、供应链市场和横向中间件市场。但是，如果只专注于一个或所有这些市场，而没有相应地关注应用和相关的解决方案服务，将会增加纯 EAI/IAI 服务供应商的压力。领先的 EAI/ 中间件供应商（如 BEA Systems）面临的问题是主导软件市场、软件+服务市场还是解决方案市场。

网络服务的进步将会为企业应用集成/IAI 提供更好的平台。随着越来越多的软件供应商在他们的产品中构建网络服务兼容性，有的 EAI/IAI 工具将失去其吸引力，这是密切跟踪网络服务和面向服务的架构发展的原因之一。

开发服务

开发市场变化很快。如前所述，电子商务专业服务市场采取实施和战略两步走策略，为企业和互联网应用程序带来开发机会。

开发平台和架构也在不断发展。网络服务将成为"爆款"的集成标准。它强大到不能忽视的地步，甚至成为技术的专有化身——就像微软一样。Net 和 Sun Micro Systems J2EE 更"标准"。

最大的新闻是 Linux 在特定市场的渗透。Linux 的采用曲线非常类似于早期 Windows 的采用曲线：它首先被用作文件和打印服务器，然后被用作应用服务器。Windows（当然还有 UNIX）在应用服务器市场遥遥领先；但是 Linux 在很多公司都获得了成功。加入俱乐部的部分原因是成本效益：多年来，UNIX 一直被视为"昂贵"，而 Windows 相对"便宜"。Linux 的支持成本非常低。

Linux 服务市场也在扩大。随着其渗透的继续，对操作系统相关服务的需求也在增加。大型技术服务提供商，如 IBM、CSC 和 Perot，相对于更专注于电子商务服务的小型服务提供商或红帽（RedHat）等只支持 Linux 的服务提供商（必须包括对异构环境的支持才能生存），更容易提供 Linux 支持。

Linux 正在普适计算时代扮演一个角色。它具有自适应能力，安装和维护成本相对较低，并且作为一个开放架构，它提供了与其他开放应用程序甚至一些专有应用程序的集成。

一个关键的趋势是开发 Linux 应用程序，以及开发和部署集成开发环境（IDEs）来加速 Linux 应用程序的开发。Inprise 在其 Java IDE 中支持 Linux 应用程序，这是使 Linux 合法化和开发开放应用程序的重要一步，这将加速普适计算的进程。

另一个重要趋势是支持 Linux 的系统管理工具和服务的到来。计算机协会已经发展了它的 TNG 统一中心框架来支持 Linux。Veritas 和任务关键型 Linux 也在为 Linux 开发系统管理工具。类似地，采用 Linux 的另一个关键是集群，它开始出现在像涡轮 Linux、SGI 和 Veritas 这样的公司的产品中。随着 Linux 降低了开发或投资回报指标、系统管理和集群化障碍，只要 UNIX 和 Windows 的有效性如预期的那样发展，Linux 的渗透率将继续上升。关于开放软件和专有软件的长期可行性仍有激烈的争论，专有软件供应商正在系统地开放他们的体系结构，以应对 Linux 和其他开放系统对其市场的威胁。可能的长期前景：一个开放/专有的综合标准将会出现，这将使这场辩论变得不像今天这样重要。TSP 工具和网络服务的发展趋势也将使这些架构层面的争论变得无关紧要。

基础架构工程服务 → 解决方案

互联网基础设施工程服务，尤其是围绕互联网协议的所有服务是受到广泛关注的领域之一。典型的以知识产权为中心的服务组合包括应用服务、网络服务和综合接入服务。

随着越来越多的商业模式变得更加分散和以知识产权为基础，可以预见这类服务提供商将迎来发展的好机会。根据以上对 ASPs/TSPs 和热门横向领域的讨论，基础架构设计师将会涉足通信/连接解决方案领域，拥有所有公司都需要的能力。

通信趋势

普适计算通信趋势包括：
- 无线应用程序；
- 宽带；
- 网络安全解决方案；
- 网络应用和服务；
- 带宽管理和优化；
- 光网络；
- 电信；
- 触摸技术。

无线应用

无线技术和应用持续爆炸。无线应用领域仍将大幅增长。与现有的大市场份额的拴系应用程序集成的应用程序，扩展这些应用程序的应用程序，以及代表全新的基于无线互联网的功能应用程序,将是普适计算的大部分。如果我们假设双向分组数据网络、无线局域网和双向寻呼网络、智能手机、无线调制解调器和掌上电脑继续发展,我们可以期待第二代和2.5代无线应用的机会——从网络剪切机和微浏览器到执行严肃的B2B和B2C交易的基于智能代理的应用。(对具有巨大无线带宽的3G或第三代网络的投资将仅略微落后于2.5代投资,这可能足以满足真正的普适计算,或者至少是革命的初始阶段,但3G和4G应用将继续发展并最终主导网络架构。)

下一代网络将重新定义下一代应用。延迟、安全性和带宽之间的相互关系改变了语音、电子邮件、视频会议、大型文件传输和内部网应用的性质。前面关于语音输入和输出的讨论假设IP网络可以支持无线语音交互。

其他应用包括移动库存管理应用、产品定位应用、服务管理应用、移动拍卖和反向拍卖应用、移动娱乐应用、移动远程教育应用,当然还有移动音乐应用。

一如既往,存在着大量的集成和互操作性机会,尤其是当它们涉及移动设备、通信塔、移动交换中心、无线协议到知识产权网关、网络服务器、互联网本身、应用/中间件服务器、单点登录服务器及小型、中型和大型企业内的所有前台和后台应用程序和数据存储(包括企业资源规划应用程序、客户关系管理应用程序、电子邮件/消息/群件应用程序、数据库应用程序等)之间的连接时。将所有这些部分结合在一起的应用程序被包裹在可靠、可扩展的功能中,这代表了普适计算时代的真正机遇。换句话说,无线中间件和基于无线中间件的应用将发挥巨大的作用,实现普适计算。网络服务标准在这方面会有所帮助。

公司还必须满足无线集成要求。随着纯粹的电子商务专业服务公司进入这一领域,设备制造商和运营商也在瞄准机会,当然这不仅仅是一个增量机会。随着普适计算机的需求发生变化,设备制造商从知识产权网络的质量、安全性和覆盖范围中获得既得利益。

无线技术和应用正呈爆炸式增长。可以说,这是新经济和互联网基础设施的热点测试领域(紧随其后的是光网络)。

无线应用领域将以反直觉的方式大幅增长。例如,利用语音识别和文本到语音(TTS)技术来支持B2B和B2C商务的无线语音门户已经开始在市场渗透。

如今，无线网络空间是最大的增长空间，而应用程序空间是最小的，但到2008—2010年，这一比例将会逆转，应用程序将主宰这一空间。

开发与现有的大市场份额捆绑应用程序集成的应用程序的能力将很快成为现实，这将扩展这些应用程序，并代表全新的基于无线互联网的功能。

互联网内容适配协议（ICAP）将使手机、寻呼机、掌上电脑和其他移动设备上的内容可见。其他标准，如无线应用协议、蓝牙、全球移动通信系统、802.X 无线网络和 WiMax 都在定义无线通信、内容管理和显示及支持的方向。

移动电子商务（或所谓的"移动商务"银行、支付、购物、娱乐等）将推动无线应用和服务；虚拟运营商将会出现，这些运营商将把无线管道业务外包给商品运营商，转而专注于拥有和服务庞大的客户群及由此产生的多种收入来源。

网络安全解决方案

安全领域继续寻找集成解决方案，以解决防火墙内外应用程序的身份验证、授权、管理和恢复问题。安全性是它自己的结果，但是隐私越来越成为安全应用和服务的主要驱动力。我们也看到了"纯游戏"安全解决方案公司的到来。2001 年 9 月 11 日的悲剧事件大大提高了数字安全的风险。

生物认证最终会有自己的发展。随着公钥基础设施（PKI）和数字证书技术的不断发展，对生物识别覆盖的需求似乎越来越大，这是对各种安全问题的混合或部分解决方案。虽然生物认证确实提供了唯一可靠的认证技术，但生物认证的吸引力在历史上并不在于常规访问，而在于特殊目的、高度敏感的访问。2001 年 9 月 11 日的事件将增加生物识别和其他认证技术的吸引力，到目前为止，这些技术的应用还很有限。

真正的回报在于集成的安全解决方案。这仍然是一个相对不拥挤的市场，尽管像 Verisign 这样的公司正在迅速将自己重新定义为综合安全解决方案公司。

带宽管理和优化

该领域包括几个需要跟踪的方面：

- 宽带供应软件；
- 垂直 IP 虚拟私人网络（VPN）；
- 服务质量；
- TSB/BLECs/BPL。

供应软件市场正在增长。无论提供的连接技术或带宽如何,都需要宽带供应软件。商业的持续发展将需要它。

可靠的供应软件解决方案将供应所有种类的宽带(光纤、电缆等),应用于所有形式的主干网络协议(帧中继、IP、自动柜员机等)上。尽管需求很大,但空间相对来说并不拥挤,尽管思科(和其他几家供应商)已经占据了这个空间。

服务质量机会仍然令人印象深刻,尽管一些分析师开始区分服务质量和体验质量,后者的特点是从外部观察网络和通信性能。其他分析师认为,服务质量正在演变为质量。这里理想的应用是侵入性的和非侵入性的、实时的、内省的和预测性的。他们还通过选定的中间件应用程序在运营商运营支持服务之间进行集成。

虚拟专用网络(IP VPNs)在快速、廉价的远程可访问语音/数据广域网(广域网)的列表中继续名列前茅。现在市场上有机会实现垂直虚拟专用网络(建立在水平虚拟专用网络技术产品和服务的基础上)。受管垂直虚拟专用网络、远程访问和专用互联网连接在单一服务中的结合代表了一个集成的解决方案。围绕提供私有数据和语音流量的垂直虚拟专用网络创造服务的机会也存在。服务质量/质量、安全解决方案和垂直虚拟专用网的部署之间也有着天然的结合。

TSP/BLEC(高大、明亮的建筑/本地交换运营商)市场提供了内在的网络服务机会。数字用户线路(DSL)和其他宽带运营商、服务提供商正在进入这个领域,有时直接将光纤或同轴介质引入建筑物。但在太空中也有纯粹的游戏。这些服务提供商在与房地产投资信托公司、业主、物业管理公司和工业房地产市场的主要参与者的合作中有些特立独行。由于它们进入房产业务的途径是独特的,它们访问传统运营商和通信服务提供商面临法律障碍。混合模式很可能会出现,由 BLEC 合作伙伴提供增值服务。

这种趋势很有趣,因为它代表了顾客的另一种选择。电力线宽带(BPL)是另一项值得关注的宽带传输技术。最近政府的监管决定使得 BPL 的运输系统变得可行。

电信

传统电信继续将他们的 PSTN 平台迁移到基于 IP 的下一代网络架构。主要的滞后效应？在光纤电缆、SONET、SDH 传输设备、海底投资和模拟铜环及其他间接沉没成本中的巨大成本。有一种观点认为，趋势分析表明，这种观点是错误的，即对于很大一部分人来说，对价格更高的宽带服务的需求将会滞后。这是一个分期偿还这些投资的阴谋吗？不大可能。如果下一代电信（尤其是宽带）能赚钱，那些电信解决方案就会出现。

随着数据流量的增加，改造现有基础设施和架构的需求也将增加；电信公司正试图两全其美：他们希望优化现有的基础设施，同时迁移到下一代（这在本地环路之外比在内部发生得更快）。他们都知道他们需要迁移到整合的分组骨干基础设施。许多公司已经进入了"长征"，"长征"的结果对普适计算是绝对必要的。

宽带

数字用户线（DSL）技术看起来仍然很强大，特别是考虑到上述基础设施的现实情况。鉴于美国已安装了近 2 亿条电话铜线，而 DSL 依赖于现有的铜线，有充分的理由相信互联网接入将在很大程度上通过 DSL 实现。

对宽带的需求也将受到新类别应用需求的推动，如视频电话会议、远程医疗、交互式电视（广播质量视频）、3D 和基于虚拟现实的应用。这些应用跨越 B2C 和 B2B 市场，在这两个市场中，娱乐将满足学习及同步和异步通信的需求。

DSL 将与有线调制解调器和无线互联网接入进行竞争。无线网络看起来很强大，比基于电缆调制解调器的互联网接入更强大，但由于它的新特性和持续的视线要求，导致其在部署上落后了。然而，随着无线技术的成熟，可以期待它在 2~3 年取代 DSL 和电缆。有线电视行业最担心的是卫星接入/内容产业。

随着数字用户线路的使用，对数字用户线路服务的需求将会增长，但服务将远超出数字用户线路的核心能力，包括应用监控、托管甚至定制。实际上，正如服务提供商正在转变为"解决方案提供商"（必须提供始终在线、可靠的连接），智能 DSL 提供商也将转变为完整的服务提供商。有线电视公司将通过 IP 语音服务进入通信领域。

毫无疑问，电信和宽带能力将推动普适计算的重要方面。经济高效的宽带连接将推动数字经济。

网络应用程序和服务

到 2008—2010 年,我们将看到语音和数据的完全集成,以知识产权为黏合剂。语音将以各种方式传播,在同一时间范围内,IP 语音将成为公共交换电话网的大众市场替代品。

统一消息(UM;集成电话、传真、寻呼机、电子邮件)仍然是一个"杀手级"通信应用。所有下一代网络都将提供 UM。聚散性已经在最新的手机/网络接入/寻呼机/PDA 设备中明显地推动了这一点。这里的独立或集成机会应受到监控。

光网络(见下文)将继续发展。一旦不再使用无须再生就能长距离发送信号的设备,一旦光纤主干完全部署,应用和服务机会将会激增。

网络操作系统和网络操作中心正在发生巨大而迅速的变化。随着互联网成为新的公共数据网络,对支持该网络的服务的需求正在以行业无法定义或提供的速度增长。我们的趋势分析表明,内部网将与外部网融合,形成"虚拟企业网络",这将需要复杂的支持服务。一项关键功能将是异构平台集成和支持服务。

随着越来越多的应用程序被集成并扩展到企业防火墙之外,网络和系统管理正受到越来越多的关注。监控和管理网络的性能工具有很多。事实上,有 50 多个网络和系统管理点解决方案和 10 多个"框架工程"提供集成的网络和系统管理功能。垂直框架也将作为网络和系统管理解决方案出现。

该领域的服务提供商必须提供多种移动和无线网络服务能力,包括无线局域网、无线环路、蜂窝/个人通信系统、移动知识产权、无线自动柜员机及卫星接入和支持。覆盖范围问题、带宽、集成应用及其他标准将决定这些网络拓扑中哪一个真正"胜出"网络将是异构的,服务提供商必须集成并保证多种网络组合的质量。

随着无线技术渗透至市场,无线服务行业吸引了大量的注意力。这些公司中的一些是应用公司,而另一些是更多的无线网络服务提供商。

光网络

种种迹象表明,光网络领域仍将保持火热。像无线领域一样,光网络领域及所有衍生领域(如光子学),正在发展设备、技术和服务方面的能力。

空间中有许多特定的功能。它们按等级排列如下:

- 光学服务供应；
- 无源光网络服务；
- 光纤交换机上的千兆以太网；
- 光学开关和传输设备；
- 光学开关元件；
- 光学集成电路。

此外，光学技术应该智能化。Sycamore 的口号——"智能光网络"，具有良好的技术和商业意义，并提供了一种关键的普适计算支持技术。

最终的游戏是一个具有 IP 覆盖的光网状网络，它支持英特尔智能光传输、灵活的（多千兆位）服务交付、波长流量工程、优化和管理、端到端供应和恢复，所有这些对于支持普适计算和持续商业所必需的通信基础设施都是必不可少的。

触摸技术

触摸技术是指正在通过支持新的呼叫中心模型、新的客户关系管理流程和新的事务处理能力可以触及员工、客户、供应商和合作伙伴的技术。互联网接入、宽带和无线接入设备的激增推动了对触摸技术的需求。

触摸技术包括网络语音（和数字用户线路）、语音识别和客户端智能代理（如前所述）。这些技术可以支持各种与访问和事务处理趋势相吻合的应用。这些应用程序支持：

- 集成消息和聊天（通过即时消息和相关技术）；
- "辅助浏览"；
- "网络回拨"；
- 集成 e CRM 语音/视频/数据；
- 启用语音的搜索；
- 互动培训。

这类应用是通过我们应该跟踪的触摸技术实现的。

触控技术可以在服务质量（QoE）应用和体验质量（QoE）应用之间，或者防火墙前后的质量之间建立一个闭环。

普适计算行动计划

我们进行的趋势分析表明，科技行业的结构发生了一些深刻的变化，这些变化将对我们的经营方式产生重大影响。综上所述，它们定义了一套全新的功能，这些功能将定义第四个计算时代普适计算的实际外观。

向小型、中型和大型客户提供的技术平台的性质正在发生变化。在软件领域，我们看到了"我也是"软件包的激增：事实上，似乎软件行业的发展速度比任何人预测的都要快，打包应用程序成为所有规模组织的首选软件部署策略。这意味着软件行业将由"专业"软件开发人员和部署人员（ASPs/TSPs）来运营，而不是由系统集成商（尽管如此，他们仍有大量工作要做）来运营。转变是从源代码的所有权到代码的部署和支持。ASPs/TSPs 包括几乎所有的服务提供商，将成为行业的主要软件交付机制。他们不会开发初级软件，但会从其他供应商那里实施软件，至少在最初是这样。一些应用服务提供商/技术支持提供商将实施他们自己的软件（如甲骨文、席贝尔和思爱普），并在一段时间内与他们鼓励的多个渠道竞争。

实际上，软件将变得"服务化"：购买者不会从多个供应商处购买软件、软件实现或软件支持服务。他们也不会在内部构建复杂的应用程序。这种趋势建立在使用率和调查的基础上。如果继续发展下去，那么未来将属于那些汇集软件（加上各种各样的客户）、支持、集成和可互操作性服务的人。企业应用程序集成将由大型软件服务供应商提供，他们将成为使用企业应用集成和 IAI 工具、网络服务、面向服务的架构和所有相关中间件的专家。

除了与软件相关的服务之外，我们可以预期同样的买家会强制整合电信（集成语音、视频和数据）硬件、软件和服务。由于今天的大部分业务是电子商务，并且由于如此多的电子商务将由 TSPs 支持，连接性与业务模型的开发、交付和支持密不可分。这意味着第一代 ASPs 将不得不继续包括对其客户的通信支持，而第二代 ASPS（TSPs）无疑将为其客户的员工、客户和供应商提供"捆绑"和"非捆绑"连接。

所谓"旧经济"公司也在复兴，这些公司正在重新思考对技术的使用。正如"中性"企业对企业交易所以惊人的速度出现一样，选定的垂直行业通过建立自己的交易所，很快超越了供应链的中性渗透。从某种意义上说，垂直行业使用现成的软件包来安装内部交换系统。

最后，商业和电子商务策略师发挥的作用越来越大。但预测表明，脱离实体的服务不管在利润连续体中处于什么位置，总是会输给集成服务，并最终输给集成解决方案。对供应链的创造性洞察和新业务流程的创建将推动新技术的应用，但同样最具吸引力的是集成服务和解决方案。

所有这些加在一起构成了普适计算。毫无疑问，互联网协议已经彻底改变了人类存储、处理和交流数据、信息、内容和知识的方式。

普适计算的运动正在进行：接入传统的笔记本电脑或台式机的设备越来越少。个人数字助理和融合通信设备将在 2~3 年主导电子商务和移动商务。软件在不断变化，架构变得越来越分散。

仅仅在 10 年前（当第一代客户机/服务器架构被部署时），应用程序仍然是集中的，即使不是事实，也应在概念上如此。第一代客户机/服务器应用程序被视为基于大型机的应用程序的扩展，而不是注定要取代其基于数据中心的"父辈"的革命性架构。如今，新的应用程序被认为是分布式的，以分布式的方式部署，并以相同的方式得到支持，通常是由地理上分布在制造或购买它们的公司的第三方提供支持。真正的影响就在于此，一种倾向于分布式事务处理的倾向，而普适计算提供了使整个集中式/分布式体系结构变得毫无意义的基础设施。但更重要的是，个人和专业事务处理需求只能通过无处不在的连接、持续连接和自动化应用及其他功能来满足。

附录二　技术趋势分析：智能系统技术趋势

这部分重点关注重新兴起的人工智能技术的趋势分析，以及下一代"决策支持"应用程序，这些应用程序已经出现于网络和系统管理框架等横向技术架构和旨在提高客户服务代表效率的纵向应用程序中。

人工智能是 20 世纪 70 年代和 80 年代的宠儿。这个领域投入了大量的资金，初露头角的知识工程师、专家系统开发人员和自然语言分析人员就此撰写了无数的博士论文。美国国防部以金钱、宣传和各种应用引领潮流，结果证明这些应用更像原型而非现实。然而，几十年后，人类重新审视这一切，计算机协会、微软和 IBM 等公司正在将"智能"嵌入他们的应用程序中。人工智能是一项必须了解的技术。

20 世纪 80 年代和 90 年代早期在垂直行业中流行早期决策支持系统（DSS）。其中，一些应用是由复杂的分析方法推动的，如贝叶斯预测模型和统计优化算法。这些系统的用户必须在技术逻辑上非常复杂，才能理解应用程序的功能，更不用说它们的工作原理了。现在浏览器是允许搜索、事务处理和数据信息管理的决策支持系统，所有这些都通过点击来完成。

这种分析的成果应该是一个计划，能够非常密切地跟踪智能系统技术和智能决策支持。为什么？因为这两者将影响几乎所有的商业模式、技术投资及整体业务技术融合战略。简而言之，如果必须选择一个很可能在未来 5 年对业务产生最大影响的领域，智能系统技术的应用很可能就是它。

但是什么是"人工智能"？什么是智能系统技术？什么是智能决策支持？使其协同工作的关键技术是什么？让我们回顾一下，看看国防部认为应用潜力是什么样的。这是来自一个非常智能的"指挥和控制"系统的模拟信息，该系统的工作职责是监控国际环境。

国防部 / 参谋长联席会议信息中心

未分类

行为

智能系统管理命令

发布

国防部长文件

1315124 Z   2011 年 7 月

美国欧洲司令部司令代理德国法伊英根

至美国欧洲司令部司令代理德国海德堡 // AEADC / AEAYF //

美国欧洲司令部司令代理伦敦英格兰地区

美国驻欧空军情报系统总部德国雷姆斯汀 //RC//DO&I

华盛顿哥伦比亚特区情报系统管理指挥部

UNCLAS E F T O

ECJ3 11292

主题：I&W 门槛和战术规划

1. 确认波斯湾不寻常的军事行动；传感器建议大规模动员

2. 建议立即扩大监视区域（参考系统防御计划，了解监视网络沿线智能兄弟的位置，并激活智能遥控飞行器）。

3. 战术防御计划已经完成。敌人行动路线完成估计。友好的行动路线已定，即将到位。

4. 为网络中的多源、连续和解释性输入和反馈设置。如有必要，启动额外的处理器；只有当攻击可能性超过 0.70 阈值时，才通知人类决策者。

尽量减少网络聊天；保持接触。

从现在开始，只通过多级安全数据库。将所有人类问题同时提交给所有网络处理器。

上述信息显示了2007年几台智能计算机之间一些被截取的对话，这些对话处于一种假设的警戒状态。计算机能做出上述模拟所建议的那种决定吗？它们能进行情报评估吗？它们能发动战争吗？

如今，人工智能和决策支持似乎有了令人兴奋的应用。其中一些听起来几乎和上面的一样牵强，但是它们真的那么牵强吗？智能系统能管理网络吗？它们能为顾客服务吗？它们能发展业务吗？

下面是一条来自智能网络的消息。

网络运营中心

机密/加密

智能系统网络命令

2011年7月6日

美国东部时间09：00

主题：网络过载

确认虚拟专用网的极端使用，

防火墙面临空前数量的安全攻击。

建议立即重新配置网络拓扑：如果流量和/或攻击持续90分钟或更长时间，将重新配置。

观察结果：

1. 网络和系统管理框架的性能低于规范和协商的服务水平协议；

2. 台式机和笔记本电脑接入设备不标准，降低了网络性能；

3. 桌面应用程序配置不当，无法达到最佳效果；

4. 管理决策的速度已经赶不上财务损失的速度：由于不活动造成的估计损失约800万美元；预计每月损失200万美元。

5. 人事记录分析表明专业技能差距越来越大。

智能决策和交易支持

所有这些可能性都提示了关于决策支持和智能事务处理的更大问题。在过去的20年里，决策支持系统、执行信息系统、数据挖掘应用、联机分析处理（OLAP）应用得到发展，现在基于网络的搜索引擎都自称是人类决策者的"数字执行官员"。

例如，决策支持系统的设计、开发和使用在21世纪初发生巨大变化。随着必要技术的发展，我们对直销商应该做什么期望也在迅速上升。到2010年，问题解决者将会经常使用早期决策支持系统来处理各种简单和复杂的问题。他们还将受益于能够提供比数据库支持和低级推理更多的系统。同样重要的是，决策支持系统的权力分配将扩大到专业领域以外；决策支持系统将对我们所有人开放。这种"分布式知识管理"将永远改变我们思考个人、专业问题解决和决策的方式。

可以有把握地说，今天大多数决策支持系统只是间接地支持决策。有些决策支持系统管理项目，提供对操作数据的简单访问，或者处理相对结构化的问题。机会的"结构化"和"非结构化"目标之间的区别对于理解今天决策支持系统的范围和明天的承诺是很重要的。早期的决策支持系统的技术支持者希望他们的系统能帮助决策者生成、比较和实现交易期权，但大多数决策支持系统都间接支持期权分析。实时期权的生成和评估避开了设计者（除非在一些罕见的情况下），开发出一个单一目的的系统来解决一个非常复杂的问题，如买车。

早期的决策支持系统是面向数据的。该领域慢慢向面向模型的应用迁移，在接下来的3~5年，应该会向将数据、模型、知识和接口综合成一些创造性能力的系统迁移。下一代系统也将能够解决结构化和非结构化问题。

该行动将涉及智能系统技术、用户与计算机接口（UCI）技术和显示技术。决策支持的新应用前景将非常广阔，反映出新系统的能力，这些新系统将嵌入（更大的信息系统中）并在许多层面发挥作用。未来的决策支持系统将允许决策者和信息管理者、资源分配者、管理者、战略规划者、网络管理者和库存控制者提高他们的效率。

什么将驱动什么？新的公司和政府会要求提出新的决策支持系统要求吗，或者新的决策支持系统技术会提出新的要求吗？如果下一代数字存储系统是在应用真空中构想出来的，那么它们会是我们所期望的样子吗？或者说，应用的解释和预期会驱动未来数字存储系统的"形式"吗？

这些问题与信息和制造业经济的所有部分都相关。例如，在汽车工业中，机器人满足了特定的要求，因为机器人技术已经发展成为一种替代人类劳动的具有成本效益的选择。现在文字处理便宜、高效且分布式。但是文字处理改变了、消除了还是减少了需求？有趣的是，许多社会理论家认为复印机的发展极大地改变了信息生产和传播的方式。有人认为复印机引发了纸张爆炸，过度满足了对信息的需求。换句话说，仅仅因为复印机的存在，现在满足了更多的复印需求。直销商会取得类似的"成功"吗？

当决策支持的定义继续增长时，我们对基于计算机的问题解决的理解也将继续增长。决策支持，虽然在概念和应用上非常广泛，但将被归入基于计算机的问题解决的总范畴，随着时间的推移，这一范畴也将经历根本性的变化。人们对计算机能为用户做什么的期望将会继续上升。与对决策支持系统能力的期望的演变相一致，各种基于计算机的问题解决系统必须满足分析要求。例如，网络管理员需要知道网络何时中断。

他或她用来监控网络、查明问题和采取快速纠正措施的工具变得越来越自动化，在某些情况下变得相当智能化。应用程序监控器现在可以"嗅探"网络中的问题，并将它们报告给管理员，管理员必须决定下一步该做什么。但这是智慧和责任的合理分配吗？智能决策支持系统将自动发现和纠正问题，并在每周报告中简单地报告人类主人发生了什么。

在过去的几年中，决策支持系统社区已经看到了基于知识的工具和技术的卓越，尽管启发式解决方案适用的问题范围比最初设想的要窄得多。现在人们普遍认为，人工智能可以为需要演绎推理的有界问题提供基于知识的支持。人工智能在不可预测特征更强的情况下表现不佳。不可预测的刺激因素使设计者无法识别反应集，因此限制了"如果，那么"解决方案的适用性。例如，我们知道所谓的专家系统可以解决低层次的诊断问题，但不能预测2020年科技产业的结构。虽然很多人从一开始就觉得这些问题超出了人工智能的能力范围，但也有同样多的人对复杂归纳问题解决的可能性持乐观态度。

吸引注意力的最新方法是基于神经网络的推理和问题解决模型。神经网络适用于具有与那些最适合于传统的基于专家系统的人工智能截然不同特征的问题。神经网络是非顺序的、非确定性的处理系统，没有独立的存储阵列。神经网络由许多简单的处理器组成，这些处理器对所有输入进行加权求和。神经网络不执行一系列指令，而是对感知的输入做出反应。"知识"存储的关键在于处理要素的连接及处理要素的每次输入的重要性（或权重）。据称，神经网络是不确定的、非算法的、自适应的、自组织的、自然并行的和自然容错的。它们有望成为决策支持系统方法论的有力补充，特别是对于数据丰富、计算密集的问题。

传统的人工"智能"是根据人类经验预先编程的，"智能"通过训练习得。专家系统可以对有限组事件刺激（有限组反应）做出反应，而神经网络被期望适应无限组刺激（无限组反应）。据称，传统的专家系统永远无法学习，而神经网络通过处理"学习"。神经网络研究和发展的支持者已经确定了最适合他们的技术所要解决问题的种类：计算密集型；不确定的；非线性的；诱拐的；直觉；实时；无组织/不精确；和非数字的。

神经网络是否是许多人认为的解决问题的"灵丹妙药"，还有待观察。这项技术的几个方面还没有定论。但是像人工智能一样，神经网络很可能会对我们的分析模型和方法清单做出一定的贡献。

智能系统技术为智能决策支持系统的设计和开发带来了巨大的希望。自然语言处理系统允许自由形式英语交互的系统，将提高决策支持效率，并有助于分布式决策支持系统的广泛分布。当用户能够像与人类同事交谈一样键入或询问他们的决策支持系统问题时，那么决策支持系统的使用方式将永远改变。

专家系统也将使许多决策过程常规化。关于投资、管理、资源分配和办公室管理的规则将嵌入专家决策支持系统中。个人不太可能上网执行琐碎的交易。智能支持系统将自动执行数百个预定义的"授权"交易。

直销商将能够适应与特定用户的互动。他们将能够预见解决问题的"风格"，以及用户最喜欢的解决问题的过程。它们会实时适应，并能够对环境的变化做出反应，如时间短缺。

决策支持系统的设计者也将受益于对人类如何进行推理和决策日益增长的理解。认知科学正在积累关于感知、偏见、选项生成，以及与决策支持系统建模和问题解决直接相关的各种附加现象的证据。新的发现将为信息技术提供信息；最终的直销商将与其用户"认知兼容"。因为如此多的行为正在向网络转移，所以有可能建立巨大的人口统计学相关器，它将了解我们是谁，以及我们想从我们所做的事情中得到什么。关于我们的"风格"、偏好、需求和欲望的推论将很容易从我们在线和离线行为的适应性轨迹中推断出来。

下一代决策支持系统也将对情境和心理生理环境做出反应。如果他们的用户犯了很多错误或者花费了太长时间来回答查询，他们会改变他们的行为。他们会放慢或加快步伐，这取决于这种输入和行为。认知工程领域，将为情境和心理生理系统设计策略提供信息，在21世纪初将变得越来越可信。传统的工程开发范式将让位于更广阔的视角，这种视角将更多地从需求和用户的角度来定义决策过程，而不是从芯片和算法的角度。认知工程的原理也将告知设计和人机界面（见下文）。

注意到决策支持系统开发工具的出现是非常重要的。有一些软件包允许开发基于规则的专家决策支持系统。现在有了第五代工具，它们功能强大，价格实惠。这些所谓的"最终用户"系统允许现场设计和开发只能由几个人使用一段时间的数字标牌系统（下文将介绍其中一个）。随着开发此类系统成本的下降，越来越多的一次性决策支持系统将被开发出来。这将改变我们现在看待决策支持角色的方式，就像快速应用原型的概念改变了应用程序开发的方式一样。

来自许多学科和领域的混合模型和方法将比基于单一模型的解决方案更受欢迎，这主要是因为开发人员最终会接受不同的需求规范。从社会、行为、数学、管理、工程和计算机科学中提取的方法和工具将被组合成由需求驱动的解决方案，而不是由方法偏好或偏见驱动的解决方案。

20年前，没有人太关注用户界面技术。考虑到计算的历史，这是可以理解的，但不再是可以原谅的。自从微计算革命以来，软件设计者不得不把更多的注意力放在系统和操作者之间交换数据、信息和知识的过程上。现在有数以百万计的用户完全不知道计算机是如何工作的，而是依靠它的能力来维持他们非常专业的生存。这些用户生活在网络上，以他们5年前甚至无法想象的方式进行搜索、比较、对比、排序、归档和报告。

软件供应商对这个市场的规模及其对明确的、自定进度的、灵活的计算的相对新的需求都很敏感。这些想法来自哪里？认知科学领域和现在的"认知工程"理所当然地把功劳归于用户与计算机接口技术的进步，因为它的支持者是唯一一个问为什么用户计算机交互过程不能在一些有效的认知信息处理过程之后建模的人。用户与计算机接口的进步可以追溯到行为心理学和认知科学的发现，这绝非偶然；令人惊讶的是，杂交花了这么长时间。

用户与计算机接口的进步对直扩系统的设计、开发和使用产生了深远的影响。因为计算成本普遍大幅下降，现在许多较新的工具和技术都是负担得起的，所以甚至在基于个人计算机的直接序列扩频系统上也有可能满足复杂的用户与计算机接口的要求。早期面向数据的决策支持系统向用户显示行和行（以及列和列）的数字；现代系统现在以3D高分辨率颜色投影数据之间的图形关系。决策支持系统的设计者现在能够满足更多的需求，因为我们已经了解了认知信息处理和现代计算技术的可负担性。

用户与计算机接口技术的最新进展是流式多媒体，即存储、显示、操作和集成声音、图形、视频和老式字母数字数据的能力。现在可以在同一屏幕上显示照片、文本、数字和视频数据。允许用户选择（和取消选择）相同数据的不同显示是可能的。这是可能的动画和模拟的实时性和成本效益。许多功能在5年前都太昂贵了，对于20世纪80年代和90年代早期的硬件架构来说，计算量太大了。毫无疑问，多媒体技术将影响未来数字存储系统的设计和使用方式。看到和听到数据、信息和知识的能力，以及通过网络"亲自"看到和听到朋友、同事和服务代表对这些内容描述的能力，将极大地改变我们对信息共享、协作和解决问题的思考方式。通过应用多媒体技术和利用这些新功能的协作通信应用程序（如网络会议），人类"看"的方式和结构问题之间的差距将大大缩小。

各种多媒体图形显示器的使用将主导未来的用户与计算机接口应用。视觉认知研究中越来越多的证据表明视觉思维是多么强大。复杂的概念通常很容易用图形交流，并且可以将复杂的问题从字母数字转换成图形。毫无疑问，决策支持系统将利用超媒体、多媒体和各种交互式图形。

语音输入和输出也将在未来几年成为一项可行的用户与计算机接口技术。尽管到目前为止对"语音激活文本处理器"的到来的预测是乐观的，但是在连续语音输入和输出方面的进展是稳定的。一旦技术完善，将有数百个应用程序受益于无键盘/鼠标/触摸板的交互。

用户与计算机接口技术也将允许使用更多的方法和模型，特别是那些由复杂但常常无法解释的分析程序驱动的方法和模型。例如，单一程序中的优化概念很难传达给基于浏览器的应用程序的典型用户。先进的用户与计算机接口技术可用于图解优化演算，并允许用户理解优化方程中变量之间的关系。类似地，概率预测方法和模型锚定在贝叶斯条件概率定理中，虽然计算相当简单，但对一般用户来说在概念上是复杂的。日志赔率和其他图表可以用来说明新证据如何影响先验概率。事实上，一个有创造力的认知工程师可能会使用任何数量的影响隐喻，如主动温度计和图形权重，来呈现新证据对事件可能性的影响。

最后，先进的用户与计算机接口技术也将扩大决策支持的范围。随着应用程序和用户之间随时通信带宽的增加，应用机会的范围也在扩大。用户与计算机接口技术允许设计者尝试更复杂的系统设计，这是因为良好的用户与计算机接口设计所培养的复杂性的自然透明性。

一些人认为，界面实际上可能成为决策支持系统用户的"系统"。系统的内部结构，就像内燃机的内部结构，将变得与操作者无关。用户与计算机接口将编排流程，组织决策支持系统的内容和功能，并保护用户免受复杂数据、知识和算法结构的不友好交互。在某种意义上，我们已经通过无处不在的浏览器实现了这一预测的某些方面。

下一代数字用户线路将更小、更便宜，因此分布更广。它们将是网络化的，并且能够对更大和更小的系统进行上传和下载。输入设备因应用和用户偏好而异。如前所述，语音输入将戏剧性地改变未来数字用户界面的使用方式；语音激活文本处理将以一种"自然的"不引人注目的方式将决策支持与大量应用程序联系起来，从而扩展决策支持系统的功能，尽管真正强大的语音激活系统可能要到2011年左右才会出现。

决策支持系统将通过传统通信系统与数据库和知识库、决策支持网络上的其他系统及外部世界建立嵌入式通信链接。网络将成为越来越聪明的直销商无处不在的竞争场所。

决策支持系统在未来的使用将与现在大不相同。他们将作为我们专业问题的交流中心。他们会优先考虑我们的问题，会自动解决其中的许多问题。他们将成为我们解决问题的伙伴，像"同事"一样与我们一起工作。

它们也将使用在虚拟组织的所有级别。分布式决策支持系统的分布允许决策支持网络、决策支持数据的共享及决策支持问题解决经验的传播，通过开发有用的决策支持"案例"的基于计算机的机构记忆，这些案例将被调用来帮助构造特别难以解决的决策问题。高效的组织将继续开发问题/解决方案组合的清单，并将其插入决策支持网络。

最后，下一代智能决策支持系统将弥合我们职业生活和个人生活之间的鸿沟（网络上已经模糊了）。他们会有管理个人和职业事务的能力。我们的职业世界和个人世界之间的传统界限模糊不清，这也许不可取，但肯定有可能。

智能系统技术和可计算问题的范围

这一趋势分析表明，现在如果人工智能在我们用来查找数据、区分行动优先级和执行事务的定性和定量方法的更大家族中发挥作用，它将会有令人印象深刻的发展。但是首先，让我们假设不是所有的分析和计算问题都可以用计算机解决。其次，它假设人工智能，像运筹学、决策分析和"常规"计算机科学一样，都有它们的优点和缺点；这些方法类中一个或多个的误用破坏了我们解决问题的性能和可信度。最后，让我们假设有可能将"正确的"方法与明确的问题定义"匹配"。

然而，对人工智能的所谓"问题域"的仔细考察表明，其中许多是"有界的"，并以演绎推理过程为特征。专家系统似乎最适合用来解决我们已经非常了解的问题，并且其解决问题的过程是明确的、不含糊的，因此是演绎的。人工智能的这个角色有问题吗？当然不是。事实上，人工智能与这类问题类型的匹配代表了朝着正确方向迈出的一步。

不幸的是，我们经常错配分析方法和问题。我们用启发式方法解决数学问题，使用神经网络对银行贷款申请进行评估，坚持使用人工信息处理器进行空中交通控制。对于问题/方法匹配，我们几乎没有启发式方法。方法的选择通常基于偏好、惯性，或者因为个人、供应商、风险投资或基金会想要资助的资金用途是最优化、人工智能或贝叶斯。

使用人工智能、运筹学、决策分析或其他任何方法的决定都是基于手头问题的性质。首先应该说明的是，并不是所有的问题都可以通过应用任何一种或多种方法来"计算"。有些问题如此顽固，以至于无法建模，当然也无法量化。一些问题可以通过驻留在人类认知过程中并以嵌入软件的方法、工具和技术得到有效解决；另一些则是通过归纳或溯因，以至于远超出了"可计算问题"的范围。

人工智能正在成熟，我们对它在哪里及如何应用的理解也在增长。我们现在知道基于知识的解决方案并不总是合适的，有时最糟糕的方法是人工智能的。我们也知道，有许多种问题特别适合人工智能的工具和技术。但最重要的是，人工智能应该被视为更大团队中的一员、方法家族的一员。

上述情况表明，人工智能在某些特定领域具有一些独特的能力和巨大的潜力。这并不意味着那些超出分析方法范围的问题会突然变成人工智能的问题。

人工智能系统与工具包

人工智能是系统工程、心理学、电子工程和计算机科学的交叉学科，它试图在计算机软件中重现人类解决许多简单和复杂问题的过程。人工智能"知识工程师"从医生、地质学家和信号处理器等专业人士那里获取专业知识，然后以一种允许在特定领域（如医疗诊断、地质钻探或数据分析）相对灵活地解决问题的方式来构建它。

人工智能系统在许多重要方面不同于传统系统。首先，传统系统在一些非常具体的过程边界内存储和操作数据。人工智能系统在选定的问题域中存储和应用各种未指定问题的知识。传统系统是被动的，人工智能系统主动与用户互动，并适应他们。传统的系统无法推断超出某些预编程的限制，但人工智能系统可以做出推断，执行经验法则，并以我们通常决定是否购买福特或雪佛兰，或接受新的专业挑战的方式解决问题。

知识表示是人工智能、专家系统和智能系统技术研发的支柱。如果知识和专业技能能够在计算机软件中被捕捉并在瞬间得到应用，那么在知识的生产和传播及交易的执行方面就有可能取得重大突破。如果有可能在一套灵活友好的基于计算机的系统中抓住最好的医疗诊断专家、最好的经理、最好的情报分析师和最好的客户服务代表，那么生产率和效率将会随着成本的下降而迅速增长。

人工智能系统设计者使用一套独特的工具来表示知识和构建智能问题解决系统。想象一下《大英百科全书》每一卷中出现的详细主题大纲。那想象一下一种计算机程序，与人类大脑中的程序一点也不同，能够搜索轮廓中的信息以解决特定的问题。人工智能搜索例程允许信息被结构化为知识，并允许系统用户将知识应用于各种解决问题的任务。今天的搜索引擎使用人工智能为用户找到正确的信息，并充当网络导航器。

传统和特殊用途的软件语言允许智能系统设计者以多种方式表达知识。最广泛使用的知识表示技术涉及认知经验规则的发展，通常用"如果，那么"的形式来表示。例如，在高级金融领域，很容易想象一个基于规则的投资咨询系统包含这样一条规则："如果黄金跌破每盎司700美元，那么将25%的可用资源投资于黄金。"一个有一千条这样的规则的系统可能会被证明是非常有效的，因为它可以持续监控世界各地的投资状况，并通过其规则相应地分配资源。

毫无疑问，可以推测所有基于规则的系统的力量的关键在于规则的准确性和深度。糟糕的规则会产生糟糕的结论，正如糟糕的人类概率估计经常会导致糟糕的结果。知识工程师的工作是确保规则尽可能充分地代表实质性的专业知识。这一要求反过来意味着基于规则的系统永远不会停止开发。为了让他们跟上他们试图以电子方式代表的领域，他们必须例行公事地接受新的规则。

人工智能最早的研究目标之一是开发能够理解自由形式语言的基于计算机的系统。人工智能的"自然语言处理"分支通过赋予软件理解单词、短语、词类和概念的能力来表示知识，这些单词、短语、词类和概念以英语、法语、德语或任何对预期系统用户来说"自然"的语言进行文本表达。现在，我们可以像与人类同事交谈一样，直接与电脑交谈。今天，自然语言系统在国防部被用来跟踪海上船只，组织和操作巨大的数据库，并在智能的专家系统之间架起桥梁。在网络空间，搜索引擎支持不同层次的自然语言交互。

区分人工智能的工具和技术与人工智能研发社区所针对的实质性领域非常重要。工具和技术包括专用软件语言、规则、语义和推理网络、自然语言处理，甚至是独特的硬件系统。但并不是每个领域都容易受到这些工具和技术的影响。

在这一趋势分析开始时，情报和网络运营中心的信息表明了人工智能的潜力。消息中隐含的是能够自动监控大型环境，根据对威胁动态的理解发出警告，在类似智能计算机的网络中快速通信，决定是否需要采取进一步行动，并根据规则制订战术计划。这些任务中任何一项的完成都令人印象深刻；智能系统技术社区的目标是将它们全部自动化。

至少，智能系统旨在增强问题解决能力；电脑可能会一直胜过人脑。

到目前为止，单个人工智能系统的影响已经有所体现。但是众多人工智能系统协同工作会有什么影响呢？我们还没有计算网络化智能系统的影响。本报告开头的信息表明，智能系统最终将能够在多个层面上同时相互通信。他们将能够获取和处理数据、调度收集资源、评估战略和战术形势、制订计划、做出决策、使用部队、赢得战争并拯救我们的网络。但是他们也会犯错误。现在我们知道，除非在人工智能系统开发的知识工程阶段非常小心，否则这个系统可能会在一个领域表现特别好，而在其他领域则表现特别差。设计和开发非常深的知识库所需的工具还有待开发。

人工智能系统将同时作为最终的力量倍增器和智能替代品。他们将扩展现有非智能计算机、机械和武器系统的能力，增强甚至最终取代人类解决问题的能力，并承担越来越大的作战责任。与人类的专业知识不同，专家系统可以在需要的时候被复制，人类的专业知识不容易被复制。这样就有可能把专业知识传播到人类专家永远不会涉足的地方。不可能估计知识广泛传播的影响。虽然这可能会导致整体性能的提高，但也可能会对人类学习如何自己解决问题产生不良的抑制作用。人工智能系统的易用性对普通专业人士来说可能太诱人了。

如前所述，一个非常有前途的领域是基于人类神经网络和其他生物系统概念的知识处理架构的设计和开发。生物仿真的新趋势可能会彻底改变信息、数据和知识在机器中的存储和处理方式。

另一个有希望的领域是更大的计算机辅助软件工程（CASE）工具与进化的知识工程方法的结合。作为设计和开发专家和其他智能的最大瓶颈，一些知识获取程序的准自动化和全自动化可能为系统、知识工程服务。走向 CASE 可能允许知识工程师在智能系统项目生命的早期确定必要知识库深度的性质；这也可能允许他们加速基于知识的系统原型开发过程。

很明显，人工智能和相关技术的真正回报在于它们能够创造性地链接到其他技术和应用程序的程度。混合的"整体大于部分之和"提供了巨大的潜力，但是为了朝着这个方向前进，设计者必须以问题为导向。例如，在网络和系统管理应用程序中插入智能显示器，使得计算机助手的营销主管通过他们的"新代理"实现了一些差异化（智能代理提高了自动化网络和系统管理框架 Unicenter 的成本效益）。

有些事情需要考虑：

抵制传统系统和分析程序的复杂过程有时可以通过智能系统技术来解决，特别是复杂的实时数据集成和挖掘问题、需要立即采取行动的问题，以及主要由于数据量或决策空间大小而导致的真正棘手的问题。

自动化现在在选定的领域是可能的，在其他领域也将变得更加可能，如我们知道自动化营销活动是可能的。

人工智能、专家系统和智能系统技术很可能产生巨大的投资回报，并为日益激烈的竞争、商业模式的波动和技术变革的步伐提供基于技术的应对措施。

我们将越来越多地被要求改进现有系统，而不是开发全新的系统。通过引入专家系统和其他智能系统技术，在现有系统的重新设计中有巨大的杠杆作用。

有许多功能、任务和子任务可以通过智能系统技术来解决，智能系统技术本质上比传统的计算技术更有效。

随着裁员变得越来越普遍（为了减少运营开支），我们需要找到保持生产力的方法；智能系统技术提供了一种方法。

智能系统正在演变成"智能代理"。对于大多数观察者来说,软件代理是智能的,如果它满足以下大多数条件:

自主:自我启动;

社交:能够与用户和其他代理交流;

反应性:能够回答问题并采取行动;

动态:时间和空间是否敏感;

异步:独立于线性/链接事件的动作;

事件驱动:能够主动行动并对事件做出反应;

"非活动"用户交互:用户可以忽略;

自动执行:可以自己运行;

自给自足:拥有自己运行所需的东西。

智能系统可以处理各种任务:

人类认为复杂的东西;

时间关键性;

界限分明、先前已建模的动态事件;

信息过载;

定向搜索;

常规的、重复的行为。

为什么需要理解人工智能

希望现在能更清楚为什么我们认为智能系统技术是一种"守护者"技术,以及为什么我们认为智能决策支持在未来几年内会卷土重来。

我们对这项技术的重视可以用它对各种横向技术领域及我们所能想象的几乎每个垂直行业的潜在影响进行解释。

我们已经在使用各种非常复杂的智能工具和技术,嵌入我们的台式机、服务器甚至大型机的各种应用程序中。我们提出了第二波更强大的智能应用浪潮,它将彻底改变我们的计算和通信方式。

应用范围

人工智能的应用范围很广，可划分为不同类别的应用程序，每个类别都有特定的设计内涵。

辅助设计工具

第一类智能应用涵盖了很多领域。其用途包括以下方面：需求分析、样机研究、软件开发、测试和评估、硬件和软件配置管理、制造设计（所有类别）、药物设计、建筑设计。

嵌入式系统

嵌入式系统的使用也在急剧增长。其应用范围包括以下方面：搜索和检索、数据组织和结构、硬件配置、硬件和软件适应。

代理

这个领域可能是最热门的。网络的无处不在引发了智能代理应用于各种任务的各种想法，用途包括但不限于以下方面：日常任务、信息过载减少、个人和专业的时间管理、协作和集体解决问题、网络和系统管理、资产管理、购销、供应、规划、谈判。

研究案例

这是一个人工智能如何被用来制订战术作战计划的研究案例。

智能军事规划

本案例的重点是陆军部队的规划。主要目的是为战术规划者提供一个智能的基于计算机的助手。结果描述如下。

军事规划流程

军团层面的军事规划，就像所有指挥层面的规划一样，是任务导向的、自上而下的、结构化的。在形成"作战概念"之前，军团指挥官和他们的参谋必须采取一系列的措施。他们必须首先将任务指南转化为一系列明确而现实的目标和子目标。他们必须通过整合关于地区特征、天气、对手目标和能力的情报来准备战场。他们必须确定可能的对手行动路线，然后确定使用、攻击或防御的最佳方式。

军团指挥官可以获得大量的规划文件。但是成功计划的本质可以追溯到可用情报的质量、敌对部队的能力和指挥官的判断。

在许多重要的方面，战术规划是一门艺术。除非规划者有实际的现场经验，否则规划过程的各个方面不能总是被教授。与此同时，这并不是说该过程的某些部分不能通过一些"科学"程序的实施而被计算机化或改进。

好的团队规划是反复的。成功的军团指挥官同时具有创造力和务实精神。他们也是优秀的舞蹈指导，需要平衡指挥的优先顺序和有限的资源、不完美的智力和强大的对手的现实。

如果缺乏"道具"，如地图、战术符号或图钉及大量的铅笔，那么规划过程本身就无法实施。尽管经常有人批评这种"低技术"的使用，但从历史上看，改进这种技术是非常困难的，即使有"高技术"的修正。

在一个典型的规划练习中，地图、笔记、文件、参考资料和信息被用来制订和评估计划。数据、信息、判断和经验被一小群计划者压缩成一个单一的"操作概念"。

开发计算机化规划辅助工具的尝试始于大约20年前，但仅在过去5年中取得了显著进展。但是，即使是最近的艾滋病也有一个共同的问题：无论具体的分析方法是否合适，都要强行将其纳入规划过程。例如，一些计划辅助工具使用贝叶斯条件概率定理来计算可能的对手行动路线。虽然贝叶斯定理很强大，但它不适用于作战行动评估，因为它迫使计划者以某种方式考虑可能性，这就要求计划者忽略战术计划的教导。

其他问题可以追溯到许多辅助工具在规划过程中施加的交互作用。例如，一种援助要求军团指挥官输入数百个数字分数，这种援助需要计算出最佳作战概念。

还有一些软件因为太大而失败了，除了战术训练什么都支持不了。许多都太贵了，无法广泛销售。

首先需要确定的挑战是兵团规划是否应该计算机化。计算机能有所帮助吗？或者它们会给一个已经被很好理解和执行的过程增加一层复杂性吗？接下来，该团队面临的挑战是，在规划过程中确定援助能够做出最佳贡献的点。有足够的证据证明投资是合理的吗？方法呢？库存是否大到足以执行关键的战术规划任务？成本呢？

当然，最终的挑战很简单。通过智能系统技术的应用，该团队能否显著超越过去的表现？

战术援助

开发智能助手的第一步涉及一系列需求分析，旨在准确确定军团指挥官如何制订战术计划。我们录下了6位专家规划师的规划过程，他们制定了一个西欧防御场景的作战概念。实际的计划者被分成两组，并被要求为相同的战术计划问题制定一个解决方案。

这一数据得到了实地手册、官员手册和一般规划文献的补充。在我们研究了所有的数据之后，我们开发了一个规划任务和子任务的分类法，然后确定了可能满足任务的分析方法。

我们面临的第一个问题是要求团队描述他们希望援助发挥的作用。它实际上是应该"帮助"计划者，还是应该试图减轻计划者的某些任务？目标应该是开发一个辅助系统还是一个自动规划器？

这些要求清楚地表明，开发一个自动化的计划器是不可取的，考虑到我们能够发现的战术计划。该团队认为，最好的方法是将TACPLAN设想为一种智能辅助工具，并要求其行为尽可能不引人注目。

TACPLAN使用几种常规和非常规方法来帮助军团指挥官制订战术计划。首先，它假设战术规划服从分而治之的策略，在这种策略中，规划问题被分解成越来越小的问题。它还假设较小的问题和子问题应该以特定的顺序解决。例如，它假定，在彻底分析地区特征和相对作战能力之前，不应该进行作战行动评估。它还建议计划者在进行任何分析之前，将他们的主要和次要目标编成法典。TACPLAN通过一种称为多属性效用评估（MAUA）的方法支持这些和其他评估。MAUA 是一种通过识别、加权和相对于行动路线的评分标准、地形特征等来支持分析的技术。

该技术产生了最有可能的行动路线、最具抑制性的地形特征及最有可能满足指挥官目标作战概念的排序列表。

TACPLAN 也有智能的元素。它"知道"地形特征、偏好的理论选择、部队结构，以及区域特征、理论和作战能力之间的关系。它的知识存储在计划规则中，每当计划者做出判断、指定一个可能的行动路线，或者假设战斗单位可以在特定地形上移动多远和多快时，都会参考这些规则。

TACPLAN 有助于规划者；它绝不打算取代它们。它的智能是被动和不引人注目的。TACPLAN 不询问计划者想做什么，然后为他做；取而代之的是，援助机构观察规划过程，只有当它通过其规则"知道"的关于过程或手头问题的东西被忽视或反驳时，才提醒规划者。如果计划者选择忽略 TACPLAN 的建议，那么过程继续进行，尽管计划者被要求解释为什么他或她认为 TACPLAN 的建议是错误的。

计划者操纵数据和信息，测试关于使用部队的最佳方式的备选假设，并调用不同地形、战斗顺序等。在屏幕上显示为覆盖图。他们可以增加或减少覆盖，而一套关于战术规划过程的"规则"观察规划过程，并在"违规"发生时提醒他们。

TACPLAN 在 Windows 机器上运行。它的展示引导计划者完成计划的制订过程，询问一系列关于计划的问题。规划者被要求评估地区特征、相对作战能力、行动路线及候选作战概念。当所有这些都在展示的时候，我们正在用图形的方式构建这个计划。规划者可以通过在地图上添加、删除或移动单元，通过将行动路线直接绘制到图形地图上，或者通过将旧的规划召回并覆盖到当前的问题上，来直接与显示器交互。

显示器的优势在于它的真实性，以及它在使用纸质地图、透明醋酸纤维和油性笔方面的改进程度。TACPLAN 展示了兵团感兴趣区域的实际地图。战术符号和行动路线以叠加的形式存储在图形地图上。

地图和注释以数字方式存储。由于地图已经数字化，规划师有能力在显示器上放大或缩小。由于数字叠加是由计算机控制的，它们会根据规划者的视野扩大或缩小。

TACPLAN 允许计划者以与他们现在制订计划几乎相同的方式制订战术计划，

但是有一些重要的区别。第一，援助构建了这个过程。第二，它集成了过程的元素和子元素。第三，它通过对照自己的知识库检查计划判断来监控和指导过程。第四，它允许计划者在不借助计算机的情况下，使用他们在制订战术计划时使用的相同媒介——实际地图。第五，它允许他们在地图图像上进行注释（不像他们用油性笔在醋酸盐上进行注释的方式），存储他们的注释，并随时调用它们（醋酸盐和油性笔无法比拟的功能）。第六，TACPLAN 记录了未来研究或应用的规划过程。事实上，有可能开发一个军团计划的清单，当遇到类似的问题时，可以调用和显示。第七，独联体技援计划是灵活和适应性强的。随着时间的推移，支配其行为的规则将被修改，知识库本身将被扩展。例如，如果某条特定的建议一直被军团指挥官忽视，那么负责该建议的规则可以改变。由于 TACPLAN 记录了规划过程，因此它还记录了分歧，分歧可以用来使援助更加明智。

最后，TACPLAN 价格低廉，便于运输。几乎所有的组件都可以从现货中购买。特别强调设计一种在开发或使用中不会消耗大量资源的援助。事实上，TACPLAN 在许多方面都是一个"快速原型"，可以一种轻松、快速、成本低廉的方式进行修改。

附录三　技术趋势分析：商业技术集成趋势

如果采取一个不同的，有时是个人的角度，有时甚至是愤怒的角度，来看待与技术的关系，会是什么样的？它是否描绘了新的商业技术关系应该是什么样子。

可以断言，数字革命的车轮已经脱落。尽管由于计算机和通信技术的广泛应用，生产率有了很大提高，但许多生产率都是非凡的人类努力的结果。更糟糕的是，数字革命被认为不仅关乎生产力和效率，还关乎乐趣和成就感。事实并非如此：最初作为一种真正的新浪潮现象，很快演变成一个被没有生命的专业人士扭曲的黑暗过程。

还记得公司开始向员工出售旧的个人电脑作为附加福利吗？他们很快就开始分发，这样他们就可以把每个人都连接到公司网络上，这样他们就可以在晚上和周末在家工作。还记得不立即回复电子邮件是可以接受的吗？现在，数字暴君们希望即时通信进入工作场所，在他们惊叹它对他们的孩子产生的强迫性影响之后。

有人认为这是一个阴谋。

数字技术一边渗透至人们的生活，一边在恶化。获得技术及对它在我们生活中应该扮演角色的期望，是推动我们个人和职业行为的巨大变化。我们大多数人都不知道技术变革的速度对于我们工作、学习和生活的影响。数字革命像所有其他革命一样，是关于金钱、权力、生产力和操纵的。但是停下来想想谁在控制。你的工作周变长了，你的隐私消失了，你一年要花几百个小时来维护你的个人技术基础设施。你一天查10次语音邮件和电子邮件——度假时至少一天一次。个人数字设备会打断一切。带着一个传呼机、一部手机和一个个人数字助理（PDA），不能等到它们都汇聚成一个真正可靠、真正智能的怪物设备。现在是数字化的时代，人人都是网民。但这到底是什么意思？多少是好的，多少是痛苦？

数字技术以前所未有的方式与人类的文化和生活方式交织在一起。数字技术并没有让工作变得更加智能，反而增加了工作负担，让人类的工作方式变得更加辛苦。十几年如一日，人类的私人生活一直受到工作的严重冲击，这一切正是数字革命飞速发展带来的结果。随着互联网和移动化的发展，下班回到家可以通过联网来放松娱乐，但是工作和生活的界限消失了。技术融合的拥护者一定认为，上班族下班后在家看电影时，不会介意电影被工作电话所打断。

切换到我们工作的公司环境。虽然我们在采购个人电脑和其他设备方面已经做得很好，但我们仍然不清楚使用协议。我们仍然不确定如何管理所有这些东西，我们一直在寻找方法来衡量技术和业务生产力之间的关系。我们已经联系了所有人，但是我们仍然不确定为什么要这样做。

让我们更仔细地看看这种趋同现象——数字精神分裂症的典型代表。在互联网泡沫破裂后，尤其是在企业对消费者和企业对企业商业模式遭到投资者猛烈拒绝后，许多大师都加入了融合潮流，成为下一个新事物。这里的想法是，在家里和工作中维护的所有数字设备都应该连接起来，这种融合是一个合乎逻辑的技术步骤，对于个人和职业生活管理来说是一件非常好的事情。毕竟，谁不想让配偶的语音邮件优先于你的老板呢？还是提醒你孩子的足球比赛？但这并不止于此。融合的方式一点也不讨巧。手机将发展成为智能专业数字助理，它将处理电子邮件、语音邮件、网页，以及来自工作、零售商、批发商和任何其他能够访问我们数字角色的人的其他"机会"。嵌入式全球定位系统跟踪我们，将我们的位置与了解我们偏好的数据库相结合。所有这一切意味着，一个小小的声音会让我们知道，一个寿司吧只有15英尺远，如果我们有兴趣转移我们的预约可以重新安排。一个真正聪明的助手会知道离上次吃寿司已经两个月了，会自动重新安排下次约会。当然，吃饭时我们会被许多优先于食物和放松的公报打断。所以我们会狼吞虎咽地吃掉这条鱼，然后跑进数字召唤的出租车，把我们带到一个意想不到的地方，在那里我们会讨论我们第一次想到的事情。

融合将使我们有可能立即知道我们将要吃的菲力牛排对胆固醇的影响，当我们的孩子超速行驶时，当我们的朋友在躲着我们时，当我们错过会议时，以及如何远离这一切。最终结果是完全沉浸在数字监狱中。

科技让我们全神贯注于工作，几乎没有时间做别的事情。持续连接的过程削弱了我们对数字世界之外的活动的利用能力，然而我们被告知持续连接将是美妙的。技术装备助力足球比赛，但也提醒人们，技术干扰了比赛，把注意力从最简单的快乐转移到更复杂且往往无法解决的问题上。过去正常的个人和职业生活的起伏已经被持续的问题解决所取代，这些问题解决干扰了其他一切，尤其是那些远离激烈竞争的活动，如亲密关系。

所有这些实际上是关于什么可能成为现代史上最重要的容易失去的机会：技术可以解放人类，但人类正在走向技术奴役。

虽然至少可以比较容易地接受关于技术之间可疑关系的争论，但是技术之间的联系（令人恼火？）我们和我们的个人生活，专业的争论就更难进行了。为什么？因为我们都习惯于相信技术有助于商业，没有技术就没有商业。两者都是对的，但是我们必须把所有的评估都放在评估的背景中。例如，在20世纪70年代，技术开始以一些重要的方式支持后台流程；20世纪80年代，它开始转移到前台。20世纪90年代给了我们分布式计算，当然还有万维网。令人担忧的是，技术不仅仅是"进化"的：20世纪90年代发生的变化是革命性的，然而我们对其价值的看法绝对是进化的。

用户的看法

21世纪带来了许多东西。思考不是首要问题。随着我们生活节奏的加快（借助数字技术），我们已经放弃了思考，而是直接做出反应。数字技术只创造了防御性的机会：如此多的信息被注入我们体内，以至于我们只能做出反应。问题解决是由数据驱动的，而不是由创造性的洞察力来管理的。我们识别、分解和解决问题的整个过程取决于我们收到的数据，而不是我们创造的洞察力。有多少次工作中的问题被搁置，直到联邦快递递送包裹或另一封电子邮件到达："在我们做任何事情之前，我们需要听听查理的意见……查理有数据！"在没有意识到发生了什么的情况下，我们已经陷入了降低自然智能和创造力对那些奖励反应速度的人的重要性的模式。甚至个人决定，比如决定去哪里上大学，都是由数据驱动的。网站启用"如果，那么"处理：如果你想去城市上一所小的艺术学校，那么你应该去 X 大学，而不是 Y 大学。一个嵌入在问答过程中的专家系统实际上建议学生应该去哪里，不应该去哪里。有多少开放日因为网站说学校不合适而被跳过？

思考需要努力。随着数字工具的使用，人类的反应速度变得更快。公司联系员工越多，对反应敏捷的奖励就越多。

这一转变的意义是巨大的。人际关系，初等、中等和高等教育及终身培训都受到基于反应和行动的理解和交流的影响。我们已经妥协于演绎过程，而不是归纳学习，在演绎过程中我们对已知的事实做出反应，通过我们的数字玩具呈现给我们。数字媒体渗透进课堂有时是好的，但也有潜在的危险。关于科学、地理和历史的讨论通常采取的形式是询问学生对一个演示现象的看法，而不是该现象是如何形成的。我们都知道，讨论可以通过提供例子、代理人、演示等方式来启动，但我们也知道，这种技巧通常只适用于那些缺乏创造力、需要刺激才能开始的群体。只要有机会，数字技术和媒体就能把各种各样的例子和演示插入课程。熟悉多媒体工具的教师可以将图片、视频剪辑和其他媒体导入几分钟前的课程中，然后让学生做出反应。孩子们喜欢这种东西，但是他们正在学习如何合成或分解吗？成年人接受培训怎么样？

可接受的技术控

假设你是 40 的专业人士。你每天都用科技来工作、管理生活的某些方面。你既聪明又高效。你是联网的。但是你感到苦恼、矛盾和不知所措。你怎么了？两种可能：你爱上了美国梦，认为技术是实现美国梦的跳板之一。问问你自己：你更愿意拥有一台修复的 1954 年克尔维特还是一台 1000 兆赫以上的个人电脑？你说什么？私人的、没有联系的时间的价值如何？比当日交易更有价值？还是不停地查看电子邮件和语音邮件？

调查数据显示，对于家庭年收入超过 7.5 万美元的多孩家庭，其技术基础架构由以下设备构成：

1 部工作手机；

1 部个人数字助理；

1.5 台办公笔记本电脑；

2.5 台个人家用电脑；

1 台工作中的打印机（可访问更多打印机）；

1.5 台家用打印机；

1 台办公用途传统传真接收器；

1 台办公用途电脑嵌入式传真接收器；

1 个家庭传真接收器；

1 个工作寻呼机；

1 个家庭寻呼机；

1 台家庭 DVD 播放机；

2 台家用录像机；

3 台电视；

1 个家用 MP3 播放器；

2 条家庭电话线；

5 部有线电话；

3 部家庭手机

1 条工作电话线；

工作语音邮件；

1.5 个在家发送语音邮件；

1 个工作互联网电子邮件账户；

3 个家庭互联网电子邮件账户；

1 台模拟摄像机；

半个数码相机；

1名视频游戏玩家。

这种"平均"库存有时还辅以汽车和手机中的全球定位系统、使用智能代理在网上寻找最便宜的价格，以及有线电视、卫星电视、数字视盘和互联网信号提供的家庭影院。如果你的孩子甚至是半极客，他们有自己的网页，还有很多很多的技术。这一切都像广告宣传的那样有效吗？它真的有用吗？在工作中，你应该问一些关于技术投资回报的非常棘手的问题，更不用说所有这些东西的总拥有成本了。

如果这份清单与你目前持有的技术相似，你就失去了控制。时间和运动专家会花一天时间评估你的时间利用效率。有了这么多，你不可能把它都瞄准那些丰富你生活的活动和过程。你每年分神事项更换电池的时间可能浪费好几天。这些听起来熟悉吗？你的职业环境也同样混乱吗？你知道你们公司到底有多少台计算设备吗？

对技术的想法也是如此。那些以操纵我们为生的人利用多媒体将技术与"新"、"智能"和"成功"联系起来，直到最近纽约证券交易所出局，而纳斯达克入局，台式电脑过时，掌上电脑流行起来。你豪华车上的处理器数量是一个地位的象征。如果你技术不如别人，你就失去了竞争优势。

即使你没有意识到，你也深陷其中。你已经在家里和工作中通过技术获得了满足感。

我们与科技的关系是"施虐"与"受虐"。它足够温暖，看起来很友好，但它是一个特洛伊木马。这种关系是一种可以接受的，政治上正确的，但却致命的"上瘾"。

如果有人告诉你，个人数字助理公司的平均成本是250美元，但每台设备的年度支持成本超过2000美元，那会怎样？即使使用起来很酷，你还会为每个人购买个人数字助理吗？

会陶醉其中吗？

大约40年前，有人说，我们面临的最大问题是如何处理多余的闲暇时间。技术会创造这种盈余。但事实并非如此：虽然科技让我们生活的方方面面变得有趣而高效，但它也经常背叛我们。你每周花多少时间修补你的个人技术基础设施？持续连接的实际成本是多少？有没有想过你每年在各种形式的"硬"和"软"技术支持上花多少钱？

我们为技术花费很多金钱。看看你的房子。你有多少台电脑？它们都一样吗，还是必须维护一堆非标准机器？你的传真机连接到你的电脑和个人数字助理了吗？为什么不呢？你家里有多少条电话线？你有多少美国在线账户？你家里有宽带连接吗？如果你有宽带连接，你还有美国在线或其他互联网服务提供商的账户吗？为什么？

维护这些东西一年要花多少钱？你知道吗？你工作中的高端服务器的总拥有成本是多少？

在工作中，你有点不合群。没有电子邮件和语音邮件，你无法生存。没有幻灯片，你也无法生存。如果没有幻灯片，你可能很难讨论想法（尽管你非常擅长对幻灯片内容做出反应）。但是当任何事情发生时，你必须打电话给服务台，因为你不能帮助你自己：我们依赖于我们几乎不了解的技术。情况并非总是如此。在早期有驾驶经验的人中有实际修车能力的人的比例比会修电脑、录像机或手机的人的比例高得多。几乎没有人与数字技术结缘；取而代之的是，数字技术和数字技术能力之间存在差距。因此，我们对数字技术的依赖远超过了对工业或模拟技术的依赖。当机器保持运转时，我们很高兴；反之则沮丧不安。这种挫败感和我们对外包的兴趣之间有关系吗？

技术是一个阴晴不定的朋友，提高了生产力的同时也带来了复杂性和混乱。如果我们认真审视我们对技术工具和小工具的使用情况，情况会很糟糕。问题是我们花费太多，回报太少，基本上没有意识到个人或专业技术投资的回报不足。

导致这种情况的原因有很多。大部分显而易见的因素，如糟糕的商业案例、早期采用的未经证实的技术及糟糕的管理，都很容易理解，但不太明显的因素才是导致技术/生产力脱节的真正原因。如前所述，我们仍然认为技术的发展是进化的，仍然认为它对商业的影响仅仅是使能的，仍然认为技术（和技术专家）与我们公司的其他专业人员是真正分离和不同的。虽然投资回报率和总拥有成本模型几乎总是衡量我们花费了多少和产生了什么影响的有用指标，但我们中有些人完全痴迷于长期影响。为此首席财务官有时候会反击。

隐私

隐私呢？全球定位系统、大规模定制和持续连接的结合意味着卖家随时都知道你喜欢什么和你在哪里。虽然你可能认为手机推送离家 15 英尺的寿司店的消息很酷，但在它出现 20 或 30 次后，你会（你的顾客也会）关掉手机、传呼机和个人数字助理，因为如果他们中的任何一个关掉了，寿司消息会在另一个设备上响起。关于消费者偏好的特定知识将会被广泛分享，当消费者花钱大手大脚时，这些知识将被出售以获取巨额利润，并被用于开发个人营销活动，以吸引不断增长的数据库中的每一位消费者。

最近的一项调查揭示了一些关于隐私的惊人观点。似乎尽管对隐私的价值夸夸其谈，大多数美国人还是愿意以每年 462 美元的价格出售他们的消费者偏好数据——他们的隐私。这清楚地表明，被调查者完全不了解隐私威胁，或者调查中充斥着渴望揭露个人生活方方面面的人。我们当中理智的人应该对广告商和制造商收集的数据量有严重的担忧。吃饭时打电话的烦人的电话销售员现在有足够的数据告诉我们，在吃饭时，我们应该在下午 3：09 在线浏览书籍时点击销售链接。同样的人也知道我们在网上购买了什么，我们在特定商品上逗留了多长时间，以及我们在一年中的不同时间可能会购买什么。你告诉我谁在控制？

或者，从另一个角度来看，你是电话推销员吗？如果你是，或者是其他致力于客户个性化的人，那么你理解隐私和商业之间脆弱的关系。（说实话，你知道如何利用我们对部分隐私的承诺。）

技术是什么？

科技将在我们的生活中扮演着越来越重要的角色，这是不可避免的。这种技术的大部分将变得无缝：它将在看不见的地方运行，就像电力或电话系统过去运行的方式一样。但是要确保电话服务发生的微妙之处不会因为误解或虚假陈述，或者你与数字技术的新关系而消失。政府以其无限的智慧决定我们需要更多的电信竞争，所以它拆散了马贝尔的家庭以保护我们从而免受价格欺诈。许多公司被允许进入市场。你再也不能打一个电话来满足你所有的需求了。你必须给一家公司打电话，安排电话线进入你的房子，给另一家公司安装你从零售商那里购买的电话，再给另外两家公司打电话，解决出现的服务问题，因为把电话线接到你家的公司拒绝接触你家里的任何东西，当然反之亦然。所有这一切的最终结果是，我们必须积极参与个人和专业电信系统的规划、实施和支持。为了做到这一点，我们必须了解一些技术。因此，政府干预的初衷是让电信变得更容易、更便宜，结果却是一个复杂、昂贵的反解决方案。与此相关的是，企业应用集成（EAI）家庭手工业今天之所以存在，是因为信息技术经理们必须将所有脱离实体的部分相互连接起来。有人能在修改法规或标准之前想出解决方案吗？

随着数字技术的作用越来越大，我们将会越来越多地了解什么是可行的、什么是昂贵的、什么是过时的。在国内，我们必须知道任天堂、索尼和微软为他们的个人视频游戏计划了什么，在工作中，思科和 IBM 为公司网络计划了什么。很快，家庭和工作之间的区别将变得模糊，我们也将不得不跟踪技术集成和互操作性的进展。技术分散化和民主化的趋势实际上要求我们不断更新技术知识，这正是我们所需要的，因为我们试图管理我们个人和职业生活中倒塌的界线。我们都将学习站在数字时代的感觉。

万维网怎么样？互联网是 20 世纪最重要的信息技术。当万维网在 20 世纪 90 年代初出现时，任何拥有个人电脑、调制解调器和互联网服务提供商账户的人都可以获得前所未有的海量信息。以前从未出版过如此多的信息和知识，信息和知识从来没有被包装在如此即时、廉价的通信中。可以说电子邮件是地球上最重要的通信媒介。但是同样确定的是网络搜索问题。由于围绕着各种各样的主题、交易和偏见的网页太多了，网页搜索仍然有大海捞针的感觉。搜索引擎仍然相当愚蠢，只理解你的字面意思，而非其真实用意。因此，当你查询关于印第安人的信息时，你会得到关于苏族人、马德拉斯印第安人的信息，以及你不想知道的关于克利夫兰印第安人棒球队的信息。冗余也是一个问题，有许多网站做完全相同的事情。你可以在大约 100 个网站上购买书籍、光盘、DVD 和视频，在 50 个网站上发布你的简历，在另外 100 个网站上计划一次旅行，每个网站都有相关网站的链接。网络导航需要熟能生巧。据估计，有效的搜索需要 100~300 小时的低效搜索。考虑到一年有 2080 小时的工作，你所需要做的就是抽出几个月的工作时间来学习如何在网上快速找到东西。当然，如果你不能在工作中学习，你可以从个人生活中抽出 100~300 小时。我错过了什么吗？快乐和沮丧之间只有一线之隔。

网络为技术优化提供了各种机会及各种机会成本。连接、硬件和软件的决定是多种多样的，更不用说最令人生畏的了：决定去哪里及如何到达那里。你需要最新版本的美国在线吗？应该在每次收到屏幕上的提示时下载插件和播放器吗？应该为这一切投入多少时间？人们彻夜不眠，玩得很开心，试图了解网络。有吗？更糟糕的是，公司员工每周有多少小时在网上冲浪，寻找他们工作（和其他事情）需要的东西？

现在的重点是什么？

这份报告讨论的是通过商业和技术之间的新关系进行技术优化。它是关于成本效益、投资回报和所有这类想法，但它实际上是关于释放技术的潜力来改善事物，不仅仅是你的形象，尤其是你的业务。这里的论点旨在重新分配对技术的控制，这种控制可以为你提供远超出我们当前思考的机会，即为什么我们在个人和职业生活中需要如此多的技术。

有一个更大的假设是，我们在技术上押了太多的赌注，我们仍处于技术优化的早期阶段，我们对如何最大限度地利用所有这些数字设备一无所知——就像所有这些东西实际上已经开始发挥作用一样！再说一遍：就像所有这些东西实际上开始工作！影响是巨大的。美国是第一个每年花费 1 万亿美元的信息技术国家。其他许多国家正逼近万亿美元大关。IBM 和微软每年都在研发上花费超过 50 亿美元。单个家庭以这样或那样的方式将超过 20% 的处置收入花在技术上。可以有把握地说，这 50% 的个人和职业现金浪费在了不符合严肃要求的误导性投资上。事实是，我们正从石器时代的数字处理过渡到真正的技术普及。但是那些销售这些东西的人让我们认为没有 MP3 手表、网络手机、多个电子邮件账户、网络服务和自然语言处理或存储区域网络，我们就无法生存。"止痛药"总是比"维生素片"更有价值，但是技术营销大师让我们远离比较。

就像许多我们认为我们不能没有的东西一样,数字技术只有在解决了特定的问题或者把我们从困难、耗时或者荒谬的任务中解放出来的时候才是有价值的。是时候进行现实检查了。

当然,没有人相信技术不会推动新经济。从长远来看,技术是最好的选择。但这一切的时机都很棘手,而且被操纵了。互联网股票狂潮真正提供的仅仅是最佳商业模式成功后的冰山一角。持续的繁荣代表了新经济的潜力将是多么不可思议。但是,如果你像我一样,你仍然在等待可靠的宽带服务连接到家,对新经济的承诺会让人更兴奋。毫无疑问:新经济将由"普适计算"能力支撑,拥有"永远在线"和持续的计算和通信能力。个人和业务流程将是自动化和安全的。但是新经济的数字基础设施暂时还没有准备好。多长时间,真的?在那之前,我们能做的最好的事情就是买一些小东西,然后冷静地评估它对我们个人和职业生活的意义,这正是技术优化的挑战所在。买错了东西,你会遇到各种各样的问题;购买合适的产品,你的个人和商业生活质量将会得到提升。在这个过程中,你将不得不面对咄咄逼人的营销人员。

这里强调的是技术在你的个人和职业生活中应该扮演的角色。技术不会引导你的生活过程和决策,它只会顺应并强化这些决策,你会明白如何发现和化解各种各样的炒作。

但最重要的是,这份报告在商业和技术进步的背景下重新审视了数字革命。说到底,这第二次主要的数字技术浪潮将通过激发辩论和影响持久的变化赢得它在历史上的地位。这份报告发起了一场辩论,试图影响数字技术将引发的变化。我们正处于一个爆发点:技术使用和业务增长的速度已经超过了我们评估其对我们生活、生产和分销方式的影响能力。现在是时候考虑一下这一切的走向及如何优化它。下面重新梳理一下。

我们经历了几次计算和通信"浪潮",从基于大型机的计算一直到只存在于由分布式服务器提供的网络上的业务流程。

技术的一些影响还没有被很好地研究,或者根本没有被研究;生活/工作失衡而且越来越糟;生活/工作失衡威胁着整体生产率,并为未来的工作场所革命奠定了基础。

许多早期和当前的东西并不像广告宣传的那样有效，导致对"商业/技术一致性"批判。

互联网泡沫的破裂导致了过度修正，对各种分布式计算平衡的怀疑。

就在这些东西开始发挥作用的时候，就在商业模式开始走出传统的垂直筒仓的时候，技术领域的资本支出崩溃了。

尽管有这些反应和趋势，我们现在正处于商业技术历史上最重要的十字路口之一，尤其是商业技术管理，这是本报告其余部分的主题。

21 世纪的新结盟

我们在过去 30 年中开发和使用的计算和通信技术是一种原型技术。它的影响力很强大。个人电脑变得更便宜了。公司都可以访问网络，我们现在可以自由思考客户关系管理、网络服务和新兴的语义网。但是，我们仍然面临着缺乏标准、日益增长的集成、互操作性问题，以及后台、前台和互联网应用程序之间的长期脱节等挑战。我们已经很擅长创建技术片段，但是我们现在才开始关注它们是如何协同工作的。

商业模式正在以前所未有的速度进化、变形和加速。公司会发现很难围绕它的职责和运作方式，或者核心竞争力来划清界限。事实上，自从公司开始重新思考供应链、合作伙伴关系和联盟以来，核心竞争力的整个概念现在都被混淆了。这里有一个问题。戴尔是一家计算机制造公司还是一家供应链规划和管理公司？很难想象戴尔是一家拥有多种业务的公司，包括销售供应链管理软件和服务的公司。其他业务将侧重于使用戴尔先进软件平台的制造和分销。戴尔的核心竞争力是供应链整合。

过去 30 年发生了第一次数字革命。下一个 30 年将定义第二次革命。那些认为商业和技术之间的相互作用是从最近的过去简单推断出来的公司（是的，这包括我们最初对网络的迷恋）将被那些完全不同地看待它的公司所击败，也就是说，被纯粹的商业技术融合推动的革命。（顺便说一句，这也适用于个人技术基础设施和应用程序，尽管我们将从这一点上更多地关注业务技术优化。）

技术和商业变革的融合是另外一回事。我们现在拥有的是一个完美的机会，它是由最终为黄金时段做好准备的技术融合、拥抱速度和灵活性的商业模式及全面处理关系的管理可能性所推动的。换一种说法，这种东西现在几乎和广告宣传的一样有效。当然，你可能会说"差不多"还不够好，或者以前已经听说过了，最谨慎的方法是简单地等到事情真正开始运转——就像广告宣传的那样。可以采取这种方法，但问题是，当趋同发生时，不得不争先恐后地赶上那些预见到它到来的人。记住互联网：我们是否忘记了微软其实错过了它，只是为了回应现在著名的"扩展和拥抱"倡议？如果这一切都是真的，那么我们处理业务和技术建模的方式应该会发生巨大的变化。我们所采取的业务/技术协调的方法在一段时间内为我们提供了很好的服务，但是严重地错过了整体建模的要点。

那么我们应该如何继续？如果一张图片胜过千言万语，那么附图3.1有望传达出我们所谈论的内容和本报告所描述的内容。

这一切意味着什么？首先，这意味着那些过分强调商业技术"一致性"的问题已经过时了。这意味着组织上的区别。

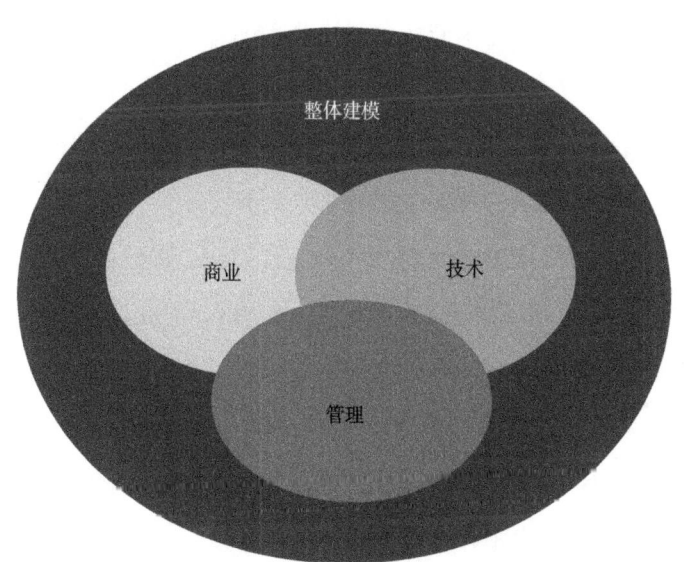

附图3.1　如何思考商业技术整合

商业和技术之间的联系应该消失，取而代之的是无缝的相互联系，这种联系使得没有其他联系就不可能解决一个问题。这也意味着首席通才（首席执行官、首席财务官、首席信息官，甚至首席技术官）需要变得更广更深，重新定义通才从业者的整个概念。如果不了解技术架构和应用，真的能领导一家公司吗？如果只了解架构和应用程序，能支持一个公司吗？

在过去的 30 年里，技术和商业之间的关系以一种很有成效的方式发展，为社区提供了优质服务。公司每年花费数百万甚至数十亿美元来养活每个社区，这些社区本质上是为了更大的利益——利润、奖金和股东价值而共存的。总体来说，这种关系是"起作用的"，尽管越来越多的证据表明，在技术人员、业务经理和财务专业人员之间的"战争"仍在继续的"战壕"中，功能失调的情况仍在继续，但财务专业人员却无法理解，在财富世界 500 强企业中，一个企业资源计划实施项目要花费 1 亿美元，需要 3 年才能完成，或者为什么在同一家公司中，从一个台式机/笔记本电脑操作系统迁移到另一个需要 3 年时间。

撇开这些"战争"不谈，我们现在有很多应用程序、数据库、设备、通信、病毒防护、安全，甚至在发生灾难时恢复业务的手段，所有这些东西在大多数时候都相当好用。像保罗·斯特拉斯曼这样的分析人士告诉我们，我们在技术上超支，对于技术投资和生产率之间的关系一点也不清楚。其他人，尤其是在经济低谷中，复活了总拥有成本和投资回报率来破坏大型技术计划。

但是情况一直在改善。我们解决了"千年虫"问题，将几乎所有人都连接到了互联网上，并开始更加重视集成和互操作性的需求，尽管专有供应商很难将各个部分整合在一起。所以"战壕"里的生活很好。

如果我们继续沿着相同的业务技术关系路径前进，将破坏我们试图定义和使用的业务模型和流程。更糟糕的是，当前的关系最终会因为组织的模糊性、技术的复杂性及我们无法满足消费者或企业对企业的需求而崩溃，这些需求的出现和变化速度超出了我们的承受能力。

尽管有证据告诉我们，计算和通信技术在过去 30 年里取得了巨大进步，但我们现在经常谈论业务/技术整合、技术优化及公司如何通过无处不在的沟通来扩展业务模式，当前关于供应链规划和管理、协作预测和自动化的讨论都假设了一种业务/技术关系，这种关系从根本上不同于我们的"联合"概念或我们的组织将技术带到桌面上的尝试：关于首席信息官和首席技术官是否应该向首席执行官或首席财务官报告的讨论实际上是 20 世纪的事情，因为现在每个人都知道首席信息官和首席技术官应该与大人物"共进早餐"(当然，假设他们已经破产)。

从另一个角度来看，首席执行官或任何理智的高级管理团队都不可能在不考虑技术要求、能力和成本的情况下设想新的业务模式或扩展现有的业务模式。其中一些模型实际上是反向创建的，业务模型是从技术上可行的模型扩展而来的，而不一定是从可靠的（可盈利的）业务模型扩展而来。还记得网络泡沫吗？

过去几年发生了很多事情。我们发现了互联网，成功地解决了2000年问题，过度宣传了基于网络的商业模式，甚至让最忠诚的技术投资者困惑于是什么推动了资本技术支出。

从更长远的角度看，追溯到20世纪60年代，"数据处理"被引入几乎不知道如何制造计算机、软件和数据库的行业。

20世纪70年代把我们带到了一个更高的层次，主机变得更加灵活，小型计算机变得更加节俭，个人电脑开始流行起来。

在20世纪80年代，每个人工作时都必须有一台电脑，越来越多的人不得不在家里有。即使是个人软件也变得更容易使用，主要是因为苹果公司推出了麦金塔电脑，尽管商业应用程序的发展仍然很缓慢。

20世纪90年代是客户端/服务器计算的年代，我们第一次真正摆脱主框架架构、互联网、万维网、多层应用程序、数据仓库、数据挖掘、应用程序集成、在线交换、新的安全要求、隐私问题、虚拟专用网络、应用程序服务提供商、内容管理、知识管理、网络服务、C++、Java、Perl、Linux、客户关系管理、电子客户关系管理、交互式营销、蓝牙、802.11等。

很多人认为我们已经达到了一个新的"一致"水平，即技术支持业务的过程。事实是，主导这种新一致意识的问题仍然是错误的问题。为什么？因为技术和商业甚至不再是"平等的"伙伴——它们是一个集成的整体。

以下是一些不再有任何意义的问题：

● 如何让信息技术在"正确的"商业流程中发挥最大的作用？

● 应该投资哪些技术？

● 如何购买并管理技术？

它们毫无意义，因为它们忽略了商业和技术的宏观趋势，也忽略了问题的目的性。为什么一种技术比另一种更重要？为什么技术很重要？没有商业模式的技术和没有技术的商业模式一样无用。技术、商业和管理再也不能在相对真空中处理，这是关键。他们要么一起工作，要么根本不工作。

在 2000 年之前，我们采用的将信息技术与业务模式和流程"结合"的方法对我们很有帮助。尽管大多数公司从未真正实现目标，但现在是他们停止努力实现旧目标的时候了。不是因为目标是错误的，而是因为它不再与我们面临的商业和技术趋势相一致：技术和商业变革的步伐永远改变了我们思考如何寻找和服务客户及组织自己进行竞争的方式。

所有这一切的最终结果是，我们将继续在技术上花费远超过我们应该花费的，我们将继续问关于技术的错误问题，我们将错过无数的机会来将信息技术运用到我们的业务战略、模型和流程中，我们将继续按照顾问，特别是供应商制定的议程前进。我们也倾向于默认对盒子外面的东西的保守解释：很少有公司真正认真地彻底改变，甚至挑战他们现有的商业模式。不幸的是，这场完美风暴需要的不仅仅是对当前商业模式的保守推断。

虽然肯定有一些组织比其他组织遭受的痛苦更少，但大多数成立 20 年以上的公司都陷入了严重的困境。真正可怕的是，许多高管不知道自己的病情有多严重。大多人相信微软、甲骨文或网景公司有他们问题的答案，或者管理顾问可以解决问题，或者更奇怪的是那些没有看到问题的内部人员可以通过某种方式解决问题。

所有这些都发生在信息技术的承诺和现实达到空前高度的时候。信息技术产品和服务的生产商对他们已经实现的目标及他们下一步的计划信心满满。高管们吹嘘他们的公司如何升级"基础架构"和使用最先进的通信和计算架构。事实是很少有人真正理解他们自己的演讲。因此，技术的消费者处于明显的劣势，这种劣势被生产者系统地利用。信息技术的促进者、顾问，扮演着双方的角色，向苦恼、困惑的消费者和信息技术的生产者提供建议，通常用魔术师的技巧来促成这种关系。

审计员总是购买更多的电脑、更多的电信设备、更多的软件和更多的技术专家。但是首席执行官希望记录他们投资的回报。首席信息官发现自己处于守势的频率远高于他们发现自己处于赢家圈的频率：如果你总是最后一个得到服务，谁想坐在最前面？

技术市场是当今世界上最大、发展最快的市场之一。但是，无论你看哪里，无论你去哪里，在技术期刊和行业出版物中，我们仍然会看到对相同问题、难题和挑战的引用："软件危机""需求问题""投资回报挑战""过程改进""全面质量软件管理"，以及其他各种愚蠢的东西。20年前，我们中的许多人都写过需求问题，我们呼吁用项目"计分板"来管理多个项目，并致力于流程改进。20年后的今天，我们问了同样的问题，更糟糕的是，提出了同样的解决方案。

但是这些都是战术层面的问题，这些问题是由技术产品、系统和服务的生产者创造出来的，因此可以由他们来解决。这是阴谋吗？你说得对（尽管我们可以争论它到底有多有意识）。

很容易识别出问题。解决方案更难找到。关于问题的书比解决问题的书多是有正当理由的。也许最明显的是"移动目标综合征"：随着业务需求的变化，技术也在变化。随着技术的变化，性价比也在变化。随着性价比的变化，企业文化也在变化。随着企业文化的变化，全球竞争也在变化。随着全球竞争的变化，盈利能力也在变化。随着盈利能力的变化，技术市场也在变化。就这样，第一步怎么做？

输入顾问。有传统的顾问、叛逆的顾问，以及对尚未发明的问题有解决办法的顾问。还有供应商，成千上万的供应商。顾问和供应商寻求将问题简化为最简单的术语，不是因为问题本质上是合作性的，而是因为这是他们表现出足够自信以说服首席信息官、首席执行官和首席财务官投入更多资金的唯一方式。

该报告着眼于计算和通信技术、人员、组织、需求、市场和约束的交叉。它记录了需要努力理解和解释的问题。它挑战了"传统"和"叛逆"智慧。它采用流行的"掩体心态"，并产生处方、预测和信息技术获取、使用和管理的适应性方法。

该报告假设问题和解决方案不能追溯到计算机、管理、软件、人或网络，但可以追溯到以上所有问题和解决方案。我们不再是一个无实体解决方案的时代；我们正处于一个复杂、整合和协同的时代。雇用一个对软件了如指掌但对硬件知之甚少的顾问已经没有任何意义了（就像雇用一个不会开车的汽车修理工一样没有意义）。

这份报告部分是诊断性的，但大部分是规范性的。它是关于一套概念、观点和技术；它没有装满"银弹"，是关于如何利用技术来解决那些难以建模、肯定会改变并且修复起来往往很昂贵的问题。它承认基于技术的组织的效能存在复杂性。它代表了分析和纪律，以及基于证据的选项生成和选择。换句话说，如果你想赢得第二次数字革命，那么最好了解并管理公司周围的政治漩涡。

该报告还确定了一套定义指向方法过程的原则。不久前，笔者接到财富世界500强公司首席财务官的电话，他打算开一张3000万美元的网络和系统管理框架支票。笔者问他的需求分析是否能够描述他的组织的计算资产和网络管理需求，他的内部技术专家是否对几个备选框架进行了权衡分析，以及那些实际使用该框架的人（大概是为了比以前更好、更快、更便宜地管理他们的网络）是否使用过类似的工具来帮助解决网络管理问题。首席财务官要求我解释什么是需求分析，首席信息官不知道组织中已经有什么网络管理点解决方案，网络运营中心主任也没有将即将获得的新网络管理环境与其他任何东西进行比较（但喜欢供应商的手册和录像带）。甚至没有人与实际使用该应用程序的网络经理交谈过。这个小故事说明了原则、过程和方法是如何被忽略的，以及一些相对简单的步骤是如何提高生产率和成本效益的。

这里的分析和建议是基于实地和案例研究，不是作为证据或文件，而是作为一个新的指南针上的点。在过去的20年里，我们记录了问题和成功案例。但是，20年前的案例在今天就像关于一个在方法甲、顾问乙或供应商丙中取得成功的人一样。关键在于概括性经验在多大程度上与目标相一致。例如，今天谁真正关心集中式计算环境？如何独立于技术预测做出技术投资决策？谁在乎平面数据文件？该报告认为，任何商业技术业务的理性方法都是多学科的、适应性的、谨慎的和基于证据的。

那么，如果你阅读这份趋势分析，会发生什么呢？如果你是一名首席执行官，你会同时在同一个房间里向你的业务和技术专业人员提出问题。你还将深入了解历史上最大、最贪婪，但也可能是最重要的"陷坑"之一。还将制定战略，包括战术。如果你是首席信息官，你将获得一些关于技术获取、使用和管理的战术见解。你将被警告不要重复竞争对手的错误。在批准大规模技术购买之前，你会三思而行。

不管你的角色是什么，这份报告都将为你提供一个新的投资视角。中心思想很简单：尽管技术宣传、技术本身商业模式如火如荼，我们正处于十字路口。现在是时候重新思考业务技术关系，并将其从不平等的合作伙伴模式转变为综合的整体模式了。该报告的目的是帮助构建一个业务技术融合计划，该计划将适用于公司、员工、企业文化和企业资源。

思维方式

真正的商业技术融合，假设所有关于现有或新的业务模型和流程的讨论都将立即参考集成所有部分所需的技术和最佳管理实践。考虑到这一点，让我们看看这些零件及它们应该如何组装。让我们也记住关于个人和专业技术的早期观点，以及从现在开始我们应该如何做决定。

商业

如果一家公司不了解其竞争优势及其当前和未来的商业模式，它注定就要失败。它不仅会在市场上失败，还会在技术上浪费大量资金。我们曾经问：什么是我们的核心业务？我们做得好吗？我们拥有什么市场？现在问题不一样了：

我们今天能做些什么有利可图？

我们明天应该做什么？

技术如何定义和实现这些效率？

哪些业务模式和流程没有得到技术的充分服务？

哪些被技术充分利用或过度利用？

让我们从整体上看业务模型和流程、技术（和管理）。附图3.2提供了一些想法和关键问题。

这都是关于大问题的。你知道你做得好、不好，和谁竞争吗？你想过3年后你的生意会是什么样子吗？你有没有根据利润来划分你的工作？（关于惠普和康柏的合并，一个更有趣的事情是围绕低利润商品业务控制权爆发的所有争论。）更大的问题包括你的企业通过伙伴关系和联盟的长期生存，你真正改变的速度，以及企业创造力、技术交付和管理效率之间的相互作用。

如果你像大多数公司一样，那些经营"战略规划"的人通常离退休只有一步之遥。但是整体建模需要更加重视商业创造力，不要过于认真，那些定义和设计创新的人也是优秀的战略技术专家和管理者。如果他们不是，你会错过我们说话时发生的历史性融合。

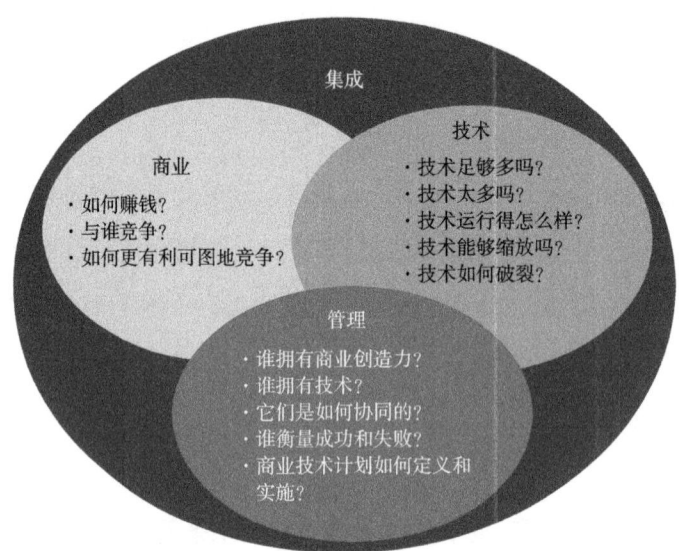

附图3.2　如何思考商业、技术和管理

你知道你的技术基础架构、应用程序和支持是否都成功运行了吗？你知道他们是否匹配你的商业模式和流程吗？你知道碎片会怎么碎吗？最重要的是，你知道你的技术是否能随着你的商业创造力而发展吗？如果有人问你技术是太多还是太少，你会怎么回答？如果他们问你是否拥有正确或错误的技术，会更容易吗？

谁拥有创造力？谁拥有技术？如果他们生活在很少交流的孤岛上，你就犯了第一个错误。（当我们稍后谈论组织时，你将看到业务／技术细分实际上有多危险。）谁管理集成流程？如何定义和衡量成功和失败？

这里有一个基准：如果你开发新的商业模式（或者改进现有的模式），然后询问技术是否能够支持这些变化，那么你是再次优化商业技术关系——你可能在商业技术计划上花费过多或过少。为什么？因为没有技术，商业模式就无法存在，而技术的唯一目的就是支持商业模式和流程。是的，这里的影响是巨大的。如果你重新审视本报告开头描述的观点，你应该注意到，如果没有近乎完美的协同作用，那么你最终将会得到太多、太少、错误、昂贵和不可靠的技术来支持商业模式，这些技术可能会也可能不会超出它们的潜力。

通信

如果说我们在过去的几年里学到了什么,那就是主动、安全、可靠的通信的重要性。这不仅仅是关于互联网。它是关于防火墙内外的通信,也是关于移动通信。它是关于你的员工、供应商和客户,甚至你的竞争对手之间的沟通。你有没有想过戴尔(和其他公司)销售微软软件和惠普打印机的在线电脑网站?由于所有这些供应商在某种程度上都相互需要,因此,他们需要进行沟通。

毫不夸张地说,通信技术将决定公司的竞争能力。机构在努力应对其业务战略、通信响应及快速适应不可预测事件的能力时,会面临各种各样的问题、难题和挑战。一些协同问题如附图3.3所示。需要首先评估谁将连接到你的网络。如果你的网络很广——有很多员工、客户、雇主、合作伙伴,那么你可能需要重新设计你的通信基础设施。你应该同时询问有关你的通信基础架构、将在基础架构上运行的应用程序(如电子邮件和工作流)及你将如何管理基础架构迁移和衡量通信效率的问题。

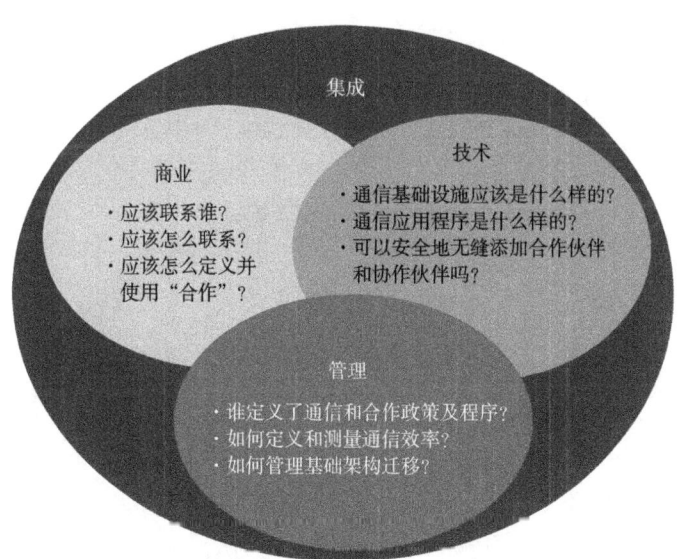

附图3.3 如何看待沟通

商业和电子商务之间的区别已经消失了,所有的商业技术计划都应该在不断增长的参与者之间建立完全的连接。如果快进到2009年,你将能够快速添加或删除网络节点和用户。"通信支持"的整个概念已经过时了,因为通信不是一个支持角色,而是业务流程的一个密不可分的组成部分。

应用程序

很有可能你的应用程序组合是过去 30 年左右开发的应用程序的大杂烩，需要某种形式的生命支持才能存在。你可能已经有了基于大型机的应用程序、一些客户机—服务器应用程序和一些推动你的电子商务战略的互联网应用程序，问题就在这里：在过去的 30 年里，我们一直围绕着孤岛和领地来定义应用程序。公平地说，应用程序是围绕任务设计的。最初这些任务是假设的；随着时间的推移，他们变成了交易者，现在他们是合作者。不幸的是，我们中的许多人仍然只是"计算"。

应用程序终端由一组相互关联、可互操作的后台、前台、虚拟办公室、桌面和个人数字助理及其他瘦客户端等应用程序组成，这些应用程序支持不断发展的事务性协作业务策略。

一些需要立即回答的问题如附图 3.4 所示。

一个关键的应用问题应该集中在交易和利润之间的关系。你知道哪个利润最大吗？应用程序是否促进了员工、供应商、客户和合作伙伴之间的接触？你有多少应用程序（运行在你的桌面、膝上型电脑、掌上电脑和其他接入设备上）？你有帮助定位和支持作用的应用程序组合管理系统吗？

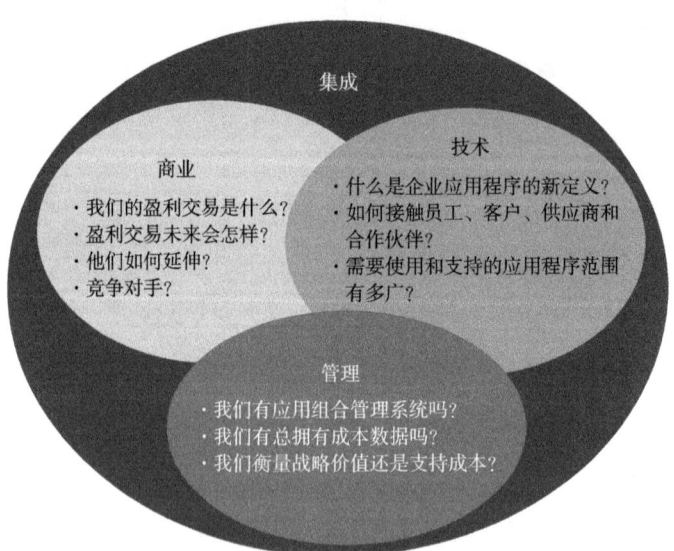

附图 3.4 如何考虑应用

数据

数据是应用程序的生命线,也是在虚拟世界中联系员工、客户、供应商和合作伙伴的计划的生命线。需要考虑的不仅仅是数据库管理,还有智能决策支持、在线分析处理、数据仓库、数据挖掘、元数据和通用数据访问。或者至少我们应该考虑这些事项。

附图 3.5 列出了一些关于数据的主要问题,这些问题应该让你思考业务、数据和管理之间的相互关系。

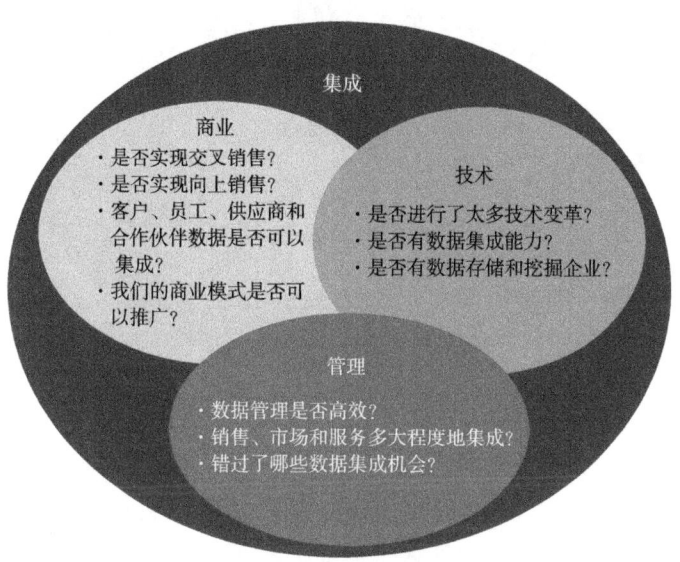

附图 3.5 如何看待数据

关于数据的商业问题是众所周知的:我们能交叉销售和追加销售吗?我们能联系每个人吗?我们能否通过集成的数据、内容和知识库来扩展我们的业务模式?技术问题解决了变化和集成,而管理问题解决了管理效率和差距。

安全和隐私

安全与隐私密切相关,是最基本的要求,不容忽视。这怎么会发生得这么快?这归咎于分布式计算和被称为分布式互联网。随着商业模式进入网络空间,我们发现自己面临着新的威胁。我们现在被安全和隐私技术、官员、顾问和监管者所包围。

附图 3.6 列出了一些关键问题。

信任在这里至关重要。尽管许多消费者增加了网上购物,但仍有许多人对在网上购物持保留态度。商业专业人士对大型企业对企业交易也有同样的感受，垃圾邮件和色情内容的问题也在不断增加。

随着我们对数字交易处理的依赖增加，拒绝服务攻击、病毒、破坏和全面的信息战争都有可能增加。

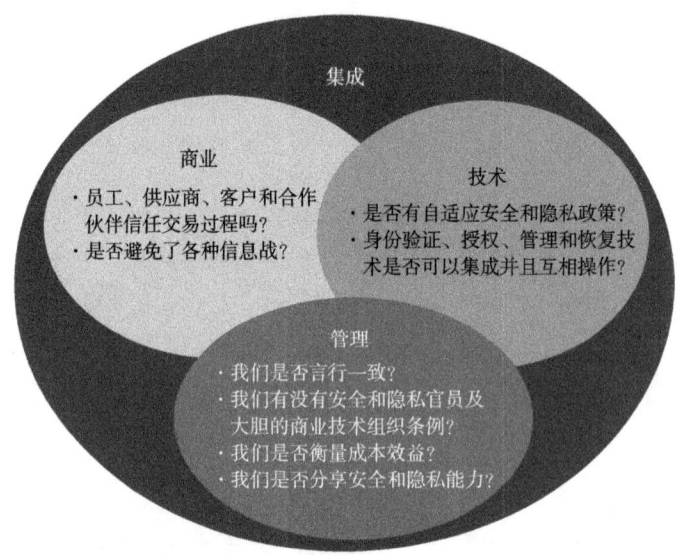

附图 3.6 如何看待安全和隐私

该技术必须以经济高效的方式提供信任和保护，并且所有的信任、保护和技术部分都必须在一个程序化和有纪律的环境中协同工作。关键点？信任和保护是商业技术目标，而不仅仅是技术目标。

标准

人们对标准有不同见解。几乎每个人都会对公司应该在操作系统、应用程序、硬件、软件采购、服务甚至系统开发生命周期方面执行哪些标准有自己的看法。即使是那些与维护你的计算和通信环境无关的人，对于何时每个人都应该迁移到下一个版本的微软办公软件也会有强烈的意见。事实上，关于标准的讨论通常会达到史诗般的规模，否则，如果组织不迁移到最新版本的视窗系统（或笔记、交换或其他），理智的专业人士可能会"拔剑相向"。

标准的另一面是基于技术的：世界将会迁移到 Java 应用程序还是可扩展标记语言（XML）将不再需要通用的应用程序架构？快速以太网会大幅增长吗？蓝牙或

IEEE 802.11等其他无线标准会主导移动计算吗？

为什么变化和技术标准如此重要？因为它们决定了你有多少业务灵活性，你享受多少业务技术效率，以及你花了多少钱来保证火车准时运行。

每次提到标准时，你可能都会听到投资回报和总拥有成本的说法。为了避免在这里出现误解，毫无疑问，变异少而多的环境会省钱。或者换句话说，你在这里有一些选择。你可以选择理智或疯狂。

管理层在这里真正想要什么？标准是二级商业驱动力。大多数企业不会将标准制定与业务模式、流程、利润或亏损联系起来。无论环境有1、5或20个字的处理系统变化，都很少与业务绩效相关联：很难将同质性与销售联系起来！但事实是，费用显然与销售有关，标准与费用密切相关。这就是标准和21世纪商业技术融合的微妙之处。

企业管理还想要什么？他们想要灵活性，这是反对标准的唯一有时有效的理由。如果你的环境不支持业务计算或通信流程，就会有很多抱怨。企业经理希望通过竞争进行沟通。标准通常被视为障碍，而不是推动者。但几乎总是，没有什么能远离真相。

如果说我们在过去的几十年里学到了什么，那就是标准不仅关乎技术，也关乎组织结构、流程和文化。通过深思熟虑的治理政策和程序来实际控制计算和通信环境的能力将在很大程度上决定组织的标准化程度。我们还了解到，你越成功，你付出的就越少。

我们最近还了解到，技术标准产生了业务灵活性。标准体系结构不仅允许业务灵活性，而且环境中更少而不是更多的变化将保持成本可控。附图3.7列出了一些有助于你实施标准策略的问题。

机构

首席财务官、首席信息官及由于首席执行官共同关注的是如何让信息技术在公司"发挥作用"。建议如下：

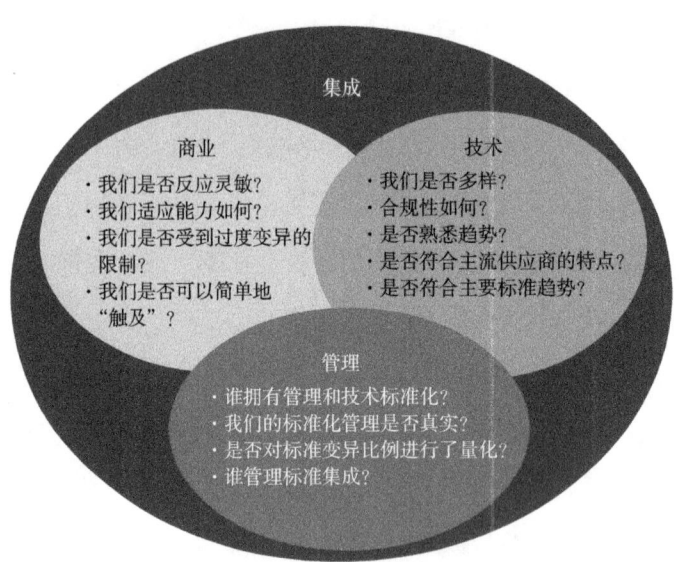

附图 3.7　如何看待标准

●信息技术组织的重新设计将成为主要公司的要务之一：公司将指望信息技术（真正）与业务整合并提供竞争优势；未能承担这一新角色的组织将被赶下台，取而代之的是"得到它"的新政权。

●速度和灵活性将变得和一致性一样重要；"好男孩"的关系将是（部分，而不是完全！）合作伙伴所取代，这将由业绩而非历史惯性来评判。

●随着技能组合越来越快地被淘汰，将会有压力要求立即改变信息技术组织。这将对组织起来保护其生存的大型永久性内部员工产生不利影响。新的申请压力将扼杀根深蒂固的官僚机构，并产生一个新的以结果为导向的雇用阶层。

●对业务/信息技术融合的强调将越来越侧重于业务需求，这反过来将导致业务应用和计算及通信基础设施规范。鉴于技术变革的步伐，您的组织必须快速有效地推断需求并生成规范。这将要求公司倾向于拥有这些能力的员工，因为他们相应地偏离了实施技能。信息技术组织将由"架构"和"规范者"驱动，而不是程序员。

公司将会发现让他们的员工掌握最新的商业技术越来越困难——如果不是不可能的话。这意味着默认情况下，信息技术组织将不得不外包某些技能。最有意义的方法是，认识到未来的核心能力将不包括内部实施专业知识，而是可以抽象、综合、集成、设计、规划和管理信息技术的专业知识。

附图 3.8 列出了关键的组织问题。这些问题主要集中在业务技术在公司中扮演的角色及管理业务技术资产所需的工具上。一如既往，激励应该在商业技术优化中发挥关键作用。

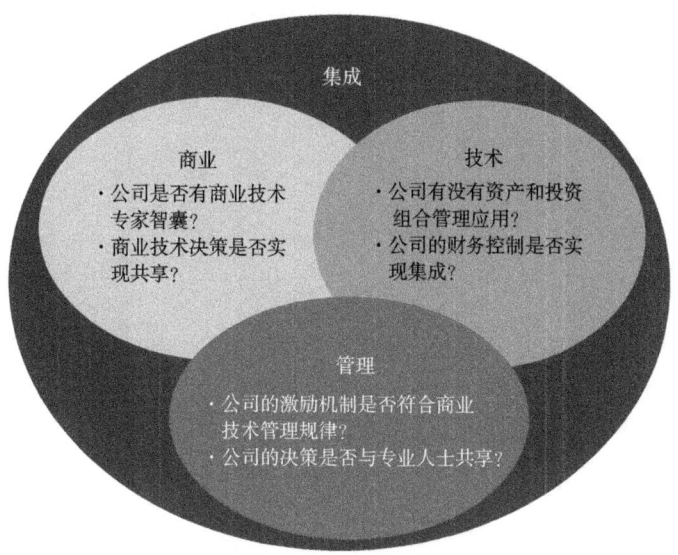

附图 3.8 如何看待组织

人力

认为行为会通过重新划分组织界限或编纂新职责而改变是幼稚的。为了让 21 世纪的商业技术融合发挥作用，有几件事必须是正确的：

必须重新审视技能组合：支持基于大型机的应用程序、数据中心操作和相关活动的技能组合在今天没有体系结构设计、系统集成、分布式应用程序（所谓的网络中心应用程序）、项目管理和程序管理技能组合那么有价值，在未来也肯定不会那么有价值。

激励机制必须重新审视：我们必须重新审视奖励结构，以确保对公司最重要的技能、才能和活动得到慷慨地奖励，而不太重要的技能、才能和活动得到相应的奖励。在这里传达"正确的"信息是至关重要的：员工必须相信对业务/技术关系有一个清晰的愿景，以及他们将因对这种关系的奉献而得到奖励。

公司必须配备新一代的业务/信息技术专业人员，这些专业人员必须了解广泛而具体的技术趋势、业务趋势，以及如何将交集转化为系统需求和系统规范。这些专业人员将直接在企业内部工作，了解技术如何能够经济高效地定义、启用和支持业务模型和流程。

可能出现许多严肃的人力问题，如附图 3.9 所示。

附图 3.9　如何看待人的因素

商业技术趋势

谁负责跟踪贵公司的商业技术趋势？许多地方都有内部专家，但很少有人设立正式职位来追踪可能影响公司的主要技术趋势。我必须承认，考虑到技术和商业变化的速度，我总是觉得这很神奇。也许是时候让我们所有人重新思考我们的技术观察策略了。

那么，如何确定最有可能让公司保持增长和盈利的技术？技术的爆炸式发展改变了技术的购买和使用方式，也永远改变了买家对技术如何影响其与客户、供应商和员工联系的预期。

公司需要的是一个技术投资议程，帮助确定哪些技术你应该加大投资，哪些技术很少或根本没有得到财务关注。

议程最终必须是切实可行的：尽管蓝天研究项目可能非常有趣（尤其是对那些负责项目的人来说），但管理层必须找到可能带来最大增长和利润的技术，而不是技术行业出版物中最优秀的报道。但这可能很困难，尤其是当有如此多的技术需要跟踪的时候——而且对公司的商业模式和流程在两三年后会是什么样子的把握相对较小。

诀窍是在正确的时间识别正确的技术，并尽可能进行最具成本效益的投资。或者，换句话说，如果你不跟踪计算和通信技术的趋势，就很难创新。

需要确定一些应该出现在每个人列表中的技术，这些技术将影响广泛的横向和纵向行业，它们包括对象、无线、点对点、优化、网络服务、人工智能、定制和个性化、数据集成、应用集成、安全解决方案，毫无疑问还有其他。这是一个几乎通用的列表；关键是通过参考业务模型和流程的趋势及优化性能所需的管理策略和程序来解决每一项技术，从而将其提炼为最有可能影响你业务的技术。

简单在这里很重要。一长串优秀的技术对许多公司的业务/技术整合没有帮助。关键是要把数量减少到可以监控和引导的数量。这是众所周知的技术热门名单——因其内容和非内容而闻名。

技术监控和评估的目的是开发可能影响你业务的技术列表。重点技术列表是排名订购和筛选技术的绝佳工具。他们还关注特定的技术机会。但是，整体方法要求用户根据当前和未来的业务模型和流程来识别技术。

试点项目应该是真正的项目。他们应该有项目经理、计划、里程碑和预算。他们还需要专门的专业人员来客观地判断承诺到底在哪里。

试点项目不应持续太久：一个需要 6 个月或更长时间才能决策的试点项目，比一个在 60 天内得出答案的项目更不容易成功。事实上，如果你将试点过程制度化，你吸引资金进行技术试点的能力将与你过去交付成果的速度相关。

用户对新技术的投资（以及证明这些投资合理的试点项目）应该随着时间的推移进行衡量，以确定该技术是否实现了你所期望的承诺。应该制定度量标准，解决技术使用的基本原理、度量标准（如成本、速度、效率等）及业务价值度量标准（如客户满意度、市场份额和盈利能力）。

同样，正如本报告通篇所述，真空中的技术趋势评估是无用的：技术的价值只能通过商业成功来计算。因此，我们还需要跟踪业务模型和流程的主要趋势，如事务处理、执行速度、"灵敏度"、适应性、合作、供应链集成。

上述内容总结成10个要点，如附图3.10所示。

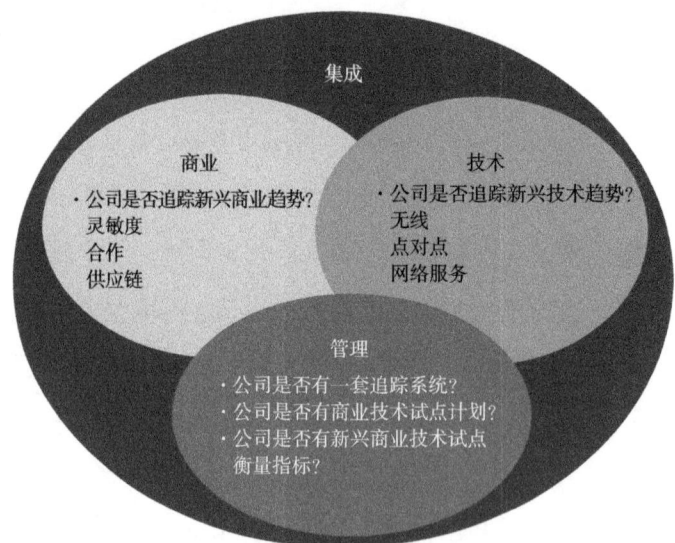

附图3.10　如何思考商业技术趋势

10个要点

这份趋势报告是关于商业、技术和管理之间的关系。理想情况下，读完报告后，你会有一些不同的想法，知道一些你以前不知道的事情，并且能够做一些新的事情。

以下是报告中针对思考/知道/做的可能性的一些关键想法的总结：

1. 技术决策不能在商业或管理真空中做出；所有技术决策都涉及内部（员工）和外部（客户、供应商、合作伙伴）参与者，所有技术投资都应由整体战略驱动。

2. 在企业防火墙内外，都有不同级别的技术、基础设施技术、支持技术和应用技术。

3. 有些管理流程可以使技术投资更具成本效益，如业务案例开发、总拥有成本和投资回报评估、绩效指标管理和尽职调查等流程。

4. 商业、技术和管理之间的关系是不可分割的——无论我们如何努力独立对待它们。

5. 定义和支持成功的业务模型所需的主流技术范围，如分布在基础设施/支持/应用技术领域的通信、应用、数据和安全性。

6. 一系列新兴技术，如无线、网络服务、自然语言理解和自动化（包括"语义"网络），可能对业务影响最大。

7. 以正确的方式使用正确的技术所需的一系列业务技术管理工具和技术，如投资回报、总体拥有成本、指标、经济增加值、尽职调查、业务案例、基准测试、需求建模和系统分析等工具和技术。

8. 使所有部分协同工作所必需的组织和人员（政治）策略的范围，包括诸如权力下放、标准制定、项目管理和电子学习等策略。

9. 制订包含所有必要组成部分的战略性业务技术管理计划，如特定技术项目（如企业资源计划或客户关系管理项目）的业务案例、围绕总体拥有成本、投资回报率和战略经济增加值的财务状况、组织战略、人员战略，以及监控主流和新兴技术的计划。

10. 向持怀疑态度的观众传达"销售"计划。

发展方向

商业技术关系在变化。定义新业务技术关系的驱动因素有哪些？

第1个变革趋势：战术层面 VS. 战略层面

关于技术商品化的讨论在某种程度上是准确的。毫无疑问，个人电脑、笔记本电脑和路由器都是商品；甚至一些服务，如遗留系统维护、数据中心管理，当然还有编程，也已经商品化了。但这里真正的故事不是变革本身，而是将商业技术分为运营层和战略层。操作技术正在变得商品化；尽管最近一些文章一直在争论，但战略技术仍然生机勃勃，而且仍然是一个竞争优势。[1] 有什么不同？运营技术用设备和服务以明确的方式支持当前和新兴的业务模式和流程，这些设备和服务的成本变得稳定和可预测，并且在过去10年中普遍大幅下降。硬件价格/性能比可能是这一趋势最明显的例子，但也有其他的例子，包括我们愿意为编程支付的费用。另

---

[1] 这些论文最著名的是尼可拉斯·卡尔发表的《信息技术无关紧要》，发表于2003年5月1日的《哈佛商业周刊》。

外，战略技术是创造性商业技术融合的结果，如沃尔玛简化了供应链、星巴克提供无线上网、先锋利用其网站大幅降低了成本。创造性的商业技术融合可以变得怎样没有限制；商业技术关系的战略性没有限制。

可能的影响？

附图 3.11 画出了一条重要的线。管理阶层就住在这条线上。它也是大型前台应用程序（如客户关系管理应用程序）的所在地。线下是支持与客户、供应商、合作伙伴和员工进行数字联系的后台应用程序和基础架构。

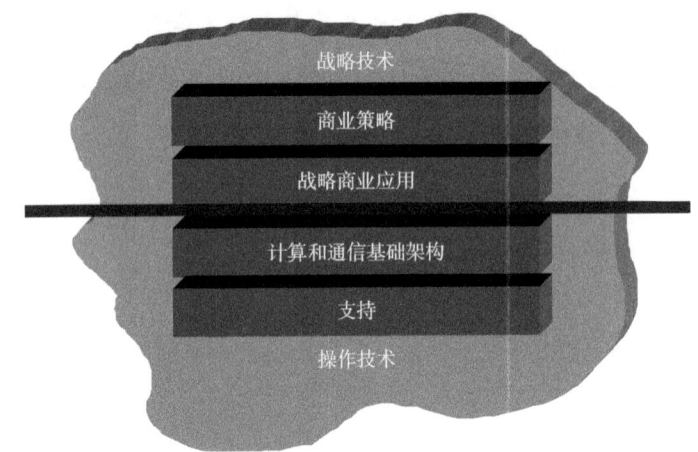

附图 3.11　战略与操作技术

公司应该将其技术划分为运营和战略层面，并相应地调整其采购、使用和支持程序。他们也应该将那些倾向于这些任务的专业人员进行细分。除此之外，还应考虑对基础设施官员、业务技术官员和业务技术战略家的需求。今天的首席信息官和首席技术官没有很好地适应这些新要求。这里建议的细分将更好地支持转型组织的管理。

第 2 个变革趋势：整合

技术产业正在整合，不是从绝对数字来看，而是从公司购买其大部分技术的公司数量来看。从市场份额最大的供应商那里购买的趋势比从较小的供应商那里购买的趋势要大得多，即使这些供应商非常渴望做生意（因此更愿意交易）。其中一部分是因为规避风险；另一部分是因为我们现在很容易接受相对较少的供应商作为我们的计算和通信技术及服务的供应商。过去发送给 10 家个人电脑 / 笔记本电脑制造商的征求建议书现在只发送给 3 家或 4 家供应商；现在，对数据库管理平台的请求只提供给两三家数据库供应商。

影响

好消息是整合降低了复杂性。从 5 个而不是 50 个选项中进行选择更容易，也更安全。这个行业已经成熟到了"同类最佳"和"单一来源"决策几乎消失的地步。通常——尽管肯定不总是，最好的品种是主要的（单一的）来源。

第 3 个变革趋势：准则

用于获取、使用和支持技术的学科也在普遍增加。与 10 年前相比，我们在使用业务案例、总拥有成本模型、投资回报计算和项目管理最佳实践方面变得更加严格。这其中的一部分可以归因于过去几年的熊市，但也有一部分来自我们对关键关系的发现，比如技术变化和支持成本，或者"正式"和"非正式"的项目管理和项目成功。我们只是更擅长做出技术投资决策。

影响

由于我们不再需要在技术投资过程中乞求逻辑，我们可以更自由地思考高影响力战略技术和具有成本效益的运营技术。我们还可以将技术获取、使用和支持的政策和程序制度化，这样我们就不必像过去那样经常为这些事情争吵。

第 4 个变革趋势：集成和互操作性

一个重要的变革趋势是，我们越来越有能力让不同的东西——数据库、硬件系统、应用程序相互协作。我们已经看到这个领域从应用程序编程接口（APIs）到数据提取、翻译和加载（ETL），再到企业应用程序集成（EAI）、网络服务，这一切都发生在大约 10 年的时间里。向更好的终端游戏的良好进展：通过无缝技术集成的无处不在的事务处理。整合现在是许多公司的核心竞争力，行业以一系列新工具作为回应，让合作成为可能。这一趋势将会继续，并有可能极大地改变软件架构和技术基础设施。

影响

我们现在能够用新的基于标准的技术包装旧的遗留系统。我们能够将供应链与网络服务集成在一起，并且能够从整体上考虑应用程序集成及其支持的交易，如向上销售和交叉销售。

第5个变革趋势：采购

一个重要趋势是我们愿意优化采购。随着越来越多的技术商品化，我们将会看到越来越多的混合采购模式。一些公司外包了许多流程，而另一些公司则采用了合作模式，即他们自己的人与外包商密切合作。然而，趋势是明显的：公司正在重新评估他们的采购策略，并且已经延长了全部或部分外包的潜在候选人名单。其中包括服务台支持、生产编程和应用程序维护。如果延续这一趋势，我们很可能会看到越来越多的大型应用程序托管，公司将越来越多地租用这些应用程序，而不是努力应对实施和支持方面的挑战。

影响

我们面临着一个有趣的优化挑战，它最终与核心能力评估联系在一起。附图3.12显示了我们都需要掌握的决策矩阵。

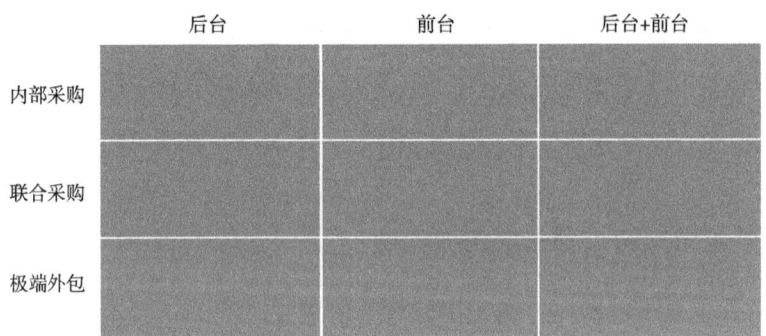

附图3.12 采购优化矩阵

第6个变革趋势：基础设施变薄

如今，网络访问几乎无处不在：我们使用台式机、笔记本电脑、个人数字助理、瘦客户机和大量多功能融合设备（如集成寻呼机、手机）来访问局域网、广域网、虚拟专用网络、互联网上托管的应用程序，以及在这些设备上本地运行的应用程序。这些网络有效。

许多公司为员工提供多种接入设备，员工经常要求公司制造兼容的个人设备

（如个人数字助理）。随着无线网络的引入，这一切变得更加复杂，无线网络使员工更加独立和移动。

依靠始终在线网络的小型、廉价、可靠的设备是有意义的。将计算能力从台式机和笔记本电脑转移到专业管理的服务器上是有意义的。将存储从本地驱动器移动到远程存储区域网络是有意义的。胖客户机应该减轻一些重量，因为公司已经有能力扩充服务器了。瘦客户端/胖服务器体系结构的总拥有成本令人信服，更不用说再投资回报率。

影响

任何更新基础设施的人都应该考虑基础设施。应该用薄基础设施过滤掉迁移机会。应该启动试点项目来收集总拥有成本和投资回报数据，你应该在公司内部教育员工，以提高每个人对你公司中潜在的基础架构的认识。

第7个变革趋势：协作

随着数据库变得更加集成、购物变得更加数字化、"永远在线"访问设备变得更加普及，我们可以期待得到各种各样的优惠。我已经收到了一些公司的电子邮件（和普通邮件）。他们分析了关于我住在哪里、我挣多少钱、我买什么的数据，以确定我喜欢什么及我会为他们卖的东西支付什么。这是第一代大规模定制，相比而言未来的定制将更加精彩。

大规模定制建立在与大规模营销假设几乎相同的数据之上，它超越了简单的相关性，比如年龄、财富、一年中的时间，基于我们作为更大群体的一部分和作为个人消费者的推论，来推断关于买家真正想买什么的想法。

通过包括销售、营销、服务和分销在内的各种信息，可以与客户、供应商、合作伙伴和雇员进行"个性化"联系。随着时间的推移，考虑到数字交易成本与企业接触其价值链和供应链成员的其他方式相比有多低，以及数字通信变得越来越普遍，企业将重新评估其广告和营销预算。他们将越来越私人化。

未来几年，供应链将变得越来越一体化，尽管我们离实时分析和优化还有10年的时间，但所有的商业模式和技术都认为实时才是最终目标，附图3.13试图对此趋势进行描绘。公司将朝着立方体的顶端努力。

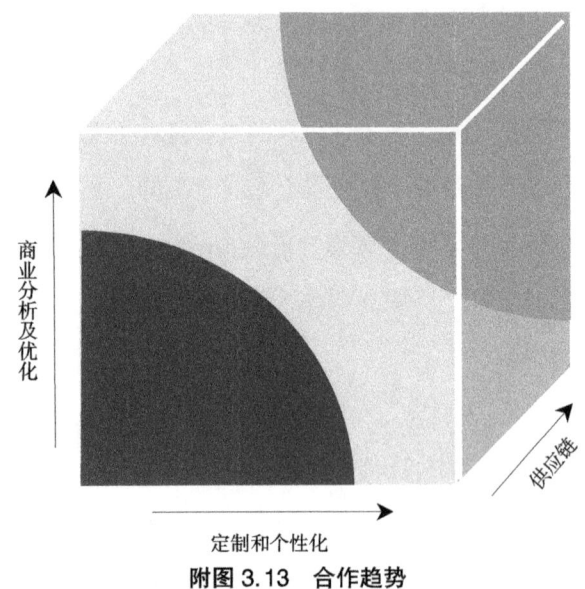

附图 3.13 合作趋势

影响

以全面的眼光看问题,实现技术集成和互操作。交叉销售、追加销售和供应链优化只是我们应该达成的若干目标。让所有的合作者参与进来也很重要:谁将成为公司的供应商、分销商、客户、合作伙伴?

第 8 个变革趋势:租赁

5 年前,应用服务提供商风靡一时。许多公司来托管网络网站涌现出来,促进了企业对企业(B2B)和企业对消费者(B2C)的交易。有人说要把这个想法推广到所有类型的主机,但是在他们发起下一波之前,互联网泡沫破灭了。大型企业软件供应商松了一口气:他们至少暂时是安全的。但是渐渐地,应用服务提供商复活了。更糟糕的是,软件供应商自己打破常规,开始为太小或害怕在内部实现软件的客户托管他们自己的应用程序。到目前为止,这种趋势相对来说还没有成熟。但现在,就连席贝尔系统公司也再次决定托管其客户关系管理软件。思爱普也在这么做。这是怎么回事?

该领域的研究告诉我们,成功实现企业软件的概率在 25% 左右。我们知道,除非发生奇迹,否则破解企业软件许可证几乎是不可能的。除非你拥有内部的"能力团队"(以及让他们满意的雄厚财力),否则你将需要顾问来帮助你实施和支持应用程序（甚至需要更雄厚的财力来让他们满意）。但更重要的是，除非你的公司采用应用程序背后的流程，也就是说，除非你的公司有以客户为中心的文化及支持模型和流程，否则你不可能收回你在客户关系管理应用程序方面的技术投资。需要更多的逻辑吗？计算一个主要企业应用程序的（实际）总拥有成本和投资回报，看看这些数字在一段合理的时间内是否有意义。我们还可以进行一些风险计算。

技术出租成为一种趋势。当一流的客户关系管理软件 Salesforce.com 准备上市时，席贝尔系统公司以自己的托管服务作为回应。其他公司也纷纷效仿。事实上，当我们回顾这个行业的各种趋势时，我们会看到更多的证据表明主机行业将会迅猛发展。网络服务、实用计算、瘦客户机架构，甚至语义网在概念上都与托管趋势一致。

我们正在转向实施新的标准吗？大型企业应用项目不好吗？按"饮料付费"会成为企业软件供应商的新收入模式吗？

影响

考虑到你成功实施的可能性、总拥有成本和投资回报的不确定性，以及其他支持趋势，应该购买还是租赁技术？毫无疑问，试运行一些托管应用程序是有意义的。虽然你可能不想放弃企业应用程序及其支持基础架构，但你可能会对精心设计的试点项目的效果感到惊讶。

该行业本身也将不得不重新配置其软件许可和定价模式，这是它不愿意接受的。许多公司已经经历了破产的痛苦；托管应用程序打开了顾客期望"按饮料付费"的大门。

第9个变革趋势：集群

技术的影响是有限的，直到围绕它们发展的完整的集群包括技术发展所必需的所有东西，所有的应用程序、数据、支持、标准和开发人员，它们使技术长期保持活力。这真的是关于广泛和深刻的接受。一些技术，如业务规则服务器，已经跨越了原型到集群的鸿沟，但是集群相对较小（技术的影响也是如此）。其他技术，如大型企业资源规划平台，具有巨大的支持集群，并产生了巨大的业务影响。现在判断许多技术贸易出版物宣称的"值得关注的技术"是否会成为高影响力技术还为时过早。实时同步、业务流程建模、网格计算和效用计算等，可能会也可能不会产生成功的原型，这些原型可能会也可能不会发展成成熟的集群。在拿出支票簿之前，我们的工作是客观地划分技术概念、新兴技术原型和技术集群。

那么，你认为每个清单上应该有什么要素？它们包括：

● 语义网；

● 实时同步。

动态业务处理建模一些新兴技术包括：

● 网格计算；　　　　　● 声音识别；

● 纳米技术；　　　　　● 瘦客户端；

● 网络服务；　　　　　● 赛格威；

● 个性化；　　　　　　● 射频识别。

● 定制化；

一些技术集群包括：

● 企业资源计划；　　　● 无线通信；

● 客户关系管理；　　　● 应用服务器；

● 企业对企业交易处理；● 安保服务；

● 商业智能；　　　　　● 技术外包。

影响

诀窍在于，在对技术做出重大财务承诺之前，要对它们进行正确的分类。谁能预测哪些技术将跨越新兴技术/技术集群的鸿沟，谁就能获奖。如果能准确做到这一点，公司就能在竞争中脱颖而出，但如果做得不好，会浪费很多钱。主要购买集群，偶尔投资原型，享受（但不买任何）概念。或者换句话说，除非从事技术行业，否则不要成为早期采用者、先锋。

第 10 个变革趋势：2007 年

似乎就在昨天，科技公司以不可信的速度上市，股价达到了令人费解的高点。但是 2000 年 4 月网路泡沫崩盘了，所有公司都在同一天清醒了。既然每个人都被

"治愈"了，还能期待什么呢？自泡沫破裂以来，公司的日子不好过。2007年过得好不好？出现了哪些重要的趋势？

2007年技术支出出现了回归。虽然设备老化，但不要指望那10台老化的服务器会被10台新的取代。容量和架构将减少对额外服务器的需求，在许多情况下，技术经理可以减少他们使用的机箱数量（以及每个机箱的成本）。个人电脑的销量有所提高，但更多的笔记本电脑、高端掌上电脑和瘦客户端出现在网络接入和计算领域，而不是台式机和笔记本电脑。接入设备的总支出略有增加，但个人电脑销量没有飙升。

2007—2009年，企业软件收购变得有趣。越来越多的公司投资于现有的企业资源规划和客户关系管理平台，一些公司决定租用这些平台。这种收购/优化转变的净效果是，大型企业应用平台适度增长，通过特定供应商和第三方的应用服务提供商在优化软件和企业应用托管方面出现更大增长。

数据库继续成为甲骨文、国际商用机器公司和微软三巨头的发展方向，但真正的趋势是商业智能和能够更好地理解内部业务流程和外部客户、供应商和合作伙伴的工具。这一领域有大量符合优化主题的新产品和投资。

2007年将有更多的公司退出科技行业。随着企业向美国和海外的第三方出口越来越多的技术基础设施，外包服务将继续增加。这不仅仅是节省开支；重点是提升企业的核心竞争力、技术复杂性和灵活性。公司像保护其业务技术战略一样积极地外包技术基础设施。2007年的大事件是建立在技术基础设施外包之上的前台外包的增加，这种外包已经发展了一段时间。

技术经理们变得比过去几年更实际，因为他们购买、使用和支持的技术越来越商品化。他们对基本的最佳实践也有很好的理解，如标准化。另外，技术战略家从整体上看待事物，模糊商业模式和支持它们的技术之间的区别。在机构层面上，技术公司分成"运营"和"战略"部门。许多首席信息官会考虑改变头衔和工作内容，花更多的时间和业务经理在一起，而不是技术专家。公司开始围绕运营与战略的区别进行重组。

一些重要的技术在2007年发展成熟。首先是无线技术，其次是网络服务和瘦客户端架构。其他技术，如语义网和网格计算，在2007年有更多的炒作而非实质内容，尽管 2008 年可能取得突破。

技术产业的结构将通过收购和合并继续变化。当我们走出技术资本支出的低谷时，公司开始看到货币的价值，他们的股票价格和收入前景上升，可以预见公司尝试使他们在特定领域的相对优势最大化，如软件、通信、网络和设备。

2007 年真正的大事件是心理上的安慰，因为这是几年来第一次，有更多的技术专业人士看到遍地都是投资机会。

关键是要认识到技术发展所处的十字路口，并开始采取措施思考该走哪个新的方向。可以对照附图 3.2 到附图 3.10 中提出的问题对商业技术管理开始健康检查。这些问题的答案可能会帮助公司更好地理解公司所处的发展阶段和下一步发展方向。

后　　记

技术尽职调查专题组在近年来系列竞争情报研究的基础上，围绕技术尽调这一主题进行了系列调研和跟踪研究，致力于以技术尽调的理念、方法和模式，来提升现行的情报分析和信息服务能力，优化科研管理和决策，提高我国的科技管理水平和创新治理效能。

围绕技术尽调主题，专题组从改善创新治理、科技服务升级、科技情报业务融合等视角发表技术尽调系列文章。致力于探究先行国家成熟的技术尽调服务在中国的本土化道路，专题组从科技报告资源开发利用、成果转化、专利分析等视角寻找技术尽调同科技情报工作的结合点，实现科技情报业务的横向拓展，以推进科技治理体系的完善和科技管理工作的升级。我们认为，无论在宏观科技管理体系布局、中观科研管理业务流程再造、微观信息搜集和分析模式智能化中，技术尽调的理论和方法都可以为我所用。

专题组在调查研究过程中，发现了《技术尽职调查：服务于首席信息官、风险投资者、技术供应商的最佳实践》这一文献，认为该书对指导技术尽调工作有很好的理论和实践价值，可以填补国内该领域研究成果的空白，于是决定组织翻译并出版此书，使国内读者有机会接触这一著作。希望以本书的出版为契机，给从事技术尽调相关工作的专业人士提供理论和实操性参考。随着研究工作的持续深化，我们希望有关理论成果能够在科技管理和情报服务领域实践中得到践行验证，也欢迎志同道合的同行同我们联系交流，共同开创这一新领地。

技术尽职调查专题组由中国科学技术信息研究所刘琦岩副所长牵头，团队人员包括：陈峰、赵康、郑佳、赵辉、李善青、邢晓昭、孟浩、负强、杜薇薇、汪芸辉、仲海亮、毛一雷、雷孝平、高芳、姜桂兴、李芳菊等。中国科学技术交流中心夏欢欢，科学技术文献出版社丁坤善、李蕊、丁芳宇、郝迎聪、崔静、赵斌等为本书的翻译、编撰和出版提供了多方面的帮助。在此一并表示感谢。

  在本书翻译过程中，对专门术语和特殊表达的本土化尽量做到转述准确，但由于该主题方面的业务及相关研究在国内鲜有参考资料，若有不当和错误之处，恳请读者批评指正！

技术尽职调查专题组

2020 年 12 月